Dr. med. Jürg Willi wurde 1934 in Zürich geboren; nach dem Medizinischen Staatsexamen 1959 Facharztausbildung in Psychiatrie und Psychotherapie; 1964 bis 1967 Oberarzt an der Psychiatrischen Universitätsklinik Burghölzli; heute Leiter der Psychotherapiestation der Psychiatrischen Universitäts-Poliklinik am Kantonsspital Zürich; habilitiert 1970 an der Medizinischen Fakultät der Universität Zürich für das Gebiet Psychiatrie (Schwerpunkt: Ehepsychologie und Ehetherapie). Jürg Willi ist seit 1963 verheiratet mit der Malerin Margaretha Dubach; die beiden Söhne wurden 1965 und 1972 geboren.

Jürg Willi

Die Zweierbeziehung

Spannungsursachen – Störungsmuster
Klärungsprozesse – Lösungsmodelle

Analyse des unbewußten Zusammenspiels
in Partnerwahl und Paarkonflikt:
das Kollusions-Konzept

Rowohlt

Umschlaggestaltung Werner Rebhuhn

1.–149. Tausend August 1975 bis Juli 1985
150.–157. Tausend Juli 1986
Copyright © 1975 by Rowohlt Verlag GmbH,
Reinbek bei Hamburg
Alle Rechte vorbehalten
Gesamtherstellung Clausen & Bosse, Leck
Printed in Germany
ISBN 3 498 07276 5

Inhalt

1. Die neue Angst vor der Ehe   7

2. Funktionsprinzipien von Paarbeziehungen   15

   Das Abgrenzungsprinzip. Progressives und regressives Ab-wehrverhalten. Die Gleichwertigkeitsbalance

3. Die Phasen der Ehe mit ihren typischen Krisen   31

   Die Phase der stabilen Paarbildung. Die Aufbau- und Pro-duktionsphase der Ehe. Die Krise der mittleren Jahre. Die Altersehe

4. Einführung in das Konzept der Kollusion an Hand eines Beispiels   47

5. Vier Grundmuster des unbewußten Zusammenspiels der Partner   61

   Das Thema «Liebe als Einssein» in der narzißtischen Kollu-sion. Das Thema «Liebe als Einander-Umsorgen» in der oralen Kollusion. Das Thema «Liebe als Einander-ganz-Ge-hören» in der anal-sadistischen Kollusion. Das Thema «Liebe als männliche Bestätigung» in der phallisch-ödipalen Kollu-sion. Die hysterische Ehe. Die Kollusionsmuster sind keine Ehekategorien

6. Das unbewußte Zusammenspiel der Partner (Kollusion)   162

   Die intraindividuelle Balance. Die interindividuelle Balance. Das Zusammenwirken der intraindividuellen und interindi-viduellen Balance. Das gemeinsame Unbewußte der Partner. Von der Partnerwahl zum Paarkonflikt. Das kollusive Patt. Scheidung und Auflösung der Kollusion

7. Partnerwahl und Einspielen der Kollusion 179

Die Kollusion der Partnerwahl: Schlüssel-Schloß-Phänomen oder Anpassungsprozeß? Ist jeder Ehekonflikt eine Kollusion? Literatur zur Kollusion und kollusive Gruppenprozesse

8. Die Einbeziehung von Drittpersonen in den Paarkonflikt 194

Der Zusammenschluß gegen einen bedrohlichen Dritten. Die Drittperson als Puffer und Bindeglied. Die Drittperson als einseitiger Bündnispartner. Funktionsteilung in der ehelichen Dreiecksbeziehung. Die Funktion der Kinder im Ehekonflikt

9. Psychosomatische Paar-Erkrankungen 217

Die konfliktneutralisierende Wirkung der psychosomatischen Symptombildung. Die psychosomatische Krankheit als gemeinsames Abwehrsyndrom. Die psychosomatische Kommunikation. Die Dialektik von Schuld und Verdienst bei psychosomatischen Paar-Erkrankungen. Das hilfeabweisende Krankheitsverhalten. Formen von psychosomatischen Paar-Erkrankungen

10. Therapeutische Gesichtspunkte 244

Die Schwierigkeiten der Psychoanalytiker mit der Paartherapie. Die Auswirkung der analytischen Zweierbeziehung auf den Paarkonflikt. Die Gegenübertragung zum nichtbehandelten Partner. Die Therapeut-Patient-Kollusion und deren Ähnlichkeit zur Patientenehe. Zielsetzung der Partnertherapie. Die Anwendung des Kollusionskonzeptes in der Ehetherapie

Literaturverzeichnis 264

Anhang ‹Szenen einer Ehe›
von Ingmar Bergman als Modellfall 270

Kurze Erläuterung einiger Fachwörter
(im Text mit * bezeichnet) 286

1. Die neue Angst vor der Ehe

In den letzten Jahren haben Grundsatzdiskussionen um die Institution Ehe und Familie eine große gesellschaftliche Resonanz gefunden, die auch die Art der Paarbildung und den Austrag von Paarkonflikten tiefgehend verändert haben. Paare, die noch in der «vorrevolutionären» Zeit geheiratet hatten, weisen Störungen auf, die meist die Kritik an der Institution Ehe exemplarisch zu bestätigen scheinen: Die Partner sind zu stark aneinander gebunden, sie haben sich bei der Paarbildung auf Ideale verpflichtet, von denen sie überfordert sind und deren «Verrat» nun Anlaß zu erbitterten Vorwürfen ist. Die Ehe ist als exklusive Liebesbeziehung von der Riesenerwartung, einander in allem alles bedeuten zu müssen, überlastet. Die zu starke Umklammerung erstickt die Liebe. In infantiler Abhängigkeit behindern sich die Partner gegenseitig in der persönlichen Entfaltung. Das Paar ist meist gegen außen zu stark abgegrenzt, während die Partner gegen innen ihre Eigenständigkeit und Differenzierung verlieren. Das therapeutische Ziel steht hier in einfacher Übereinstimmung mit den von der heutigen Gesellschaft vertretenen Wertvorstellungen: Die Partner sollten sich klarer voneinander abgrenzen, eigenverantwortlich handeln, sich in der persönlichen Entfaltung nicht behindern, sie sollten fähig zu konstruktivem Austrag von Konflikten sein, zu partnerschaftlichen Entscheidungsprozessen und zu gleichmäßiger Verteilung der Privilegien.

Diejenigen, die erst am Ende der sechziger Jahre erwachsen geworden sind, zeichnen sich durch höheres Problembewußtsein für Zweierbeziehungen aus. Sie bemühen sich um eine realistische und illusionslose Einstellung dauerhaften Paarbindungen gegenüber. Sie versuchen ernsthaft, die Werte einer partnerschaftlichen und freien Lebensgemeinschaft zu verwirklichen. Sie tun sich dabei schwer und neigen oft dazu, sich in der Radikalität, mit der sie die neuen Ideale des Zusammenlebens in die Tat umsetzen wollen, zu überfordern. Die gesellschaftlichen Regeln, die über Jahrhunderte das Rollenverhalten von Mann und Frau bestimmten, die Form von Ehe und Familie gesetzlich festlegten und das Sexualleben in gewisse Bahnen lenkten, sind nicht nur Schranken gewesen, sondern auch Leitlinien. Der Entzug dieser Orientierungshilfen gibt den Jungen heute eine eher hypothetische Freiheit, die sie oft mehr verunsichert als glücklicher werden läßt. Innerhalb weniger Jahre hat man tief verankerte Sexualtabus aufgehoben und die Institution Ehe überflüssig erscheinen lassen. Vorläufig besteht der Erfolg dieses Umbruches in der reaktiven Errichtung von Gegentabus. Aus den Verboten wurden Gebote, deren Befolgung ebensosehr durch gesellschaftlichen Druck erzwungen wird wie zuvor die Einhaltung der Verbote. Viele Teenager-Mädchen glauben es heute einem Freund nicht zumuten zu dürfen, ihre Angst vor Sexualbeziehungen zu berücksichtigen und ihren Wunsch zu akzeptieren, den Körperkontakt zunächst auf Zärtlichkeiten zu beschränken. Viele Verheiratete glauben krampfhaft ihre Eifersucht unterdrücken zu müssen, die sie bei außerehelichen Beziehungen des Partners befällt. Viele glauben, vom Partner nicht verlangen zu können, sich für oder gegen eine eheliche Dauerbeziehung zu entscheiden.

Wollte man diese Scheinfreiheit zur wirklichen Freiheit werden lassen, so würde das eine intensive Erziehung zur Freiheit voraussetzen. Die Jungen müßten sich in einem früh einsetzenden Lernprozeß die nötige Kompetenz erwerben, um selbstverantwortlich entscheiden zu können, wie sie ihr Sexualleben, ihre Partnerbeziehung, die Rollenverteilung im Paar, die Zielsetzung der Partnerschaft und insbesondere eine Familiengründung gestalten möchten. Solche Entscheidungsfragen stellten sich früher den Ehepaaren nur in engem Rahmen. In der heutigen Umbruchphase fehlt diese Erziehung noch, weil nicht nur die Jungen verunsichert sind, sondern ebensosehr die Fachleute. Als Orientierungshilfen bieten sich Frauen-Illustrierte und andere Magazine an, deren Artikel aber oft mehr von kommerziellen Interessen als von der Verantwortung für die Verbreitung von dringend benötigter Information bestimmt sind.

Es ist deshalb nicht verwunderlich, daß jüngere Paare heute gehäuft eine *neue Form von Abwehrsyndrom* zeigen mit andersartigen Tabus und Verdrängungsarrangements. Die Idealnorm, der viele nachstreben, ist das Bild einer freien Beziehung emanzipierter Partner, die nur so weit und so lange Bestand hat wie sie den Beteiligten die uneingeschränkte Selbstverwirklichung ermöglicht und durch unverpflichtete Liebe lebendig bleibt. Von dieser Idealnorm sind nun aber viele – vielleicht alle – überfordert. Manche versuchen ihr vermeintliches Ungenügen durch forcierte Selbständigkeit, Emanzipation, Ungebundenheit und sexuelles Expertentum zu überspielen. Ängstlich verdrängt und schamvoll verdeckt werden die zarteren Empfindungen, derentwegen man vom Partner als kindlich, naiv und schwach verlacht zu werden befürchtet und durch die man sich dem Partner als besonders verletzbar offenbaren könnte. In Therapien von jüngeren Paaren gestehen sich die Partner oft erst nach längerdauernder Behandlung ihre Sehnsucht nach stabiler und ruhiger Geborgenheit, ihren Wunsch nach Schutz und Sicherheit beim Partner, ihr Bedürfnis nach tiefem Vertrauen in gegenseitiger Treue und ihre Befürchtung, vom Partner deswegen reaktionärer Besitzansprüche oder infantiler Abhängigkeit bezichtigt zu werden. Häufig besteht sogar eine starke Hemmung, dem Partner überhaupt zu sagen, daß man ihn mag, an ihm hängt und sehr leiden würde, wenn man ihn verlieren müßte. Es wird befürchtet, mit derartigen Geständnissen spiele man dem Partner einen Trumpf in die Hände, den er gegen einen einsetzen könnte; der Partner könnte diese zugegebenen «Schwächen» ausnützen und diese zarten Empfindungen ausbeuten und kaputtmachen. So stehen Partner, die sich zuvor bezüglich Emanzipationsgebaren und außerehelichen Beziehungen überboten hatten, nach einem Stück Therapie einander schüchtern und linkisch gegenüber wie zwei Schüler in der ersten Verliebtheit.

Die Angst vor Bindung verhindert bei manchen, sich überhaupt in eine Paarbeziehung einzulassen. Wohl unterhalten sie flüchtige Sexualbeziehungen, die aber immer in dem Moment abgebrochen werden, wo Liebesgefühle, Zärtlichkeitsbedürfnisse und Sehnsucht nach dauerhafter Beziehung aufkeimen. Sie befürchten, einer so engen Bindung zu verfallen, daß sie – nach Verzicht auf eheliche Sicherung – dem Partner schutzlos preisgegeben wären und in ihren Gefühlen von ihm «beschissen» werden könnten. Die Angst, eine eventuelle Frustration nicht zu ertragen, läßt sie die Frustration vorwegnehmen. Lieber brechen sie die Beziehung selbst ab, als dem Partner die Chance zu geben, einen stehenzulassen. Damit frustrieren sie sich aber auch selbst. Die Tendenz, alle aufkeimenden Liebesregungen in sich zu zerstören, führt zu innerer Leere, tiefer Resignation und zum Gefühl der Sinnlosigkeit des eigenen Lebens.

Ist das Problem von Paaren, die sich in früheren Jahren gebildet haben, die zu starke Gebundenheit, so ist das Problem der jüngeren die Scheu vor tieferer Bindung. Persönlich glaube ich, daß man eine Mittelform dieser Extreme anstreben sollte, oder besser gesagt, daß man versuchen sollte, diese beiden Extremformen dialektisch in sich zu vereinen. Jeder verspürt in sich die Spannung zwischen Bedürfnissen nach individueller Freiheit, die auch in der Ehe erhalten werden sollte, und der Sehnsucht nach einer stabilen, dauerhaften Beziehung zu einem Partner, mit dem zusammen er die verschiedenen Phasen des Lebens durchlaufen, ein gemeinsames Heim aufbauen, eine Familie gründen und gemeinsam nach einem reichen Leben alt werden möchte. Die Bedürfnisse nach dauerhafter Partnerschaft sind genauso wenig infantil wie die Bedürfnisse nach Ungebundenheit als unreif zu bezeichnen sind. Die dialektische Spannung zwischen Bedürfnissen nach Freiheit und dem Bedürfnis nach Bindung machen Reichtum, Dynamik und Fülle im Leben einer Partnerschaft aus, verursachen aber auch zu einem wesentlichen Teil die Spannung im Ehekonflikt.

Da heute für mein Gefühl einseitig die Bedürfnisse nach Ungebundenheit und individueller Selbstverwirklichung betont werden, möchte ich noch einiges über die Besonderheiten der dauerhaften Paarbeziehung und Familiengründung sagen.

Ich glaube, daß ein Gleichgewicht bestehen sollte zwischen Wahrung der individuellen Autonomie* und der Bereitschaft, sich zum Bestandteil eines größeren Ganzen zu machen. Ist in der Adoleszenz die Konzentration der Kräfte auf die Identitätsfindung ein wichtiges Anliegen, so wird dieses Bemühen zur narzißtischen Selbstkultivierung, wenn es später nicht gelingt, das Angeeignete und Erworbene weiterzugeben und sich von anderen brauchen zu lassen. Man möchte einen wesentlichen Teil von sich in ein überindividuelles «gemeinsames Selbst» eingeben und für eine Gemeinschaft fruchtbar werden. Man kann das im beruflichen oder sozialen Feld, aber auch in der mystischen oder religiösen Erfahrung. Eine – sicher nicht die einzige – Möglichkeit ist die Bildung einer Ehe und Familie. Es geht nicht nur um die «Selbstverwirklichung in der Ehe», sondern auch um die «Selbstverwirklichung als Ehe».

Manche sind heute defensiv eingestellt und sehen mehr, wie sie durch eine Ehe in ihrer Selbstverwirklichung beeinträchtigt werden, als was sie positiv in einer Ehe gewinnen könnten. Sie fürchten sich davor, die eigenen Möglichkeiten in das Ganze einer Paar- oder Familienbildung zu integrieren und sich von den Erfordernissen der übernommenen Aufgabe bestimmen zu lassen. Das einseitige Bedürfnis nach Wahrung der eigenen Identität kann zum Verpassen der Identität führen. Die nicht wahrgenommene Chance, ein Glied einer Gemeinschaft zu werden, kann insbesondere in den mittleren und späteren Lebensjahren das Gefühl entstehen lassen, das Leben in einer Zuschauerrolle verbracht zu haben. Sicher ist jede Ehe und insbesondere jede Familie erfüllt von Schwierigkeiten, Belastungen und Krisen, die man sich

10

ersparen kann, wenn man sich gar nicht so weit einläßt. Wer eine Ehe eingeht oder eine Familie gründet, wird in jedem Fall vom Leben hart drangenommen, er setzt sich Schwierigkeiten aus, die ihn immer wieder bis zur Grenze der Belastbarkeit beanspruchen, ja, er wird sich notwendigerweise überfordern und teilweise scheitern. Er wird später sehen müssen, daß er gewisse Fehler begangen hat, die zu nicht wiedergutzumachenden Folgen für ihn und seine Familie geführt haben. In der Familientherapie beeindruckt es mich immer wieder zu sehen, wie ganze Familien in eine schicksalhafte Fehlentwicklung hineingeraten sind. Für die Eltern ist das besonders schmerzlich, wenn sie unter Aufbietung all ihrer Kräfte das Beste aus ihrer Familie zu machen versucht haben. *Ihr Leben kann aber gerade durch diese Tragik an menschlichen Dimensionen gewinnen.* Heute hört man oft die Ansicht, die junge Frau verpasse ihre besten Jahre, wenn sie diese für die Auferziehung ihrer Kinder einsetze und deshalb für die berufliche Entwicklung und den Freizeitgenuß verliere. Für diejenigen Ehefrauen, die sich die berufliche Freiheit bewahrt haben durch Verzicht auf eigene Kinder, ist die reale Alternative zum Muttersein im Durchschnitt aber die «Selbstverwirklichung» als Büroangestellte, Verkäuferin oder andere unselbständige Arbeitskraft. Zwar wird sie sich damit mehr persönliche Unabhängigkeit wahren, sie wird mit mehr erwachsenen Menschen in Kontakt kommen und wird sich in der Freizeit mehr leisten können. Doch hat das den Verzicht auf Kinder gelohnt? Sicher muß die unbefriedigende Situation junger Mütter ernstgenommen und eine neue Form der Kindererziehung und Arbeitsteilung zwischen den Ehegatten gesucht werden. Ich glaube aber, daß in der Kindererziehung mehr Möglichkeiten zur Selbstbestätigung, Identitätsfindung*, Kreativität und selbständiger Verantwortung liegen als in einer durchschnittlichen Berufstätigkeit. Der Geburtenrückgang wird vielleicht eine Neubesinnung auf die Werte eigener Familiengründung fördern und die Verhältnisse so verändern, daß die Erziehung von Kindern nicht zur minderwertigen Arbeit degradiert bleibt. Die Schaffung zeitgemäßerer Formen der Kindererziehung ist ein langwieriger gesellschaftlicher Prozeß. Manchen jungen Paaren lassen die unbefriedigenden äußeren Bedingungen die Kindererziehung zur Zeit nicht als eine lohnende Aufgabe erscheinen. Die Schwierigkeit liegt darin, daß in der Zeit, in der sie in Wartestellung verharren, die Jahre vorübergehen, in denen sie selbst hätten Kinder haben können. Neue Formen des Familienlebens und besserer Gestaltung der Funktionsverteilung zwischen Mann und Frau können aber nicht durch Verweigern des Engagements gefunden werden, sondern müssen in der Realität gesucht und erprobt werden.

Das Auferziehen eigener Kinder kann gerade für die Identitätsfindung eine tiefe Bedeutung haben. Die psychische Entwicklung des Menschen nimmt nicht einen kontinuierlichen Verlauf, sondern vollzieht sich zyklisch. Wichtige Themen des Lebens werden in einer ständigen Wiederholung des Gleichen zu bewältigen versucht. Nach psychoanalytischer Erfahrung wird ein Individuum durch die ersten Lebensjahre in besonderem Maße geprägt. In der Neurose werden die unbewältigten Themen der Kindheit endlos wiederholt. Wie in diesem Buch noch dargestellt wird, haben die Beziehungen des Kindes zu seinen Eltern einen besonders bestimmenden Einfluß auf die Gestaltung der späteren Ehe. Das Aufziehen eigener Kinder bringt Mann und Frau in eine besondere Lage. Im Miterleben der Entwicklung des Kindes wird die eigene kindliche Entwicklung nachvollzogen. Manche Erinnerungen an längst vergessene Erlebnisse werden wieder wach und können nun in einer anderen Form erkannt und bewältigt werden. Mann und Frau sind jetzt aber selbst in der Position der Eltern. Sie gewinnen ein neues Verständnis für die Schwierigkeiten, denen ihre eigenen Eltern bei der Kindererziehung ausgesetzt waren. Das Selbsterleben der Elternfunktion ermöglicht oft eine Versöhnung mit den Eltern und damit eine Befreiung von zuvor als quälend empfundener Haß-Liebe. Ich möchte mich gegen die Ansicht wehren, durch das Auferziehen eigener Kinder verliere man die besten Jahre. Diese Aufgabe kann vielmehr gerade für die Selbstverwirklichung eine durch nichts zu ersetzende Bereicherung sein.

Lebenserfüllung kann aber nicht nur finden, wer heiratet und eigene Kinder aufzieht. Die notwendige psychologische Erziehung zum Liebesleben würde ich gerade darin sehen, daß man durch ausreichende Vorbereitung in die Lage versetzt wird, die Bedeutung der Wahl oder des Verzichtes auf Ehe und Familiengründung für sich klarer zu erkennen und sich in der Befähigung zur Kindererziehung besser einzuschätzen. Für den Arbeitsbereich gibt es die Berufsberatung und Berufswahlschule. Weshalb sollte es nicht etwas Ähnliches für die Wahl der Gemeinschaftsform geben, die ja für Glück und Befriedigung im Leben ebenso wichtig ist? Manche fühlen sich in einer unverbindlichen Beziehung freier und glücklicher und möchten sich zum Beispiel aus beruflichen Gründen nicht mit der Kindererziehung belasten. Manche werden vom Eingehen einer Ehe im Sinne einer lebenslangen Partnerschaft abgeschreckt, andere flüchten sich aus Angst vor dem Alleinbleiben in eine Ehe. Wenn jemand sich aus tieferen Schwierigkeiten nicht für eine Ehe befähigt erachtet, so ist der Mut zu dieser Feststellung zu respektieren, kann diese doch auf einer realistischen und reifen Erkenntnis der eigenen Möglichkeiten beruhen. Jeder sollte die Lebensform wählen können, die ihm selbst am besten entspricht und die er für sich und seine Beziehungspersonen am besten verantworten kann. Entschließt sich aber jemand zur Gründung einer Familie, so scheint mir das Abschließen eines verbindlichen Vertrages im Sinne der Ehe eine wichtige Voraussetzung, weil das Eingehen dieses Vertrages von den Partnern einen reiflich überlegten Entscheid abfordert, der in einem adäquaten Verhältnis zur Schwierigkeit der gestellten Aufgabe steht. Sollen die Kinder nicht die Leidtragenden sein, so sollte mit der Familienbildung ein «Unternehmen» gegründet werden, das auf die Dauer von mindestens 15 bis 20 Jahren angelegt ist. Ohne ein Mindestmaß an Schutz und Sicherheit würde man sich ja auch im Berufsleben nicht in ein derartig risikoreiches Abenteuer einlassen. Der Zustand der Ehelosigkeit läßt bei vielen Paaren ein großes Maß an Unsicherheit und ängstlichem Mißtrauen entstehen, das sich einerseits wieder destruktiv auf die Beziehung auswirken kann.

Dieses Buch handelt von gestörten Zweierbeziehungen. Es bezieht sich auf die Schwierigkeiten, in die zwei Partner miteinander geraten können, wenn sie sich für eine dauerhafte Paarbildung entschieden haben. In jeder vertieften Paarbildung kommt es unabhängig vom Status der Legalisierung zu einer gewissen Funktionsteilung zwischen den Partnern. Sie helfen sich gegenseitig, ergänzen sich und erfüllen stellvertretend füreinander gewisse Aufgaben. Jedes übernimmt seinen Neigungen und Eignungen entsprechend gewisse Aspekte des Paarlebens, die ihm näherliegen als dem Partner. Das erhöht die Effizienz des Paares und verschafft den Partnern Befriedigung, läßt die Partnerschaft als sinnvoll erscheinen und erzeugt eine zunächst durchaus gewünschte Interdependenz und Zusammengehörigkeit. Die Partner spielen sich aufeinander ein. Es bildet sich in ihrer Beziehung ein «gemeinsames Selbst», das das psychische Leben des einzelnen nicht mehr unabhängig von demjenigen des Partners sich entfalten läßt. Die Bildung dieses «gemeinsamen Selbst» kann sich als gefährlich erweisen und zur Quelle destruktiver Gebundenheit werden.

In der Praxis der Ehepaartherapie ist mir im Laufe der Jahre zunehmend aufgefallen, wie eheliche Streitigkeiten sich immer und immer wieder um ähnliche Themen drehen und wie die Kämpfe nach gewissen sich wiederholenden dynamischen Regeln ausgetragen werden. Die

Partner präsentieren sich oft als eine in sich polarisierte Einheit, die durch das gemeinsame Streitthema zusammengehalten wird. Jeder sieht sich als Gegenteil des andern, aber diese Gegenteile ergänzen sich zu einem Ganzen. *Das spannungsgeladene Wechselspiel zweier Partner, die intradyadische* Dynamik soll das Thema dieses Buches sein.* Andere Gesichtspunkte von Ehekonflikten werden hier nur gestreift, weil sie über die hier behandelte Thematik hinausführen würden, so insbesondere Fragen zur Institution Ehe, zur Rolle von Mann und Frau in der heutigen Gesellschaft, zur Entstehung von Eheproblemen aus ungünstigen Gesellschaftsbedingungen usw.

Das was hier als Ehestörungen oder Ehekrankheiten dargestellt wird, scheinen mir lediglich überhöhte Formen von Schwierigkeiten zu sein, die sich in jeder Ehe vorfinden. In diesem Sinne ist das Buch auch nicht nur an Fachleute gerichtet, sondern soll all denen behilflich sein, die sich um ein vertieftes Verständnis für Paarkonflikte bemühen.

Obwohl in diesem Buch die Paardynamik fast ausschließlich am Beispiel von Ehen beschrieben wird, ist der Titel «Die Zweierbeziehung» insofern gerechtfertigt, als das hier dargestellte unbewußte Zusammenspiel der Partner sich nicht auf Ehen beschränkt, sondern sich in jeder Zweierbeziehung zeigt. In der Ehe als der wohl engsten Paarbildung nimmt dieses Zusammenspiel besonders ausgeprägte Formen an.

2. Funktionsprinzipien von Paarbeziehungen

Ehekonflikte gründen meist auf komplexen, vielschichtigen Ursachen. Von Bedeutung ist die soziokulturelle Situation. Es kann zu schweren Konflikten zwischen zwei Partnern kommen, wenn sie in verschiedenen Kulturen oder sozialen Schichten aufgewachsen sind und dort von unterschiedlichen Vorstellungen über eine Ehebeziehung geprägt wurden. In der heutigen westlichen Gesellschaft wird das Leitbild der Ehe als solches einer starken Kritik unterzogen und verunsichert die Partner allgemein, welches Bild von Ehe für sie Gültigkeit haben soll, was eine weitere Quelle von Konflikten sein kann.

Ich möchte auf drei Funktionsprinzipien hinweisen, die sich mir in der therapeutischen Praxis für das Gelingen einer Paarbeziehung als wichtig erwiesen haben. Es handelt sich als erstes um das Abgrenzungsprinzip: Eine gut funktionierende Dyade* muß sich gegen außen und gegen innen klar definieren. Ein zweites Funktionsprinzip besagt, daß in der Ehe regressiv-«kindliche» und progressiv-«erwachsene» Verhaltensweisen nicht als polarisierte Rollen auf die Partner verteilt sein sollten. Ein drittes Prinzip betrifft das Gleichgewicht des Selbstwertgefühles, daß nämlich in einer funktionsfähigen Ehe die Partner zueinander in einer Gleichwertigkeitsbalance stehen sollten.

Ob diese empirisch gefundenen Funktionsprinzipien über unseren Kulturraum hinaus von allgemeiner Gültigkeit sind, habe ich nicht untersucht. Ich möchte auf deren anthropologische oder psychologische Begründung verzichten. Die Beachtung dieser Prinzipien macht noch nicht die gute Ehe aus, sondern bildet vielmehr den Rahmen, in dem sich eine für beide Teile befriedigende Ehe ereignen kann. Die meisten Paare wissen rein intuitiv um diese Prinzipien. Wenn sie diese nicht einhalten, so beruht das meist weniger auf Unkenntnis als vielmehr auf tieferliegenden Schwierigkeiten, die dem Paar deren Befolgung verunmöglichen. In den Kollusionsmustern will ich mich mit diesen tieferen Schwierigkeiten im Zusammenspiel der Partner befassen.

Das Abgrenzungsprinzip

Es geht hier um die Abgrenzungsproblematik des Paares gegen außen und gegen innen: Wie nahe kann man sich in einer Paarbeziehung kommen, ohne sich aufzugeben? Wie stark sollte sich ein Paar gegen außen abgrenzen? Ich glaube, daß jedes Paar sich seine Position auf einem Kontinuum zwischen Verschmelzung und rigider Abgrenzung suchen muß. Der Mittelbereich zwischen diesen Extremen erlaubt ein normales Funktionieren einer Paarbeziehung.

Grenzziehungen innerhalb und außerhalb eines Paares

	pathologischer Bereich	Normalbereich	pathologischer Bereich
intra-dyadische Grenzen*	starr	klar und durchlässig	diffus
extra-dyadische Grenzen*	diffus	klar und durchlässig	rigid

Auf der rechten Seite der Tabelle haben wir die dyadische Verschmelzung, bei der die Partner eine symbiotische Einheit, ein gemeinsames Selbst bilden. Häufig sind diese Paare gegen Außenstehende rigide abgegrenzt und halten ihre extradyadischen Grenzen undurchlässig. Diese Extremform ist meist das Leitbild in der Phase der Verliebtheit. Man möchte ganz eins sein, einander ganz gehören, alles miteinander teilen und sich auf eine totale Harmonie einstimmen. Es kommt dabei leicht zur «Überintimität» mit Verlust der Ich-Grenzen, des eigenen Selbst (siehe narzißtische Kollusion) und Unterdrückung aller aggressiven und oft auch sexuellen Strebungen. Gleichzeitig hält man die Beziehung für so einmalig und ideal, daß man sie wie ein Mysterium vor dem Einblick Außenstehender bewahren will. Man möchte der Außenwelt gegenüber nur als geschlossenes Paar in Erscheinung treten.

Auf der linken Seite der Tabelle stehen die Partner, die aus Angst vor Selbstverlust sich rigide gegeneinander abgrenzen und die Intimität fürchten. Intradyadisch steht zwischen den Partnern ein Schutzwall, häufig einhergehend mit diffusen extradyadischen Grenzen. Die Intimität zu Drittpersonen dient als Schutz vor allzu großer dyadischer Nähe. Man verbindet sich mit Kindern, Freunden und Verwandten, um sich um so sicherer vom Partner abgrenzen zu können.

Ich glaube, daß die gesunde Ehe folgende Grenzziehungen beachten muß:

1. Die Beziehung der Ehepartner zueinander muß klar unterschieden sein von jeder anderen Partnerbeziehung. Die Dyade muß gegen außen klar abgegrenzt sein, die Partner müssen sich als Paar fühlen, müssen füreinander eigenen Raum und eigene Zeit beanspruchen und ein eheliches Eigenleben haben.

2. Innerhalb des Paares müssen die Partner aber klar voneinander unterschieden bleiben und klare Grenzen zwischen sich respektieren.

Die intradyadischen und extradyadischen Grenzen müssen für die Partner wie auch für Außenstehende sichtbar, aber trotzdem nicht starr und undurchlässig sein.

Heute wird mit diesen Abgrenzungsprinzipien in großem Maße experimentiert, so daß die Aufstellung derartiger Regeln zu Widerspruch reizen wird. In der therapeutischen Praxis begegne ich oft Paaren, die sich in uneingeschränktem Freiheitsstreben überfordern und bei denen der Verweis auf diese Prinzipien zu einer Entkrampfung und Entspannung der Beziehung führt. Ich glaube, daß die gesunde Ehe unter Angst und Stress gerät, wenn diese Prinzipien nicht mehr respektiert werden, wobei gesellschaftlich gesehen die Tendenz besteht, vom Leitbild des einen Extrems in das Leitbild des anderen zu verfallen. Während Jahrzehnten wurde in der westlichen Industriegesellschaft dem romantischen Ideal «Liebe als exklusive Zweisamkeit» nachgestrebt. Die damit verbundene Überlastung der Ehe führte zur Enttäuschung. Die heutige Kritik an der Ehe kann zum Teil als Folge des Scheiterns dieser idealistischen Eheperiode angesehen werden. Um sich vor Enttäuschungen zu schützen, möchte man sich gar nicht mehr in eine Ehe einlassen. Nach wie vor ist es aber eine der größten Schwierigkeiten in Paarbeziehungen, die Trennung in der Liebe zu akzeptieren, den Partner in seiner Andersartigkeit zu respektieren und sich selbst nicht für ihn aufzugeben. Dieses Getrenntsein in der Liebe enttäuscht die Sehnsucht, mit *einem* Menschen wenigstens die verlorene Mutter-Kind-Symbiose, die Urharmonie und das ungetrennte Einssein wiederzufinden. Viele Ehekrisen bestehen in untauglichen Versuchen, durch irgendwelche Arrangements dieses Ziel doch noch zu erreichen. Viele Ehestreitigkeiten können als Trotz gegen das Getrenntbleiben verstanden werden. Wenn der Partner einem schon diese Enttäuschung bereitet, so soll er mindestens dafür leiden. Große Gefahren kann auch die Mystifizierung der Ehe mit sich bringen, wenn die Paarbeziehung damit jeglicher sozialen Kontrolle entzogen wird, was pathologische Beziehungsformen besonders begünstigt.

In den letzten Jahren besteht nun aber die Gefahr zum anderen, nicht minder pathogenen Extrem, nämlich zu unbedachter außerehelicher Intimität. Die Ehe wird als Gefängnis angesehen, aus dem es auszubrechen gilt. Man ist ängstlich darum bemüht, sich nicht zu sehr an einen Partner zu binden. Man stellt aneinander möglichst keine Erwartungen, sondern sucht zu einem wesentlichen Teil die Bedürfnisse außerhalb der Ehe zu befriedigen. Das an sich begrüßenswerte Bestreben, die Ehe von zu hohen Erwartungen zu entlasten, führt zur Konfusion, wenn in der Ehe nur eine neben anderen gleichwertigen Beziehungen gesehen wird. Meiner Meinung nach ist es von sekundärer Bedeutung, wie intim außereheliche Kontakte sein können, solange für alle Beteiligten klar bleibt, daß die Beziehung zum Ehepartner etwas grundsätzlich anderes ist als jede andere Partnerbeziehung. Dieses Erfordernis wird heute allerdings in Frage gestellt, sowohl von politischen Ideologen, die darin einen Ausdruck kapitalistischen Herrschafts- und Besitzanspruches sehen, wie vor allem auch von Verkündern einer neuen Partnerideologie von Freiheit und Ungebundenheit in der Liebe mittels Partnertausch, Swinging, Gruppensex usw.

Jene Psychologen, meint DENFELD, die im Partnertausch einmal «die größte Errungenschaft für die Ehe seit der Erfindung des Himmelbettes» gesehen hätten, seien wohl «mehr mit missionarischem Eifer als mit wissenschaftlicher Genauigkeit» an das Problem herangegangen (zit. nach *Der Spiegel* Nr. 31/1974).

Heute melden sich nicht selten «Patientinnen», um wegen ihrer Eifersucht behandelt zu werden, die sie gegenüber außerehelichen Liebschaften des Partners empfinden. Sie überfordern sich im Anspruch, den Ehepartner zu einer Form von Ungebundenheit anzuhalten, die den besonderen Charakter der Ehebeziehung verwischt. Im

Unterschied zu anderen Partnerbeziehungen beruht die Ehe auf einem verbindlichen und dauerhaften Vertrag der Partner, gemeinsam die Lebensgeschichte gestalten zu wollen, was ganz andere Dimensionen einschließt als eine momentane Bedürfnisbefriedigung oder eine kurzdauernde menschliche Begegnung. Dieser Vertrag hat nach meiner Erfahrung grundsätzlich seine Daseinsberechtigung als Leitbild, wenn im Einzelfall auch nicht übersehen werden soll, daß diesem Leitbild aus tieferen psychologischen Gründen, wie sie in diesem Buch dargestellt werden sollen, eventuell nicht nachgelebt werden kann. Ein Vertrag bleibt gültig, bis er widerrufen wird. Die Auflösung eines Vertrages sollte nicht nur aus einer momentanen Stimmungsschwankung erfolgen, sondern eine fundierte grundsätzliche Auseinandersetzung erfordern.

MINUCHIN und andere maßgebliche amerikanische Familientherapeuten halten die Wiederherstellung klarer Grenzen der familiären Subsysteme für eines der wesentlichsten Ziele der Familientherapie. Ein Kennzeichen kranker Familien seien diffuse Grenzen zwischen Eltern und Kindern oder der rigide Ausschluß gewisser Familienmitglieder. Das, was die Familientherapeuten an kranken Familien feststellen, möchte ich in gleicher Weise auf kranke Ehen übertragen: Ein wesentliches Ziel der Ehetherapie liegt in der Herstellung klarer, aber durchlässiger intradyadischer und extradyadischer Grenzen!

Diese Grenzen müssen nicht nur gegenüber außerehelichen Liebhabern und Freunden klar markiert sein, sondern auch gegenüber den Eltern und den eigenen Kindern. Ist man verheiratet, so muß den Eltern und Schwiegereltern, die häufig Mühe haben, ein Kind freizugeben, unmißverständlich klargemacht werden, daß man mit dem Ehepartner ein eigenes Beziehungssystem bildet, das sich ihnen gegenüber abgrenzt und das den Vorrang vor der Beziehung zu ihnen hat. Sie müssen deutlich spüren, daß man im Falle eines Streites eher zum Ehepartner als zu ihnen halten wird. Wird das klar ausgedrückt, so läßt sich die Beziehung zu den Eltern in der Ehe meist harmonischer gestalten als wenn ihnen die Chance gelassen wird, sich mit Druckversuchen und Intrigen in die Ehe einzumischen.

Auch den Kindern muß klar sein, daß die Ehe der Eltern eine Beziehung eigener Art ist, die sich klar von der Eltern-Kind-Beziehung unterscheidet. Diese Regel wird häufig nicht eingehalten, worauf im Kapitel 8 näher eingegangen wird.

Die Grenzen des dyadischen Systems sollen aber andererseits nicht rigide sein. Das Bewußtsein von der Schädlichkeit isolierender Abgrenzung gegen außen ist heute weit verbreitet. Ehepaare sind heute eher bereit, der Außenwelt Einblick in ihre Schwierigkeiten und Konflikte zu geben und ihre Probleme mit anderen Paaren oder mit Freunden zu besprechen (siehe RICHTER: «Die Gruppe» und «Lernziel Solidarität»). Diese Bestrebungen sind zu begrüßen. Jüngere Paare spüren zunehmend das Bedürfnis, in Wohngemeinschaften die Isolation der Kleinfamilie aufzuheben und das Zusammenleben reichhaltiger und flexibler zu gestalten. Die Vorstellung früherer Jahrzehnte, daß die Zweisamkeit des Paares das einzig Maßgebliche für Glück und Lebenserfüllung sei, förderte eine kleinkarierte Idylle gegenseitiger Abhängigkeit und Selbstgenügsamkeit mit der Tendenz, alles, was außerhalb der Dyade passierte, ängstlich zu beobachten, als feindlich oder bedrohlich abzuwehren und möglichst unberührt daran vorbeizuleben. Diese Ideologie stellt sich bildhaft dar in der Konstruktion des Idealheimes mit eigenem Gärtchen, das durch Mauern und dicke Laubhecken vor jedem Einblick geschützt ist und einen durch zugezogene Vorhänge und mit Gucklöchern versehene Haustüren vor bösen Blicken bewahrt.

Es geht also bei der Befolgung der Strukturregel um das Maß. Rigide Grenzen sind Kommunikationsbarrieren, die das Zusammenleben verkümmern und absterben lassen. Diffuse Grenzen ermöglichen ein hohes Maß an Dynamik, erzeugen aber aus der mangelnden Ordnung heraus oft ein Übermaß an Spannungen und Ängsten, die dem Zusammenleben abträglich sind.

Progressives * und regressives * Abwehrverhalten

Die Ehe hat viele psychologische Parallelen zur frühkindlichen Eltern-Kind-Beziehung und wird von dieser auch wesentlich geprägt. In den ersten Lebensmonaten und -jahren wird das Kind in die Elemente intimer menschlicher Beziehungen eingeführt. Das Kind ist auf einen relativ kleinen und überschaubaren Kreis von Mitmenschen, auf die Familie, bezogen. Mit der Heirat treten die Partner wieder in ein ähnliches Beziehungssystem ein, jetzt allerdings in einer anderen Position, nicht mehr als Kinder, aber meist auch noch nicht als reife Erwachsene. Entsprechend ist vieles in der Ehebeziehung ambivalent, einerseits auf Regression und kindlichen Nachholbedarf, andererseits auf Progression zu «erwachsenem» Verhalten angelegt.

Die intime Paarbeziehung bietet eine Menge regressiver und progressiver Verhaltensmöglichkeiten an. Keine menschliche Beziehung kommt der frühkindlichen Eltern-Kind-Intimität so nahe wie die Ehe.

Keine Beziehung gewährt eine so umfassende Befriedigung elementarster Bedürfnisse nach Einssein, Einander-Gehören, nach Pflege und Umsorgung, Schutz, Geborgenheit und Abhängigkeit. Die Verhaltensweisen zweier Verliebter sind denn auch in vieler Hinsicht denjenigen zwischen Mutter und Säugling ähnlich: sie halten sich in den Armen, sie streicheln sich, suchen Hautkontakt, blicken sich tief in die Augen, lächeln sich an, drücken und klammern sich fest aneinander, sie herzen, scherzen und küssen. Auch ihre Sprache regrediert oft auf präverbale Laute und frühkindliche Ausdrucksweisen.

Andererseits erfordert kaum eine andere menschliche Beziehung ein so hohes Maß an Identität*, Stabilität, Autonomie und Reife wie eine intime, umfassende und verbindliche Zweierbeziehung. Die Partner erwarten voneinander ein tiefes menschliches Verständnis und eine echte Förderung in ihrer Entwicklung. Das Finden von Lösungen in der Fülle von Problemen, die sich ihnen stellen, erfordert Kompetenz und Tatkraft. In den meisten persönlichen Schwierigkeiten und Belastungen ist der Partner der erste, der um Rat und Hilfe angegangen wird.

In einer gesunden Paarbeziehung profitieren die Partner von der Möglichkeit, in freischwingender Balance partiell progredieren und regredieren zu können. Bald weint sich der eine regressiv beim anderen aus, der ihn – in der Mutter-Position – tröstet, bald ist es wieder der andere, der hilflos ist und den Rat und die Unterstützung des ersteren beansprucht. Da man in der Paarbeziehung mit dem Ausgleichsverhalten des Partners rechnen kann, darf man sich eher mal regressives Verhalten leisten, ohne Angst vor sozialem Abgleiten haben zu müssen. Die Bewährung in stellvertretenden Hilfsfunktionen andererseits hebt das Selbstgefühl. Das gegenseitige Stützen und Gestütztwerden vermittelt den Partnern ein hohes Maß an Befriedigung und gibt eine wesentliche Motivation zur Paarbildung. Vorübergehend teilweise regredieren zu können ist für die Reifung eine wichtige Voraussetzung. Die «Regression im Dienste des Ich» wird deshalb in der psychoanalytischen Behandlung vom Therapeuten bewußt gefördert. Michael BALINT stellt die genitale Liebe als höchste Reifungsstufe in Zusammenhang mit der Erfordernis, im Orgasmus vorübergehend zu regredieren. Der Gesunde sei elastisch genug, diese Regression furchtlos zu erleben im sicheren Vertrauen, daraus wieder emportauchen zu können. Menschen aber, denen es schwergefallen sei, reif zu werden, dürften sich im Orgasmus nicht gehenlassen aus Angst, die reife Einstellung zu verlieren oder nicht wiederfinden zu können.

Jeder Mensch trägt in sich progressive und regressive Tendenzen, aber nicht jeder Mensch ist fähig, sich progressiv oder regressiv zu verhalten. Das flexible Wechseln vom einen in den anderen Zustand ist manchen Menschen aus tieferen Gründen erschwert.

Die einen neigen dazu, sich in einer Paarbeziehung auf rein regressives Verhalten zu fixieren und jede Anforderung zu reifem Verhalten von sich zu weisen. Sie erwarten einseitig von der Ehe die fortdauernde Befriedigung ihrer Bedürfnisse nach Pflege, Zuwendung, Zärtlichkeit und Passivität. Diese regressive Erwartungshaltung gründet häufig in unbewältigten Konflikten der frühen Kindheit und kann eine neurotische Fehlhaltung sein. Es kann jemand als Kind derart frustriert worden sein, daß er daraus das Anrecht auf Befriedigung seines unersättlichen Nachholbedarfs ableitet. Oder jemand ist als Kind so überbehütet und verwöhnt worden, daß er nun für die Ehe die Fortdauer dieses Zustandes postuliert. Meist wurde von den Eltern jede Regung zu Selbständigkeit im Keime erstickt, so daß auch in der Ehe vom Partner Bestrafung und Liebesentzug erwartet wird, wenn man sich anders als kindlich abhängig zeigen würde. Oft wurde man als Kind in der Entwicklung so sehr entmutigt, daß man sich im Partner jemanden sucht, der einem stellvertretend die Reifungsanforderungen abnimmt und einem kindliches Verhalten zubilligt.

Andere wiederum überfordern sich im Anspruch auf «Erwachsensein». Sie meiden jede Verhaltensweise, die als kindlich schwach, hilfebedürftig und abhängig interpretiert werden könnte, und bemühen sich um Charakterhaltungen der Stärke, Reife, Überlegenheit und Gefühlskontrolle, um die Verkörperung von Ich-Stärke. Sie suchen sich in der Paarbeziehung eine Aufgabe, in der sie sich als Führer, Retter, Supermann oder Spender unerschöpflicher Hilfe bestätigen können. Das Bedürfnis nach Übernahme solcher Aufgaben entspringt bei ihnen aber nicht echter Stärke und Reife, sondern ist ein Versuch, eigene Schwäche und Kindlichkeit forciert zu überspielen und erwachsene Reife durch Überkompensation zu erzwingen. Diese Charakterhaltung kann ebenso neurotisch sein wie die zuvor erwähnte regressive Haltung und kann darin gründen, daß man als Kind sich nie eine Blöße und einen Anschein von Schwäche geben durfte oder daß man so sehr verniedlicht wurde, daß man jetzt in der Ehe forciert durch gewichtiges «Erwachsenenverhalten» beeindrucken will. Im Gegensatz zur regressiven Haltung wird diese unechte Progression gesellschaftlich oft als wertvoll belohnt, weil sie die sozialen Werte der Tüchtigkeit, Hilfsbereitschaft, Aktivität und «Männlichkeit» verkörpert. Diese progressiven Charak-

tere sind aber sozial oft gefährlich, weil sie sich in ihrer überkompensie-
rend progressiven Position nur halten können im Umgang mit Menschen, die sich als besonders regressiv, passiv, abhängig und hilfebedürftig anbieten und die sie regressiv halten müssen, um sich ausreichend gegen diese profilieren zu können.

> Die Begriffe der regressiven und progressiven Position
> sind in diesem Buch von zentraler Bedeutung. Regressive
> und progressive Position werden fortan ausschließlich als
> neurotische Abwehrhaltungen verstanden: Regression als
> ein Zurückfallen auf kindliche Verhaltensweisen, Progres-
> sion als Versuch, eigene Schwäche mit «Erwachsenheits-
> fassade» zu überspielen.

Dieses überkompensierende Verhalten bezeichnet man in psychoanalytischer Terminologie als Reaktionsbildung. Progressives Verhalten
meint also Pseudoreife und nicht echte Reife.

Mancher fixiert sich auf der regressiven Position aus Angst vor
Überforderung oder Bestrafung, wenn er für sich reifere Verhaltensweisen anstreben würde; mancher fixiert sich in der progressiven Position, weil er sich regressiver Verhaltensweisen schämen würde. In
unserem Kulturraum besteht die Tendenz, progressive Verhaltensweisen vor allem dem Mann zuzuschreiben, regressive aber der Frau (siehe
dazu H. E. RICHTER: «Lernziel Solidarität»). Der Mann hat sich als
allzeit überlegen, stark und lebenserfahren zu erweisen, als ritterlicher
Beschützer und Stütze der Frau, während regressives Verhalten wie
Suchen von Schutz und Trost, schwächliche Anklammerungsbedürf-
nisse und Unselbständigkeit immer noch als unmännlich gelten. Da
aber Männer in der Regel wohl kaum wesentlich reifer und in der
Entwicklung vorangeschrittener sein dürften als Frauen, fühlen sie sich
oft gezwungen, sich zum Scheine progressiv aufzuspielen und ihre
regressiven Kommunikationswünsche zu unterdrücken und zu verleugnen. Andererseits gelten auch heute noch, wenn auch sicherlich
weniger als vor einigen Jahrzehnten, regressive Verhaltensweisen als
besonders fraulich. Viele Männer fühlen sich besonders angezogen von
Frauen, die in ihnen Halt und Stütze suchen, sich an sie anlehnen
wollen, an ihnen emporblicken, ihnen kindlich vertrauen und naiven
Unsinn daherplaudern. Manche Frauen sind forciert bemüht, sich auf

das schwächlich-regressive Stereotyp der «Idealfrau» zu bescheiden, obwohl das gar nicht ihrer eigentlichen Verfassung entspricht. Sie geben sich dann betont «weiblich», indem sie alle aktiven, sogenannt männlichen Verhaltensweisen in sich unterdrücken. Die Frau tut dann so, als ob sie schwach wäre, benützt aber oftmals gerade ihre Schwäche, um sich gegen die großtuerischen Männer durchzusetzen. Das Zusammenspiel des scheinstarken Mannes mit der scheinschwachen Frau zeigt sich in der ‹hysterischen Ehe› in übersteigerter Form. Davon wird später noch ausführlich die Rede sein.

Bei gestörten Ehepaaren sehen wir besonders häufig die Verbindung eines Partners, der das Bedürfnis nach überkompensierender* Progression hat, mit einem Partner, der das Bedürfnis nach regressiver Befriedigung hat. Sie verstärken und fixieren sich gegenseitig in diesem einseitigen Verhalten, weil sie sich wechselseitig in diesen Funktionen benötigen. Die neurotische Verstrickung eines progressiven mit einem regressiven Partner wird in diesem Buch eingehend als Kollusion beschrieben werden.

Die Gleichwertigkeitsbalance

In einer beiderseits glücklichen Beziehung stehen die Partner zueinander im Gefühl der Gleichwertigkeit. Gemeint ist damit nicht nur die Gleichberechtigung einer partnerschaftlichen Beziehung und auch nicht das Gleichsein in Verhalten und Funktionen, sondern die Ebenbürtigkeit der Partner im Selbstwertgefühl. Es kann einer von beiden Partnern die äußere Führung des Paares innehaben und die mit äußerem Prestige versehenen Aufgaben wie beruflicher Status, Verwaltung des Geldes, Vertretung des Paares gegenüber den Behörden usw. übernehmen, ohne daß diese Regel verletzt sein muß. Die genauere Kenntnis der Verhältnisse kann nämlich ergeben, daß die scheinbar so passive Frau aus dem Hintergrund heraus die Aktionen ihres Mannes in ebenbürtiger Weise mitbestimmt, ja nicht selten – wie sich auch im Gemeinsamen Rorschach-Versuch (s. J. Willi, 1973) zeigt – ist der Mann mehr das ausführende Organ der im Grunde maßgeblichen Frau. Auch kann sich die Frau einem Mann durchaus gleichwertig fühlen, obwohl nur dieser eine berufliche Karriere macht, solange beidseitig anerkannt ist, daß sie am Aufstieg ihres Mannes einen entscheidenden persönlichen

Anteil hat als dessen Beraterin und Führerin, ja als «Nährboden», aus dem er die Kräfte für seine Erfolge schöpft. Das Gefühl, für die beruflichen Leistungen des Mannes unentbehrlich zu sein, kann einer Frau dazu verhelfen, sich mit seinem beruflichen Erfolg zu identifizieren. Das Bewußtsein gleichen Wertes kann aus der Erfüllung ganz verschiedener Funktionen herrühren, etwa wie im traditionellen Beziehungsmuster, wo der Mann quasi das Außenministerium, die Frau das Innenministerium der Familie übernimmt. In vielen Kulturen ist die Frau als Mutter das emotionale Zentrum der Familie und bezieht aus dieser Funktion ein hohes Maß an Selbstbestätigung.

In der psychologischen Umgangssprache ist es üblich, bei Ehepaaren von einem dominanten und von einem unterlegenen Partner zu sprechen. Diese Begriffe werden unreflektiert verwendet, denn bei genauerer Kenntnis der Verhältnisse ist es schwierig bis unmöglich zu entscheiden, wer wen dominiert. Ich halte deshalb in Anlehnung an Watzlawick, Beavin und Jackson die Begriffe des Partners in superiorer Position und des Partners in inferiorer Position für zutreffender. Der superiore Partner ist in der Regel aktiver, wortreicher, entscheidungsfreudiger und initiativer. Er vertritt das Paar gegen außen und übernimmt Führungsfunktionen. Der inferiore Partner ist häufig introvertierter, stiller, er tritt weniger in Erscheinung, bestimmt Entscheidungen mehr aus dem Hintergrund und lenkt das Geschehen, ohne für sich die Führerrolle zu beanspruchen. *Er braucht deswegen dem Partner in superiorer Position keineswegs unterlegen zu sein.*

Selbst wenn tatsächlich der eine der Stärkere ist, läßt es die Paardynamik nicht zu, daß er von seiner Stärke Gebrauch macht. Der Mann ist gehemmt, seine körperliche Überlegenheit für den Austrag ehelicher Streitigkeiten auszunützen. Greift er aber darauf zurück, so wird das gesellschaftlich geächtet und als Zeichen persönlicher Schwäche gewertet. Liegen also Ungleichheiten in Qualitäten, die das Selbstwertgefühl stützen, vor, so dürfen sie nicht für den Austrag ehelicher Auseinandersetzungen ausgenützt werden. Es gilt als unfair, den Partner zu erniedrigen durch Bemerkungen über effektiv bestehende Benachteiligungen, zum Beispiel mangelnde Schulbildung, körperliche Behinderungen und Entstellungen. Ein unausgesprochenes Gesetz verbietet, im Kampf von der einseitigen Überlegenheit gewisser Mittel Gebrauch zu machen. Man muß sich vielmehr weitgehend den Kampfmethoden des «rüstungsmäßig Schwächeren» anpassen. In Duellen und Sportwettkämpfen wird streng auf die Chancengleichheit der Kämpfer geachtet. Man läßt nicht einen Schwergewichtsboxer auf einen Federgewichtler los. In der Ehe kann das zu grotesken Situationen führen, wenn ein Mann, der politisch ein überlegener Taktiker ist, zu Hause auf plumpes Streitverhalten abfällt, oder wenn ein Berufsboxer einen Suizidversuch unternimmt, nachdem er von seiner körperlich zarten Frau geschlagen worden ist.

Bei der Partnerwahl wird die Gleichwertigkeit meist aus eigener Intuition beachtet. Schon in einem ersten Gespräch zweier einander unbekannter Personen dient der Gesprächsinhalt wesentlich der gegenseitigen Einschätzung. Auch Murray BOWEN (1972) betont, daß der Differenzierungsgrad zweier Partner im allgemeinen einander gleich sei. Das Gefühl des eigenen Selbstwertes kann durch unterschiedliche Attribute belegt werden, durch Nachweis von Intelligenz, Stärke, Schönheit oder Reichtum, aber auch durch persönliche Reife, der Fähigkeit, sich in einen Partner einzufühlen, ihm beizustehen und ihn zu bestätigen. All diese Qualitäten wiegen in einer potentiellen Paarbeziehung das, was sie dem Partner wert sind. So kann ein berühmter Greis eine Hausangestellte heiraten, die ihm in ihrer gemütswarmen Mütterlichkeit weit mehr bedeutet als eine ihm dauernd Außergewöhnliches abfordernde Anbeterin. Oder ein aktiver Manager fühlt sich von seiner adligen Ehefrau überfordert, die dauernd an ihm herumnörgelt, und sieht sich nach einer Beziehung zu einem einfachen Mädchen um, das in ihm jene Persönlichkeitsseiten anspricht, die unter seinem Karrierestreben verschüttet worden sind. Im allgemeinen beruht aber das Gefühl von Gleichwertigkeit auf Ähnlichkeit sozialer und persönlicher Qualitäten. Rein intuitiv wird es in der Regel vermieden, sich mit einem Partner enger einzulassen, der bezüglich Differenzierung überlegen ist, da man sich ihm nicht gewachsen fühlen würde und man deshalb in der Beziehung besonders gefährdet wäre. Andererseits wird man sich in der Regel auch nicht an einen Partner binden, der wesentlich undifferenzierter ist, da die Beziehung zu ihm allzu kümmerlich und schmalspurig bleiben müßte. Bilden aber Partner ungleichen Differenzierungsgrades ein Paar, so setzt ein gegenseitiger Angleichungsprozeß ein.

Der Partner mit höherem Differenzierungsgrad versucht sich mittels Selbstsabotage nach unten anzugleichen, mittels Bescheidenheits- und Demutsgesten, Einengung der eigenen Möglichkeit, ja sogar mit psychosomatischen Krankheiten, durch die er sich selbst einen Riegel vor die eigenen Entwicklungsmöglichkeiten schieben will. Besonders Frauen leben häufig «unter ihrem Wert», um nur ja nicht den Anschein zu geben, sie könnten dem Manne überlegen sein.

1. Beispiel: Als sich das Paar kennenlernte, war der Mann Verkäufer in einem Warenhaus, die Frau eine vier Jahre ältere Philologieassistentin mit Hochschulabschluß. Er stammte aus einer Arbeiterfamilie, sie aus einer wohlhabenden, etablierten Akademikerfamilie. Er war im Industrieviertel aufgewachsen, sie in einer Villa. Nach wenigen Wochen Bekanntschaft wurde sie von ihm schwanger. Sie drängte auf rasche Heirat. Er fühlte sich für eine Ehe noch zu jung, willigte aber aus Verantwortungsbewußtsein schließlich ein. Jetzt, nach 12jähriger Ehe, geben beide an, sich in jeder Hinsicht, auch sexuell, auseinandergelebt zu haben. Er verbringt jede Woche mehrere Abende und auch ganze Nächte im Tennisklub, wo bei «Wein, Weib und Gesang» Feste gefeiert werden. Die Frau ist verbittert, weil sie das Gefühl hat, ihre besten Jahre dem Mann geopfert zu haben, und wirft ihm vor, er bemühe sich nicht mehr um sie.

Er ist ein kräftiger, gut aussehender, sympathischer Sportsmann, der aber im Gegensatz zu ihr intellektuell wenig differenziert und geistig uninteressiert wirkt. Er betont, seine Frau und vor allem auch die Schwiegereltern hätten die Ehe von Anfang an als nicht standesgemäß betrachtet. Der Schwiegervater spreche mit ihm praktisch kein Wort. Er fühlt sich im Tennisklub wohl. Dort habe er seinen Spaß. Die Frau fände aber seine Freunde zu primitiv. Sie ist mit dem bewußten Entschluß in die Ehe eingetreten, etwas aus dieser Beziehung zu machen. Von allen Seiten sei ihr vor dieser Heirat abgeraten worden. Sie habe sich aber gesagt: «Es wird zwar schwer sein, aber ich werde es schaffen.» Sie glaubte, wenn sie sich ihm ganz anpasse und ihre Seite nicht so betone, so werde es schon gehen. Sie gab ihren Bekanntenkreis und all ihre intellektuellen Interessen auf. Sie begann Tennis zu spielen und wollte sich in allem ihm angleichen. Sie arrangierte für ihn einen kaufmännischen Schnellkurs und betrieb seinen beruflichen Aufstieg. Er aber fühlte sich um sie herum nicht wohl. Er hatte den Eindruck, sie anerkenne und akzeptiere ihn im Grunde seines Wesens nicht, sondern wolle ihn immer nur «verbessern». Sie berichtet mit Erbitterung: «Ich habe mich dir ganz angepaßt und alles für dich aufgegeben. Ich dachte, du könntest mehr aus dir machen, wenn du nur wolltest, und davon bin ich auch heute noch überzeugt. Wenn du nur in kleinen Dingen deinen guten Willen zeigen würdest, aber du willst einfach nicht.» Er entgegnet, zu Hause nörgle seine Frau dauernd an ihm herum. Nichts könne er ihr recht machen. Er glaube einfach, er sei zu jung zum Heiraten gewesen und habe zuviel aufgeben müssen. Erbost erwidert sie: «Was aufgeben? Du hast überhaupt nichts aufgegeben. In allem habe ich mich dir angepaßt.» Erbittert ist sie vor allem über seine außerehelichen Beziehungen zu Tennispartnerinnen, die allesamt «oberflächliche dumme Gänse» seien. Offensichtlich fühlt er sich von diesen Frauen eher verstanden und akzeptiert.

Ziel einer Therapie wäre hier, daß die Frau darauf verzichtet, dem Mann eine falsche Haltung aufzudrängen, was ihr aber nur möglich wäre, wenn sie sich nicht für ihn aufgeben versuchte, sondern ihr eigenes Wesen zu entfalten trachtete. Bei der Verschiedenheit der bildungsmäßigen und intellektuellen Differenzierung befürchten wohl beide zu Recht, daß die beidseitige Akzeptation des eigenen Selbst zur Scheidung führen werde, weil die echten Berührungsflächen zwischen ihnen zu gering seien. Die Gleichwertigkeitsbalance kann, wie dieses Beispiel zeigt, nicht einfach überspielt werden.

Auch wenn bei der Heirat die Regel der Gleichwertigkeit beider Partner oft befolgt ist, so ist damit noch nicht gewährleistet, daß das Gleichgewicht des Selbstwertes im Laufe des langjährigen Zusammenlebens erhalten bleibt. Unter den heutigen gesellschaftlichen Bedingungen hat der Mann durch berufliche Leistungen eine große Chance, sein Selbstwertgefühl zu heben, während die Frau in der Funktion als Hausfrau und Mutter sich wenig bestätigt fühlt. Es besteht dann eine besondere Gefahr, daß die Frau den Mann voller Neid und Eifersucht zu entwerten sucht. Während sie ihn zu Beginn der Beziehung unterstützte und förderte, legt sie nun alles darauf an, an ihm herumzunörgeln und ihn in seiner Entwicklung zu hemmen und vom Podest herunterzuholen. Der Mann seinerseits läßt sich eventuell aus Schuldgefühlen zu Hause wie ein Hund traktieren, den man beliebig treten und herumkommandieren kann, was der Frau zwar die Möglichkeit gibt, sich abzureagieren, womit sie aber letztlich ihr Selbstgefühl noch weiter untergräbt.

Es besteht in der Dyade, wie in jeder Gruppe, ein *Solidaritätsdruck*, der Unterschiedlichkeiten im Selbstwertgefühl, in der Stimmung und Befindlichkeit von Gleichrangigen möglichst gering zu halten verpflichtet. Häufig richten sich die Gruppenmitglieder und Partner nach dem Schwächsten, um alles zu vermeiden, was in diesem das Gefühl von Unterlegenheit verstärken könnte. Die kontaktfreudige Frau benimmt sich in Gesellschaft plötzlich gehemmt und zurückhaltend, um ihren schüchternen Mann nicht zu sehr neben ihr abfallen zu lassen. Der beruflich erfolgreiche Manager gibt seiner Frau möglichst wenig Einblick in seine Stellung im Berufsfeld, um der Frau nicht den Ein-

28

druck zu vermitteln, sie sei ihm unterlegen. Es ist dem einen schwer, glücklich und überschwenglich zu sein, wenn der andere depressiv-verstimmt herumsauert.

Solange in einer Paarbildung die Partner aufeinander bezogen sind, ist es nur in beschränktem Maße möglich, daß der eine wirklich dominiert und der andere den Kampf aufgibt und sich unterordnet. Die Rivalität, die häufig zwischen den Partnern besteht, wird in engem Rahmen ausgetragen. Unbewußt arrangieren sich die Partner immer wieder so, daß Siege und Niederlagen sich zwischen ihnen ausbalancieren. Steigt die Spannung zwischen den Partnern an, wird der Kampf härter und entschiedener auf einseitigen Sieg ausgerichtet, so tritt ein neues Phänomen auf. Wie BACH und WYDEN (1970) zu Recht betonen, gibt es in einem Ehestreit keine Sieger und Verlierer. Der Verlierer hat nämlich eine Fülle von Mitteln, um den Ausgleich wiederherzustellen, allerdings mit anderen Methoden. Wenn offene Gleichwertigkeit herrscht, besteht die Chance, daß Streitigkeiten und Auseinandersetzungen direkt und einigermaßen sachbezogen geführt werden. Kippt nun die Balance einseitig um und merkt einer der Partner, daß er dem anderen mit direkten Mitteln unterliegt, so kann er in einer Paarbeziehung auf ein großes «Waffenarsenal» zurückgreifen, mit dem er sich trotz scheinbarer Unterlegenheit dem Partner gegenüber behaupten und wieder in ein – allerdings destruktives – Gleichgewicht bringen kann. Die dazu eingesetzten Mittel sind etwa: Weinen, depressive Vorwurfshaltung, Davonlaufen, trotziges Schweigen, Märtyrer- und Heiligenhaltung, psychosomatische Symptombildung, Suizidversuche, Alkoholräusche, Arbeitsstreik, Einbezug von Drittpersonen usw. Viele Ehequalen entstehen daraus, daß Konflikte nicht mehr direkt mit «gleichen Waffen» ausgetragen, sondern daß solche destruktiven Reserven mobilisiert werden, die eine faire Konfliktlösung verunmöglichen und zu einer Eskalation führen, in der jedes nur noch darauf bedacht ist, dem anderen Schmerzen zuzufügen oder den anderen zu zerstören, ohne Beachtung der Tatsache , daß er damit sich selbst mitschädigt. Es ist deshalb ein berechtigtes Anliegen der Kommunikationstherapie, das Paar zu veranlassen, mit gleichwertigen Mitteln Streitigkeiten auszuhandeln. BACH und WYDEN (1970) schreiben: «Wir lehren deshalb, daß sich der ‹Sieg› in einer Auseinandersetzung mit einem intimen Feind als geradezu gefährlich erweisen kann. Er könnte den Verlierer entmutigen und davon abhalten, in künftigen Gefechten aufrichtig zu sein . . . Es klingt paradox, aber wenn ein ‹Sieg› zu solchen Nachwirkungen führt, dann sind beide Partner Verlierer» (S. 65). BACH und WYDEN vergleichen denn auch ihre Streittrainings eher mit Tanzenlernen als mit Boxenlernen.

Es besteht nun scheinbar ein Gegensatz zwischen der im vorangegangenen Kapitel erwähnten Polarisierungstendenz in die progressive und regressive Position und dem hier postulierten Prinzip der Gleichwertigkeit. Die regressive Position braucht aber innerhalb des Paares nicht Anlaß zu Minderwertigkeitsgefühlen zu geben, solange deutlich spürbar ist, daß der Partner in progressiver Position auf die regressive Haltung angewiesen ist und sich der regressive Partner auch immer wieder von der bloßen Scheinstärke des progressiven überzeugen kann. Er spürt dann, wie der progressive mindestens so abhängig von ihm ist wie er von ihm und daß er sich deshalb keineswegs unterlegen fühlen muß. Besonders hysterische Frauen verstehen es, ihre Umgebung mit Schwächeanfällen zu tyrannisieren. Die scheinbar inferiore Position kann zur superioren werden. Der passive Teil braucht dem aktiven nicht unterlegen zu sein, er kann diesen vielmehr in seine Dienste nehmen.

Im Laufe einer Ehe kann die Solidarität der Partner überstrapaziert werden, wenn der eine sich in echter Weise persönlich entfalten möchte und der andere ihn zur Wahrung der Gleichwertigkeit nur immerzu durch destruktives Verhalten zurückbinden und hemmen will. Es kann der Punkt kommen, wo der eine nicht mehr bereit ist, aus Rücksicht auf den Partner die eigene Entwicklung zu drosseln oder zu stoppen. Er beginnt sich über die Gleichwertigkeitsbalance hinwegzusetzen. Recht oft ist das ein heilsamer Schock für den Partner in seinem Bremsverhalten und zwingt ihn, sich nun endlich den Entwicklungsanforderungen zu stellen und mitzuziehen. Möglicherweise wird sich der Partner aber noch mehr auf destruktives Verhalten versteifen. Mit dem offenen Bruch der Gleichwertigkeitsbalance fällt oft die Beziehung auseinander. Eine Scheidung kann dann wie eine Entlassung aus dem Gefängnis erlebt werden, weil nun endlich der Weg frei geworden ist zu einer eigenständigen Entwicklung ohne hemmende Rücksichtnahme auf den Entwicklungsausgleich mit dem Partner. In der psychotherapeutischen Behandlung von Ehekonflikten sollte darauf geachtet werden, daß beide Partner die gleichen Reifungschancen erhalten. Andererseits soll die Solidarität mit dem Partner ihre Grenzen haben und darf die Persönlichkeitsentfaltung auch nicht in unzumutbarem Maße behindern. Anzustreben ist eine offene und direkte Auseinandersetzung um die Gleichwertigkeit, ohne Einsatz repressiver und destruktiver Mittel.

3. Die Phasen der Ehe
mit ihren typischen Krisen

Die Ehe wird häufig in der Vorstellung geschlossen, sie sei ein statisches Gebilde, das durch all die Jahre hindurch gleich bleibe und gleich bleiben müsse. Die Märchen hören mit dem Satz auf: «Und sie heirateten und waren glücklich bis ans Ende ihrer Tage.» In der Realität ist die Ehe aber nicht ein Zustand, sondern ein Prozeß. Viele kollusive Konfliktlösungen entstehen und fixieren sich gerade dadurch, daß die Partner sich nicht in diesen Entwicklungsprozeß einzulassen wagen aus Angst, ihr ursprüngliches Glück damit zu zerstören. Sie klammern sich an die ursprüngliche Definition ihrer Beziehung und möchten ihren Partner auf diese verpflichten. Sie sind von dem Bestreben erfüllt, sich gegen jegliches Aufweichen und Infragestellen ihrer Beziehung abzusichern. Erweist sich dann aber ihre Beziehungsdefinition über die Jahre hinweg nicht mehr als brauchbar, so kommt es zu Enttäuschung, Angst, Wut und Trotz. Für die Erziehung zur Ehe wäre es wichtig, sich mit der Tatsache vertraut zu machen, daß jede Entwicklungsphase typische und absolut normale Krisen für die Ehe mit sich bringt, daß aber gerade das Ringen um eine adäquate Bewältigung dieser phasentypischen Krisen eine Ehe lebendig erhält.

Das Ausweichen vor den Phasenkonflikten der Ehe kann sich in verschiedener Weise zeigen. Es kann sein, daß die Partner die Ehe im Idealisierungszustand erhalten möchten. Es darf nicht wahr sein, daß zwischen ihnen Konflikte, Meinungsverschiedenheiten oder Trübungen der Beziehung entstehen könnten. Gewisse Themen werden mit einem Tabu belegt und immer größere Bereiche aus dem Gespräch ausgeklammert, so daß die Ehe abstirbt. Es kann sein, daß die Partner sich auf übergeordnete Verpflichtungen und Sanktionen berufen und den Ausbruch eines Konfliktes mit von der Gesellschaft oder einer religiösen Gemeinschaft entlehnten Regeln zu verhindern suchen. Heute indessen sieht man bei jungen Paaren oft die Tendenz zur «Flucht nach vorn». Sie haben gelernt, daß Konflikte zur Ehe gehören, daß man Konflikte austragen und offen darüber sprechen sollte. Sie führen dann miteinander eine nicht enden wollende «Ehetherapie», um

31

alles, was an Konflikten auftreten könnte, sofort zu bereinigen. So anerkennenswert die Grundabsicht ist, diese Bemühungen können auch mit gegenläufigen Strebungen vermischt sein. Im Anspruch auf totale Offenheit kann das unbewußte Verlangen mitwirken, den Partner zu kontrollieren und ihn «mit Verständnis» zu manipulieren. Das Bedürfnis, alle Meinungsdifferenzen sogleich zu klären, kann der Angst vor allem Trennenden entspringen.

Die Ehe erfordert den Mut zur echten Dynamik, zum Risiko der Freiheit. Eheleute müssen bereit sein, sich ihren Krisen in echter Weise auszusetzen. Nicht das Auftreten von Ehekrisen ist das Pathologische. Die pathologischen Phänomene der Ehe treten vielmehr oft erst durch das Ausweichen vor diesen an sich normalen und unumgänglichen Reifungskrisen auf. Der Rückzug aus der echten Auseinandersetzung kann das Festfahren in Kollusionen begünstigen, wie sie in diesem Buch beschrieben werden sollen. Bevor ich mich den neurotischen Ehestörungen zuwende, möchte ich in gedrängter und unvollständiger Form auf diese Normalkrisen der Ehe verweisen.

Die Ehe umfaßt praktisch das ganze Erwachsenenalter. Sie durchläuft dabei verschiedene Phasen, die ich bezeichnen möchte als «Phase der stabilen Paarbildung», als «Aufbau- und Produktionsphase», «Krise der mittleren Jahre» und als «Altersehe». Jede dieser Phasen hat eine andere Gestalt der Ehe bezüglich Intensität, Intimität und Motivation. Jede Phase hat ihre eigenen Probleme und Konflikte. Die Umstellung von der Beziehungsform der einen Phase in diejenige der nächstfolgenden Phase erzeugt Angst und erfordert von den Partnern ein hohes Maß an Flexibilität und Anpassung.

Die Phase der stabilen Paarbildung

Nach ERIKSON (1956/57) geht es dem Jugendlichen in einer vieljährigen Phase des Probierens darum, sich die persönlichen und sexuellen Fähigkeiten für ein enges und stabiles Zusammenleben zu erwerben. In dieser Phase werden die Partner häufig gewechselt. Der Partner wird oft noch wenig als Person mit eigener, autonomer Aktivität wahrgenommen und wenig um seiner selbst willen geliebt. Man will sich selbst und eventuell andern beweisen, daß man in der Lage ist, einen Partner zu erobern, durch dessen Qualitäten das eigene Selbstwertgefühl gehoben wird. Der Partner dient einem, besonders wenn er durch irgendwelche Attribute attraktiv ist, als Präsentier- und Schmuckstück. Man erwirbt sich durch ihn Bewunderung und Prestige. Die Partnerbeziehungen von Jugendlichen sind noch stark narzißtisch, inkonstant, schwärmerisch und selbstbezogen, was in dieser Phase der *Identitätssuche** natürlich ist. Im Probieren findet der Jugendliche seine eigenen Beziehungsmöglichkeiten und erfährt deren Grenzen. Er erwirbt ein Gefühl eigenen Wertes und lernt an den Reaktionen des Partners, sich in seinen Qualitäten richtig einzustufen. Allmählich verlieren diese Eroberungen das Spielerische. Die Entwicklung fordert dem jungen Menschen Entscheidungen ab, die mit wachsender Beschleunigung zu immer endgültigeren Selbstdefinitionen, zu irreversiblen Rollen werden und so zu Festlegungen für das Leben führen. Der junge Erwachsene gewinnt das sichere Gefühl innerer und sozialer Kontinuität, der Eigenart, wie er sich selbst wahrnimmt und wie er von der Gemeinschaft gesehen wird. Für die Identitätsbildung des jungen Menschen ist es nach ERIKSON wesentlich, daß er sich beantwortet fühlt, daß ihm die Gemeinschaft Funktion und Stand zuerkennt als einer Person, deren allmähliches Wachsen Sinn hat. Dem Adoleszenten wird es ein zunehmendes Bedürfnis, sich bis in die intimsten Seiten seiner Persönlichkeit von *einem* Partner beantwortet, erkannt und in seiner Identität bestätigt zu fühlen und gleichzeitig einen Partner in dessen Identität zu erfahren und zu bestätigen.

Die Identität bildet sich aus den Identifikationen der Kindheit und Jugend als einem übergeordneten, einzigartigen und einigermaßen zusammenhängenden Ganzen. Wie jede Gestalt gewinnt sie Profil durch Abgrenzung von Positiv zu Negativ, von Figur zu Hintergrund. Die Identität als Entscheidung für eine Lebensmöglichkeit bedingt den Ausschluß von anderen Möglichkeiten. Das trifft für den Beruf zu wie auch für die Partnerwahl. Wenn man sich zu einer dauerhaften Paarbeziehung entschließt, legt man sich auf eine bestimmte Art von Partnerbeziehung fest unter Verzicht auf andere Beziehungsmöglichkeiten. Die Entscheidung für einen bestimmten Partner wird so zur Entscheidung gegen andere mögliche Partner und kann wegen dieser Ausschließlichkeit schwierig sein. ERIKSON meint, daß ein junger Mensch nicht weiß, was für einen Partner er wählen soll, bevor er nicht bestimmte grundlegende Entscheidungen über sich selbst getroffen hat.

Wenn man sich auf einen Partner festlegt, sucht man jetzt nicht mehr nur eine vorübergehende Befriedigung oder Bestätigung, sondern will mit einem Partner zusammen seine Lebensgeschichte gestalten. Man will mit ihm zusammen das Leben als reale Aufgabe annehmen, sich für einen gemeinsamen Weg engagieren und sich so als Paar realisieren. Die Partner wollen miteinander ein eigenes Heim aufbauen, eine Familie gründen und einen eigenen Lebensstil finden. Diese zukünftigen Aufgaben verleihen der Paarbildung den Ernst, der in einem angemessenen Verhältnis zu den zu erwartenden Schwierigkeiten steht.

Die Paarbildung hat nicht nur Ausschließlichkeitscharakter gegenüber anderen möglichen Partnern, sondern ebenso gegenüber der Herkunftsfamilie. Das Leben des Adoleszenten im Elternhaus ist in dieser Phase meist unbefriedigend. Er läßt sich nicht mehr weiterhin als Kind behandeln. Er fühlt sich durch das feste Bild, das die Eltern von ihm haben, eingeengt und kleingehalten. Die krisenhafte Ablösung vom Elternhaus wird wesentlich gefördert durch die Vorstellung, es selbst mit dem Partner zusammen bezüglich Ehe und Familie besser als die Eltern zu machen. In diesem Sinne sind Spannungen und mangelnde Befriedigungen im Elternhaus oft ein Umstand, der wesentlich den notwendigen Druck entstehen läßt, all die Unsicherheiten und Mühsale einer eigenen Partnerschaft auf sich zu nehmen, um eine eigene Familie zu gründen. Man verhält sich dabei so wie ein Pionier, der aus den unbefriedigenden Heimatverhältnissen auszieht, um anderswo auf eigene Faust sein Glück zu schmieden. Man fühlt sich durch das Bild, das die Herkunftsfamilie von einem hat, mißverstanden, verzerrt und eingeengt und möchte mit einem Partner, der vorurteilsfrei an einen herantritt, man selbst werden können.

Diese Phase der Paarbildung kann sehr belastend sein. Sie ist oft erfüllt von Ängsten und Zweifeln; Angst vor der Ablösung von zu Hause, Angst, sich dem Partner auszuliefern, Angst vor Bindung, Verpflichtung, Verantwortung; Angst, sich in der Anpassung an den Partner selbst aufgeben zu müssen; Angst, in der gemeinsamen Aufgabe oder sexuell zu versagen. Es kommt in der Zeit vor der Heirat nicht selten zu Depressionen, panikartigen Fluchtreaktionen, neurasthenischen Beschwerden, Angstzuständen, Identitätskonfusion bis zur Psychose.

Nach ERIKSON (1956/57) enthüllt sich die latente Schwäche der Identität oft erst in der sexuellen Intimität eines Liebesverhältnisses. «Die echte ‹Begegnung› mit dem Du ist das Ergebnis und zugleich die Probe aufs Exempel für das festumrissene Identitätsgefühl. Während der junge Mensch wenigstens versuchsweise Formen spielerischer Intimität in Freundschaft und Rivalität, im Flirt und in der Liebe, im Wortstreit und ‹Sich-Aussprechen› sucht, hat er gelegentlich ein eigentümliches Gefühl von Spannung, so als ob diese versuchsweisen Begegnungen, in eine Bindung verwandelt, zu einem Verlust der Identität führen könnten. Daraus folgt eine krampfhafte innere Zurückhaltung, ein vorsichtiges Vermeiden von Verpflichtungen. Wenn der Jugendliche dieses Gefühl der Belastung nicht überwindet, so kann es dahin kommen, daß er sich isoliert und bestenfalls nur sehr stereotype und formale zwischenpersönliche Beziehungen aufnimmt.»

Die Aufbau- und Produktionsphase der Ehe

Diese Phase umfaßt die ersten Ehejahre und ist meist die aktivste Phase der Ehe. Das Paar sucht nach der Heirat seine Identität als Paar zu festigen. Es muß sich seinen Platz in der Gesellschaft schaffen und all die vielen Entscheidungen treffen, die ihm schließlich eine festumrissene Gestalt verleihen. Während in der Jugend alles träumerisch-zukunftsgerichtet war, ist jetzt die Stunde, wo sich realisiert, worauf man hingelebt hat. Das Paar richtet sich ein eigenes Heim ein, dessen Ausstattung den Lebensstil des Paares ausdrückt und rückwirkend wiederum prägt. Der Mann (eventuell auch die Frau) ringt um die berufliche Position, die nicht nur seine Identität prägt, sondern die soziale Stellung der Familie und deren Identität entscheidend bestimmt.

Das Zusammenleben führt zu einer gewissen internen Funktionsteilung, deren Festlegung ein langwieriger Prozeß ist. Die Dyade ist jetzt als Kleingruppe gegen außen klar formiert, gegen innen sind die Rangpositionen und Rollen aber noch nicht fixiert. Das Finden des eigenen Lebensstils ist ein Prozeß intensiver Auseinandersetzung. Die Partner ringen um eine Übereinkunft bezüglich der Normen und Werte, aber nicht mehr nur abstrakt und theoretisch, sondern auf die Realität des Alltags bezogen, auf das Verteilen von Aufgaben und Verantwortung, auf das Gestalten des Tagesablaufes, der Arbeit und der Freizeit, auf die sozialen Beziehungen und Freundschaften, auf den Umgang mit dem Geld, auf die konkreten Zielsetzungen ihrer Gemeinschaft usw. Das Zusammenleben erfordert Stellungnahmen und Entscheidungen bezüglich aller Bereiche menschlichen Lebens. Das gemeinsame Suchen nach eigenen Lösungen erreicht in dieser Ehephase eine einzigartige Intensität und kann für die Identitätsbildung außergewöhnlich fruchtbar sein. Die Fülle konkreter Anforderungen, Belastungen und Bewährungsproben wirkt auf die Entwicklung beider Partner stimulierend.

Theodor LIDZ (1970) sagt zur Anpassung in der Ehe: «In der Regel erfordert jede Ehe – und leistet auch, wenn sie glücklich ist – eine tiefgehende Um- und Neustrukturierung der Persönlichkeit beider Partner, durch die deren weitere Persönlichkeitsentwicklung nachhaltig beeinflußt wird. In der Gemeinsamkeit der Ehe werden bestimmte

Funktionen geteilt, andere von dem einen oder dem andern Partner allein getragen, und damit gewisse Aspekte der Individualität eines jeden aufgegeben. So werden, indem die Persönlichkeit in der Beziehung zum Partner neue Gestalt gewinnt, bestimmte Persönlichkeitsmerkmale und Charakterzüge stärker hervortreten, andere dagegen an Bedeutung verlieren ... das Ich muß in der Ehe nicht nur das Selbst, sondern auch den Partner und die Ehe als in sich geschlossenes Ganzes mit einschließen. In der optimalen Ehe wird der Partner zu einem zweiten Ich, dessen Wünsche und Bedürfnisse und dessen Wohlbefinden zugleich mit denen des eigenen Ichs erwogen werden ... Vor allem in den kleinen Dingen des täglichen Lebens suchen die Partner Übereinstimmung zu finden, wodurch sich eines jeden Leben auf den anderen hin bewegt» (S. 572).

Dieser Anpassungsprozeß führt beim Individuum, kaum hat es die Identitätskrise der Adoleszenz halbwegs hinter sich gebracht, zu einer erneuten Auflockerung des Persönlichkeitsgefüges. Die Persönlichkeit wird in der Auseinandersetzung mit dem Partner umstrukturiert. Manches, was in der Adoleszenz erworben wurde, wird wieder aufgegeben, weil es vom Partner nicht beantwortet und verstärkt, sondern gehemmt und abgelehnt wird. Manches wird dem Partner abgetreten und ihm überlassen, was zu teilweisen Regressionen führen kann und die gegenseitige Abhängigkeit fördert. Andererseits wird die persönliche Entwicklung in mancher Hinsicht durch das Zusammenleben gefördert und zur Reife gebracht, nicht nur weil es die gemeinsame Aufgabe so erfordert, sondern auch weil der Partner einem diese Reife abverlangt.

War in der Adoleszenz der Bereich der potentiellen Persönlichkeit, das heißt von dem, was man hätte werden können, noch sehr breit, so tritt das Potentielle jetzt in den Hintergrund. Man nimmt Gestalt an, man bildet eine Identität, in der das, wie man sich selbst empfindet, und das, wie man von der Umgebung, speziell vom Partner gesehen und beantwortet wird, sich weitgehend decken.

Dieser gegenseitige Anpassungsprozeß ist schwierig und gefährlich und kann oftmals aus tieferen persönlichen Schwierigkeiten nicht bewältigt werden. Leicht entstehen dabei gestörte Beziehungsformen, wie ich sie in den folgenden Kapiteln als Kollusionen beschreiben möchte. Es kann zum Beispiel das Problem von Nähe und Distanz besondere Mühe bereiten, die Frage, wieviel Anpassung ohne Selbstverlust möglich ist. In der engen Intimität bilden sich Verschmelzungsphänomene mit deren destruktiven Folgen. Oder die Erkenntnis, in der Liebe getrennt zu bleiben, füreinander nicht ein und alles zu sein

(MANDEL), wird als besonders schmerzlich erlebt. Viele rebellieren dagegen und sind gekränkt, daß der Partner sich in seinen Meinungen und Empfindungen von ihnen unterscheidet. Im günstigen Fall lernen die Partner, daß zu Liebe auch Trennung gehört (CARUSO) und die Andersartigkeit des Partners eine faszinierende Erweiterung eigener Erfahrungen ist. Zu Beginn der Ehe tritt ferner leicht die Angst auf, wenn man in einer Auseinandersetzung unterliege, habe man für sein ganzes Leben verloren; jetzt gelte es, sich hart und starr zu behaupten, sonst werde man vom anderen unterdrückt; jetzt dürfe man nicht nachgeben, sonst werde man als Schwächling eingestuft. Aus dieser Angst kann sich ein ehelicher Machtkampf entwickeln. Andererseits kann aber auch die Gefahr bestehen, sich in Auseinandersetzungen vorschnell aufzugeben, um nichts Trennendes aufkommen zu lassen.

All die vielen grundsätzlichen Probleme erfordern von den Partnern die Kunst des fairen Umgehens mit Meinungsverschiedenheiten, das Aushandeln von Lösungen, ohne sich selbst aufzugeben, aber auch ohne vom Partner die Selbstaufgabe zu fordern. Diese Kunst wird heute in Partnerschaftstrainings geübt. Die Wirksamkeit solcher Trainings erreicht meist da Grenzen, wo tieferliegende, neurotische Beziehungsstörungen echte Konfliktlösungen behindern.

Ein wichtiger Problemkreis ist die Neuregelung der Beziehung zu den Herkunftsfamilien, insbesondere zu den Eltern. Manchen gelingt es aus Angst oder Schuldgefühlen nicht, eine klare Grenze gegen die Eltern zu errichten, so daß sich diese in alle Angelegenheiten einmischen. Es kommt zu einem Kampf um das Besitzrecht zwischen den Eltern und dem Partner, ein Kampf um Abhängigkeit und Trennung.

Eine grundsätzlich neue Situation entsteht, wenn das Paar Kinder haben will. Besonders für die Frau ist das eine folgenschwere Entscheidung, weil das Auferziehen von Kindern wahrscheinlich trotz aller moderner Bemühungen im allgemeinen für sie nicht mit den gleichen beruflichen Entwicklungsmöglichkeiten verbunden werden kann, die der Mann hat. Die junge Mutter setzt sich bezüglich beruflicher Karrierechancen dem Mann gegenüber in Nachteil, was im heutigen Wertsystem schwer zu verarbeiten ist. So können durch Schwangerschaft und Auferziehung von Kindern bei der Frau starke Rivalitätsgefühle bezüglich «männlicher» Rollenprivilegien entstehen.

Durch die Kinder entsteht eine tiefgehende Veränderung der Paarbeziehung. Die Partner sind nicht mehr so viel allein für sich. Sie sind nicht mehr so aufeinander ausgerichtet. Die exklusive Zweisamkeit wird zeitlich limitiert und erschwert. Besonders beim Mann, gelegentlich aber auch bei der Frau, tritt eventuell Eifersucht auf die Kinder auf, weil sie einen Teil der Zuwendung des Partners wegnehmen. Man fühlt sich in den Erwartungen an Zärtlichkeit, Zuwendung und Geborgenheit von seiten des Partners beschnitten. Wenn Intimitätsängste bestehen, kann die stärkere Aufgabenorientierung der Paarbeziehung durch das Aufziehen von Kindern begrüßt werden. Entscheidende Probleme können in solchen Fällen entstehen, wenn die Kinder der Familie entwachsen. Es kann auch sein, daß durch die Kinder die gegenseitige Abhängigkeit gefestigt wird und dadurch Trennungsängste in den Hintergrund treten. Diese Ängste werden erneut manifest, wenn die Kinder die Eltern nicht mehr ausreichend zusammenhalten.

Die Krise der mittleren Jahre

In der Aufbau- und Produktionsphase erzeugte die Fülle von äußeren Schwierigkeiten, die vom Paar zu bewältigen waren, ein hohes Maß an dyadischer Kohäsion. Selbst bei tiefgehenden ehelichen Differenzen und Problemen ließen die Größe und der Ernst der gemeinsamen Aufgabe die Möglichkeit des Auseinandergehens in den Hintergrund treten. In den mittleren Jahren ändert sich die Situation grundlegend. In der Aufbau- und Produktionsphase lebte das Paar auf konkrete, in naher Zukunft zu realisierende Ziele hin, die jetzt entweder erreicht worden sind oder deren mögliche Erreichbarkeit realistisch abgeschätzt werden kann. Die berufliche Karriere des Mannes ist jetzt so weit festgelegt, daß deren zukünftiger Verlauf in relativ geringer Schwankungsbreite voraussehbar geworden ist. Damit ist auch der soziale Status der Familie bestimmt und der finanzielle Rahmen, in dem die Familie leben wird, gesteckt. Die Polstergruppe ist angeschafft, der Fernsehaltar aufgebaut, das Einfamilienhäuschen geplant oder bezogen*; es besteht kaum noch ein äußeres Ziel von einiger Relevanz, worauf das Paar hinlebt und wodurch es zusammengehalten und strukturiert wird. Die Kinder sind nicht mehr in einem Alter, in dem die Anwesenheit beider Eltern für deren Entwicklung unbedingt erforderlich ist. Während das Paar in der Aufbau- und Produktionsphase bis

---

* *Spiegel*-Umfrage über das Freizeitverhalten der Deutschen: «Es gibt weit mehr Eigentümer von Häusern als vielfach vermutet wird.» Jedes zweite bundesdeutsche Ehepaar lebt in einem eigenen Haus (allein oder mit anderen). Von je 100 Bundesbürgern wohnen 32 im freistehenden Einfamilienhaus und 11 im Reihenhaus (*Der Spiegel* Nr. 8/1975).

zur Grenze seiner Leistungsfähigkeit beansprucht worden war und beide Partner sich nach mehr Ruhe und Freizeit sehnten, breitet sich jetzt, wo dieser Zustand erreichbar wird, eine große Leere aus. Der gemeinsame Aufbau ist so weit gediehen, daß die Vollendung des Werkes das Paar nicht mehr zusammenschweißen wird.

Beide Partner haben ihre Identität wesentlich in der gemeinsamen Auseinandersetzung und in der gemeinsamen Aufgabenbewältigung gefunden. Jetzt haben sie eventuell Mühe, sich weiterhin auf dieses Selbstbild festlegen zu lassen. Sie verfallen einer Art zweiten Pubertät, einer zweiten Identitätskrise. Mit steigendem Freiheitsgrad schwindet der zwingende Anlaß zur Identifikation mit der Ehe. Eventuell brechen starke Ressentiments gegen die Ehe aus. Man ist nicht mehr bereit, seine persönlichen Interessen der Ehe und der Familie unterzuordnen. Man möchte im Gegenteil diejenigen Lebensmöglichkeiten, die einem in der Solidarität mit dem Partner verbaut worden sind, nachholen. Man möchte man selbst sein können, ohne sich dem Partner anpassen zu müssen. Auf die eheliche Gleichwertigkeitsregel soll nicht mehr weiter Rücksicht genommen werden. Der Nachholbedarf verpaßter und geopferter Lebensmöglichkeiten wird durch das bevorstehende Alter gewaltig gesteigert.

Die Situation ist in unserer Kultur für Mann und Frau trotz gleichartiger Züge verschieden.

Bei manchen Männern breitet sich eine Malaise aus, weil sie aus ihrem Leben nicht das machen konnten, was sie erwartet hatten, und mit dieser Tatsache noch 30 bis 40 Jahre zu leben haben. Sie finden ihr Leben und sich selbst nicht sinnvoll bestätigt und neigen dazu, die Schuld an ihrem Versagen der Ehe zuzuschieben, die sie in ihrer persönlichen und beruflichen Entwicklung gehindert habe. Sie sind zu Hause mißmutig und gereizt. Verhält sich die Frau besänftigend, so fühlen sie sich von ihr noch mehr in der verfehlten Identität gefangen. Wehrt sich die Frau aber dagegen, sich zum Sündenbock machen zu lassen, so spürt der sich unverstanden fühlende Mann nun erst recht das Bedürfnis nach einer verständnisvollen Geliebten, die ihn in seinem tragischen Los bedauert. Obwohl das Gegenteil zu erwarten wäre, sieht die Situation erfolgreicher Männer in dieser Phase nicht anders aus. Auch wenn all die hart umkämpften Berufsziele erreicht werden konnten, entsteht oft ein Gefühl des Unbehagens, der Leere und Depression. Die Schalheit von Erfolg, Prestige, Reichtum und Besitz wird spürbar. Es melden sich Zweifel, ob man sich unter Leben eigentlich das vorgestellt hat, was dabei herausgekommen ist. Es stellt sich die Frage, ob der große Einsatz, der zur Erreichung der gesteckten Ziele notwendig war, nicht ganz andere Lebensmöglichkeiten verpassen ließ. Man gesteht der Frau zwar zu, sich unter ihrem leitenden Halt eventuell über die eigenen Möglichkeiten hinaus entwickelt zu haben. Dieser leitende Halt wird nun aber zur Zwangsjacke. Man möchte in gewissem Umfang auf Erfolg und Leistungsverpflichtung verzichten und mehr man selbst sein und das Leben genießen. Andererseits fällt es einem doch schwer, auf den Komfort, die Sicherheit und das Prestige zu verzichten, das man so hart erkämpfen mußte. Manche geraten in eine Berufskrise, wechseln die Stelle oder sogar die Art der Tätigkeit und beginnen mit einer neuen Ausbildung.

Auf dem Gesicht der Frau werden die ersten Falten sichtbar. Der Mann stößt sich daran, aber nicht nur, weil die Frau deswegen weniger schön und jung wirken würde, sondern auch weil er das eigene Älterwerden weniger an sich selbst als vielmehr an seinem Gegenüber wahrnehmen wird. Eventuell muten ihn die Gesichtsfalten wie Narben der langjährigen Auseinandersetzungen an, Auseinandersetzungen, die tiefe Wunden geschlagen haben, die zwar vernarbt, aber nicht beseitigt worden sind. Wenn er sich nach einer jüngeren Frau sehnt, so geschieht das nicht nur, weil diese schöner wäre, sondern vielmehr, weil ihm diese das Gefühl vermittelt, selbst nochmals als Junger von vorne beginnen zu können, es diesmal besser zu machen und all die langjährigen Spannungen, unbefriedigenden Kompromißlösungen, gegenseitigen Verletzungen und resignierten Vorwürfe hinter sich lassen zu können. Manche gehen in dieser Phase eine außereheliche Beziehung ein oder streben eine Scheidung an. Sie hoffen, damit aus der festen Identität auszubrechen, die ihnen vom Partner auferlegt wird und die zu einem Standbild erstarrt ist. Sie möchten andere Lebensmöglichkeiten mit einem anderen Partner erproben. Die außereheliche Beziehung wirkt zunächst verjüngend und belebend und verleiht dem Leben neuen Sinn. Oft spielt sich dabei ein Prozeß ab, der stark der Reise in ein fremdes Land gleicht: Zunächst ist man vom Andersartigen überwältigt, idealisiert all das Neue, fühlt sich wie neu geboren, bis dann nach einiger Zeit auch die Kehrseiten des Andersartigen deutlicher werden und man gerne wieder in die vertraute Heimat zurückkehrt. Das Eigene kann durch diese Reise kostbarer geworden sein. Man sieht es mit anderen Augen. Man hat sich selbst auf dieser Reise teilweise erneuert und erweitert, teilweise aber hat man auch gelernt, sich als etwas Kontinuierlich-Durchhaltendes zu akzeptieren und als sinnvoll bestätigt zu finden. Wenn jemand ins Ausland reist, besteht ein gewisses

Risiko, daß er nicht mehr zurückkehren wird. Meist ist dieses Risiko aber nicht so groß, wenn ihm die Rückkehr nicht erschwert wird.

Diese Situation erfordert von der Ehefrau ein hohes Maß an Klugheit. Es wäre günstig, sie könnte diese Fremderfahrung auch für sich selbst als eine eventuell notwendige und sinnvolle Durchgangsphase akzeptieren. Wichtig scheint mir aber, daß sie dem Partner klarmacht, daß sie bei allem Verständnis und aller Nachsicht auf der Einhaltung oder Wiederherstellung einer klaren ehelichen Struktur bestehen wird, sonst werde sie die Ehe als gegenstandslos auflösen. Der Versuch, sich mit der außerehelichen Beziehung einzurichten und sich abzufinden, führt meist zu Konfusionen, Überforderung, verleugneter Eifersucht, Selbstzweifel und Degeneration der Ehe. Es wird damit die eheliche Strukturregel verletzt, was im allgemeinen nicht mit einer einigermaßen glücklichen Ehe vereinbar ist. Ich werde aber unter ehelichen Dreiecksbeziehungen Fälle beschreiben, wo die Einbeziehung einer Geliebten die für alle Beteiligten akzeptabelste Lösung bildet.

Oft kommt es aus der beiderseitigen Ambivalenz, ob man sich trennen soll oder beieinander bleiben will, zur Eifersuchts-Untreue-Kollusion, wo jedes das andere zu Reaktionen provoziert, die trennen und gleichzeitig zusammenhalten.

Für die Frau ist diese Phase in mancher Hinsicht schwieriger als für den Mann. Die Kinder entwachsen ihr, sie sieht keine lohnende Aufgabe mehr vor sich, sie kann sich zwar wieder einer Berufstätigkeit zuwenden, die aber oft eher den Charakter einer Beschäftigung hat, da sie darin bei weitem nicht denselben Status erringen kann wie der Mann, der seine Karriere über 20 bis 30 Jahre systematisch aufbauen konnte. Oder sie beginnt eine berufliche Aus- und Weiterbildung und muß dabei ganz unten anfangen, in Kursen, deren Teilnehmer altersmäßig eventuell ihre Kinder sein könnten. Dazu kommt, daß sie körperlich in dieser Phase als weniger attraktiv betrachtet wird als der Mann und auch die körperlichen Veränderungen des Klimateriums, insbesondere der Verlust der Menstruation, ihr ein Gefühl des Verblühens geben. Es besteht die Gefahr, daß sie verbittert feststellen wird, ihre besten Jahre der Familie geopfert zu haben, die sich jetzt auflöst. Die Kinder verlassen sie, der Mann mißachtet sie, sie fühlt sich allein. Manche Frauen allerdings empfinden in dieser Lebensphase eine Belebung: Endlich können sie sich frei zu Tätigkeiten fühlen, die ihnen durch die Auferziehung von Kindern versagt waren. Beglückt über die gewonnene Freiheit engagieren sie sich in einer Berufsarbeit.

Die Gleichwertigkeitsregel ist in dieser Phase extrem gestört. Der

Mann steht im Zenit seines Erfolges, während die Frau oft mit leeren Händen dasteht und sich aller Dinge beraubt fühlt, die ihr zuvor Inhalt und Status verliehen haben. Die eheliche Beziehung wird schief und droht zu degenerieren, weil die Frau in der dyadischen Dynamik nicht mehr als ebenbürtiger Partner mitspielen kann. In ihrer benachteiligten Position wird sie es schwer über sich bringen, ihren Mann in seinem Glanz neidlos zu bestätigen. Vielmehr möchte sie ihrer Wut und Enttäuschung ein Ventil schaffen, gerade dazu fehlen ihr aber alle Möglichkeiten, weil es dem Mann in diesem Alter meist ein leichtes ist, auf eine Geliebte auszuweichen, die ihn wegen seiner «bösen und unverständigen» Frau bemitleidet.

Der Stellenwert des «gemeinsamen Selbst» reduziert sich. Gleichgeschlechtliche Freundschaften werden wieder wichtiger. Der Männerkreis wird stark durch die verbindende Thematik der unglücklichen Ehe zusammengehalten. Man klagt sich gegenseitig über die saure Alte, die man zu Hause hat, und schwärmt von der Geliebten, die frischen Wind ins Leben bringt, man schmort in Selbstmitleid und Nostalgie, in Tragik und Weltschmerz, vermischt mit zynischem und lausbübischem Humor. Man hat eine gewisse distanzierte Weisheit gewonnen, sieht die Komplexität des Lebens, die Fragwürdigkeit des geraden, zielgerichteten Weges, man ist melancholisch und gleichgültig, gerät ins Trinken, eventuell in berufliche Fehlschläge. Auch die Suizidrate nimmt in diesem Alter deutlich zu.

Frauen treffen sich ebenso vermehrt untereinander, um sich ihr Leid zu klagen. Sie sind meist echter verzweifelt und verbittert, da sie mehr unter dem Ehezerwürfnis leiden, in ihrer äußeren Abhängigkeit durch das drohende soziale Abgleiten des Mannes stärker tangiert werden und sich häufig vom Mann Rücksichtslosigkeiten gefallen lassen müssen, die sie sich nicht leisten könnten.

Häufig wird in dieser Situation auf Betreiben der Frau ein Eheberater oder Psychotherapeut aufgesucht. Die Frau hofft, damit den Mann in den ehelichen Hafen zurückzubringen und ihn zur Aufgabe der Geliebten zu drängen. Der Mann aber erscheint nur widerstrebend zur Behandlung, da er ja in einer Therapie von seiner privilegierten Position Abstriche machen müßte, um in der dyadischen Dynamik die Gleichwertigkeit wiederherzustellen.

Es scheint mir gerade in dieser Situation wichtig, an eine Therapie realistische Erwartungen zu stellen. Wenn einer der Partner die Ehe nicht mehr fortsetzen will, so ist das, vom Therapeuten aus gesehen, sein freier Wille, der zu respektieren ist. Jetzt, wo die Kinder ein gewisses Alter haben, besteht an sich keine dringliche Notwendigkeit oder moralische Verpflichtung zur Fortsetzung der Ehe mehr. Ob es sinnvoll ist, die Ehe weiterzuführen, muß von den Partnern selbst entschieden werden. Der Ehetherapeut stiftet meist keine neue Ehemotivation, sondern befaßt sich mit der Klärung von Ehestörungen. Besteht eine außereheliche Liebschaft, so interessiert sich die Ehetherapie für die Geliebte eigentlich nur insofern, als der Mann bei der Geliebten eventuell etwas suchen könnte, was er bei seiner Frau vermißt und unter günstigen Umständen auch bei ihr finden könnte. Es geht also darum, ob bei einer verbesserten ehelichen Beziehung die Geliebte überflüssig würde. Die Erreichung dieses Ziels erfordert aber meist von Mann und Frau eine große therapeutische Anstrengung, die zu leisten die eine oder andere Seite oft nicht gewillt ist, da es leichter ist, sich mit gegebenen Verhältnissen abzufinden als eine zur Gewohnheit gewordene Beziehung umzustrukturieren. Es kann eine Tatsache sein, daß man sich in den 10 bis 20 Jahren des Zusammenlebens auseinanderentwickelt hat und daß die Geliebte dem Mann ein Verhalten zugesteht, das seinem jetzigen Ideal-Selbst eher entspricht. Für die Ehefrau ist besonders belastend, daß die Geliebte nicht selten wesentlich weniger differenziert ist als sie und daß diese neue Beziehung des Mannes aus ihrer Sicht nicht einem Schritt zu erhöhter Reifung, sondern eher einem Abstieg zu Primitivität gleichkommt. Es kann aber sein, daß der Mann in dieser neuen Partnerschaft, selbst wenn sie zur Zweitehe wird, tatsächlich glücklicher und befriedigter ist und daß er sich von den Ansprüchen seiner ersten Frau überfordert und emotional frustriert gefühlt hatte. Die Geliebte, deren Beziehungsform oft in einer maximalen und bedingungslosen Bestätigung des Mannes bestanden hatte, hat allerdings in einer nachfolgenden Ehe oft einen recht schwierigen Stand.

Wenn auch beide unter der Ehe leiden, ist damit noch lange nicht erwiesen, daß die Partner zu einer Paartherapie motiviert sind, also eine ernsthafte Anstrengung unternehmen wollen, um ihre Verhältnisse zu verändern. Die «beschissene» Situation vermittelt eine gewisse gesellschaftliche Resonanz und allgemeine Anteilnahme. Manche würden fürchten, der Naivität bezichtigt zu werden, wenn sie sich in diesem Alter noch als glücklich und treu verheiratet erklären würden. Das Leben in ungeregelten Verhältnissen, halb verheiratet, halb geschieden, die ambivalente Bindung in Haß-Liebe hat seinen besonderen Reiz. Bei der Indikationsklärung für eine Ehetherapie ist also zu untersuchen, ob wirklich ein Wille zur Veränderung der Verhältnisse besteht, oder ob man sich nicht im Grunde mit seiner Ehemisere eingerichtet hat.

Es stellt sich für die Frau auch ohne das Problem einer außerehelichen Liebschaft die Frage, welche Möglichkeiten sie hat, diese schwierige Zeit zu bewältigen. Am günstigsten dürfte es sein, wenn die Frau sich wirklich auf die eigenen Füße stellt, ein eigenes Tätigkeitsgebiet findet, eventuell einen eigenen Bekanntenkreis schafft und sich so von der Gunst des Mannes unabhängig macht. Die Ehe setzt sich dann in meist weniger intensiver, verdünnter Form fort. Sie existiert, nimmt aber nicht mehr einen so zentralen Stellenwert ein. Sie muß deswegen nicht unglücklich sein. Die Gleichwertigkeit bleibt gewahrt. Diese Lösung erreichen aber viele Frauen nicht. Manche suchen eine berufliche Zusammenarbeit mit ihrem Mann. Gelegentlich geht das gut. Nicht selten begibt sich die Frau damit aber dem Mann gegenüber in ein Angestelltenverhältnis, was wiederum zu Schwierigkeiten bezüglich der Gleichwertigkeit führen kann. Viele Frauen trauern der intensiven ehelichen Aufbauphase nach und versuchen, von dieser zu retten, was zu retten ist. Oft trachten sie danach, die Kinder klein und abhängig zu halten. Das Paar benötigt und mißbraucht eventuell die heranwachsenden Kinder, um ihre Ehe zusammenzubinden und der Ehekrise auszuweichen. Das kann für die Kinder sehr schädlich sein. Es ist deshalb ein berechtigtes Ziel der Familientherapie, die Eltern darauf zu verweisen, ihre Eheprobleme nicht über die Kinder auszutragen. Oft lassen es aber die Familientherapeuten an Verständnis für die phasenbedingten Schwierigkeiten der Eltern, besonders der Mütter, vermissen.

Wenn man bedenkt, wie prekär die eheliche Situation in dieser mittleren Lebensphase ohnehin ist, und die Eltern der meisten behandelten Familien sind in dieser Phase, so wird man zumindest Verständnis dafür gewinnen, daß sich die Eltern oft an die Kinder anzuklammern versuchen, weil diese in ihren Augen tatsächlich die einzigen Vermittler sein können. Es wird also eine schwierige und aufwendige therapeutische Arbeit sein, die Eltern zu veranlassen, ohne Einbeziehung der Kinder sich mit ihrer ehelichen Beziehung zu befassen. Eine Vorbereitung auf die Schwierigkeiten dieser Ehephase dürfte im Interesse der Prävention besonders wichtig sein, um das ängstliche Sich-Klammern an Ehe und Familie zu vermeiden.

Die Krise der mittleren Jahre kann für die Reifung eine ganz entscheidende Phase sein. Das Fassadenhafte des gemeinsamen Lebens wird spürbar (siehe dazu GASTAGER: «Die Fassadenfamilie»). Hat man den Mut, die Kulissen einzureißen, so ist damit nicht etwa alles zerstört, sondern das Echte und Fortdauernde der Beziehung wird erst wirklich sichtbar. Man lernt sich dabei eventuell ganz neu kennen. Man sieht die Fehler, die man aneinander und miteinander begangen hat, sieht, daß diese Fehler Konsequenzen hatten, die teilweise nicht mehr rückgängig zu machen sind, lernt aber auch, sich gegenseitig in einer tieferen Weise zu verstehen und damit sich mit sich selbst und dem Partner zu versöhnen. Die reife Nachsicht und Weisheit, die dieser Versöhnungsprozeß mit sich bringt, gibt der vieljährigen gemeinsamen Geschichte ihren Wert zurück. Bei der Frage der Treue geht es letztlich um die Frage, ob man sich selbst und dem gemeinsamen Weg, den man miteinander beschritten hat, treu bleiben will als etwas, das gewachsen ist, das vom Schicksal geprägt ist, das die eigene und einmalige Geschichte ist.

Die Altersehe

Alter heißt für viele: Pensionierung des Mannes, Rückzug aus dem aktiven Leben ins Getto der Betagten, Witwen und Rentner, heißt Gebrechlichkeit, Krankheit und nahender Tod. Die alten Freunde und Bekannten sterben weg, die vertraute Umwelt verändert sich, man ist am Weltgeschehen nicht mehr direkt engagiert und kommt in vielen Fragen nicht mehr mit. Das Paar rückt wieder enger zusammen. Das Gleichgewicht verschiebt sich jetzt häufig zugunsten der Frau. Der Mann hält sich zu Hause auf, im Reich der Frau, wo sie ihn jetzt ganz für sich beanspruchen kann, ihn eventuell als Hausdiener beschäftigt oder ihn abhängig und hilflos macht. Die Partner hängen wieder mehr aneinander, sie blicken auf ein langes gemeinsames Leben zurück, sitzen im gleichen Boot, haben einen gemeinsamen Feind in Krankheit, Tod und bedrohlicher Umwelt.

Das Paar bildet eine Schicksalsgemeinschaft. Die hohe gegenseitige Abhängigkeit kann einesteils beglückend sein, anderteils schafft sie erneute Probleme. Jedes versucht, das andere von sich abhängig zu machen und selbst die Unabhängigkeit zu wahren. Es kommt eventuell zu endlosen Zänkereien, Stellungskrieg und gegenseitigem Zufügen von kleinen Bösartigkeiten, mit denen man sich dem Partner gegenüber behaupten will. Dieser Kleinkrieg kann zum Lebensinhalt der Partner werden, erhält sie fit und auf Draht und läßt sie die verbliebenen Kräfte spüren. Nicht selten schließt sich das Paar gegen die feindliche Umwelt ab. Man verschanzt sich in der Wohnung und zehrt an den gemeinsamen Enttäuschungen und Kränkungen von seiten der Kinder.

Besonders belastend ist der Tod eines der Partner. 50% der Frauen und 20% der Männer sind verwitwet, wenn sie in den Lebensabend eintreten (SCHENDA). Die wechselseitige Abhängigkeit und die Vertrautheit der Liebe zueinander haben das bisherige Leben erleichtert. Der Hinterbliebene muß nicht nur den Verlust des Partners, der ein Teil seines Lebens geworden ist, überwinden, sondern er muß sich zusätzlich in die Abhängigkeit anderer, ihm eventuell fremder Menschen begeben. Die Frau ist gewöhnlich eher in der Lage, den Verlust des Partners zu verarbeiten, weil sie gewohnt ist, den Haushalt zu führen.

Dies ist eine abrißhafte Darstellung des phasenhaften Verlaufes der Ehe, wie er häufig vorkommt. Selbstverständlich gibt es viele Abweichungen davon. Insbesondere ist zu bedenken, daß ein Fünftel bis ein Drittel aller Ehen geschieden wird und daß eine erhebliche Zahl von Ehen kinderlos bleibt und sich somit nicht voll in diese Darstellung einordnen läßt. Auch habe ich die eheliche Untreue so behandelt, als ob sie beim Mann die Regel wäre, bei der Frau dagegen nicht vorkäme. Die Vielfalt des Lebens läßt sich nicht in so wenigen Seiten einfangen. Die Darstellung soll lediglich darauf hinweisen, wie die Ehe ein Drama in verschiedenen Akten ist, ein Drama voller Spannung, voller Glück und Unglück, voller Hoffnung und Enttäuschung, kurz, daß die Ehe Leben ist und somit notwendig und unumgänglich mit Konflikten, Spannungen, Krisen und Auseinandersetzungen verbunden. Jede Lebensphase und damit auch jede Ehephase schafft neue äußere und innere Bedingungen, an die sich anzupassen schwierig ist. Manche erfahren diese Krisen als Bereicherung, manche sind davon überfordert. Wenn die Partner auf Grund früherer, meist bis in die Kindheit zurückreichender Beziehungsstörungen in der Verarbeitung solcher Konflikte behindert sind, können diese Probleme zu tiefen, vom Paar nicht zu bewältigenden Ehekrisen führen. Mit solchen tieferliegenden Ehestörungen befassen sich die folgenden Kapitel.

4. Einführung in das Konzept der Kollusion an Hand eines Beispiels

Ehe- und Partnerkonflikte gehören zu den häufigsten Anlässen, die zur psychotherapeutischen Behandlung führen. Sie beanspruchen einen Großteil der alltäglichen psychotherapeutischen Arbeit. Erstaunlicherweise wurde aber erst in den letzten Jahrzehnten in den angelsächsischen Ländern und in den letzten Jahren im deutschen Sprachraum begonnen, Ehekonflikte umfassender zu erforschen und zu behandeln. Manche Therapeuten glauben sich von der Durchführung einer Ehetherapie überfordert, die von ihnen verlangen würde, ins Unbewußte nicht nur eines, sondern gleich zweier Individuen einzudringen. Dieses Unternehmen strapaziert tatsächlich das Fassungsvermögen des Therapeuten. Ich glaube aber, daß die Situation durch folgende Beobachtung wesentlich vereinfacht wird: Das Paar trägt seine Konflikte meist in der unablässigen Variation eines immer gleichbleibenden Themas vor. Die alltäglichen Begebenheiten, die zum Streit führen, drehen sich fortwährend um ähnliche «Grundmelodien». Wenn wir von den akzidentiellen Umständen abstrahieren, so ergibt sich für den Ehekonflikt eine meist engumschriebene Grundthematik, die das betreffende Paar beunruhigt. Diese den Partnern gemeinsame Grundthematik bildet ein *gemeinsames Unbewußtes*. Die Vereinfachung unserer Arbeit in der Ehetherapie liegt darin, daß wir uns für die Ehetherapie auf diesen gemeinsamen Nenner beschränken und viele Bereiche des Unbewußten, die nicht in den Ehekonflikt verwoben sind, außer Betracht lassen können. Das Zusammenspiel der Partner auf Grund dieses gemeinsamen Unbewußten bezeichne ich – in Anlehnung an H. DICKS (s. S. 76) – als *Kollusion**. Es wird im wesentlichen das Thema dieses Buches bilden.

Es gibt kein Konzept, das für sich in Anspruch nehmen könnte, alle Aspekte eines komplexen Ehekonfliktes zu erfassen. Andererseits glaube ich, ohne Konzeptbildung hätten wir in der Fülle von Informationen Mühe, das, was das Paar uns als Streit anbietet, in vertiefter Weise zu erkennen. Es geht nicht nur um die Frage, ob ein Konzept richtig oder falsch ist, sondern auch darum, wie relevant ein Konzept für unsere therapeutische Praxis ist. Was kann mit einem Konzept von einem

Ehekonflikt erfaßt werden und was wird damit übersehen oder vernachlässigt? In welchem Ausmaß fühlen sich die Konfliktpartner durch ein Konzept verstanden? Es gibt ganz verschiedene therapeutische Zugangswege zu Eheproblemen. Ich möchte in etwas vereinfachter Weise darstellen, was die Psychoanalyse bis vor kurzem, die Familientherapie in ihrem Anfangsstadium und die moderne Kommunikationstheorie von einem Eheproblem in erster Linie herausarbeiten und was mit dem Konzept der Kollusion von einem Ehekonflikt erfaßt werden kann.

Die *Psychoanalyse* ging bis in die letzte Zeit fast ausschließlich vom Individuum als Gegenstand ihrer Untersuchungen aus. Man vertiefte sich in dessen unbewußte Vorgänge. Äußere Konflikte und als solche konkrete Partnerkonflikte wurden fast nur insofern als relevant betrachtet, als sie vorgebildete, verinnerlichte Konflikte zu aktivieren vermochten. Die Beziehungen zu konkreten Partnern wurden von den inneren Objekten her untersucht, das heißt von den in früheren Erfahrungen und Erinnerungen gebildeten individuellen Beziehungsmustern. Das Subjekt oder Individuum sei auf Grund belastender Erfahrungen in der frühen Kindheit in konflikthafte Beziehung mit den äußeren Objekten, das heißt Partnern, geraten. Den Psychoanalytiker beschäftigte dabei wenig, wie dieser Partner wirklich sei. Die realen Beziehungen mit der Umgebung wurden nicht als das Determinierende gesehen. Die Objektbeziehungen sollten vielmehr hauptsächlich auf der Ebene der Phantasien untersucht werden, da man davon ausging, daß die Phantasien das Erfassen des Realen und die Handlungen, die daran knüpfen, bestimmen.

Die psychologische Einbahnstraße des Subjektes in Beziehung zum Objekt wurde dann von der «Family Therapy» in Frage gestellt. Es zeigte sich, daß sich manche individuelle Störungen gar nicht behandeln ließen, wenn nicht das pathogene Milieu mitbehandelt wurde.

Manche Therapien scheiterten, weil der Patient dem pathologischen Einfluß seiner Angehörigen nicht entzogen werden konnte, weil die Angehörigen die Therapie sabotierten und verunmöglichten, oder weil der Patient nach der bloßen äußeren Entfernung aus dem Milieu sich nicht als lebensfähig erwies und sich innerlich nicht aus der konfliktträchtigen Verstrickung mit seinen Angehörigen zu lösen vermochte. Damit wurden nun plötzlich die realen Objekte, das heißt die Angehörigen, zum Zentrum wissenschaftlichen Interesses und therapeutischer Bemühungen, aber oft mit einer deutlich anklagenden Grundhaltung der Therapeuten diesen gegenüber. Die Konzepte der Familientherapie

48

wurden zunächst aus Untersuchungen von Familien Schizophrener gewonnen. Es kam zu Äußerungen, die Schizophrenie des Kindes sei die einzig mögliche Reaktion im unhaltbaren zwischenmenschlichen Kontext, den ihm seine Eltern anbieten (BATESON, JACKSON, HALEY und WEAKLAND). Das Kind wird deshalb schizophren, weil es einem langwierigen Bestreben der Eltern ausgesetzt ist, es verrückt zu machen (SEARLES). Die Eltern schaffen Situationen, die bei ihren Kindern Psychosen verursachen, während sie sich selbst damit vor offenen Symptomen verschonen. Es handelt sich dabei um externalisierte oder agierte Psychosen der Eltern. Um sich selbst vor dem Ausbruch einer Psychose zu bewahren, erzeugen die Eltern die Psychose im Kind. Sie schicken das Kind als vorgeschobenen Patienten in die Behandlung. Das Kind ist stellvertretender Patient der Eltern und der Familie. Das Kind ist Opfer der projektiven Bestrebungen der Eltern, die ihre krankhaften Anteile abspalten und sie im Kind austragen. Die Kränksten sind diejenigen, die zuletzt in Behandlung kommen. Das Kind wird zum Erfüller von gewissen, ihm von den Eltern zugeschobenen Rollen, es wird zum Substitut oder Delegierten für eigene nicht ausreichend entfaltete oder abgelehnte Aspekte des Selbst.

Gewisse Darstellungen vermitteln den Eindruck, daß das Kind als unbeschriebenes Blatt gesehen wird, als eine formbare Masse, die widerstandslos durch Elterneinflüsse geprägt wird: das Kind – ein den Eltern ausgeliefertes Opfer, das ihnen als den Übermächtigen nichts entgegenzusetzen hat; das Kind – ein Objekt, an dem die Eltern sich abreagieren können, an dem sie ihre Neurose auszutragen vermögen, durch das sie sich selbst stabilisieren; das Kind als Abspiegelung und Präsentiersymptom der elterlichen Neurose.

Also nicht mehr so sehr der Patient ist der Kranke, sondern die klinisch gesunden Angehörigen sind die eigentlichen Kranken, die es aber verstehen, ihre Krankheit im Patienten auszutragen. Diese der Familientherapie entstammenden Beobachtungen wurden dann von manchen Autoren auf die Ehetherapie übertragen. Der dominante Ehepartner erzeuge die Krankheit des Patienten und trage seine neurotischen Störungen in ihm aus. Solche Beschreibungen finden wir zum Beispiel in der Literatur über Ehefrauen von Alkoholikern. GROTJAHN (1960) führt Beispiele psychosomatischer Krankheiten an, wo bei Herzinfarktpatienten es der Frau gelungen sei, langsam ihre Hände um die Koronarien des Mannes zu schließen und diese zusammenzudrükken. Nachdem sie zuvor über Jahre ein erbitterter, kalter und oftmals grausamer Partner gewesen sei, werde sie in dem Moment, in dem der

Mann erkranke, zur hingebungsfähigen Pflegerin. Dabei zeigten solche Frauen selbst Persönlichkeitszüge, die auf ein ernsthaftes Koronarleiden hinzielen.

Es mag stören, wenn ich hier pauschal von «Familientherapie» spreche, da es in diesem stürmisch sich entwickelnden Gebiet recht unterschiedliche Richtungen gibt. Immerhin finden sich die geschilderten Gesichtspunkte in vielen der frühen, aber auch in neueren Arbeiten. In diesen Publikationen entsteht der Eindruck, die psychologische Einbahnstraße werde nun in umgekehrter Richtung gesehen, nämlich in der Einwirkung des Objektes auf das Subjekt. Es wird untersucht, was die Angehörigen mit dem Patienten machen, aber man fragt nicht oder zu wenig, was die Patienten mit den Angehörigen machen. Jeder Kinderpsychiater kann bestätigen, daß nicht nur die Eltern das Kind prägen, sondern daß das Kind von Geburt an einen außerordentlich prägenden Einfluß auf das Verhalten der Eltern hat. Das trifft noch viel deutlicher auf die Ehe zu, wo man darüber hinaus fragen muß: Weshalb hat sich denn der Patient einen Partner gewählt, der auf ihn einen derart pathogenen Einfluß ausüben kann? Es wäre also zu untersuchen, inwiefern der Patient das pathogene Verhalten der Angehörigen selbst provoziert und verstärkt und ihnen diese pathogene Rolle zuschiebt.

Häufig fühlen sich die Eltern von der Erziehung ihrer Kinder überfordert und wären bereit, aus der Erkrankung ihres Kindes etwas zu lernen, sofern die Therapeuten ihre bereits bestehenden Schuldgefühle nicht noch zu diabolischer Bösartigkeit emporstilisierten und damit ihre rigide Abwehrhaltung notwendig machten, um nicht im eigenen Selbstgefühl vernichtet und der Grundlagen der eigenen Existenz beraubt zu werden. Gerade bei Adoleszenten konnte ich häufig beobachten, daß nicht nur die Eltern das Kind als narzißtisches Substitut mißbrauchen, sondern daß das Kind ein eigenes Interesse hat, den Eltern als Substitut zu dienen.

Heute wird grundsätzlich die Notwendigkeit erkannt, sich aus der individualistischen Sicht zu lösen und einen Partnerkonflikt weder einseitig dem Fehlverhalten des einen noch des anderen zuzuschieben, sondern die Partnerschaft als Ganzes, als System zu betrachten, wie es die Kommunikationstherapie lehrt. Die Kommunikations- und Systemtherapeuten sind oft bemüht, sich von der psychoanalytischen Erfassung von Partnerkonflikten zu distanzieren, legen sich damit jedoch zu ihrem eigenen Nachteil Beschränkungen auf, die ihnen den Vorwurf der Oberflächlichkeit und bloßen Verhaltensmanipulation eintragen.

Ich möchte nun die genannten theoretischen Ansätze auf ein konkretes Beispiel anwenden und daran das Konzept der Kollusion entwickeln, das heißt den Ansatz, Ehekonflikte als gemeinsame neurotische Störung der Konfliktpartner zu sehen.

Vorausgeschickt sei, daß im vorliegenden Beispiel der Anlaß zur Behandlung schwere Konflikte bezüglich männlicher und fraulicher Rollenerfüllung war, die hier deskriptiv als neurotische Störungen hingestellt werden, ohne sie nach deren gesellschaftlichen Verursachung zu hinterfragen. Ich verwende auch die auf diese Störungen bezogenen psychoanalytischen Termini im vollen Bewußtsein ihrer Fragwürdigkeit.

Ein junger Mann meldete sich verzweifelt bei mir, weil er befürchtete, von seiner Frau wegen Impotenz verlassen zu werden. Seine Frau war zu dieser Zeit psychiatrisch hospitalisiert, nachdem sie unter der ehelichen Belastung eine hysterische Beinlähmung entwickelt hatte. Das Paar war seit einem Jahr in kinderloser Ehe verheiratet, lebte aber vor der Heirat bereits ein halbes Jahr zusammen. Es handelte sich um einen jungen Ingenieur. Er war jüngster und einziger Sohn neben zwei Schwestern. Sein Vater war ebenfalls Ingenieur, der zeitlebens an Potenzstörungen gelitten hatte und von der Mutter deswegen vor den Kindern verhöhnt worden war. Schließlich wurde die elterliche Ehe geschieden, als der Patient in die Pubertät kam. Seine älteren Schwestern waren beide geschieden, weil sich auch ihre Ehemänner als impotent erwiesen hatten, wobei die jüngere Schwester jetzt in zweiter Ehe mit dem ersten Mann der älteren Schwester lebte.

Dieser junge Mann hatte also kein Vorbild einer geglückten Beziehung, vielmehr mußte er sehen, daß sowohl bei seiner Mutter wie bei seinen Schwestern die Impotenz des Mannes zur Ehescheidung führte.

Seine Mutter war eine egozentrische, besitzergreifende und herrische Frau. Sie wollte ihm immer alle Lebensschwierigkeiten abnehmen und alle Probleme für ihn lösen, womit sie ihn stark an sich band. Sie verunmöglichte ihm die adäquate Ablösung und die Bewältigung des Ödipuskomplexes, indem sie Inzestphantasien real anregte. Wenn sie ein Bad nahm, mußte sich der Junge zu ihr setzen und aus einem Buch vorlesen. Wenn er sich wusch, mußte er bis in die Pubertät seinen Penis von ihr auf Sauberkeit inspizieren lassen. Ein besonderes Trauma bedeutete für ihn eine Phimoseoperation im 8. Altersjahr. Er sei von der Mutter ins Spital geführt und dort von den Krankenschwestern auf den Operationstisch gebunden worden, ohne daß er zuvor über die Art der Operation informiert worden sei. Als die Schwestern und Ärzte sich an seinem Glied zu schaffen machten, sei er von panischer Angst befallen worden, man schneide ihm das Glied ab. Seine Mutter habe daneben gestanden und gellend gelacht. Noch als er Student war, habe seine Mutter mit ihm Phantasien ausgesponnen, sie könnten doch ihr Leben zu zweit auf einer einsamen Insel verbringen. Der junge Mann litt bis zum 18. Altersjahr an Bettnässen. In der eigenen Ehe reagierte er nun mit Potenzstörungen.

Die *psychoanalytische Interpretation* würde etwa folgenden Aspekten besondere Beachtung schenken: Mit der Eheschließung wurden die Inzest- und Kastrationsphantasien aktiviert. Der Patient übertrug das innere Objekt, das heißt die internalisierten Erfahrungen mit einer fordernden und kastrierenden Mutter auf das Realobjekt, das heißt auf die Frau, die er nur als ebenso kaptativ und kastrierend wie seine Mutter wahrnehmen konnte. Als die elterliche Ehe geschieden wurde, stand er in der Pubertät. In seiner Vorstellung rückte er damit der Mutter gegenüber in die Position des Ersatzgatten. Die Identifikation mit dem impotenten Vater wurde gefördert durch Schuldgefühle, da er diesen in seiner Phantasie aus der elterlichen Ehe verdrängt hatte. Unter den konkreten Anforderungen der Realität (des intimen Zusammenlebens in der Ehe) und den Ansprüchen des Objektes (seiner Frau) wird sein «Kastrationskomplex» aktiviert. Es kommt zur Impotenz, und zwar schicksalhaft, unabhängig vom Verhalten des äußeren Realobjektes. Unter den starken Schuldgefühlen und dem Inzestverbot des Über-Ichs sowie unter dem unsicheren männlichen Ich-Ideal müssen die phallischen Strebungen vom Ich abgewehrt werden.

Nun verhielt sich die Ehefrau aber keineswegs wie ein Neutrum oder ein Objekt, sondern eindeutig real «kastrierend». Nachdem sie äußerlich eine Zeitlang von ihrem Mann getrennt war, besuchte er sie und versagte prompt erneut beim Geschlechtsverkehr. Die Frau schickte ihn deswegen mit Schimpf und Schande davon.

Sie war eine etwa gleichaltrige Studentin der Naturwissenschaft, älteste von drei Töchtern. Wegen ihrer außergewöhnlichen Körpergröße wurde sie in der Schule häufig ausgelacht und war im Vergleich zu ihren Schwestern bei Männern weit weniger erfolgreich. Auch ihre Mutter tyrannisierte die Familie. Ihr Vater war ein recht farbloser Geschäftsmann, der sich oftmals bei der ältesten Tochter ausgeweint hatte. Die Mutter versuchte den Mann vor den Töchtern lächerlich zu machen und diese gegen ihn einzunehmen.

Ohne akzeptables mütterliches oder väterliches Leitbild entwickelte die junge Frau ein schlechtes Identitätsgefühl für die eigene weibliche Rolle wie auch für die männliche Rolle des Partners. In der Ehe verhielt sie sich sexuell kapriziös, wollte immer das Gegenteil von dem, was der Mann wollte, verunsicherte und verhöhnte ihn in seiner Männlichkeit und jagte ihm Angst ein, eine Frau nie richtig verstehen zu können.

Die frühe, psychoanalytisch geprägte *Familientherapie* würde diesem Ehebeispiel folgende Interpretation geben: Dieser Frau gelang es trotz forciertem Bemühen nicht, sich mit der weiblichen Geschlechtsrolle zu identifizieren. Sie rivalisierte in versteckter Weise mit dem Mann um die männliche Rolle, und zwar nicht so, daß sie selbst einen offenen Anspruch auf diese Rolle erhoben hätte. Vielmehr wollte sie dem Mann zeigen, daß er ein Versager in der männlichen Rolle und im Gebrauch seines männlichen Organs sei und folglich nicht mehr tauge als sie selbst. Indem sie den Mann impotent machte, konnte sie ihren Konflikt bezüglich der eigenen sexuellen Identität in der Verdrängung halten und mußte sich nicht mit ihrer Problematik auseinandersetzen. Da ein (männlicher) Therapeut dazu neigt, sich mit dem Mann, der sich als Patient an ihn wendet, zu identifizieren, gelingt der Nachweis leicht, daß der Mann für die Frau deren «Kastrationskomplex» austragen müsse, daß er das Opfer der Frau sei, ihr stellvertretender Symptomträger. Der eigentlich Kranke sei nicht der impotente Mann, sondern die sexuell nicht manifest gestörte Frau. Nicht er gehöre in Behandlung, sondern die Frau als der eigentlich pathogene Herd der Paarbeziehung.

Mir scheint sowohl die erste wie die zweite Interpretation zwar in sich richtig, gesamthaft aber greift jede dieser Konzeptionen zu kurz. Wir müssen uns fragen: Weshalb wählt sich dieser mit Ängsten vor «männlichem» Versagen belastete Mann ausgerechnet eine Frau, die auf Grund ihres eigenen ungelösten Konfliktes dazu neigt, den Mann in seiner Potenzunsicherheit zu verstärken? Andererseits: Weshalb wählt sich diese Frau ausgerechnet einen Mann, der ihr die Bewältigung ihres eigenen sexuellen Rollenkonfliktes nicht ermöglicht, weil er selbst in der männlichen Rollenerfüllung versagt und ihr damit auch die Identifikation mit der eigenen Geschlechtsrolle erschwert?

Hier hilft uns zunächst die *Kommunikationstheorie* einen wichtigen Schritt weiter. Sie führt uns von der individualistischen Betrachtungsweise der Psychoanalyse zur Erfassung einer Partnerbeziehung als ganzheitliches System, als ganzheitlichen Organismus. Die Verhaltensweisen von Konfliktpartnern sind regelkreisartig aufeinander bezogen. Ein Kreis hat weder Anfang noch Ende. Wir können nicht mehr davon ausgehen, das Verhalten des einen Partners verursache das Verhalten des anderen, weil das Verhalten des ersteren bereits durch das Verhalten des zweiten mitbedingt ist. Ursache und Wirkung, Reiz und Reaktion lassen sich nicht mehr voneinander trennen. Auf unser Beispiel übertragen: wir können nicht sagen, daß die Impotenz des Mannes die Folge des Kastrationsverhaltens der Frau ist, genausowenig wie wir sagen können, das Kastrationsverhalten der Frau habe seine Ursache in der Impotenz des Mannes, obwohl jeder von beiden Partnern derartige Behauptungen aufstellen wird und vordergründig aus seiner Sicht teilweise recht hat. Wir werden dem Sachverhalt aber eher gerecht mit der Interpretation, daß sich Mann und Frau in ihrem Verhalten gegenseitig so verstärken, daß daraus die Impotenz des Mannes als partnerbezogenes Symptom resultiert. «Je fordernder die Frau, desto impotenter der Mann, und je impotenter der Mann, desto fordernder die Frau.»

Die Kommunikationstheorie verzichtet auf die Erforschung der komplexen Beschaffenheit des Individuums, weil dazu letztlich unbeweisbare Hypothesen über innerseelische Kräfte und Konflikte herangezogen werden müßten (WATZLAWICK, BEAVIN und JACKSON). Der Kommunikationstherapeut interessiert sich nicht für die Motivation zu einer bestimmten Verhaltensweise, für die Begründung einer neurotischen Fehlhaltung in der frühkindlichen Entwicklung und setzt sich deshalb therapeutisch auch nicht das Ziel, dem Individuum oder dem Partner mittels Deutungen Einsicht in die Hintergründe seines Verhaltens zu verschaffen. So würde ein Kommunikationstherapeut die Problematik unseres Ehepaares an Hand ganz konkreter Kommunikationssituationen bearbeiten, wie zum Beispiel in folgender Begebenheit: Das Ehepaar war zu Beginn der Therapie durch die stationäre Behandlung der Ehefrau äußerlich getrennt. Als der Mann nach mehreren Wochen erstmals seine Frau besuchte und mit ihr einen größeren Spaziergang unternahm, wollte er im Walde mit ihr sexuell verkehren. Er erwies sich aber wieder als impotent. Seine Frau war darüber aufgebracht und schleuderte ihm entgegen: «Ich will mit dir keine sexuellen Beziehungen mehr, solange du mir nicht garantieren kannst, daß es bei dir klappt. Lieber verzichte ich ganz darauf, als daß du mir noch einmal eine derartige Enttäuschung bereitest.» Kommunikationstherapeuten würden darauf verweisen, daß durch eine derartige Bemerkung die Erwartungsangst des Mannes vor sexuellem Versagen ganz wesentlich gesteigert werde, und es würden Kommunikationsübungen und Verhaltensalternativen durchgespielt, die dem Manne in angstfreier Atmosphäre ermöglichen könnten, das Zusammensein mit der Frau zu genießen, ohne unter dem Druck zu stehen, sich dabei als potent ausweisen zu müssen. Der Ehekonflikt würde so vor allem auf eine sexuelle Kommunikationsstörung reduziert und als solche behandelt.

Vielleicht wäre das Paar von der Wiederherstellung der sexuellen Funktionsfähigkeit durchaus befriedigt und verstünde sich danach auch in nichtsexuellen Belangen besser als zuvor. Vielleicht ist aber die sexuelle Störung lediglich die Darstellung einer tieferen und umfassenderen Beziehungsstörung zweier Partner. Vielleicht ärgert sich die Frau nicht nur über die Impotenz des Mannes, sondern sie fühlt sich aus unbewußten Gründen dazu gedrängt, diese Impotenz bei ihm auszulösen, weil sie selbst Angst vor der sexuellen Hingabe hat, sich mit der weiblichen Rolle nicht identifizieren kann und in der Potenz Ausdruck männlicher Überlegenheit und männlicher Privilegien sieht, die sie nicht akzeptieren mag, ja, die sie zerstören möchte. Selbst wenn die sexuelle Funktionsfähigkeit wiederhergestellt werden kann, ist damit noch nicht gesichert, daß die Partner ihre Sexualbeziehungen auch genießen können. Dazu wäre die Aufarbeitung der Hintergründe, die zu der Sexualstörung geführt haben, wichtig.

Alle drei hier besprochenen theoretischen Ansätze, der psychoanalytische, der familientherapeutische und der kommunikationstherapeutische, vermögen über den Partnerkonflikt dieses Paares Wichtiges auszusagen. Mit dem Konzept der Kollusion möchte ich nun versuchen, wichtige Aspekte dieser drei Ansätze in ein übergeordnetes Ganzes zu integrieren.

Nach dem *Konzept der Kollusionstherapie* ist eheliches Verhalten eines Individuums zwar wesentlich von seiner persönlichen Vorgeschichte determiniert (genetischer Aspekt der Psychoanalyse); in seinem Manifestwerden ist eheliches Verhalten aber auch wesentlich vom verstärkenden oder dämpfenden Verhalten des Partners bestimmt (Kommunikationstheorie), wobei das verstärkende oder dämpfende Verhalten des Partners seinerseits wieder durch dessen persönlichen Hintergrund motiviert ist (Aspekt der frühen Familientherapie). Besonders verhängnisvoll muß sich auswirken, wenn eine ungünstige persönliche Entwicklungsbereitschaft durch eine gleichlaufende Tendenz von seiten des Partners aufgeschaukelt wird. Nun läßt sich am vorliegenden Beispiel beobachten, daß sich im unlösbaren Paarkonflikt

eine derartige Entsprechung neurotischer Strukturen findet, *das heißt,
daß sich bei beiden Partnern eine gleichartige Grundstörung bezüglich
des Ehekonfliktes nachweisen läßt, die sie aber in verschiedenen Rollen
austragen.* Die gleichartig gestörten Partner fördern sich gegenseitig in
ihrem pathologischen Verhalten und spielen sich auf ein unbewußtes
Arrangement, auf eine *Kollusion* ein. Sie tun dies, obgleich sie bewußt
mit der Partnerwahl das Gegenteil intendierten, nämlich ihre schon
vorher bestehende Störung miteinander zu bewältigen. Um den aktuel-
len Ehekonflikt zu verstehen, scheint mir wichtig, auf die Partnerwahl
zurückzugehen, denn die Verbitterung im jetzigen Streit hat ihre eigentliche Wurzel in der Enttäuschung bezüglich der Vorstellungen und
Ideale, die beide Partner bei der Eheschließung miteinander teilten.

Beschäftigen wir uns zunächst mit der *Kollusion der Partnerwahl*
dieses Paares:

Das Paar lernte sich in einem Studentenrestaurant kennen. Der Mann,
der bis dahin Frauen gegenüber schüchtern und zurückhaltend gewesen war, sah seine zukünftige Frau am Nebentisch mit einer Kollegin
sprechen. Sie machte ihm einen sanftmütigen und ausgesprochen femininen Eindruck. Es überkam ihn der Mut, aufzustehen und dieses Mädchen zu einem Kaffee einzuladen. Sie war überrascht über seine Kühn-
heit und sah darin Ausdruck «männlichen» Selbstbewußtseins. Die for-
sche Art des jungen Mannes imponierte ihr und sie leistete der Einla-
dung Folge. Die beiden Partner verliebten sich rasch ineinander.

Er wählte bewußt die scheinbar sanfte, anlehnungsbedürftige «Femi-
nine», durch die er sich in seiner «Männlichkeit» bestärkt fühlte.

Sie wählte den scheinbar selbstsicheren, «männlichen» Mann, an
dem sie Stütze und Halt zu finden hoffte.

Wie erwähnt, trat der Mann in die Beziehung ein mit der ungelösten
Bindung an seine überfürsorgliche, ihn unselbständig haltende und
«kastrierende» Mutter. Sein dringlicher Wunsch war, eine Frau zu finden, der gegenüber er sich männlich bestätigen könnte und die nicht ihn
bemuttern würde, sondern die er bemuttern könnte. Seine Angst vor der
Ehe war, es könnte zur Wiederholung der Elternehe kommen, er könnte
genauso ein schwächlicher Versager wie sein Vater sein. Seine Frau
schien ihm in ihrer Hilflosigkeit und Anlehnungsbedürftigkeit eine sichere Gewähr gegen diese Gefahr zu bieten, indem sie ja seine Männlichkeit verstärkte und keine Anstalten machte, ihn zu bemuttern, sondern vielmehr von ihm mütterliche Fürsorge erwartete. Sie ermöglichte
ihm also die Abwehr der bedrohlichen Mutter, indem sie ihm die Identifi-

kation mit dem Aggressor (mit der fürsorglichen Mutter) ermöglichte. Er bannte die Bedrohung durch die Mutter, indem er sich selbst an deren Stelle setzte.

Die Frau trat in die Ehe ein mit einem ungelösten sexuellen Identitätsproblem. Sie bemühte sich forciert um «weibliches» Verhalten aus Gegenidentifikation gegen ihre herrische Mutter. Sie hatte sich im häuslichen Milieu stark frustriert gefühlt und ersehnte sich für die Ehe Geborgenheit und Zärtlichkeit wie auch Halt und Umsorgtwerden. Ihre Angst im Blick auf eine Ehe war ebenfalls die Wiederholung der Elternehe, nämlich daß sie selbst so dominant und gefühlskalt werden könnte wie ihre Mutter. Ihr Mann schien ihr eine sichere Gewähr gegen diese Gefahr zu bieten, da er von Anfang an ihr gegenüber eine aktive, mütterliche und fürsorgliche Haltung einnahm und sie verwöhnte. Ihre bewußte Motivation zur Partnerwahl war das Leitbild, eigene «männliche» Tendenzen dem Mann abzutreten und sich in der Ehe passiv zu verhalten und sich bemuttern zu lassen.

Die auf beiden Seiten vorgegebenen persönlichen Motivationen zur Partnerwahl entsprachen sich also sehr genau. Wie konnte es nun überhaupt zur Krise kommen?

In bewußter Gegenidentifikation gegen ihre Mutter hatte die Frau sich bemüht, alles zu tun, um klein, schwach und hilflos zu sein und sich auf passiv-feminines Verhalten zu bescheiden, obwohl das ihrer Natur gar nicht entsprach. Schon rein äußerlich hatte sie einen grobknochigen Körperbau, männliche Gesichtszüge, die sie mit langen Haaren, schief gehaltenem Kopf und hauchender Stimme zu überspielen versuchte. Sie war bemüht, ihre unterdrückten männlichen Strebungen dem Mann abzutreten. Im Laufe der Ehe kam es aber zur Wiederkehr des Verdrängten. Forciert rief sie dem Mann immer zu: «Du bist doch der Mann!» und unterdrückte ihre aktiven Tendenzen noch mehr, indem sie noch stärker regredierte, sich noch hilfloser gebärdete und schließlich als Ausdruck ihrer Schwäche eine hysterische Beinlähmung entwickelte. Ihre Ansprüche auf Pflege und Stützung wurden immer maßloser und nahmen den Charakter von «Kastrationsverhalten» an, einem Verhalten, das den Partner zum männlichen Versager machen soll. Der Mann fühlte sich von ihren Erwartungen überfordert. In dieser Zeit traten seine Potenzstörungen auf. Damit war es auch beim Mann zur Wiederkehr des Verdrängten gekommen. Er war mit dem Anspruch in die Ehe getreten, sich männlich zu bewähren. Im längeren Zusammenleben verstärkte sich seine vorbestehende Angst, als Mann zu versagen und so das Schicksal seines Vaters zu wiederholen. Um diese Angst zu bannen, bemühte er sich immer angestrengter um Bewährung in ritterlichen Funktionen, wozu er die Frau klein und hilflos halten mußte.

In der Überforderung, die er sich selbst auferlegte und die den Forderungen der Frau entsprachen, brach er aber schließlich zusammen und verfiel in kindlich-hilfloses Gebaren. Er verhielt sich tölpelhaft, um seine Frau zu zwingen, ihm gegenüber Mutterfunktionen zu übernehmen und ihn so wie seine Mutter zurechtzuweisen.

Das Paar regredierte immer mehr. Die Partner überboten sich mit Krankheit, Hilflosigkeit und Verzweiflung, bis sie in Behandlung kamen. Statt aktiv zu rivalisieren, wollten sie sich nun in ihrer Schwäche übertrumpfen.

Im Laufe der Behandlung kam es zunächst zur Rollenumkehr. War ursprünglich der Mann in der Rolle des Fürsorgers und die Frau in der Rolle der Hilflosen, so fing sich jetzt die Frau als erste, machte sich von ihrem Mann unabhängiger und stellte sich auf eigene Füße. Sie wurde schwanger von ihm. Sie ließ ihn nun spüren, daß sie mit dem Kind zusammen eine symbiotische Mutter-Kind-Einheit bilden und ihn nicht mehr benötigen werde. Der Mann regredierte zunächst noch mehr. Kurz vor der Geburt, in hochsommerlicher Hitze, zog er sich eine Erkältungskrankheit zu, ließ sich im Bett von der Frau pflegen und erschien mit dickem Wollschal zur Therapiestunde. Im Geschäft zeigte er kindlichen Trotz und lief mitten aus der Arbeit nach Hause, um sich von der Frau trösten zu lassen. Hatte er bis zum 18. Altersjahr an Bettnässen gelitten, so hatte er jetzt Träume, in denen er die ganze Welt anpißte. Nach der Geburt des Kindes wollte er täglich sexuell «gestillt» werden, als wäre er der Säugling, der nach der Mutterbrust verlangte. Aber seine Frau versagte ihm mütterliche Zuwendung und verachtete ihn in seinem regressiven Verhalten.

Allmählich fing sich auch der Mann wieder und begann, seine Vaterpflichten wahrzunehmen und auch beruflich «seinen Mann zu stehen». Sexuell wurde er wieder voll potent. Die Beziehung wurde sachlicher. Jedes war autonomer geworden und hatte die Ansprüche an den Partner heruntergeschraubt. Die Frau fühlte sich als Mutter glücklich und gebar bereits ein Jahr später wieder, diesmal Zwillinge. Im Umgang mit den Kindern fand sie ihre Identität als Frau und konnte auch ihren Mann, obwohl er weiterhin noch etwas infantil blieb, akzeptieren. Er überwand seine Eifersucht auf die Kinder und nahm seine männlichen Möglichkeiten besser wahr. Er konnte aber auch besser zu seinen männlichen Schwächen stehen, ohne diese dauernd überkompensieren zu müssen.

Dieses Beispiel zeigt, wie Paarkonflikte auf einer gleichartigen Grundstörung beider Partner beruhen können. Beide Partner hatten eine ähnliche Erfahrung mit der Ehe ihrer Eltern und damit ein *ähnlich verzerrtes Bild von ihrer eigenen Geschlechtsrolle wie von derjenigen ihres Partners*. Beide hatten herrische Mütter und schwache Väter. Beide wählten bewußt als Partner das Gegenteil des gegengeschlechtlichen Elternteils, unbewußt aber einen Partner, der gerade diesem Elternteil sehr ähnlich war. Beide wollten in überkompensierender Weise die Wiederholung der elterlichen Ehe vermeiden, beide glitten aber gerade durch die übersteigerte Abwehr in ein ganz ähnliches Beziehungsmuster hinein. Wir sehen, wie eine gleichartige neurotische Grundeinstellung beider Partner die Basis des Ehekonfliktes bildet. In psychoanalytischer Terminologie: Beide litten an einem Kastrationskomplex mit der Neigung, auf orale Objektbeziehungen zu regredieren. Die Frau sublimierte ihre Männlichkeitsbestrebungen, indem sie diese auf den Mann verlegte und sich betont weiblich hilflos verhielt. Der Mann andererseits verdrängte seine ausgeprägt «passiv-femininen» Tendenzen, die er nun ganz seiner Frau zuschrieb, um so angstfreier die angestrebte Mannesrolle zu erfüllen. Im Laufe des längeren Zusammenlebens brach die Scheinweiblichkeit der Frau zusammen, und ihre verzweifelten Bemühungen, die eigenen Männlichkeitsbestrebungen mit immer regressiverem Verhalten zu unterdrücken, führten zu einer Überforderung der Männlichkeit des Mannes. Der Mann konnte seine Scheinmännlichkeit nicht aufrechterhalten, weil seine früheren Ängste vor männlichem Versagen und seine eher weiblichen Tendenzen im Zusammenleben mit einer seiner Mutter im Grunde recht ähnlichen Frau aktualisiert wurden.

Die wichtigsten Gesichtspunkte der bisherigen Darstellung:

1. Kollusion meint ein uneingestandenes, voreinander verheimlichtes Zusammenspiel zweier oder mehrerer Partner auf Grund eines gleichartigen, unbewältigten Grundkonfliktes.

2. Der gemeinsame unbewältigte Grundkonflikt wird in verschiedenen Rollen ausgetragen, was den Eindruck entstehen läßt, der eine Partner sei geradezu das Gegenteil des anderen. Es handelt sich dabei aber lediglich um polarisierte Varianten des gleichen.

3. Die Verbindung im gleichartigen Grundkonflikt begünstigt in Paarbeziehungen beim einen Partner progressive (überkompensierende), beim anderen Partner
regressive Selbstheilungsversuche.

4. Dieses progressive und regressive Abwehrverhalten
bewirkt zu einem wesentlichen Teil die Anziehung und
dyadische Verklammerung der Partner. Jeder hofft,
von seinem Grundkonflikt durch den Partner erlöst zu
werden. Beide glauben, in der Abwehr ihrer tiefen
Ängste durch den Partner so weit gesichert zu sein, daß
eine Bedürfnisbefriedigung in bisher nicht erreichtem
Maße zulässig und möglich wäre.

5. Im längeren Zusammenleben scheitert dieser kollusive
Selbstheilungsversuch wegen der Wiederkehr des Verdrängten bei beiden Partnern. Die auf den Partner
verlegten (delegierten oder externalisierten) Anteile
kommen im eigenen Selbst wieder hoch.

Diese sehr gedrängten Definitionen sind jetzt noch etwas schwer ver-
stehbar. Sie sollen in den folgenden Kapiteln dem Leser klarer und
vertrauter werden.

5. Vier Grundmuster des unbewußten Zusammenspiels der Partner

Mit dem Verweis auf die phasentypischen Konflikte versuchte ich zu zeigen, daß jede Ehe einem Entwicklungsprozeß unterliegt, der sich krisenhaft vollzieht. Ferner verwies ich auf drei psychodynamische Prinzipien, deren Einhaltung für das Funktionieren des Paares wichtig sind. Es kann nun sein, daß die Bewältigung der phasentypischen Ehekrisen wie auch das Befolgen dieser Funktionsprinzipien aus tieferen Beziehungsschwierigkeiten heraus gestört ist. Im vorangehend dargestellten Beispiel wurde gezeigt, wie die Partner von einer gemeinsamen unbewältigten Schwierigkeit – hier die mann-weibliche Rollenfindung – betroffen sind und wie sie sich auf Grund dieser gemeinsamen Konfliktbasis immer mehr auf diese Thematik eingeengt haben. Es kann sein, daß ein Paar sich so sehr in ein gemeinsames Grundthema hineinsteigert, daß der phasentypische Entwicklungsprozeß gelähmt und die persönliche Reifung der Partner behindert wird. In der therapeutischen Praxis fielen mir vor allem vier Grundthemen auf, die ich als Kollusionsmuster darstellen möchte. Diese Grundthemen decken sich weitgehend mit den Themen der frühkindlichen Entwicklungsstufen, wie sie von der Psychoanalyse herausgearbeitet wurden, und sollen deshalb auch nach diesen benannt werden. Zusammengefaßt geht es dabei um folgende Themen:

1. Das narzißtische* Beziehungsthema: Es kreist um die Frage, inwieweit erfordern Liebe und Ehe, daß ich mich für meinen Partner aufgebe, und inwiefern kann ich in einer Paarbeziehung ich selbst bleiben? Inwiefern müssen wir uns gegenseitig abgrenzen, und inwiefern können wir miteinander verschmelzen? Inwiefern soll sich der Partner mit mir identifizieren, nur für mich leben und mich in meinem Selbstgefühl aufwerten, und inwiefern kann ich beim Partner ein besseres Selbst entlehnen?

2. Das orale* Beziehungsthema kreist um die Frage, inwiefern geht es in der Liebe und Ehe darum, sich nährend, pflegend und helfend umeinander zu kümmern? Inwiefern habe ich einen Anspruch darauf, daß der Partner mich wie eine Mutter umsorgt, ohne dafür von mir eine entsprechende Gegenleistung zu erwarten, und inwiefern kann und soll ich mich zum Retter und Helfer des Partners machen und ihm eine unerschöpflich spendende Mutter sein?

3. *Das anal-sadistische* Beziehungsthema* oder besser das Beziehungsthema der Autonomiephase befaßt sich mit der Frage, inwiefern kann ich in Liebe und Ehe der autonome Führer sein, dem sich der Partner passiv zu unterziehen hat, und inwiefern darf ich mich in passive Abhängigkeit vom Partner begeben, ohne Angst haben zu müssen, von ihm ausgenützt zu werden. Habe ich einen berechtigten Anspruch, den Partner ganz zu besitzen und all sein Tun und Denken zu kontrollieren, oder muß ich ihm autonome Bereiche zugestehen?

4. *Das phallisch-ödipale* Beziehungsthema* handelt von Liebe und Ehe als männliche Selbstbestätigung und Anlaß zu phallischer Bewunderung. Inwiefern muß ich als Frau auf die Entwicklung «männlicher» Eigenschaften zugunsten des Partners verzichten und mich passiv und schwächlich an ihn anlehnen? Bin ich als Mann verpflichtet, mich allzeit männlich-stark zu machen, oder darf ich auch gelegentlich passiven Strebungen nachgeben?

Diese vier Themen sind reale Schwierigkeiten für jedes Paar. Jedes Paar wird von diesen Themen berührt werden und muß die für beide Partner zuträglichste Lösung finden. Wenn ein Paar die mit diesen Themen verbundenen Schwierigkeiten nicht zu bewältigen vermag, beruht das oft wesentlich auf tieferen Beziehungsschwierigkeiten, deren Wurzeln in der frühen Kindheit liegen. Die Entwicklungsphasen der ersten Lebensjahre stellen das Kind nämlich in analoge Konflikte. Schon das Kind muß Lösungen finden in Beziehungsschwierigkeiten zu seinen Eltern bezüglich der Themen «Liebe als Einssein», «Liebe als Umsorgtwerden», «Liebe als Einander-ganz-Gehören» und «Liebe als männliche Bewährungsprobe». Konnte das Kind im Umgang mit Eltern und Geschwistern nicht lernen, wie diese Beziehungskonflikte in fairer, für alle Beteiligten akzeptabler Form bewältigt werden können, und bleiben diese Beziehungskonflikte mit Angst, Scham und Schuldgefühlen verbunden, so ist leicht verständlich, daß von der Ehe die Erlösung aus diesen Schwierigkeiten erhofft wird, daß sich diese Erwartungen aber oft nicht erfüllen, indem man in der Beziehung zum Partner in die gleichen Schwierigkeiten, in denen man mit den Eltern steckengeblieben ist, hineingerät. Bei gestörten Ehen finden wir eine Regression des Paares auf rein emotionales Agieren der sie beunruhigenden Thematik. Alle psychischen Energien werden für den Austrag dieser Thematik beansprucht. Das Zusammenleben engt sich auf diese

Thematik so sehr ein, daß das Paar kaum noch funktionsfähig ist und im Fortschreiten der gemeinsamen Entwicklung blockiert wird. Die Therapie soll versuchen, dem Paar aus dieser lähmenden Fixierung herauszuhelfen und es wieder entwicklungsfähig zu machen.

Mit den vier Kollusionsmustern soll das Zusammenspiel der Partner in einem sie gemeinsam beunruhigenden Beziehungsthema aufgezeigt werden. Die dieser Darstellung zugrundeliegenden Erfahrungen stammen meist aus der Behandlung von schwer gestörten neurotischen Ehen. Was hier in zum Teil drastischer Ausprägung beschrieben wird, findet sich aber als Problematik in jeder Ehe.

Die psychoanalytische Entwicklungslehre unterscheidet drei prägenitale Entwicklungsstufen der Libido:

☐ *die orale Phase* (rund das erste Lebensjahr), in der das Kleinkind ganz von der Pflege seiner Beziehungspersonen abhängig ist, in der es die elementaren Erfahrungen über Bedürfnisbefriedigung und Befindlichkeit in der Welt macht und das Erleben des Genährt- und Gepflegtwerdens, der Haut- und Blickkontakt von zentraler Bedeutung sind.

☐ *die anal-sadistische Phase* (2. bis 4. Lebensjahr), auch Autonomie- oder Separationsphase genannt, in der die Ich-Entwicklung entscheidend fortschreitet, motorische und sprachliche Sicherheit erworben wird, das Kind sich gegen die Umgebung abzugrenzen und sich selbst behaupten lernt, in der die Ambivalenz zwischen Herrschen, Machtausübung und Sich-Unterwerfen besonders lustvoll erlebt wird.

☐ *die phallisch-ödipale Phase* (ca. 4. bis 7. Altersjahr), in der die Geschlechtsdifferenz zwischen männlich und weiblich eine wichtige Bedeutung erlangt, das Exhibieren mit dem Glied dem Knaben besondere Lust bereitet, das Empfinden für Werte und Normen sich ausbildet, das Gewissen sich entfaltet, die Über-Ich- und Ich-Ideal-Entwicklung in eine entscheidende Phase tritt.

Der narzißtische Aspekt betrifft die Entwicklung des Selbst in der Beziehung zu den Objekten und reiht sich nicht direkt in die Darstellung der Entwicklungsstufen der Libido ein, sondern läuft dieser parallel als eine andere Seite des frühkindlichen Entwicklungsprozesses. FREUD differenzierte einen primären von einem sekundären Narzißmus. Der primäre Narzißmus entspricht dem Zustand der ersten Lebensmonate, wo der Säugling zwischen sich und der Umgebung noch nicht unterscheiden kann, wo er sich identisch mit der Umwelt und die Umwelt identisch mit sich fühlt. Dieser Zustand steht vor aller Subjekt-

Objekt-Spaltung, vor der Abgrenzung eines Selbst vom Nicht-Selbst. Erwachsene mit primär-narzißtischen Störungen haben eine zerbrechliche Selbst-Konfiguration; sie sind vom Zerfall ihrer Ich-Funktionen bedroht, von der Gefahr, mit der Umgebung zu verschmelzen, es fehlt ihnen die existentielle Sicherheit, das Urvertrauen, sie können von archaischen Ängsten befallen werden. In der Beziehung zu anderen Menschen fällt es ihnen schwer, sich als eigenes Selbst und den Partner als ein von ihnen getrenntes Selbst wahrzunehmen. Sie drohen immer wieder auf den unabgegrenzten Urzustand zurückzufallen, wo sie sich mit der Umwelt identisch fühlten und die Umwelt nur eine Funktion von ihnen war. Sie neigen in ihrer Phantasie zu grandioser Selbstüberschätzung und Allmachtsphantasien.

Sekundärer Narzißmus liegt vor, wenn bereits etablierte Objektbeziehungen wieder aufgegeben werden. Wegen Kränkungen wird die Besetzung von Objekten abgezogen und die Libido ganz auf das eigene Selbst gerichtet. Es handelt sich also um Selbstliebe aus Reaktion auf eine feindliche und frustrierende Umwelt. Sekundär-narzißtisch gestörte Erwachsene sind in ihrem Selbst*wert*gefühl unsicher und verletzbar (hohe narzißtische Kränkbarkeit), sie sind stark auf narzißtische Selbstbestätigung angewiesen, ihre Ich-Funktionen sind aber doch schon so weit etabliert, ihr Selbst ist so konfiguriert, daß es trotz Zusammenbruch des Selbstwertgefühles erhalten bleibt. Sie sind in diesem Sinne nicht von einer chaotischen Desintegration des Ichs bedroht, wie wir das bei (primär-narzißtisch gestörten) Psychotischen sehen. In der phallisch-ödipalen Phase erlebt das Kind häufig Kränkungen, welche die Ausbildung von sekundär-narzißtischen Störungen im Erwachsenenalter begünstigen.

Das Thema «Liebe als Einssein» in der narzißtischen Kollusion

Narzißtische Charaktere; Mutter-Kind-Erfahrungen des Narzißten; Formen narzißtischer Partnerbeziehungen; Komplementärnarzißten als Partner von Narzißten. Die narzißtische Ehe; die narzißtische Partnerwahl; der Umschlag zum narzißtischen Paarkonflikt. Zusammenfassende Aspekte der narzißtischen Kollusion.

Die Thematik, die das Paar in der narzißtischen Kollusion beunruhigt, ist die Frage, inwiefern Liebe die Selbstaufgabe für den Partner erfordert oder einem ermöglicht, man selbst zu bleiben. Eine andere, ergänzende Frage lautet: Kann der Partner als ein Wesen mit eigener Autonomie wahrgenommen werden oder lediglich als Erweiterung und Ausläufer des eigenen Selbst?

Im narzißtischen Stadium der seelischen Entwicklung, das heißt etwa in den ersten sechs Lebensmonaten, sind die Grenzen zwischen Selbst und Umgebung noch nicht klar definiert, und es besteht die Vorstellung vollkommener Einheit mit dem Liebesobjekt.

Klinisch kennt man Krankheitsbilder, die als extreme Ausformungen narzißtischer Störungen betrachtet werden können, wie Schizophrenie, manisch-depressives Kranksein, Charaktervarianten wie Verwahrlosungsstruktur, Asozialität und hysterische Psychopathie. In psychotischen Zuständen kann es zu einer phantasierten Fusion zwischen Selbst und Objekt kommen, zu Persönlichkeitsverlust, Fremdheitsgefühl gegenüber dem eigenen Selbst wie auch gegenüber der Umgebung (Depersonalisation, Derealisation). Das Ich ist unfähig, sich selbst als konturierte, wahrnehmbare Struktur der Außenwelt gegenüberzustellen, es kommt zu einem Verlust der Ich-Grenzen.

Mildere Formen von narzißtischen Störungen spielen in ehelichen Beziehungsproblemen eine besondere Rolle. Bevor ich auf die narzißtische Kollusion in der Ehe eingehe, möchte ich die narzißtische Charakterstruktur beschreiben, dann die Beziehungsstörung zur Mutter in der frühen Kindheit und die daraus sich ergebenden Formen von Partnerbeziehungen im Erwachsenenalter.

Narzißtische Charaktere

Es fallen zwei Grundtypen narzißtischer Persönlichkeiten auf, nämlich die schizoiden Narzißten, die vor allem an einer primär-narzißtischen Störung leiden, und die mehr phallisch-exhibitionistischen Narzißten, bei denen es sich eher um eine sekundär-narzißtische Störung handelt.

Die phallisch-exhibitionistischen Narzißten finden wir als sozial akzeptierte Form vor allem in der Geschäftswelt, deren Ideologie ihrer Charakterstruktur entspricht: dynamisch-rücksichtslos-selbstbezogen-erfolgreich. Bei Frauen finden wir diese Eigenschaften ausgeprägt vor allem in Berufen des Show-, Mode- und Gastgewerbes. Ihre Sozialkontakte sind auf Erhöhung ihres Selbstwertgefühles ausgerichtet.

Schon beim ersten Zusammentreffen verstehen es solche phallische Narzißten, das Gespräch gleich so zu konstellieren, daß der Partner in wenigen Minuten über ihre Attribute informiert ist, nämlich über ihren phantastischen Sportwagen, ihre Villa mit Hallenbad, ihre Freundin mit Pelzmantel, ihr ausgefallenes Hobby, ihre Sammlungen – sie zählen zu den größten und kostbarsten des Landes – sowie ihre Kontakte mit den höchsten Persönlichkeiten, mit denen sie Duzfreunde sind. Sollten sie geruhen, sich nach den Attributen des Gesprächspartners zu erkundigen, so rührt das nicht von echtem Interesse her, sondern dient ihnen dazu, einen spüren zu lassen, daß man sich ihnen gegenüber rettungslos im Hintertreffen befindet. Verfügt man aber zufälligerweise über gewisse Außergewöhnlichkeiten, die geeignet sind, ihr Interesse zu wecken, so wird man von ihnen gleich als Schmuckstück übernommen. Sie möchten dann von einem hören, daß man ein ganz verrückter Kerl ist, ein spinniger Outsider, ein Revolutionär, ein Kraftmeier, Perverser oder Genialer. An der nächsten Party können sie erzählen: «Kennen Sie meinen Freund Hans, ich meine den berühmten Sowieso, was der für ein irrer Typ ist...» Meist wird einem von ihnen aber einfach die Stellung des staunenden Zuhörers zugeteilt. Es bleibt einem nur die Möglichkeit, am Genuß, den ihnen all ihre Attribute bereiten, ehrfurchtsvoll teilzunehmen oder aber sich in Gegenposition zu stellen und ihre Prahlerei abzulehnen.

Damit ist bereits ein wesentlicher Zug über den Beziehungsstil gesagt: Phallische Narzißten brauchen den geselligen Kontakt, denn sie sind darauf angewiesen, von anderen bewundert zu werden. Die Beziehungspersonen sind aber als Individuen bedeutungslos. Sie sind keine Personen mit einem Zentrum eigener Initiative und Aktivität (KOHUT). Sie existieren vielmehr nur funktionell, nämlich um entweder den Glanz des grandiosen Narzißten widerzuspiegeln oder um sich dem Narzißten als Schmuckstück anzubieten. Kann man keine dieser Definitionen für sich selbst akzeptieren, so besteht keine Basis für eine Beziehung, man ist inexistent. Ist der Narzißt ein wortgewandter und scharfzüngiger Spaßvogel, so gelingt es ihm oftmals, eine ganze Gesellschaft in Resonanzschwingung zu versetzen, wobei sich ein Zustand von Gleichklang mit Auflösung individueller Grenzen einstellen kann, ein kollektives Hochgefühl, ein ozeanisches Fest. Manch kreischendes Lachen der Zuhörer entspringt allerdings der Angst, das Wohlbefinden des Narzißten durch Versagung der Gefolgschaft zu stören und sein Wohlwollen zu verscherzen. Oft lauert der Narzißt darauf, einen Feind oder Gegenspieler aufzuspüren, den er durch Hohn und Kränkungen in erschreckender und gemeiner Art umzulegen versteht.

Narzißten haben ein ungesichertes Selbstgefühl und können den Partner nicht als eigenständiges Individuum wahrnehmen, sondern nur als «narzißtisches Objekt», als eine Erweiterung des eigenen Selbst, als etwas, das ihr Selbst auffüllt, ergänzt, schmückt und erhöht.

KOHUT (1973) schreibt, irrtümlicherweise herrsche häufig die «Annahme, daß das Vorhandensein von Objektbeziehungen den Narzißmus ausschließe. Im Gegenteil . . . beziehen sich einige der intensivsten narzißtischen Erfahrungen auf Objekte; das heißt, Objekte, die entweder im Dienste des Selbst und der Aufrechterhaltung seiner Triebbesetzung benutzt werden, oder auf Objekte, die als Teil des Selbst erlebt werden» (S. 14).

Im Grunde sehnen sich Narzißten nach dem primärnarzißtischen Urzustand zurück, in dem es noch keine Trennung zwischen Subjekt und Objekt gab, wo alles noch eins war im Urgrund, im Mutterleib. Da ihnen dieses totale Einssein mit dem Objekt nicht gelingt, lassen sie in einer Objektbeziehung nur die Aspekte zu, in denen sich das Objekt kongruent zu ihrer Vorstellung und Erwartung verhält. Durch Idealisierung der Beziehungsperson versuchen sie sich diese Illusion zu erhalten und reagieren mit Wut, wenn sich die Diskrepanz zwischen ihren Idealerwartungen und der Realität nicht mehr überbrücken läßt und sie gezwungen sind, das Getrenntsein von der Beziehungsperson durch deren Anderssein wahrzunehmen.

Wer nicht ganz mit ihnen schwingen kann, ist für sie eine Kränkung. Sie teilen die Menschen ein in «weiße», das heißt Freunde, und «schwarze», das heißt Feinde. Da Narzißten in ihrer Hoffnung auf totale Harmonie immer nur Enttäuschungen erleben, ist ihre Stellung zu den Menschen oft geprägt von Resignation, Verbitterung, Zynismus und Rachephantasien. Sie stehen in einer *paranoiden Position*, sind zutiefst mißtrauisch, glauben an keine Liebe, an keine Werte, spalten alle echten Gefühle ab, da diese nur die Gefahr neuer Verletzungen in sich bergen. Sie leiden oft an einem Gefühl der Leere und Sinnlosigkeit, sind dauernd bedroht, in eine Depression zu verfallen, die sie mit hypomanischer Betriebsamkeit, Theatralik und dauernder geselliger Anstrengung zu überspielen versuchen. Viele sind geistreiche Gesellschaftskritiker oder zynische Satiriker, die sich darauf verlegen, andere

Menschen der Heuchelei und Verlogenheit zu überführen. Sie sind da völlig unerschrocken, denn sie haben nichts zu verlieren, da sie längst alles verloren haben. Voller Bitterkeit wollen sie andern die Illusion vom Guten, Hohen, Edlen, von menschlicher Solidarität und Liebe zerstören. Sie sehen das menschliche Zusammenleben als einen Kampf aller gegen alle, sie sehen im Menschen nur den rücksichtslosen Egoisten, der sich altruistischer Theatralik bedient, um desto sicherer zu seinen Vorteilen zu kommen. Der verzweifelte Eifer, mit dem sie anderen gegenüber die Ethik des rücksichtslosen Egoismus vertreten, läßt deutlich die Sehnsucht nach dem Glauben an das Gegenteil, die Sehnsucht nach Urgeborgenheit spüren. Die Diskrepanz zwischen verbalisiertem Nihilismus und schüchtern verborgener Sehnsucht nach Zärtlichkeit übt auf viele Beziehungspersonen einen speziellen Reiz aus. Sie möchten dem Narzißten den Glauben an die Liebe zurückgeben, ihn voller Verständnis umhegen und ihn in seiner Zerbrechlichkeit schützen.

So direkt und kompromißlos der Narzißt in seinen Kritikäußerungen ist, er selbst reagiert überempfindlich auf jede Kritik oder Weigerung, ihn zu bewundern und zu idealisieren. Wenn eine Beziehungsperson ihn nicht vorbehaltlos unterstützt, so wird sie auf die schwarze Liste gesetzt und ist ausgestoßen. Es wird ihr jede Existenzberechtigung abgesprochen, sie ist nicht mehr, der Bruch ist radikal und endgültig. Sie leben nach der Devise: «Wer nicht für mich ist, ist wider mich.» Der Narzißt unternimmt nichts zur Versöhnung. Ein echter Streit unter Freunden ist ihm schwer vorstellbar. Die Radikalität, Kompromißlosigkeit und Unerschrockenheit, mit der Narzißten ihre Feinde bekämpfen und sich von ihnen absetzen, imponiert vielen Menschen als Festigkeit und Selbständigkeit. Viele sehen in ihnen starke Führer, oft auch Märtyrer, Opfer ihrer Feinde, was ihnen bedingungslose Anhängerschaft derjenigen verschafft, die aus ähnlicher Struktur heraus sich mit einem Narzißten zu identifizieren suchen. Sie nehmen den Narzißten zu ihrem Idol, stellen sich ganz in seinen Dienst, werden ihm hörig und sind zu totaler Hingabe bereit. In messianischem Eifer ziehen Narzißten mit ihren Jüngern quasi in den heiligen Krieg, sie verlangen blinde Ergebenheit und verstehen es, die Gruppenkohäsion hochzuhalten durch ein Feindbild, in das alles Schlechte projiziert wird. Häufig bilden sich um sie religiöse, politische oder auch psychotherapeutische Sekten. Sie werden von ihren Anhängern idealisiert als von mächtigen Gegnern bedrohte, aber die Menschheit ins Paradies führende, omnipotente Führer und Heilsbringer. Sie verstehen es, den äußeren Feind so bedrohlich darzustellen, daß ihm gegenüber jede Methode aggressiver Entladung nur billig sein kann. Sie kämpfen so erbarmungslos und grausam, daß ihre Mitläufer vor Schrecken erzittern beim Gedanken, selbst einmal in die Feindposition zu geraten. Ganze Völker sind und werden immer wieder Opfer narzißtischer Führerfiguren, wie die Geschichte aus allen Jahrhunderten darlegt.

Der sozial gehemmte, empathisch-schizoide Narzißt scheint vordergründig einen deutlichen Gegensatz zum phallisch-exhibitionistischen zu bilden. Er drängt sich der Umgebung nicht auf, ist introvertiert und wartet still, bis man seine Werte entdeckt. Aber gerade mit seiner feinen Schüchternheit und seiner bedeutungsschweren Zurückhaltung beeindruckt er die Beziehungspersonen. Man rätselt, was in ihm vorgehen könnte, und neigt oft dazu, ihn zu idealisieren. Von ihm gilt das Sprichwort: «Stille Wasser gründen tief.» Er verfügt oft über eine außergewöhnliche Einfühlungsgabe, ist ein guter Zuhörer und wird rasch zur Vertrauensperson, der man seine innersten Geheimnisse mitteilt. Obwohl eine Stellungnahme seinerseits ausbleibt, fühlt man sich von ihm zu innerst verstanden, und dieses Erlebnis vermittelt einem ein langersehntes Wohlbefinden. Es stellt sich eine narzißtische «Unio mystica» ein, ein ozeanisches Glücksgefühl, ein Urzustand, der durch keine Subjekt-Objekt-Spaltung getrübt wird.

In der idealisierten Konkordanz, wie sie sich vor allem mit den schizoiden Narzißten herstellt, wird vieles im Gespräch immer nur angedeutet, ja das Wort wird als im Grunde überflüssig, da unzureichend abgelehnt. Der Narzißt in seiner Vorstellung des Einsseins nimmt als gegeben an, daß der Partner all seine Gefühle, Strebungen und Phantasien mitvollzieht. In der Behandlung ist er oft erstaunt und gekränkt, wenn der Therapeut Fragen über Vorgeschichte oder jetziges Befinden stellen muß. Er ist befremdet, wenn dieser nicht alles über ihn bereits weiß, nachdem er doch – innerlich – dauernd mit ihm im Gespräch steht. Als Therapeut ist man in der schwierigen Lage, entweder die Realität des Nichtorientiertseins zu vertreten und damit die einzige, zerbrechliche Beziehungsmöglichkeit des Narzißten, nämlich die idealisiert-symbiotische, zu zerstören oder aber dem Narzißten seine phantasierte Union zu belassen, sich damit als allwissend idealisieren zu lassen und dabei die Ungewißheit aushalten zu müssen, was der Narzißt mit seinen Andeutungen eigentlich meint. Man kann oft nur ahnen, was in ihm vorgeht, ohne je sicher zu sein. Wenn man an ihn den Anspruch stellt, sich klarer auszudrücken und sich auf eine Stellungnahme festzulegen, so hat er den Eindruck, man wolle ihn in den

Griff bekommen, ihn auf ein festes Bild verpflichten und festnageln. Er entflieht einem wie eine Taube, wenn man nach ihr greifen will.

Dank der Besonderheit der therapeutischen Beziehung mag ein Therapeut diese Ungewißheit aushalten. Für einen Liebespartner ist das aber kaum zu ertragen. Er wird eine klare Stellungnahme fordern, der sich der Narzißt entziehen wird. Der Narzißt muß sich immer einen Fluchtweg offenhalten. Er will auch deutlich spüren können, daß man ihm diesen Fluchtweg zugesteht.

Der Partner fühlt sich nicht als eigenständiger Mensch vom Narzißten gesehen, sondern muß sich nach dessen Idealbild verhalten. Die Beziehung ist so zerbrechlich, daß keinerlei Erwartungen und Ansprüche gestellt werden dürfen. Durch diese Art, eine Beziehung nur im Andeutungshaften zu halten, wird sie oftmals so verdünnt, daß sie steril werden kann und der Partner zuletzt kaum mehr weiß, ob überhaupt noch eine Beziehung besteht.

Der mangelnde Realitätsbezug von Narzißten zeigt sich oft auch darin, daß sie einen unbekümmert anlügen. In der Psychotherapie berichten sie laufend über Erlebnisse und Begebenheiten, von denen sie annehmen, daß sie den Therapeuten interessieren und damit die idealisierte Beziehung konsolidieren. Es berührt sie wenig, wenn diese Berichte jeder realen Grundlage entbehren. Für den Therapeuten ist die Ungewißheit nicht leicht auszuhalten, ob der Patient echte therapeutische Fortschritte macht, oder ob diese «Fortschritte» nur der Befriedigung des Therapeuten dienen sollen. In einer Liebesbeziehung lügt der Narzißt seinen Partner ebenfalls oft bedenkenlos an, um ihm (und auch sich selbst) alles zu ersparen, was die idealisierte Beziehung trüben könnte.

Mutter-Kind-Erfahrungen des Narzißten

Über die charakteristischen Züge der Mutterbeziehung narzißtischer Persönlichkeiten gibt es eine reichhaltige Literatur. In der Regel nehmen die Mütter das Kind nur als einen Teil ihrer selbst wahr. Diese Beziehungsform läßt sich nicht mehr aufrechterhalten, sobald das Kind in die Autonomieentwicklung kommt, selbst sprechen und gehen lernt, eigene Initiative entwickelt und sich von der Mutter absetzen will. Diese Mütter reagieren darauf wuterfüllt und empfinden jede Tendenz des Kindes, von ihren eigenen Vorstellungen und Erwartungen abzuweichen, als persönliche Kränkung und Undankbarkeit. Sie entwickeln Strategien, die das Kind daran hindern, sich als eigenes Selbst erleben zu können. Eine Strategie liegt darin, dem Kind andauernd Eigenschaften und Verhaltensweisen zuzusprechen, die nur zur Vorstellung passen, welche die Mutter sich zurechtgelegt hat, so etwa in folgender Weise: «Etwas so Schlechtes kannst du nicht denken; ich weiß, das bist nicht du; ich weiß, wie du bist; so wie ich kannst nicht einmal du dich kennen, ich kannte dich schon, als du noch im Mutterleib warst.» Solche Mütter glauben zu wissen, was und wie man zu fühlen, zu denken und zu erleben hat. Besonders belastend ist, wenn jede Abweichung von dem Bild, das sie von einem haben, mit der Erzeugung von Schuldgefühlen belastet wird. «Wie undankbar von dir, wenn du bedenkst, was ich deinetwegen alles auf mich genommen und gelitten habe.» Wegen des Kindes mußte sie heiraten, blieb sie ihr Leben lang unglücklich verheiratet, hat sie eine schwere Schwangerschaft auf sich genommen, blieb sie in ihrer beruflichen Karriere behindert, leidet sie an Erschöpfung und Migräne usw. Oft fangen solche Mütter die Kinder, indem sie ihnen einen bestimmten Verhaltenskodex aufdrängen: «So kannst du deiner Mutter gegenüber nicht empfinden; so undankbar bist du nicht; du wirst diesen Wunsch deiner Mutter nicht abschlagen können; ich wußte, daß du an mich denken wirst.» Das Kind wird auf die Paradoxie eingeschliffen: «Ich bin nur ich selbst, wenn ich nach dem Bild der Mutter bin, wenn ich aber so bin, wie ich mich fühle, bin ich nicht ich selbst.» Jede Abweichung vom Bild, das die Mutter von ihm entwirft, wird entwertet und bestraft. Die Mütter empfinden das Kind nur als Ausläufer ihrer selbst, was sich auch in ihrem Sprachstil zeigt, indem das Kind immer nur auf die Mutter bezogen dargestellt wird: «Da ist es *mir* am Morgen im Bett geblieben und ist *mir* nicht in die Schule gegangen, da sagte ich ihm: ‹Jetzt stehst du *mir* aber auf!› Da wollte es *mir* nicht einmal etwas zum Frühstück nehmen ...»

Unter solchen Bedingungen kann das Kind kein eigenes Selbst entfalten. Jeder Mut zur Identität wird entwertet. Die Folgen sind Selbstunsicherheit, schwaches Selbst, unsichere Selbstgrenzen, Minderwertigkeitsgefühle usw.

Vor allem bleibt beim Kind eine tiefe Enttäuschung, ein Haß und eine Ablehnung gegen jede «Liebe». Liebe wird als Taktik erlebt, andere auf sich zu verpflichten, sie auszunützen, auszubeuten und zu kontrollieren. So kann das Kind auch kein reifes Über-Ich entwickeln, da es alle Werte und Normen nur als etwas ihm Aufgedrängtes erleben kann und ethisch-moralische Maßstäbe nicht in Selbstverantwortung und Freiheit erwerben und erproben darf. Oft fühlen sich diese Kinder nur als Schmuckstück der Mutter: Der Sohn mit seinen beruflichen Leistungen, die Tochter als bildhübsche Prinzessin, Balletteuse oder

Kinderstar. Das Kind hat all das zu werden und zu erfüllen, was die Mutter selbst in ihrem Leben nicht realisieren konnte. Das Kind ist, wie RICHTER (1967) beschreibt, das Substitut des Selbst der Mutter.

Die Ablösung von der narzißtischen Mutter ist außerordentlich schwierig; es bestehen magische Vorstellungen wie gegenüber einem alttestamentarischen Gott. Sie ist eine unsichtbar wirkende, allmächtige und allgegenwärtige, die totale Hingabe fordernde Gestalt, deren Rache vernichtend und grausam ist. Da sie jeden Gedanken kennt, darf man nicht einmal in der Vorstellung an ihr Kritik üben, sondern muß, um die Existenzgrundlage zu erhalten, ein idealisiertes, unangetastetes Bild von ihr bewahren. Man ist nicht denn durch sie, mit ihr und in ihr, sie ist die Spenderin allen Lebens, sie verfügt über Leben und Tod. Gerade wegen des magischen Charakters der Beziehung zu ihr, wird man die Mutter auch nicht los, wenn man in ferne Länder zieht oder wenn sie längst gestorben ist.

Unter der Nachwirkung solcher Erfahrungen ist es für den Narzißten sehr gefährlich, als Erwachsener eine intime, langdauernde Zweierbeziehung einzugehen. Selbst dann, wenn sich der Partner nicht wie die narzißtische Mutter verhält, kann er oft nicht anders als wie diese erlebt werden, als jemand, der einen zum Funktionserfüller der eigenen Vorstellungen manipulieren will, oder als jemand, den man selbst nur als Funktion von einem selbst wahrnimmt.

Andere, vor allem Narzißten mit Verwahrlosungsstruktur, hatten in der frühesten Kindheit überhaupt keine stabile Beziehungsperson. Ihnen wurde von einer Mutter kein «falsches Selbst» aufgedrängt, sie wurden vielmehr in ihrer Existenz gar nie richtig beantwortet. Sie erlebten es nie, von einer Beziehungsperson für wichtig erachtet zu werden, sie hatten nie jemanden, der sich ernsthaft und nachhaltig um sie bemühte und sich mit Einfühlung um sie kümmerte. Sie retteten sich über diesen Mangel hinweg durch Rückzug in eine Welt halluzinatorischer Wunscherfüllung, in eine phantastische Traumwelt, deren Mittelpunkt sie bilden, eine Welt, die nur ihnen gehört. Im Endeffekt haben sie dieselben narzißtischen Schwierigkeiten in Partnerbeziehungen wie die von einer Mutter manipulierten Narzißten. Auch sie können den Partner nur als Funktionsträger in ihrer Phantasiewelt erleben und nicht als einen Partner, von dem eigene Aktivität und Initiative ausgeht.

Formen narzißtischer Partnerbeziehungen
Der Narzißt steht bezüglich einer intimen Paarbeziehung in einer fast unlösbaren Situation. Seiner Meinung nach gibt es in der Liebe nur zwei

Möglichkeiten: Entweder man gibt sich für den Partner auf, oder der Partner gibt sich für einen auf. Es ist ihm unvorstellbar, jemanden lieben zu können, ohne daß einer von beiden auf seinen Standpunkt, seine Meinung und seine Ansprüche zugunsten des andern verzichten muß. Es ist ihm unvorstellbar, daß man sich hart auseinandersetzen und Meinungsverschiedenheiten aufrechterhalten kann, ohne daß deswegen die Liebe in die Brüche geht. Für den Narzißten kann eine intensive Liebesbeziehung nur das totale Einswerden, die Verschmelzung, die völlige Konkordanz sein. Eine solche Verschmelzung muß aber für ein derart ungesichertes Selbst eine schwere Bedrohung sein. Viele Narzißten sind von einer stabilen Zweierbeziehung überfordert, während sie in Gruppen gut funktionieren. Viele bleiben ledig, sind oft nicht «ehefähig» und scheitern, wenn trotzdem eine Ehe eingegangen wird.

Man kann eine Reihe von Formen möglicher Partnerbeziehungen aufstellen, die dem Konzept FREUDS entsprechen, daß narzißtische Objektbeziehungen zwischen Autoerotik und reifer Liebe stehen.

Die erste Stufe ist die phantasierte Partnerbeziehung in der Onanie. Der Partner existiert nicht real, sondern nur in der Vorstellung und Vergegenwärtigung, was quasi die Extremform der narzißtischen Partnerbeziehung ist: Der Partner ist identisch mit dem Bild, das man sich von ihm macht. Man muß sich überhaupt nicht um ihn als eigenständiges, mit autonomer Energie ausgestattetes Wesen kümmern. Er hat keine eigenen Ansprüche, es sei denn, wir erteilen ihm solche. Manche Narzißten bleiben in ihren «heterosexuellen Kontakten» auf dieser Stufe.

Die nächste Stufe ist häufig die Beziehung zu Prostituierten. Narzißten unterhalten oft Sexualbeziehungen ausschließlich mit Dirnen. Die Prostituierte definiert sich in ihrer Berufsrolle als eine Beziehungsperson, die sexuelle Funktionen nach Vorstellungen des Kunden anbietet, ohne dafür die Befriedigung eigener Ansprüche zu fordern, mit Ausnahme finanzieller Entschädigung. Die «Partner» kennen voneinander meist nicht einmal den Namen. Es kommt zu keiner mitmenschlichen Begegnung. Vom Freier ist keine Eroberungsarbeit (BALINT: «Über genitale Liebe», 1947) zu leisten, er muß sich auf die Prostituierte gar nicht als eigene Person einstellen, sondern ist berechtigt, sich ihrer in rein funktionaler Form zu bedienen.

Bereits etwas näher einer reifen Objektliebe steht die Beziehung des phallischen Narzißten zu seiner Mätresse. Oft, nicht immer, wird auch sie nicht personal wahrgenommen. Sie hat vielmehr dem eigenen Vergnügen und der Selbstbestätigung zu dienen und sich ganz nach den eigenen Wünschen zu richten. Sie muß allzeit strahlend, glücklich und belebend sein. Sie darf sich nur im Sonntagsgesicht zeigen. Sie wird dafür reichlich mit Geschenken abgegolten, das heißt in der Vorstellung des Narzißten «verwöhnt». Eine Seite des Vergnügens, das Narzißten von dieser Beziehung erwarten, ist die Bewunderung durch die Mätresse. Sie sind davon so abhängig, daß sie oft von der Geliebten fast beliebig manipuliert werden können. Wenn die Mätresse dem Narzißten weismachen kann, daß es Ausdruck großartigster Leidenschaft wäre, ihr zu Weihnachten nicht nur einen Pelzmantel, sondern gleich den dazu passenden Sportwagen zu beschaffen, so wird er es tun. Die Beziehung wird definiert mit «no troubles», das heißt, die Mätresse darf keine persönlichen Schwierigkeiten bereiten, keine eigenen Ansprüche stellen, die nicht den Vorstellungen ihres Liebhabers entsprechen. Auch sie ist meist austauschbar und hat rein funktionalen Charakter. Oft wird die Partnerin etwa in der Funktion eines Hundes gewünscht: ganz auf seinen Herrn bezogen, ihm total ergeben, dankbar für alles, was er ihm gibt, freudig wedelnd, wenn er erscheint, traurig, wenn er weggeht, aber all das ohne Forderungen und eigene Ansprüche. Ein berühmter französischer Chansonnier wurde mit 80 Jahren, als er sich mit einer bildhübschen jungen Blondine an der Riviera zeigte, gefragt, ob er denn glaube, daß diese ihn liebe. Seine Antwort: «Wenn ich gern Hummer esse, verlange ich von diesem auch nicht, daß er mich liebt.» Die Geliebte ist ein Schmuckstück, das einen erfreuen soll, ohne daß eine persönliche Begegnung intendiert ist.

Als Vorstufe stabiler Partnerbeziehungen können passagere (vorübergehende) Liebesbeziehungen bezeichnet werden. Hier wird der Partner bereits teilweise als eigenständiges Wesen wahrgenommen. Da vor allem die schizoiden Narzißten geradezu eine überentwickelte Befähigung haben, sich in andere einzufühlen, so daß sie immer in Gefahr stehen, sich in anderen zu verlieren, können sie sich passager in eine Liebesbeziehung ganz eingeben und dem Partner sehr nahekommen. Sie spüren rasch, wie der Partner erobert werden kann.

Sexuell sind Narzißten nicht einfach rücksichtslos, sondern im Gegenteil: Oft liegt ihnen viel daran, daß der Partner ebenfalls zur sexuellen Befriedigung gelangt. Es geht ihnen aber dabei nicht so sehr um den Partner, als vielmehr um den Selbstwertzuwachs, den sie verspüren, wenn sie einen Partner zum Höhepunkt zu bringen vermögen. Sie möchten von ihren Partnern hören, als so aufregend und erfüllend wie mit ihnen hätten sie Sexualbeziehungen noch gar nicht erlebt. Sie seien ganz einmalige Liebhaber. Wenn es beim Partner sexuell nicht klappt,

74

fühlen sie sich persönlich gekränkt und reagieren rasch ungehalten und ungeduldig.

Die Beziehung wird oft aufgelöst, sobald der Partner erobert ist. Oft reihen sich solche Erfahrungen aneinander. Man spricht dann von Don Juanismus oder von Wolfsmännern, bei Frauen von Nymphomanie, obwohl diese nicht in jeder Hinsicht das weibliche Gegenstück zum Don Juanismus bildet (siehe orale Kollusion). Als Durchgangsphase gehört die Reihenbildung passagerer Liebesbeziehungen zur normalen Entwicklung der Adoleszenz. Die Eroberung, auf die sich diese flüchtigen Liebesbeziehungen beschränken, beinhaltet die maximale gegenseitige Bestätigung und Idealisierung und somit in besonderem Maße eine narzißtische Gratifikation. Es kommt zur raschen Verschmelzung, weil für diese temporären Begegnungen alles aus der Beziehung ausgeklammert wird, was das Einswerden mit dem Liebesobjekt beeinträchtigen und trüben könnte. Sobald die Eroberung vollzogen ist, kommen Aspekte in die Beziehung hinein, die dem Narzißten deren Fortführung erschweren. Der narzißtische Auftrieb reduziert sich, die belebende Spannung, ob die Eroberung gelingen wird, ist verflogen; der Partner wird nicht mehr so verklärt gesehen, sondern erweist sich als ein durchschnittlicher Mensch. Die bisher ausgeklammerten, belastenden und nachteiligen Seiten des Partners und der Beziehung zu ihm machen sich bemerkbar und müssen in Rechnung gestellt werden. Vor allem aber kommt jetzt eine Bindung auf, die für den Narzißten gleichbedeutend mit Verpflichtung und Festlegung ist, wozu er sich nicht in der Lage fühlt. Vorübergehend gelang es ihm, sich ganz in der Beziehung zu engagieren, den Partner bis zur Verschmelzung an sich herankommen zu lassen. Nun wird diese Nähe bedrohlich. Er bricht die Beziehung abrupt ab und zerstört sie. Der Partner interessiert ihn nicht mehr, ist für ihn plötzlich inexistent. Für den Partner ist es unverständlich, wie der Narzißt ihn scheinbar grundlos in dem Moment fallenläßt, wo er sich ihm so nahe fühlte. Der Grund liegt ja gerade darin, daß man sich zu nahegekommen ist. Der Narzißt muß seinen Partner «exkorporieren», aus sich ausstoßen. Oftmals will der Narzißt mit diesem unerwarteten Abbruch der Beziehung aber auch der Gefahr zuvorkommen, vom Partner fallengelassen zu werden. Narzißten fühlten sich in der Kindheit so oft verlassen und betrogen, daß es ihnen eine Genugtuung bereitet, andere verlassen zu können und sich für die früher erlittenen Frustrationen zu rächen.

Das Sexualerleben von Narzißten ist in seiner Erscheinungsform sehr vielfältig. Viele Narzißten sind sexuell voll funktions- und genußfähig, solange sie den Partner nicht lieben. Oftmals sind sie sexuell besonders unbekümmert und überdurchschnittlich funktionssicher, da sie irgendwelche situativen Beeinträchtigungen abspalten können. Je näher ihnen der Partner aber kommt, um so schwieriger wird es. Manche werden durch Heirat impotent, selbst mit der gleichen Partnerin, mit der sie zuvor störungsfrei sexuell verkehren konnten. Manche Frauen sind leicht orgasmusfähig, haben eine lange Plateauphase mit vielen einander folgenden Höhepunkten, möchten den Phallus lange in sich spüren und fühlen sich durch ihn im wörtlichen Sinne «aufgestellt» und nach dem Verkehr wie neugeboren. Andere wiederum sind frigid, weil der Kontrollverlust im Orgasmus besonders starke Verschmelzungsängste weckt. Männer wie Frauen können im Orgasmus die Gefahr der Auflösung der Selbstgrenzen spüren. Sie wissen plötzlich nicht mehr, ob die Sexualerregung von ihnen selbst oder vom Partner gefühlt wird (ERIKSON), oder ob der Penis ein Teil von ihnen oder ein Teil des Partners ist. Manche Männer befürchten, es werde ihnen bei der Ejakulation zu viel Lebenssaft abgezogen.

Homosexuelle Tendenzen sind oft ausgeprägt, ja sie sind Aspekt narzißtischer Beziehungen (FREUD [1914]: Man liebt nach dem narzißtischen Typus, was man selbst ist, sich selbst). Auch Perversionen gehören zur narzißtischen Beziehung entsprechend dem partiellen Charakter von Triebziel oder Triebobjekt. Obwohl homosexuelle und perverse Tendenzen für die Psychopathologie der Ehe eine wichtige Rolle spielen können, werden sie in diesem Buch nicht eingehend behandelt.

Komplementärnarzißten als Partner von Narzißten

Die Liebes- und Ehepartner von Narzißten weisen untereinander gewisse Gleichartigkeiten auf. Bezeichnet man Narzißten in der Umgangssprache meist als egoistisch, so ihre typischen Partner als altruistisch. Sie sind von Minderwertigkeitsgefühlen durchdrungen, halten sich für wertlos, liebesunwert und haben ein schlechtes Selbstgefühl bis zu eigentlich selbstdestruktiven Tendenzen. Sie gelten als bescheiden, als Menschen, die kein Aufhebens von sich machen, nicht anspruchsvoll sind, sich widerstandslos einfügen und anpassen. Sie sind es meist von Kindheit an gewohnt, entwertet zu werden. Es wurde ihnen weniger ein falsches Selbst aufgedrängt, als vielmehr das Recht auf ein eigenes Selbst abgesprochen.

Wenn man sie genauer kennt, sieht man, daß sie nicht so bescheiden sind, sondern daß sie vielmehr Größenphantasien haben, deren sie sich schämen oder derentwegen sie schwere Schuldgefühle empfinden. Sie versuchen diese Größenphantasien abzuwehren, da sie glauben, keinen

Anspruch darauf haben zu dürfen. Oft sind sie beruflich tüchtig, und doch haben sie immer das Gefühl, nicht sie selbst zu sein. In der Mehrzahl sind es Frauen, die sich nicht ein positives frauliches Selbstbild machen können. Sie suchen sich einen Partner, den sie idealisieren, in den sie ihr Ideal-Selbst projizieren, um sich mit diesem zu identifizieren und sich so ein akzeptables Selbst zu entlehnen (projektive Identifikation mit dem Ideal-Selbst ihres Geliebten). Manche Chefsekretärinnen können da als Beispiel dienen. Sie sind ganz identifiziert mit ihrem Chef, den sie verehren und dessen Ruhm und Glanz sie überhöhen. Sie stellen sich ganz in seinen Dienst, fühlen sich in ihn ein und kommen jedem seiner Wünsche zuvor. Sie bilden gleichsam die Infrastruktur ihres Chefs, erledigen seine Telefonate, vereinbaren seine Termine, ordnen seine Akten, bereiten ihm Kaffee, und wenn sie einige Jahre in dieser Stellung gestanden haben, sind sie diejenigen, die alles wissen und alles kontrollieren, während ihr Chef sich ohne sie gar nicht mehr zurechtfindet. Der Chef ist zwar weiterhin der Große, aber ohne seine Sekretärin ist er nicht mehr funktionsfähig. Sie bildet nicht nur seine rechte Hand, sondern den Boden, auf dem er steht und wächst. Sie wird für ihn – gerade wegen ihrer scheinbaren Anspruchslosigkeit und Dienstbarkeit – absolut unentbehrlich. Er ist schließlich mehr auf sie angewiesen, als sie auf ihn. Sie füllt ihn aus und lenkt sein Tun und Denken. Er ist zu einem Teil von ihr geworden und sie zu einem Teil von ihm. Oft ist sie es, die den Chef erst richtig zum Chef hochstilisiert. Im Vorzimmer sitzend, hütet sie den Zutritt zu ihm wie ein Cerberus und überhöht so die Distanz zu seinen Untergebenen. Der Besucher, der bei ihr die Zulassung zu dem heiligen Gemach erwartet, wird von Ehrfurcht ergriffen und von Herzklopfen befallen, bei all der Geschäftigkeit, die die Sekretärin vor seinen Augen entwickelt und mit der sie die Bedeutung des Chefs unterstreicht. Keiner soll sich unterstehen, es ihrem Chef gegenüber an Respekt mangeln zu lassen.

Ganz analog verhält es sich in der Liebe. Solche Frauen sind bereit, sich für ihren schwärmerisch verehrten und idealisierten Mann aufzugeben, ohne Ansprüche für sich selbst zu stellen. Sie leben für ihn und in ihm. Sie sind scheinbar dem Partner hörig und zeigen die Bereitschaft, ihn kritiklos und bedingungslos zu idealisieren nach der Devise: «Liebe ist, wenn es für mich nur noch Dich gibt.»

Der Komplementärnarzißt ist im Grunde auch narzißtisch strukturiert, aber mit umgekehrten Vorzeichen. Da, wo der Narzißt nur sich selbst bewundern lassen will, will der Komplementärnarzißt sich ganz für einen anderen aufgeben. Da, wo der Narzißt sein Selbstgefühl

77

erhöhen will, will sein Partner auf ein eigenes Selbst verzichten, um das Selbst eines anderen zu erhöhen, mit dem er sich identifiziert. Da, wo der Narzißt voller Angst vor Verschmelzung mit einer Beziehungsperson ist, hat sein Partner den Wunsch, ganz im anderen aufzugehen. Beide weisen die gleichen Grundstörungen auf, nämlich ein schlecht konfiguriertes, in seiner Abgrenzung gefährdetes und als minderwertig empfundenes Selbst. Nur die Abwehrform oder die Art, zu versuchen, mit diesem schlechten Selbst zurechtzukommen, ist verschieden: Der Narzißt versucht sein schlechtes Selbst durch den Partner aufzuwerten, der Komplementärnarzißt dagegen sucht sich ein idealisiertes Selbst bei einem anderen zu entlehnen.

Der Narzißt spricht auf den komplementärnarzißtischen Partner an, weil er vom Liebesobjekt bewundert werden will und weil ihm vor allem wichtig ist, daß er seinerseits auf Ansprüche und autonome Initiative des Partners keine Rücksicht nehmen muß. Er fühlt sich in seinem Selbst nicht gefährdet, weil der Partner sich ihm ja ganz unterordnet. Solche Beziehungen findet man häufig in Ehen kreativer Männer, die ganz mit ihrem Werk identifiziert sind und verlangen, daß sich die Frau in den Dienst ihrer Arbeit stellt, ohne diese durch eigene Ansprüche zu behindern. Das gelingt am ehesten dann, wenn sich diese Frauen als mütterlicher Nährboden des Mannes fühlen und all die Aggressionen, die sie gegenüber ihrem frustrierenden Mann empfinden, gegen außen, insbesondere auf seine Feinde und Rivalen projizieren können. Solche Frauen findet man nicht selten in Professoren-Kreisen, wo es in jedem zweiten Satz heißt: «Der Fritz, mein Mann, hat gesagt . . . hat getan . . .» Dies bleibt selbst nach dem Tode des Mannes so, ja nimmt nicht selten nach dem Tod noch groteskere Züge an. Noch nach 20 Jahren leben solche Frauen nur mit einem vom Mann entlehnten Selbst. «Der Fritz, mein Mann, würde er noch leben, hätte jetzt gesagt . . . hätte so was nie getan . . .» usw. Mag der Mann in Wirklichkeit noch so rücksichtslos zu ihnen gewesen sein, er wird bedingungslos idealisiert und spendet ihnen weiterhin alle Lebenskraft.

Im längeren Zusammenleben erweist sich die Sicherheit und Freiheit des Narzißten gegenüber seinem ihm ergebenen Partner allerdings als trügerisch. Dadurch, daß der Partner nur noch empathisch in ihm lebt, ganz auf ihn ausgerichtet ist und jede Regung, jede Stimmungsschwankung, jede Phantasie mitvollzieht, verschmilzt er mit dem Narzißten, durchdringt ihn und übt – so paradox das ist – gerade durch die Selbstaufgabe eine starke Kontrolle aus. Es ist am Ende nicht mehr klar, wer in wem aufgeht und wer von wem sein Selbst entleiht. Es wiederholt sich auch bald eine ähnliche Beziehung, wie sie früher zur Mutter bestanden hatte und die zu vermeiden das höchste Anliegen des Narzißten war, nämlich daß die Frau dem Mann vorgibt, ihn weit besser zu kennen als er sich selbst. Immer mehr engt sie ihn ein mit dem Idealbild, das sie von ihm hat. Was ihn zunächst ehrte, verpflichtet ihn nun; die Würde wird zur Bürde. Das Bild, das sie von ihm hat, war zunächst sein Ideal, sein Leitbild, nun wird es sein Gefängnis.

Dem Narzißten wird diese Situation unerträglich. Er möchte den Partner, der so sehr in ihn eingedrungen ist, wieder ausstoßen oder ihn zerstören. Er versucht das, indem er den Partner erniedrigt, verletzt, kränkt, sich ihm gegenüber gemein, rücksichtslos und kalt benimmt. Das alles nützt nichts. Sein Partner nimmt alles hin, nach der Devise: «Ich kenne dich genau, ich weiß, daß du es im Grunde gar nicht so meinst». Dieser Devise gegenüber ist der Narzißt völlig hilflos. Er kann sich benehmen wie der leibhaftige Satan, der Partner betrachtet das nachsichtig als sein «falsches Selbst». «Das ist nicht er, er ist im Grunde ein guter Mensch, nur ist er sehr sensibel und verletzbar, es ist nur aus Schwäche, wenn er sich so benimmt.» Der Narzißt kann sich seinem Partner nicht mehr entziehen. Er kann sich zwar gewaltsam losreißen, er kann sich scheiden lassen und eine andere Frau heiraten, er kann ein Verbrechen begehen und sich langjährig ins Gefängnis stecken lassen, er kann sich in eine Geisteskrankheit zurückziehen, er kann den Partner zusammenschlagen oder selbst sterben, es ändert nichts daran, daß sein Partner in fast magischer Weise mit ihm fortlebt, nur für ihn da ist, die Trennung als vorübergehende Phase betrachtet, der keine Bedeutung beizumessen sei und von der Wiedervereinigung im Leben oder im Tod überzeugt ist.

Die narzißtische Ehe

Narzißten haben einen Horror vor der Ehe und bekämpfen diese Institution. Es ist ihnen unerträglich, sich mit einem Jawort auf eine lebenslange Beziehung festlegen und verpflichten zu müssen. Sie zögern die Entscheidung zur Heirat auch meist nach Möglichkeit hinaus, bis sie unter dem Druck des Partners oder der Umgebung widerwillig und unter schwersten Zweifeln sich in die Heirat fügen. Von sich aus würden sie lieber im Konkubinat leben. Die modernen Tendenzen kommen ihren Schwierigkeiten entgegen. Die Gesellschaft entwickelt sich in Richtung narzißtischer Wertvorstellungen. Die Partnerbeziehung hat der Selbstverwirklichung zu dienen, was in übersteigerter Form bedeutet, daß sie funktionalen Charakter hat und nur solange und soweit für verbindlich erachtet wird, wie sie die eigene Entwicklung fördert oder zumindest nicht behindert. Oft wollen Narzißten in der Ehe kinderlos bleiben, da sie sich von einem Kind ausgebeutet fühlen würden.

Wenn sie schon verheiratet sein müssen, beanspruchen sie den Partner total und ungeteilt für sich, verbieten sich aber ihrerseits jede Einmischung in persönliche Angelegenheiten.

Die narzißtische Partnerwahl

Bei der *Partnerwahl* ist die Intention des Narzißten, einen Partner zu finden, der keine eigenen Ansprüche stellt und ihn bedingungslos verehrt und idealisiert. Er identifiziert sich mit den Idealvorstellungen, die sein Partner auf ihn projiziert. Der Partner soll sich total für ihn aufgeben und nur für ihn leben, so daß keine Gefahr besteht, sich für den Partner aufgeben oder einschränken zu müssen. Häufig schützen sich Narzißten vor der Gefahr, sich nach dem Partner richten zu müssen, durch die Wahl eines Partners, der ihnen als Persönlichkeit oder bezüglich Intelligenz, Bildungsstand oder Herkunft unterlegen ist, der viel jünger oder älter als sie ist oder durch eine Krankheit, Invalidität oder Entstellung nicht als gleichwertig zu betrachten ist.

Der Komplementärnarzißt entspricht aus eigener Motivation diesen Erwartungen. In seinem schlechten Selbstgefühl gibt er den Anspruch auf die Entfaltung eines eigenen Selbst auf und will schwärmerisch im Partner aufgehen. Er projiziert seine Idealvorstellungen in den Partner und identifiziert sich mit diesem. Er findet im Partner ein idealisiertes Ersatz-Selbst. Die Partner ergänzen sich in idealer Weise. Der Narzißt erfährt in der Idealisierung durch den Komplementärnarzißten den entscheidenden Selbstwertzuwachs und kann sich grandios fühlen. Der Komplementärnarzißt ist glücklich, sich mit dem idealisierten Narzißten identifizieren zu können. Beide fühlen sich in der Abwehr gesichert. Der Narzißt glaubt, es könne für ihn keine Gefahr eines Selbstverlustes, einer Verschmelzung oder Fremdbestimmung seines Selbst bestehen, da der Partner sich für ihn aufgibt und ihn idealisiert. Der Komplementärnarzißt sieht keine Gefahr, daß er weiterhin unter Minderwertigkeitsgefühlen wegen unerfüllbarer Größenvorstellungen leiden müsse, weil jetzt der Partner an seiner Stelle diese Ansprüche erfüllen werde. Auf einen Interaktionszirkel übertragen, sagt sich der Narzißt: «Ich kann so grandios sein, weil du mich so schwärmerisch verehrst», der Komplementärnarzißt dagegen: «Ich kann dich so schwärmerisch verehren, weil du (für mich) so grandios bist.»

Auf ein Schema übertragen, stellt sich die Dynamik der Partnerwahl folgendermaßen dar:

Die narzißtische Partnerwahl

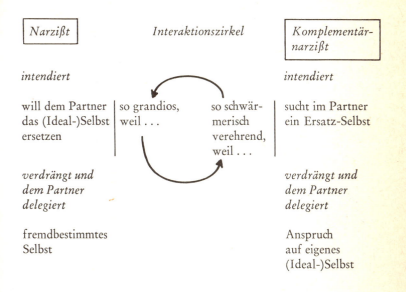

Der Umschlag zum narzißtischen Paarkonflikt

Indem der Komplementärnarzißt sich völlig für den Partner aufgibt und nur in diesem lebt, macht er sich durch Identifikation das Selbst des Narzißten zu eigen und nagelt ihn fest auf das idealisierte Bild, das er sich von ihm macht. Indem der Narzißt sich so sehr mit den ihn aufwertenden Projektionen von seiten des Partners identifiziert und auf die Bewunderung durch den Partner angewiesen ist, läßt er sich zunehmend vom ihm auferlegten Idealbild des Partners bestimmen. Wohl versucht er sich selbst vom Komplementärnarzißten abzugrenzen. Er wird aber zunehmend zum Gefangenen der Idealvorstellungen des Partners. Er versucht sich dagegen zu wehren, indem er den Partner erniedrigt, ihn aus sich ausstoßen und ihn zerstören will. In existentieller Wut und rücksichtsloser Kälte kämpft er um die Erhaltung seines Selbst und kann sich doch nicht befreien, weil er ganz vom Partner durchdrungen ist. Seine Schläge gegen den Partner fallen ins Leere, weil dieser sich ihm gar nicht als Individuum mit eigener Autonomie entgegensetzt, sondern nur durch ihn leibt und lebt als Vertreter und Sachwalter der Ideale seines besseren Selbst, auf das er sich verpflichten wollte. Der Interaktionszirkel lautet jetzt für den Narzißten: «Ich bin so bös und rücksichtslos, weil du mich so verpflichtest und festlegst», und für den Komplementärnarzißten: «Ich verpflichte dich und enge dich ein, weil du so bös und rücksichtslos bist.»

Auch der Komplementärnarzißt ist echt verzweifelt. Er hat sich ganz für diese Beziehung aufgegeben und nur noch für seinen Partner gelebt. Er hat seinem Partner total vertraut und fühlt sich jetzt in seinen tiefsten Hoffnungen und Vorstellungen betrogen. «Ich habe dich ja so geliebt, wie kannst du mich da so enttäuschen. Ich hab in dir alles gesehen, was ich vom Leben erwarten konnte; nichts hätte mir außer dir noch etwas bedeuten können, und jetzt entpuppst du dich als derart gemein.» Der Komplementärnarzißt ist existentiell darauf angewiesen, im Partner die Verkörperung seines Ideal-Selbst zu bewahren. In fast wahnhafter Weise klammert er sich an dieses Bild und läßt sich durch keine Enttäuschungen dazu bringen, seine Erwartungen, die er auf den Partner richtet, zu korrigieren. Pausenlos versucht er, den Partner wieder mit diesem Idealbild zur Deckung zu bringen – ohne Bereitschaft, ihn so sehen und akzeptieren zu wollen wie dieser sich fühlt.

Während dem Narzißten nur eine sehr verdünnte Beziehung möglich wäre, erträgt der Komplementärnarzißt nur das Absolute und lehnt alle Halbheiten und Kompromisse in der Beziehung ab.

Auf ein Schema übertragen stellt sich der Zusammenhang zwischen Partnerwahl und Paarkonflikt nun folgendermaßen dar:

Die narzißtische Kollusion

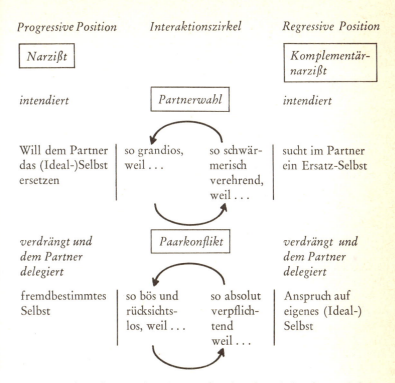

Im Verlauf zeichnen sich viele narzißtische Ehen dadurch aus, daß die Partner offenbar völlig desillusioniert und kalt nebeneinander herleben, jeder seinen Interessen nachgeht und seine Liebhaber und Geliebten hat. Manche haben über viele Jahre keine sexuellen Beziehungen mehr miteinander. Sie bleiben angeblich nur den Kindern zuliebe oder wegen der materiellen Vorteile beisammen. Lernt man die Verhältnisse genauer kennen, so sieht die Situation viel komplexer aus. Hinter der kalten Fassade brodeln wilde Leidenschaften, Eifersucht und Haß, hinter der degagierten Haltung beachten und kontrollieren sich die Partner in ihrem ganzen Tun und Denken. Die distanzierte Haltung erweist sich als verzweifeltes Abwehrarrangement gegen die Gefahr allzu großer Nähe.

Narzißtische Ehen werden recht oft geschieden. Der Narzißt erträgt es schlecht, wenn er verlassen wird, während es ihm viel leichter fällt, seinen Partner zu verlassen. Dabei kommt ihm seine Fähigkeit zugute, Gefühle abzuspalten. Er fällt zwar vorübergehend in ein narzißtisches Loch, ist gelähmt und depressiv, kann aber diese narzißtische Leere bald durch eine erneute Partnerbeziehung wieder auffüllen. Der frühere Partner existiert für ihn einfach nicht mehr oder wird zur Verkörperung von Schlechtigkeit, Dummheit und Unmenschlichkeit, gegen die man sich absetzen muß.

Vom Partner verlassen zu werden, bedeutet dagegen für den Narzißten oft eine existentielle Katastrophe. Einer unserer Patienten verfiel, als ihm die Frau unerwartet ihre Scheidungsabsicht eröffnete, einer schweren Depression mit Einschließen in der Wohnung, wochenlangem Rückzug ins Bett und bedrohlichem Hungerstreik. Er mußte wegen starker Gewichtsabnahme schließlich psychiatrisch hospitalisiert werden. Ein anderer entwickelte in ähnlicher Situation hypochondrische Wahnvorstellungen. Er glaubte, an einem Hirntumor und an multipler Sklerose zu leiden und sah sich als lebensunfähiges Präparat völlig entmenschlicht dahinsiechen. Beide hatten Mühe gehabt, sich zur Ehe zu entschließen und hatten eigentlich nur dem Drängen ihrer Frauen nachgegeben. Beide hatten sich in der Ehe beruflich unerwartet gut entwickelt. Sobald ihnen der narzißtische Auftrieb ihrer Frau entzogen worden war, fielen aber beide wie abgestreifte Handschuhe in sich zusammen.

Der Komplementärnarzißt dagegen bleibt oft nach der Scheidung seinem Partner weiterhin treu, obwohl dieser inzwischen längst wieder verheiratet ist, weitere Kinder bekommen hat und keinerlei Kontakt mehr zu ihm aufrechterhält. Der Komplementärnarzißt verharrt in der Vorstellung, im Grunde sei er für seinen früheren Partner unentbehrlich, der Partner sei ohne ihn gar nicht lebensfähig oder werde ohne ihn moralisch zugrunde gehen. So wie er werde niemand seinen Partner lieben und verstehen können.

Die narzißtische Kollusion beleuchtet ein Problem, das heute allgemein viel diskutiert wird, nämlich ob man jemanden zur Heirat drängen dürfe oder ob es jedem freizustellen sei, das Konkubinat der Ehe vorzuziehen. Obwohl ich persönlich die Institution Ehe als Leitbild weiterhin sinnvoll finde, scheint es mir wichtig, im konkreten Falle zu differenzieren. Manche, insbesondere narzißtische Persönlichkeiten, sind von einer Ehe überfordert, sind aber durchaus in der Lage, befriedigende und sinnvolle Paarbeziehungen aufzubauen, die aber nicht so

84

umfassend, intim, dauerhaft und verbindlich sind wie eine Ehe. Es geht um die Frage, wieviel Nähe jemandem erträglich und zuträglich ist. Das Maximum an Intimität ist keineswegs für jedermann das Optimum.

2. Beispiel: Ein 40jähriger Junggeselle heiratete ein 15 Jahre jüngeres Mädchen. Beide waren in kaufmännischen Berufen tätig. Er hatte bisher ungezählte intime Verhältnisse gehabt und dabei die Freiheit genossen, Beziehungen immer in dem Moment abbrechen zu können, wo Schwierigkeiten auftraten. Er stammte aus unglücklichen Familienverhältnissen und hatte zu Hause fast nur Streit zwischen den Eltern gesehen. Er war von der Angst erfüllt, es könnte ihm in einer eigenen Ehe ähnlich ergehen wie seinen Eltern. Mit der Zeit sehnte er sich aber nach einer Ehebeziehung. Seine Frau schien ihm die ideale Partnerin zu sein, da sie ein hübsches, intelligentes, engelhaftes Wesen war. Er hatte den Eindruck, mit ihr könnte er eine Ehe wagen, da sie in ihm einen lebenserfahrenen Mann und väterlichen Beschützer erblickte und er somit kaum ein Risiko einzugehen schien, sich nach ihren Ansprüchen richten zu müssen. Er plante die Ehe als kinderlos, was von der Frau akzeptiert wurde. Sie sollte ihm gleichzeitig Frau und Kind sein. Sie idealisierte ihn als überlegenen Partner, der ihr alle Lebensschwierigkeiten abnehmen werde. Das Paar hatte voreheliche intime Beziehungen, die angeblich ohne Schwierigkeiten vollzogen werden konnten. Seit dem Tag der Heirat vor zwei Jahren unterblieben aber jegliche sexuellen Beziehungen. Das war die einzige Trübung in der im übrigen von Spannungen verschonten Ehe. Aus diesem Grunde meldete sich das Paar für eine Ehepaargruppentherapie.

In der Behandlung fiel auf, daß bei weitem nicht nur im Sexuellen eine Kommunikationshemmung bestand, sondern daß diese alle Beziehungsbereiche betraf. Das Paar hatte noch nie eine Auseinandersetzung, geschweige denn einen Streit ausgefochten. Beide glaubten, daß damit die Idealisierungen, auf denen ihre Beziehung gründete, zusammenbrechen würden und daß dieser Bruch endgültig wäre. Die Frau war anfänglich in der Gruppe kaum äußerungsfähig und bot sich als scheues Reh an, das von allen geschont werden mußte. Der Mann war seinem Wesen nach eher aktiv und gesellig, fühlte sich in der Gruppe aber durch die Anwesenheit seiner Frau gehemmt, da es ihm nicht möglich war, aus eigener Überzeugung zu sprechen, weil er seine Äußerungen immer in Einklang mit den Gefühlsreaktionen der Frau bringen wollte. Hatte der Mann ursprünglich geglaubt, in seiner Lebensführung und seinem Selbstgefühl durch diese unerfahrene, gläubig von ihm alles erwartende

Frau in keiner Weise beeinträchtigt zu werden, so spürte er nun zunehmend, daß sie ihn gerade mit ihren Idealisierungen gefangen hielt. Hatte er sich anfänglich gefreut, sie nach seiner Vorstellung formen zu können, so spürte er jetzt, wie das «Bild» den «Meister» verpflichtete. In der Gruppentherapie waren beide erstaunt, daß andere Paare miteinander streiten konnten, ohne deswegen die Beziehung zu zerstören, vielmehr konnten sie feststellen, wie diese andererseits auch zum Austausch intensiver Liebesgefühle fähig waren. Allmählich grenzten sich die Partner deutlicher voneinander ab und lernten Dissonanzen in ihrer Beziehung auszuhalten. Die Frau begann eigene Initiative zu entwickeln, was für den Mann nicht leicht zu ertragen war. Er äußerte mal lachend, im Grunde sollte ein idealer Partner sich ihm gegenüber wie ein Schoßhündchen verhalten.

3. Beispiel: Die Frau ersuchte um Behandlung wegen Depressionen in unglücklicher Ehe. Sie war seit zwei Jahren verheiratet mit einem Mann, der zur Zeit der Bekanntschaft eben aus dem Gefängnis entlassen worden war, wo er wegen wiederholter Unterschlagungen und Kleindiebstähle eine Strafe hatte absitzen müssen. Er hatte zuvor ein liederliches und unstetes Leben geführt, im Milieu den großen Herrn gespielt und als Hochstapler dauernd über die eigenen Verhältnisse gelebt. Sie bildete schon rein äußerlich einen grotesken Gegensatz zu ihm: Während er geckig gekleidet war und attraktiv aussah, wirkte sie unansehnlich und machte sich unvorteilhaft auf. Sie hatte zuvor noch kaum Erfahrungen mit Männern und war im Kontakt gehemmt und schüchtern. Sie akzeptierte, daß er sich in der Ehe überhaupt nicht nach ihr zu richten habe. Das Wochenende und die Abende verbrachte er zum großen Teil wie früher in Bars, wo er mit anderen Frauen schäkerte und für die eigene Selbstbestätigung dauernd Eroberungsarbeit leistete. Einmal steckte er die Frau mit einer Gonorrhoe an. Oder er begab sich in der Freizeit zum Fischen, wo er allein sein mußte, um seinen grandiosen Träumen nachzuhängen. Die Frau akzeptierte diese Frustrationen lange Zeit ohne aufzumucken und besorgte in seiner Abwesenheit den Haushalt, da sie voll berufstätig war. Sie lebte in der hintergründigen Phantasie, aus ihm einen großen Mann gemacht zu haben und ihn aus einem Leben der Unstete gerettet zu haben. Tatsächlich hatte er sich beruflich unter ihrem Einfluß stabilisiert und in Positionen hochgearbeitet, die deutlich über seinen ausbildungsmäßigen Voraussetzungen standen. So hatte die Frau die Befriedigung, sich in ihm zu verwirklichen. Allmählich aber bekam sie zunehmende Zweifel, ob diese Form des Zusammenlebens tatsächlich richtig sei.

In der Therapie wurde versucht, die Gegensätzlichkeit des Paares zu bearbeiten. Die Frau entwickelte Phantasien, daß auch sie sich Freiheiten nehmen und gelegentlich allein ausgehen könnte. Der Mann wehrte sich vehement dagegen: «Ich habe dich geheiratet, weil du mein besserer Teil bist. Wenn du nun gleichziehen willst, so bräuchte ich nicht mehr verheiratet zu sein.» Er benützte die Frau rein funktionell als Substitut seines Über-Ichs, das ihm zur Stabilisierung seines Selbst dienlich war. Er betonte, wenn die Frau sich weigern sollte, diese Funktion weiterhin auszufüllen, sei die Ehe für ihn gegenstandslos geworden. Umgekehrt benützte aber auch die Frau den Mann als Substitut ihrer Triebhaftigkeit und ihres schwer gestörten narzißtischen Selbstgefühls. Sie litt an schweren Minderwertigkeitsgefühlen und fühlte sich durch den Erfolg des Mannes und durch die Aufgabe, die sie an ihm erfüllte, persönlich aufgewertet.

Im Laufe der Behandlung geriet der Mann in zunehmende Bedrängnis. In seinem schlechten Selbstgefühl ertrug er die Kritik der Frau an der ungleichen Verteilung von Rechten und Pflichten nicht. Er wurde immer nervöser und drohte auch beruflich zu dekompensieren, so daß er die Paartherapie abbrach. Daraufhin wurde die Ehe vorübergehend getrennt. Die Paartherapie hatte ihm aber doch die Einsicht in die Notwendigkeit einer Psychotherapie vermittelt. Er begab sich in Psychoanalyse, die Frau in eine analytische Gruppentherapie.

Zusammenfassende Aspekte der narzißtischen Kollusion

Der gemeinsame Widerstand des Paares richtet sich dagegen, ihre Vorstellung in Frage stellen zu lassen, das Ideal einer Liebesbeziehung wäre die Erlangung von Urharmonie in der Verschmelzung. Beide sind sich im Grunde einig, daß versucht werden sollte, diesen Zustand zu erreichen, indem sich der Komplementärnarzißt zugunsten des Narzißten aufgebe, der seinerseits dafür die Idealerwartungen des Komplementärnarzißten zu erfüllen habe. Die Unmöglichkeit, den Zustand der idealisierten Verschmelzung zu erreichen, erfüllt beide Partner mit Wut und Enttäuschung. In der Therapie erwarten sie im Grunde, daß sich diese Wunschvorstellungen doch noch erfüllen ließen.

Vordergründig aber versucht der «Narzißt» den Komplementärnarzißten in der Therapie fortwährend zu kränken, zu frustrieren und durch Entwertungen auf Distanz zu halten aus Abwehr gegen die ihn bedrängenden Schuld- und Schamgefühle, weil er die gemeinsamen

Ideale verraten hat. Der Komplementärnarzißt bedrängt ihn mit Erwartungen und Vorwürfen, aus seiner Sicht als Reaktion auf die Frustrationen durch den Narzißten. Im Grunde provoziert er diese Enttäuschungen aber aus eigener Motivation. Letztlich fürchtet nämlich auch er die symbiotische Verschmelzung. Er hat Angst, wenn der Partner sich entgegenkommender verhalten würde, könnten seine idealisierten Verschmelzungsvorstellungen so überhandnehmen, daß er die Frustration einer erneuten Enttäuschung oder Disharmonie nicht verkraften könnte. Er provoziert den Partner, die erwarteten Enttäuschungen immerfort zu bestätigen und sich damit deutlich von seinen Idealvorstellungen abzusetzen. Damit kränkt er den Narzißten und erwirkt sich von seiner Seite Ablehnung und Frustration.

Der Beziehungsstil ist geprägt von Rachephantasien, Bedürfnis, sich gegenseitig zu verletzen und zu kränken, um damit das Einswerden zu verhindern. Von der Therapie erwarten die Partner meist eine Hilfe, um die ersehnte Idealharmonie doch noch zu finden. Neu und unerwartet ist ihnen die Erfahrung, daß sie sich näherkommen können, wenn sie sich klarer voneinander unterscheiden.

Der Komplementärnarzißt sollte in der Therapie lernen, ein eigenes Selbst zu entfalten und dieses nicht mehr so sehr von der Bestätigung oder Entwertung seines Partners abhängig zu machen. Er sollte seine Bedürfnisse, Gefühle und Ängste als die seinigen wahrnehmen und vertreten und nicht immer nur als Reaktionen auf das Verhalten des Partners. Der Narzißt sollte ebenfalls lernen, sich nicht dauernd von den idealisierten Erwartungen des Partners überfordern zu lassen. Das Ziel wäre die Herstellung klarer, aber flexibler Grenzen des Paares gegen innen und außen nach der Devise: «Ich bin ich, du bist du, wir beide sind verschieden.»

Das Thema «Liebe als Einander-Umsorgen» in der oralen Kollusion:

Die orale Entwicklungsphase; die orale Mutter-Kind-Kollusion; der orale Charakter; der mütterliche Pflegecharakter. Die orale Kollusion; orale Partnerwahl; Umschlag zum oralen Paarkonflikt. Zusammenfassende Aspekte der oralen Kollusion.

Die orale Kollusion kreist um die Thematik der Liebe als Einander-Umsorgen, Pflegen und Nähren. Die Beziehung kann wesentlich von der Vorstellung getragen sein, der eine habe als «Mutter» den anderen als hilfloses «Kind» zu betreuen, wobei die unausgesprochene Annahme die Partner verbindet, daß die Hilfsbereitschaft des einen unerschöpflich und frei von Anspruch auf Gegenleistung zu sein habe und der Hilfebedürftige von allen Ansprüchen zur Selbsthilfe verschont werden müsse. Aus dieser Grundannahme entwickelte sich die orale Kollusion.

Diese Thematik kennzeichnet die früheste Mutter-Kind-Beziehung, also die sogenannte orale Phase, die Entwicklungsphase des ersten Lebensjahres. Da unbewältigte Schwierigkeiten in der frühesten Mutter-Kind-Beziehung den Boden für die orale Kollusion in der Ehe legen, soll zuerst die orale Phase des Kindes und dann die orale Mutter-Kind-Kollusion beschrieben werden.

Die orale Entwicklungsphase

Wie die psychoanalytische Entwicklungspsychologie darstellt (ich stütze mich bei der Darstellung der frühkindlichen Entwicklungsphasen vor allem auf Formulierungen von Georges ENGEL und von Eric ERIKSON), wird die erste menschliche Beziehung des Neugeborenen vor allem durch sein Nahrungsbedürfnis gesichert. Der Säugling gibt dieses Nahrungsbedürfnis der Umgebung durch Unruhe, Strampeln und Weinen kund. Die noch primitive seelische Struktur antwortet auf ein zunehmendes Bedürfnis mit einem Verhalten, das zur Befriedigung des Bedürfnisses führen wird.

Die Befriedigung ist aber von der Teilnahme eines Ernährers, in der Regel der Mutter, abhängig. Das Schreien des Säuglings löst bei der Mutter eine ergänzende Antwort aus, die stark von ihrer eigenen Lebenserfahrung geprägt ist. Idealerweise schließt sie ein grundlegendes mütterliches Verhalten ein mit dem Wunsch, zum Kind zu gehen, den weinenden Säugling zu beruhigen, zu nähren, zu halten und zu befriedigen. Fällt die Antwort erfolgreich aus, so verschafft sie der Mutter ein angenehmes Gefühl, eine Befriedigung und Stillung eigener Bedürfnisse. Es ist eine reziproke Beziehung zwischen Mutter und Kind, die darin besteht, daß die Mutter das Ruhigwerden des Kindes als Lust und das

Kind das Genährt- und Befriedigtwerden als Lust erlebt (G. ENGEL).

Etwa um die dritte bis sechste Lebenswoche stellt sich das erste Lächeln des Kindes ein. Dieses ruft bei der Mutter in der Regel große Freude hervor. WOLFF stellte fest, daß die Dauer, während der die Mutter mit ihrem Kind spielt, sprunghaft zunimmt, sobald Lächeln als Antwort einspielt. Es ist die erste Form einer wechselhaften Verständigung, die bei der Mutter wie beim Kind Lust hervorruft. Allmählich tritt das Lächeln ganz allgemein beim Erscheinen von vertrauten Dingen oder Reizen auf oder in Situationen des Wohlbefindens.

Als nächstes stellen sich nun die Anfänge primitiven Erkennens und Vorausahnens ein und damit auch die Fähigkeit zu warten. Das Kind vermag nach ERIKSON (1968) zwischen die Entwicklung eines Bedürfnisses und dessen Befriedigung einen Aufschub einzuschalten. Dieser Aufschub wird ihm erleichtert, wenn es das Mutterbild als gut introjiziert hat und das Kind durch die Erfahrung das Vertrauen entwickelt hat, daß sein Bedürfnis zu gegebener Zeit zuverlässig befriedigt wird. Das Kind lernt, die Mutter aus seinem Gesichtsfeld zu entlassen, ohne deswegen von übermäßiger Wut oder Angst erfüllt zu werden. Das Kind inkorporiert die Attribute der Mutter, die der Verminderung von Spannung und der Befriedigung von Bedürfnissen dienen. Weil vieles davon in Verbindung mit den Erfahrungen des Nährvorganges geschieht, ist die erste Beziehungsform zur Umwelt eine einverleibende. Was in der Umwelt gut, wünschenswert und spannungsvermindernd ist, gelangt ins Innere. Das ist die orale Beziehungsmodalität.

Das Kind lernt allmählich, sich bevorstehende Befriedigungen vorzustellen und kann für sich sogar einige Arten von Befriedigungen nachahmen, für die es vorher total von der Umgebung abhängig war, zum Beispiel mittels Fingerlutschen oder Schaukeln. Die Erinnerungsspuren sind verinnerlichte Teile der Außenwelt, die eine teilweise Befriedigung und das Vorausahnen von weiterer Befriedigung ermöglichen. Die verinnerlichte Vorstellung einer «guten Mutter» ist verbunden mit Gefühlen der Bedürfnisbefriedigung. Die Mutter wird so zu einem Teil des sich entwickelnden kindlichen Ichs.

Das Ich beginnt seine integrierende Funktion zu erfüllen. Es bilden sich die ersten Abwehrmechanismen, um Angenehmes zu sichern und Unangenehmes zu vermeiden. Das Kind entwickelt die Auffassung, daß eingenommen, festgehalten und umklammert werden muß, was Befriedigung verschafft (Introjektion) und ausgeworfen, draußengehalten und weggestoßen, was unbefriedigend und mit schlechten Gefühlen verbunden ist (Projektion). Ist die Mutter nicht befriedigend, versucht das Kind sich der dabei aufkommenden schlechten Gefühle zu entledigen, indem es die Mutter als «bös», nämlich als die Quelle seiner eigenen «schlechten» Gefühle empfindet. Vermag darauf die Mutter das Kind zu beruhigen, introjiziert es wieder die gute Mutter. Möglicherweise sind die Vorstellungen der guten und bösen Mutter zunächst voneinander getrennt.

Die Funktionsfähigkeit dieser Ich-Strukturen darf aber nicht überfordert werden, sondern muß, um die Entwicklung zu bestärken und zu fördern, durch reale, positive Erfahrungen bekräftigt werden. Das Lernen, wie man sich Lust sichert und Unlust vermeidet, findet durch die Wechselbeziehung zwischen Mutter und Kind statt. Der Mechanismus der Introjektion und Projektion legt den Grund für spätere Identifikationen. Sie gewinnen eine relative Integrierung nur durch eine befriedigende Beziehung zwischen mütterlich betreuenden Erwachsenen und dem betreuten Kinde. Nur durch das Erlebnis dieser grundlegenden Gegenseitigkeit gewinnt das Kind den sicheren Pol des Selbstgefühls, von dem aus es zu dem anderen Pol, dem ersten Liebesobjekt, hinüberreichen kann.

In der 8-Monatsangst beginnt das Kind die Mutter-Kind-Einheit aufzulösen, was Angst und Schrecken auslöst. Diese Auflösung ist aber für seine Entwicklung notwendig und steht in Korrelation mit der motorischen Entwicklung, Sprachentwicklung und all den andern Kommunikationsmöglichkeiten. Das Kind lernt gegen Ende des ersten Lebensjahres klarer zwischen Ich und Nicht-Ich zu unterscheiden. Die Subjekt-Objektspaltung etabliert sich allmählich. Das Kind merkt, daß dieselbe Mutter befriedigend und frustrierend ist und erst ganz allmählich lernt es, die Mutter als ein Individuum wahrzunehmen, das selbst Bedürfnisse hat.

Der Hauptfaktor in der Entwicklung des psychischen Apparates ist die Arbeitsweise des Lustprinzips. Im allgemeinen strebt das Kind nach dem, was Annehmlichkeit und Lust verschafft, und vermeidet, was Schmerz und Unlust bringt. Im Laufe der Entwicklung wird das Lustprinzip allmählich durch die Ansprüche der Realität umgestaltet. Das Kind muß die besonderen Anforderungen der Personen in der äußeren Umgebung kennenlernen, die befriedigt werden müssen, damit seine Bedürfnisse gestillt werden können. Auf der Basis des primitiven Lustprinzips weiterzuarbeiten würde mißlingen, denn wenn Bemühungen um Befriedigung mit den Bedürfnissen und Erwartungen anderer, von denen das Kind abhängt, in Konflikt geraten, ergeben sich daraus Bestrafung und Zurückweisung. Das Kind muß allmählich und unter Schmerzen lernen, einige seiner Wünsche aufzuschieben oder sogar auf sie zu verzichten, um eine befriedigende Beziehung zur Umgebung aufrechtzuerhalten. Lust und Befriedigung von Bedürfnissen werden besser gesichert, wenn die äußere Realität, in der Befriedigung erreicht werden kann, in Rechnung gestellt wird. Wichtig für diese Entwicklung ist die Fähigkeit vorauszuahnen, was Lust bringen und was Schmerz, Frustration oder Enttäuschung zur Folge haben wird. Diese Anforderung wird zu einer mächtigen motivierenden Kraft, die Umgebung kennen und verstehen zu lernen. Sie stellt einen wichtigen Bestimmungsfaktor des intellektuellen Wachstums dar.

Die orale Mutter-Kind-Kollusion
Zwischen der Mutter und dem Kind kann sich bereits in der frühesten Lebensphase ein konfliktreiches Zusammenspiel ergeben, das den Boden für spätere Ehestörungen legt.

Wie erwähnt, lebt der Säugling zunächst ganz nach dem Lustprinzip und gibt seine Nahrungsbedürfnisse unmittelbar durch penetrantes Schreien und gieriges Einverleiben kund. Dieses Verhalten wird in der Mutter, wenn sie selbst die Entwicklungsanforderung der oralen Phase nicht bewältigen konnte, Ängste und Abwehrmaßnahmen hervorrufen. Sie befürchtet, vom Kind aufgefressen zu werden, sie beneidet das Kind, das seine Bedürfnisse so ungehemmt kundtun und damit unmittelbare Befriedigung erreichen kann. Vor allem wenn sie den Übergang vom Lustprinzip zum Realitätsprinzip selbst nicht bewältigt hat, wird sie dazu neigen, das Kind bald oral zu verwöhnen und bei der geringsten Bedürfnisspannung sogleich zu befriedigen, um es ebenso unmittelbar und vom Kind her uneinfühlbar zu frustrieren, wenn bei ihr die geringste Unlustspannung gegen die Bedürfnisstillung des Säuglings auftritt. Da sie selbst keinen eigenen Rhythmus hat und selbst Bedürfnisse nicht aufzuschieben vermag, ist sie von Schuldgefühlen und dem Eindruck, erzieherisch zu versagen, geplagt. In Reaktion auf ihren Ärger und ihre Wut dem Kind gegenüber wird sie es eventuell in übersteigerter Verwöhnung fast ersticken. Das Kind kann so die Fähigkeit nicht entwickeln, zu warten. Es lernt nicht, zwischen die Entwicklung seines Hungerbedürfnisses und der Stillung dieses Bedürfnisses einen Aufschub einzuschalten und das Vertrauen zu bilden, daß zu gegebener Zeit sein Mißbehagen von Befriedigung gefolgt sein wird. Es lernt auch nicht, seine Mutter aus dem Gesichtsfeld zu entlassen, ohne von Angst erfaßt zu werden, genauso wie die Mutter das Kind nicht aus ihrem Gesichtskreis entlassen kann, ohne von Ängsten beunruhigt zu sein, es werde ihm etwas passieren. Es bildet sich ein Circulus vitiosus: je nervöser und gespannter die Mutter, desto weinerlicher und abweisender das Kind, und je weinerlicher und abweisender das Kind, desto nervöser und gespannter die Mutter. Der Säugling verweigert eventuell die Brust und ist trinkfaul, weil er die Spannung von der Mutter her spürt. Die Mutter reagiert auf diese Zurückweisung ihrerseits mit erhöhter Spannung, die sich wiederum auf den Säugling überträgt. ERIKSON (1968) schreibt: «Als Beispiel für den Verlust der wechselseitigen Regulierung mit der mütterlichen Versorgungsquelle kann das gewohnheitsmäßige Entziehen der Brustwarze während des Stillens dienen, weil die Mutter gebissen wurde oder fürchtet, gebissen zu werden. In solchen Fällen kann der orale Apparat, anstatt sich entspanntem Saugen hinzugeben, vorzeitig einen Beißreflex entwickeln. Unser klinisches Material vermittelt häufig den Eindruck, als ob solch eine Situation das Modell für eine der tiefgreifendsten Störungen der interpersonalen Beziehung darstellte. Das Individuum hofft zu bekommen, die

Quelle wird entzogen, worauf reflektorisch versucht wird, festzuhalten und zu nehmen, aber je fester man hält, desto entschiedener entfernt sich die Quelle» (S. 69).

Manche Mütter «fressen ihr Kind aus Liebe» fast auf, stopfen es in triebhaft lustvoller Weise mit Nahrung voll, zerdrücken es beinahe in ihren Armen und gehen ganz in der Vorstellung auf, das Kind sei ein Teil von ihnen und gehöre ganz ihnen. Weist die Mutter selbst eine orale Charakterstruktur auf, so möchte sie in ihren oralen Bedürfnissen durch das Kind gestillt werden. Ihre Sehnsucht nach Geborgenheit soll mit dem ganz auf sie bezogenen Kind befriedigt werden. In ihrer Suche nach Zärtlichkeit soll sie mit Hautkontakt, Anklammerung und Lächeln des Kindes beschenkt werden. Der pflegerische und nährende Umgang mit dem Kind befriedigt ihre eigenen ungestillten oralen Bedürfnisse nach Gepflegt- und Genährtwerden.

Die Mutter hofft auf eine andauernde Symbiose mit diesem einzigen Lebewesen, das ganz ihr gehört. Sie reagiert frustriert und gekränkt, wenn das kleine Kind sich doch nicht so passiv wie eine Puppe manipulieren läßt, sondern schon früh eigene Initiative zu entfalten beginnt.

Die Mutter kann dadurch in eine echte orale Krise geraten. Ihr schon zuvor mangelndes Geborgenheitsgefühl und Urvertrauen wird durch das Kind noch tiefer erschüttert, ihr Selbstgefühl noch mehr lädiert. Sie fühlt sich als minderwertiger Versager, wird depressiv, gespannt, gereizt, haßt uneingestandenermaßen das Kind, um sich gleichzeitig übertrieben für es zu verausgaben. Sie läßt sich vom Kind in eine Kollusion verwickeln, die ihrerseits wiederum eine orale Fixation beim Kind bewirkt, so daß dieses, wenn es selbst einmal Mutter sein wird, seinem Kind mit hoher Wahrscheinlichkeit die orale Störung weitergeben wird. So werden neurotische Störungen oft wie ein Fluch von Geschlecht zu Geschlecht tradiert.

In der Literatur der Familientherapie wird das Kind oft als Opfer der neurotischen Intentionen seiner Eltern dargestellt, als ein unbeschriebenes Blatt oder eine formbare Masse, als ein Wesen, das passiv den Eltern ausgeliefert ist und ihnen nichts entgegenzusetzen hat. Diese Betrachtungsweise muß als zu einseitig kritisiert werden. Es wirken nämlich nicht nur die Eltern neurotisierend auf das Kind, sondern das Kind – manchmal schon bevor es geboren wird – neurotisierend auf seine Eltern. Wohl handelt das Kleinkind nicht selbstverantwortlich und trägt für seine Auswirkung auf die Eltern keine Schuld, wohl agiert das Kind nicht eine Neurose in den Eltern aus, aber trotzdem kann es eine neurotisierende Auswirkung auf zuvor kompensierte Eltern haben, rein durch seine Präsenz und durch sein phasentypisches Verhalten. So hilflos das Kind an sich ist, in seinem Schreivermögen und in seinen rücksichtslosen Ansprüchen ist es der Mutter kräftemäßig oft überlegen. Die Äußerungen in der frühen Literatur der Familientherapie sind in dem Sinne zu korrigieren oder zu ergänzen, daß das Kind nicht nur das Opfer der Mutter ist, sondern die Mutter auch das Opfer des Kindes sein kann!

Der orale Charakter

Der orale Charakter ist gekennzeichnet durch die Gier, alles, was vorhanden ist, zu verschlingen, die Bedürfnisse nach dem Lustprinzip rücksichtslos anzumelden und deren unmittelbare Befriedigung zu fordern, nimmersatt noch mehr zu verlangen – ein Faß ohne Boden. Bezüglich Partnerwahl äußert sich das in der Suche nach einem Partner, der unbegrenzt spendet, der mütterlich betreut und pflegt. In der Ungehemmtheit des Forderns haben orale Charaktere oft auch den Charme eines Kleinkindes. Sie können herzzerreißend bitten, flehen und schmeicheln. Oft sind sie in hohem Maße frustrationsintolerant und trauen der Umgebung – oft zu Recht – nicht zu, ihre Ansprüche konstant zu erfüllen, weshalb sie sich auf den Standpunkt stellen, man müsse den Moment ausnützen, solange er noch etwas hergebe. Sie verstehen es, ihre Partner gerade mit dieser Mißtrauenshaltung anzusprechen, indem sie in diesen den Wunsch wecken, durch unerschöpfbare Pflege und Fürsorge die früheren Frustrationen wettzumachen.

Viele dieser oralen Charaktere sind triebhaft-haltlos. Teilweise neigen sie zur Verwahrlosung und Kriminalität. Die süchtige Gier äußert sich in der Verschaffung von gehobener Stimmung und Wohlbefinden durch euphorisierende Medikamente, durch Alkohol, Drogen, Zigaretten usw. Besonders Frauen können süchtig nach Sexualbeziehungen verlangen und imponieren dann als nymphoman. Sie suchen Hautkontakt, Wärme und Gehaltenwerden, scheuen aber meist vor stabilen Beziehungen zurück, weil sie sich in ihrem schlechten Selbstwertgefühl einer derartigen Beziehung nicht gewachsen fühlen. Andere, besonders hysterisch Strukturierte, haben einen eigentlichen Reizhunger. Um ihre innere Leere aufzufüllen, müssen sie die Umgebung in dauernder Erregung halten durch all das, was sie in Szene zu setzen vermögen. Sie fallen gleich in ein depressives Loch mit maßloser Eifersucht, wenn sie nicht dauernd im Zentrum der Aufmerksamkeit stehen.

Oft lassen sich bei oralen Charakteren, besonders bei Frauen, Freßanfälle nachweisen, in denen sie aus einem Gefühl der Leere alles

Eßbare bis zum Erbrechen verschlingen, ein Vorgang, der als Äquivalent einer sexuellen Triebbefriedigung erlebt werden kann.

Menschen mit oralem Charakter leiden an einem Gefühl der Wertlosigkeit und an tiefer Resignation, aus der heraus die Entfaltung irgendwelcher Aktivität zur Überwindung der passiven Oralität sinnlos, weil unerreichbar, empfunden wird. Sie halten sich für nicht liebenswert und verachten sich selbst in ihrem *passiv-regredierten Verhalten*. Der Weg zu einer reiferen, aktiveren Haltung kann ihnen zusätzlich durch einen unbewältigten Ödipuskomplex verbaut sein, der in ihnen generell Angst vor dem Erwachsenwerden erzeugt und ihnen sowohl die Identifikation mit dem gleichgeschlechtlichen Elternteil, wie die Vorstellung libidinöser Beziehung zum gegengeschlechtlichen Elternteil verbaut. Die orale Bedürfnisäußerung steht dann für die sexuelle. Die unerschöpfliche orale Anspruchshaltung kann auf den Partner eine «kastrierende» Wirkung ausüben. Er fühlt sich als Versager in der Rolle des Spenders, was sich auch in sexuellem Versagen ausdrücken kann.

Der orale Charakter ist in seinen Partnerbeziehungen ambivalent. Einesteils sucht er Partner, die unbegrenzt spenden und von denen er sich passiv verwöhnen lassen kann. Andererseits fürchtet er, von diesen abhängig zu werden und die Frustration der Zurückweisung nicht verkraften zu können. Er haßt oftmals gerade die Partner, die seinen Wünschen entsprechen, weil sie ihn gerade durch ihr Spenden in seinem Selbstgefühl kränken.

Der mütterliche Pflegecharakter
Er bildet die komplementäre Ergänzung zum oralen Charakter und verbindet sich deshalb auch bevorzugt mit ihm.

Es handelt sich um Menschen, die anspruchslos und bescheiden erscheinen. Schon in ihrer Kleidung verraten sie oft einen starken Hang zu Wärme und Geborgenheit: dicke Pullover, Wollschals, Hirtenmäntel in warmen Farben usw. Sie verstehen es, unter erschwerten Bedingungen Geborgenheit zu kreieren, zum Beispiel beim Kampieren in Regen und Schnee. Sie lieben die Wärme, die vom Kerzenlicht ausgeht und setzen sich gerne ums Feuer, um Lieder mit der Gitarre zu begleiten. Ihr Wohnstil, auf den sie Wert legen, ist geprägt von Holz und Wolle, betont gemütlich und «heimelig».

Im Sozialverhalten fallen sie vor allem dadurch auf, daß sie sich für Hilfeleistungen anbieten. Typische Vertreter finden sich denn auch unter den Sozialberufen, unter Krankenschwestern, Sozialarbeitern, Ärzten und Psychotherapeuten, und zwar unter Männern fast ebenso häufig wie unter Frauen. Sie sind in ihren Hilfeleistungen kompetent und tüchtig, und scheinbar tun sie einem alles zuliebe, ohne eine Gegenleistung dafür zu erwarten. Die Art, wie sie auf jede Schwierigkeit, Schwäche und Hilflosigkeit eingehen, und der Eifer, mit dem sie sich zu Hilfeleistungen antragen, stimuliert den Kontakt vor allem zu jenen Leuten, die nach Hilfe suchen. Die Ebene der Hilfe- und Pflegeleistungen erweist sich oft als einzige Kommunikationsbasis, die zum Tragen kommt. Wird keine Hilfe benötigt, so droht die Beziehung auseinanderzufallen. Die Art ihrer Hilfeleistung wirkt regressionsfördernd. Sie fühlen sich einem Partner vor allem dann gewachsen, wenn er schwach und klein bleibt. Gerade bei Krankenschwestern läßt sich oft beobachten, daß sie am Patienten mehr Freude haben, solange er völlig hilflos im Bett liegt, als wenn er seine Autonomie zurückgewonnen hat. Wie sehr diese bemutternde Haltung mit eigenen infantilen Bedürfnissen gekoppelt ist, zeigt sich nicht selten in der Zimmerausstattung von Krankenschwestern, die in Plüschtieren und Teddybären einen speziellen Akzent findet.

Bei näherer Kenntnis fallen bei oralen Pflegecharakteren drei Aspekte auf: Minderwertigkeitsgefühle, Mutterabhängigkeit und Unfähigkeit, eigene Ansprüche zu stellen.

Sie sind oft stark an ihre eigene Mutter gebunden, obwohl sie ihr gegenüber ambivalent sind. Für die Ehebeziehung versuchen sie sich aus der Mutterbeziehung zu lösen, indem sie sich mit der Mutter oder zumindest mit Mutterfunktionen identifizieren. Um den Verlust der Mutter ersetzen zu können, setzen sie sich selbst an deren Stelle und suchen andere so zu behandeln, wie sie selbst von der Mutter behandelt werden möchten. Nicht sie sollen befriedigt werden, sondern sie wollen andere befriedigen. Sie versuchen, ihre eigenen Bedürfnisse nach oraler Passivität zu sublimieren, indem sie diese pflegerisch sozialisieren. Aus ängstlicher Abwehr eigener Bedürfnisse nach Gepflegtwerden suchen sie sich ein Liebesobjekt, das sie in seiner Hilflosigkeit ganz von sich abhängig machen können. Hinter der Unfähigkeit, eigene Ansprüche auf Bedürfnisbefriedigung zu stellen, versteckt sich meist eine triebhafte Maßlosigkeit, eine orale Gier, die als unstillbar abgewehrt wird und auch angsterregend ist, da sie gekoppelt ist mit destruktiver Aggressivität, verzehrendem Neid, reaktiven Schuldgefühlen und schlechtem Selbstwertgefühl. Sie stehen unter dem Eindruck, einer Zuwendung nur um ihrer selbst willen nicht würdig zu sein, sondern sich diese immer mit altruistischen Leistungen verdienen zu müssen. Die Sublimation oraler Gier in pflegerischer Tätigkeit bringt zusätzlich eine soziale Aufwertung und damit einen narzißtischen Gewinn mit sich. Diesen narzißtischen Gewinn finden Pflegecharaktere vor allem in der Größe der Aufgabe, für die sie sich aufopfern wollen, aber auch im Dank, den ihnen der Partner bezeugt. Dankbarkeit ist die einzige Form von Befriedigung, die man ihnen geben kann. Sie ist eine Entschädigung, ja eine Form von zugelassener oraler Befriedigung. Das Pflegen von Hilflosen und die Befriedigung im Aufstrahlen der Gepflegten hat oftmals lustvollen Charakter. Pflegecharaktere bilden zwar das Gegenstück zum oralen Charakter, sie sind aber auch oral fixiert. Im Gegensatz zum oralen Charakter haben sie aber eine aktive Abwehr aufgebaut, die sie von einem spendenden Objekt unabhängig macht und sie vor Frustrationen bei erhaltener Bedürfnisbefriedigung schützt.

Im Gegensatz zum oralen Charakter erkranken sie seltener an Symptomen, sondern sind geradezu ein Musterbeispiel der Möglichkeit, sich mittels psychosozialen Agierens im Gleichgewicht zu halten. Dies gelingt um so mehr, als diese Pflegehaltung gesellschaftlich erwünscht ist, mit Status und Anerkennung belohnt wird, obwohl sie in der extremen Ausformung, in der sie andere zu oraler Regression zwingt, für diese pathogen sein kann. Wenn sie aber selbst psychosomatisch erkranken, so handelt es sich meist um schwere Störungen wie Magenulcus oder Anorexia nervosa. Sie sind schwierig zu behandeln, weil sie jede psychotherapeutische Hilfeleistung ablehnen, da sie niemandem zur Last fallen wollen und betonen, der Therapeut sollte seine Zeit anderen zuwenden, die seine Hilfe dringender benötigen. Auch wehren sie die für den therapeutischen Prozeß notwendige Regression ängstlich ab.

Als Liebespartner bieten sie sich zur Erfüllung von Pflege- und Mutterdiensten an und wählen einen Partner, dessen aus früheren Frustrationen herrührende orale Gier sie stillen zu können glauben.

Die orale Kollusion

Die orale Partnerwahl

Bei der Partnerwahl ergänzen sich die Erwartungen der Partner in idealer Weise.

Der Partner in Position des Pfleglings möchte in der Beziehung passiv seine oralen Bedürfnisse befriedigt haben. Er wünscht, beim Partner aufgehoben zu sein und sich von ihm umsorgen und pflegen zu lassen. Er leidet unter der Angst, der Partner könnte auf längere Sicht in seiner pflegerischen Zuwendung erlahmen. Selbst will er keine spendende

Mutterfunktionen ausüben, weil er wegen frühkindlicher Frustrationen oder Verwöhnung einen Anspruch auf regressives Nachholen oder Wiederholen stellt, aber auch fürchtet, sich dabei ähnlich wie seine «schlechte» Mutter zu verhalten (Mutter als internalisiertes schlechtes Objekt). Die für sich selbst abgelehnten Mutterfunktionen werden in idealisierter Weise in den Partner verlegt, der dem Bild einer spendenden Idealmutter zu entsprechen hat.

Der Partner in Mutterposition dagegen sucht in der Beziehung die Aufgabe, jemanden zu retten, zu pflegen und zu umsorgen. Er steht unter der Angst, der Partner könnte ihn als Pfleger plötzlich nicht mehr benötigen oder ihm die dankbare Anerkennung versagen. Er wehrt ängstlich eigene orale Bedürfnisse und Ansprüche ab. Beide erfahren bei der Partnerwahl einen wesentlichen Selbstwertzuwachs: Der «Pflegling» durch das hohe Maß an Zuwendung, die er erfährt; die «Mutter» durch die pflegerische Aufgabe, die ihr ein klar definiertes Selbstbild vermittelt.

Die Partner ergänzen sich in ihrer Abwehr: Der «Pflegling» muß sich um die Konstanz der Bedürfnisbefriedigung keine Sorgen machen, weil er spürt, daß «Mutter» diese Aufgabe nicht nur ihm zuliebe übernimmt, sondern damit eigene Anliegen zu erfüllen vermag. «Mutter» muß sich vom «Pflegling» ebenfalls nicht gefährdet fühlen, weil sie spürt, daß dieser sich nicht einfach ihrem Pflegeanspruch beugt, sondern selbst ängstlich um den Verlust der pflegerischen Zuwendung bangt. Die Gefahr eigener Regression auf orale Abhängigkeit scheint somit inexistent.

Auf einen Interaktionszirkel übertragen lautet die Formel der Partnerwahl:

«Pflegling»: Ich kann mich so passiv umsorgen lassen, weil du so
           fürsorglich bist.»

«Mutter»:   «Ich kann so fürsorglich sein, weil du so bedürftig bist.»

Die Beziehung ist somit ein Selbstheilungsversuch, bei dem jeder den anderen in dem Abwehrverhalten festhält, das ihm die Heilung eigener Schwierigkeiten zu ermöglichen scheint. Der «Pflegling» drängt den Partner in die Pflegehaltung, die «Mutter» den Partner in regressive Hilfebedürftigkeit.

In der gemeinsamen oralen Fixierung vollzieht also «Pflegling» eine orale Regression, «Mutter» eine orale Progression. Regression des einen und Progression des andern sind interdependent.

Umschlag zum oralen Paarkonflikt

Wenn sich Bedürfnisse und Ängste zweier Partner so ergänzen wie Schlüssel und Schloß, so ist nicht ersichtlich, wie es dabei überhaupt zum Konflikt kommen kann. Der Konflikt resultiert aus dem individuell neurotischen Hintergrund und gründet zu einem wesentlichen Teil in der Wiederkehr des Verdrängten.

«Pflegling» wird im längeren Zusammenleben zunehmend von den früheren Zweifeln erfaßt, ob der Partner die Erwartungen einer idealisierten Mutter wirklich erfülle, oder ob er ihn – so wie früher die eigene Mutter – enttäuschen werde. Alles was «Mutter» tut, sagt oder nicht tut und nicht sagt, wird untersucht, ob sich darin nicht der Verdacht bestätigen lasse, daß der Partner nicht der idealisierten, sondern vielmehr der schlechten Mutter entspreche. Es werden dem Partner Proben und Bewährungsaufgaben gestellt und die Ansprüche immer höher und höher gestellt, bis der Partner den Ansprüchen nicht mehr genügen kann und man sich deshalb berechtigt fühlt, ihn wie die «böse» Mutter zu verfolgen.

Ein anderer Aspekt liegt darin, daß das regressive Verhalten über längere Zeit hin zu einer Untergrabung des Selbstwertgefühls führt und die Überzeugung vermittelt, in der Position des Nehmenden und Schuldners dem Partner nicht Gleichwertiges bieten zu können. «Pflegling» merkt aber zu Recht, daß «Mutter» ihm keine andere Position zugesteht als diejenige des hilflos Regredierten und daß «Mutter» von ihm insbesondere keinerlei eigene Bedürfnisse befriedigen lassen will. «Pflegling» fühlt sich von «Mutter» nicht als gleichwertiger Partner angesehen. Da für ihn aber auch aus eigener Abwehr die Übernahme gebender und spendender Funktionen nicht in Frage kommt, fühlt er sich haßerfüllt dazu gedrängt, den Partner mit unermeßlicher oraler Gier zu verschlingen und zu zerstören.

Im Sozialverhalten äußert sich das in der Übersteigerung des ursprünglichen Verhaltens bis zur Absurdität:

«Pflegling» regrediert immer mehr auf orale Anspruchshaltung, gebärdet sich immer fordernder und unersättlicher und verweigert dem Partner die gerechte Anerkennung für geleistete Dienste, aus Wut über die Schuldnerposition, in die er versetzt worden ist, wie auch aus Angst, dieser könnte bei Dankbarkeitsbezeugungen in seinen Pflegebemühungen nachlassen.

Der Partner kann also in diesem Spiele nicht anders als scheitern. Je mehr er sich als «Mutter» anbietet, um so eher wird – in Übertragung früherer Muttererfahrungen – in ihm die «böse» Mutter verfolgt und um so stärker wird die Kränkung und Angst, von einer derartigen Mutter abhängig zu bleiben. Will sich der Partner aber aus der Mutterfunktion zurückziehen, so fühlt sich der «Pflegling» frustriert und in seinem Mißtrauen bestätigt.

Mutter ist zunächst ganz identifiziert mit dem idealisierten Mutterbild, das der «Pflegling» auf sie projiziert und das sich mit ihren eigenen Idealen deckt. Dank der Aufgabe, die sie am «Pflegling» erfüllt, hofft sie sich ja aus eigener Mutterabhängigkeit zu lösen. Die Aufrechterhaltung dieser Position ist aber aus verschiedenen Gründen gefährdet: Weil die Identifikation mit der Mutterrolle eine Abwehrbildung ist gegen die Gefahr, dem Partner gegenüber selbst in Mutterabhängigkeit zu geraten, fühlt sich «Mutter» immer von der eigenen Regression auf die Pfleglingsposition gefährdet. Partnerschaftlich muß sie sich vor dieser Gefahr damit schützen, daß sie den «Pflegling» immer klein und regressiv halten muß, um weder äußerlich noch innerlich diesen Regressionswünschen nachgeben zu können. «Mutter» wird also dem «Pflegling» immer in einer Weise helfen, die diesen noch hilfebedürftiger macht. Da «Pflegling» darauf mit Kränkung und Angst vor Abhängigkeit und Frustration reagiert, fordert er zwar immer mehr Pflegeleistungen von «Mutter», ohne ihr aber den notwendigen Dank dafür zu zollen. Der Dank wäre aber die orale Entschädigung für ihren Verzicht auf direkte orale Bedürfnisbefriedigung. Bleibt der Dank aus, so entfällt die Gratifikation, die die Abwehrbildung gegen die eigenen oralen Wünsche vermittelte. Es fällt nun «Mutter» doppelt schwer, dem «Pflegling» das zu geben, was sie sich selbst versagt. Sie empfindet Neid und Eifersucht auf alles, was «Pflegling» bekommt. Es kommt zu Klagen und Vorwürfen, was alles sie ihm zuliebe auf sich genommen und geopfert habe, ohne von ihm je Dank zu erhalten. Sie weist die Ansprüche von «Pflegling» jetzt auch schroff ab, oder verhält sich bei Hilfeleistungen so ungeschickt, daß «Pflegling» keine Befriedigung dabei erfahren kann. Damit ist die idealisierte Mutter für diesen zur schlechten Mutter geworden, was nicht nur ihn enttäuscht, sondern ebenso «Mutter» mit Schuldgefühlen und Kränkung erfüllt.

«Mutter» ist in ihrem Anspruch auf Lob und Anerkennung ebenso gierig und verschlingend wie «Pflegling» in seinen direkten oralen Ansprüchen. Aus ihrer Befürchtung, die Sublimierung der oralen Bedürfnisse nicht durchzuhalten, stellt sie immer maßlosere Ansprüche an Dankbarkeit, bis der erwartete Undank sich einstellt, womit sie sich zur Abweisung der oralen Ansprüche des Partners berechtigt fühlt.

Auch «Mutter» gegenüber kann «Pflegling» im Grunde gar nicht anders als scheitern. Das ganze ursprünglich so verheißungsvolle Abwehrarrangement scheitert daran, daß aus dem individuellen Hintergrund bei jedem Partner ausgerechnet dasjenige Verhalten resultiert, das – statt wie zu Beginn die Abwehr zu sichern – diese gerade untergräbt. Das einzige, was «Mutter» nicht tun «dürfte», wäre, dem Partner hilfreiche Zuwendung zu versagen. Das einzige, was «Pflegling» nicht tun «dürfte», wäre, keine dankbare Anerkennung mehr auszusprechen. Jedes provoziert aus seinem eigenen neurotischen Hintergrund den andern zu einer Fehlhaltung, zu der der andere aus eigenem, neurotischen Hintergrund ohnehin tendiert. Begreiflicherweise reagiert ein jeder mit Wut und Enttäuschung und überschüttet den Partner mit Vorwürfen, die aus seiner Sicht berechtigt sind.

Der «Pflegling» wird sagen: «Ich bin so unersättlich und undankbar, weil du so vorwurfsvoll und abweisend bist.»

«Mutter» dagegen wird sagen: «Ich bin so vorwurfsvoll und abweisend, weil du so unersättlich und undankbar bist.»

Auf ein Schema übertragen läßt sich der ganze Vorgang von Partnerwahl und Paarkonflikt folgendermaßen darstellen:

Die orale Kollusion

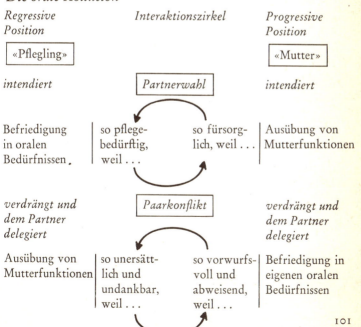

Der Selbstheilungsversuch muß als gescheitert betrachtet werden. Die Progression des einen wie die Regression des anderen erweist sich langfristig nicht als taugliche Lösung im gemeinsamen oralen Konflikt. Insbesondere gelingt es auf die Dauer nicht, die verdrängten und dem Partner abgetretenen Aspekte des Konfliktes externalisiert zu halten, ohne sie in ihm zu verfolgen und zu zerstören. Die «Mutter» wird neidisch auf die Zuwendung sein, die «Pflegling» erhält und ihr abfordert, «Pflegling» aber wird voller Angst und Wut wegen seiner regressiven Abhängigkeit von «Mutter» sein. Die gemeinsame Grundphantasie, in der die Partner die orale Kollusion austragen, ist die Mutter-Kind-Symbiose mit der Dimension Pflegen und Gepflegtwerden. Gelegentlich besteht auch eine symmetrische Kollusion, in der beide Partner die Mutterposition für sich beanspruchen oder beide Partner die Pfleglingsposition. Dieser Zustand ist allerdings kaum als dyadisches System aufrechtzuerhalten. Beanspruchen beide die Mutterposition, so benötigen sie dazu meist Drittpersonen – Kranke oder ihre Kinder –, die sie gemeinsam pflegen können. Regredieren aber beide Partner in Pfleglingsposition, so funktionieren sie als dyadisches System nicht mehr und brauchen eine helfende, rettende und pflegende Drittperson. Nicht selten überbieten sich die Partner bei der Flucht in Krankheit und Schwäche, weil keines bereit sein will, dem anderen gegenüber Mutterfunktionen zu versehen. Wenn die Frau erkrankt, erkrankt nicht selten sogleich auch der Mann, da es ihm unerträglich ist, sich pflegerisch um seine Frau bemühen zu müssen.

4. Beispiel: Eine Frau, die mit einem Sozialarbeiter verheiratet ist, leidet seit drei Jahren an schweren depressiven Verstimmungen, in denen sie mehrmals Suizidversuche unternommen hatte. Die Depressionen begannen im zeitlichen Zusammenhang mit der Geburt ihres einzigen Kindes, eines Sohnes. Die Frau klagt darüber, der Mann widme sich seither nur diesem Kinde und zeige ihr gegenüber kaum noch irgendwelches Interesse.

Das Paar lernte sich auf einer Party kennen. Die Frau saß fröstelnd im dunklen Garten vor dem festlich erleuchteten Hause und trauerte einer eben zerbrochenen Liebesbeziehung nach. Der Mann trat in den Garten hinaus, sah das arme Geschöpf und legte wie der heilige Martin seine Jacke um ihre Schultern. So kamen sie miteinander ins Gespräch. Die Frau blühte unter seinem tröstlichen Zuspruch rasch auf. Das Partnerverhältnis konstellierte sich von Anfang an zu einer Therapeut-Patienten-Beziehung. Der Mann sah, wie die Frau unter seinen Bemühungen aufstrahlte, worin er einen Selbstwertzuwachs erfuhr.

Der individuelle Hintergrund der Partner: Der Mann stand als Jüngster von zehn Kindern einer ärmlichen Familie zeitlebens unter dem Eindruck, nicht für voll genommen zu werden. Seine Mutter war eine starke, herrische Frau, neben der der Vater wenig zu sagen hatte. Der Mann war sehr an seine Mutter gebunden, die er aber gleichzeitig auch fürchtete. Er hoffte in der Ehe auf Selbstbestätigung und war bestrebt, eine Frau zu finden, die nicht so herrisch wie seine Mutter sein werde.

Die Frau war Älteste von vier Kindern. Ihre Mutter habe in kalter und selbstbezogener Art die Familie tyrannisiert. Als die Frau im vierten Lebensjahr war, wurde ein Bruder nachgeboren, von dem sie sich in den Schatten gestellt fühlte, weil beide Eltern diesen Sohn vergötterten. Die Frau reagierte damals mit Bettnässen, Trotz und vielfältigen Provokationshandlungen, mit denen sie drastische Strafen auf sich zog, aber damit wenigstens Beachtung erwirken konnte. Sie trat mit dem bewußten Wunsch in die Ehe ein, das Zentrum der Aufmerksamkeit ihres Mannes zu bilden und keinesfalls so tyrannisch zu werden wie ihre eigene Mutter.

In der Ehe war die Frau von der dauernden Angst erfüllt, der Mann könnte in seiner pflegerischen Aufmerksamkeit ihr gegenüber nachlassen. Sie schuf stets neue Situationen, die den Mann zwangen, sie zu retten, zu stützen, zu schonen und ihr alles abzunehmen. Sie verlegte sich ganz auf die Rolle der Schwachen und Hilfebedürftigen. Durch die Geburt des ersten Kindes geriet sie in einen schweren Konflikt: Einesteils fühlte sie die Anforderung, ihre Rolle als Mutter zu versehen und damit eine reife Frau zu werden, andernteils verfiel sie aber der Wiederholung ihrer Geschwisterrivalität und war von größter Angst erfüllt, der Mann könnte sich nun mehr dem Knaben als ihr zuwenden. In diesem Zwiespalt verhielt sie sich dem Mann gegenüber immer regressiver, entwickelte Depressionen, vollführte Heulszenen und Suizidversuche, um sich die Aufmerksamkeit und Zuwendung des Mannes zu sichern. Sie wurde in ihren Ansprüchen dem Mann gegenüber immer anmaßender. Der Mann dagegen suchte in der Ehe in erster Linie Selbstbestätigung. Er stand unter dem Ideal, sich für seine Familie zu opfern und in seiner Fähigkeit, Liebe zu spenden, unerschöpflich zu sein. Er verausgabte sich in der Ehe, bis auch er ausgezehrt und depressiv zusammenbrach und dankbar für das Angebot einer Ehepaartherapie war, um damit von den Ansprüchen der Frau entlastet zu werden.

In der Ehepaargruppentherapie bot sich der Mann alsbald als Co-Therapeut und Helfer der ganzen Gruppe an. Einesteils betonte er, daß er von der Frau Selbständigkeit erwarte, anderenteils nahm er ihr das Wort immer gleich ab, wenn sie mal Anstalten machte, sich zu äußern. Immer deutlicher wurde spürbar, daß er sie gar nicht aufkommen lassen wollte, ja, daß ihre Beziehung überhaupt nur auf der Ebene Therapeut–Patient funktionierte. Der Mann fühlte sich in seinem Element, wenn die Frau sich hilfesuchend an ihn wandte und er im tiefgründigen Gespräch sich als Retter anbieten und bestätigen konnte. Zu Recht spürte die Frau, daß, wenn sie tatsächlich selbständiger würde, ihre Ehebeziehung gefährdet würde. Im Laufe der Behandlung wurde sie dann etwas aggressionsfreier und autonomer, worauf der Mann in eine schwere Depression verfiel und zunehmend gespannt und gereizt wurde. Er fühlte sich aus seinen Mutterfunktionen dem Kind gegenüber herausgedrängt und fürchtete sich vor einer ihm ebenbürtig werdenden Frau. Aber auch die Frau hatte Angst, in der eigenen Autonomie tyrannisch wie ihre Mutter zu werden. Effektiv tyrannisierte sie aber den Mann schon längst mit ihren Szenen von Schwäche und Hilflosigkeit. Allmählich gewannen beide Einsicht in ihre Fehlhaltungen und konnten diese weitgehend abbauen. Es wurde ein zweites Kind nachgeboren, demgegenüber die Frau von Anfang an die Mutterfunktionen erfüllte. Der Mann konnte seine Frau als reifer und autonomer akzeptieren, ohne daß deswegen die Basis ihrer Beziehung zerstört worden wäre.

5. Beispiel: Ein Landarzt ist verheiratet mit einer früheren Krankenschwester, die einige Jahre älter ist als er. Er ist verzweifelt über seine Ehe. Er fühlt sich von seiner Frau frustriert, insbesondere auch in sexueller Hinsicht, vermag sich aber nicht von ihr zu lösen. In seiner gutgehenden Praxis ist er ein ausgezeichneter Arzt, der sich auch um die psychologischen Probleme seiner Patienten kümmert und väterlich für sie sorgt. Zu Hause aber, stellt er selbst fest, verhalte er sich wie ein bedürftiges Kind, erwarte von seiner Frau zärtliche Zuwendung, Umsorgung, Wärme und Liebe. Seine Frau sei ihm gegenüber aber reserviert und abweisend.

Sie hatten sich schon in Jugendjahren kennengelernt und früh geheiratet. Er neigte seit je dazu, auf seine Frau ein Idealbild zu projizieren und in ihr den Inbegriff von fraulicher Zärtlichkeit, Klugheit und mütterlicher Opferbereitschaft zu sehen. Seine Frau identifizierte sich offensichtlich selbst mit diesem Idealbild. Im Grunde war sie eher selbstunsicher. Beide aber sahen in ihrer Beziehung etwas völlig Einmaliges und Ideales und waren überzeugt, daß für ihr Leben nur diese Ehe zähle und alles andere daneben bedeutungslos bleiben müsse. Es kam zu drei Geburten, die allesamt schwer verliefen, das letzte, jetzt 5jährige Kind weist schwere Mißbildungen auf und ist vollkommen von Pflege abhängig. Die Frau hat sich nun diesem Kind mit großer Intensität zugewandt. Das Kind beansprucht all ihre Kräfte, darf nie allein gelassen werden und erhält von ihr ein Übermaß an pflegerischer Zuwendung. Der Mann negiert irgendwelche Eifersucht auf dieses Kind, idealisiert den pflegerischen Einsatz seiner Frau und sieht in ihr fast eine Heilige.

Die sexuellen Beziehungen waren von Anfang an erschwert, vordergründig durch die Abwehrhaltung der Frau. Der Mann fühlte sich dadurch gekränkt und persönlich zurückgewiesen. Schließlich wurde die Ehe erschüttert, als er vor einem Jahr eine außereheliche Beziehung zu einer ihn mütterlich fördernden Frau einging. Diese außereheliche Beziehung bewirkte, daß die Ehepartner erstmals offen miteinander sprachen, wobei es auch vorübergehend zu einer Verbesserung ihrer sexuellen Beziehungen kam. Der Mann war plötzlich wieder verliebt in seine Frau und fühlte sich während einiger Monate in einem traumartigen Glückszustand. Dann aber erwiesen sich die Erwartungen des Mannes doch wieder als Illusionen. Er verfiel in einen depressiven Zustand, seine Frau fühlte sich ebenfalls unglücklich.

Der Mann ist in ländlicher Gegend aufgewachsen, wo seine Eltern ein Geschäft führten. Seine Mutter sei eine Frau von Format gewesen, interessant, unerschrocken, aber von allen Leuten gefürchtet. In ihren Gefühlen war sie nüchtern, kühl und puritanisch. Der Vater litt unter ihr, da er von eher lebensfreudiger Wesensart war. Der Mann litt als Kind unter der Zurücksetzung gegenüber seinem älteren Bruder, der von der Mutter bevorzugt wurde und der in der Familie als Genie galt. Zeitlebens hatte der Mann das Gefühl, zuwenig Mutterliebe bekommen zu haben, und es ist ihm auch bewußt, daß er in seiner Ehefrau auf einen Mutterersatz gehofft hatte.

Im Gespräch mit dem Paar fällt schon rein äußerlich auf, daß die Frau älter als der noch etwas kindlich aussehende Mann wirkt. Sie ist hager, ausgezehrt und schon etwas verblüht. Im Gespräch verhält sie sich zunächst reserviert, wird aber dann bald wärmer und zugänglicher, worauf die jahrelang aufgestauten Gefühle gegenüber ihrem Mann hervorbrechen. Sie fühlt sich in jeder Hinsicht als Versager. Sie hatte gehofft, den Erwartungen des Mannes zu genügen, und merkt, daß sie einfach nicht in der Lage war, ihm mehr Liebe zu geben. Wenn sie seine Ansprüche spüre, ziehe sich in ihr alles zusammen und sie verstecke sich im Schneckenhaus. Auch das Sexuelle erlebt sie lediglich als einen Vorgang, bei dem sie dem Mann etwas schenken sollte. Zu ihren eigenen Bedürfnissen und Wünschen hat sie keine Beziehung. Sie lebt rein auf den Mann bezogen als jemand, der dessen Idealerwartungen befriedigen sollte. Vordergründig ist die Beziehung polarisiert in den Mann als Pflegebedürftigen und die Frau als Mutter. Doch die hintergründigen Gleichartigkeiten ihrer Positionen werden bereits im ersten Paargespräch deutlich. Beide sehen die Ehe, insbesondere auch die sexuellen Beziehungen, nur in der Dimension von Geben und Nehmen. Beide waren allzu stark auf die Ehebeziehung als einzige wesentliche Beziehung ihres Lebens ausgerichtet und hatten die Ehe durch Idealerwartungen überlastet.

Zusammenfassende Aspekte der oralen Kollusion

Beide Partner sind sich einig, der eigentliche Sinn der Liebe sei, einander pflegerisch zu umsorgen.

Der gemeinsame Widerstand des Paares richtet sich dagegen, die Vorstellung in Frage stellen zu lassen, daß Pflegefunktionen in ihrer Liebesbeziehung einseitig verteilt sein sollten. Beide sind sich darin einig, daß dem «Pflegling» keine Pflegeaufgaben abgefordert werden könnten. Ihre Idealvorstellung bleibt, daß es in der Therapie darum ginge, die Bemühungen des «Pflegers» effizienter zu machen durch Erhöhung seiner pflegerischen Kapazität und durch Verbesserung der Auswirkungen auf den «Pflegling». Neu und zunächst angsterregend ist ihnen aber die Vorstellung, daß der «Pflegling» nun mal selbst Pflegeaufgaben dem «Pfleger» gegenüber ausüben sollte.

Das Thema «Liebe als Einander-ganz-Gehören» in der anal-sadistischen Kollusion:

Die anal-sadistische Entwicklungsphase; die anal-sadistische Eltern-Kind-Kollusion. Die anale Beziehungsstörung; die aktiven Herrscher; die passiv-analen Charaktere. Die Herrscher-Untertanen-Kollusion. Die sado-masochistische Kollusion. Der eheliche Machtkampf. Die Eifersuchts-Untreue-Kollusion. Zusammenfassende Aspekte der anal-sadistischen Kollusion.

Die anal-sadistische Kollusion ist wohl die häufigste Form von Ehekonflikten in unserer Kultur, genauso wie der anale Charakter die häufigste Charakterstruktur unserer Mittel- und Oberschicht ist. Eigenschaften wie Pünktlichkeit, Fleiß, Sauberkeit, Korrektheit, Sparsamkeit und Ordnungsliebe sind Qualitäten, die auf dem Tugendweg der Leistungsgesellschaft in besonderer Weise prämiert werden. Unter der Jugend scheint sich allerdings eine Wandlung in Richtung oral-narzißtischen Charakters anzubahnen, der den Forderungen der Konsumgesellschaft in besonderer Weise entgegenkommt.

Bei der analen Kollusion geht es vor allem um das Problem, in welchem Ausmaß dürfen autonome Bestrebungen der Partner zugelassen werden, ohne daß die Beziehung auseinanderfällt und durch welche Führungs- und Kontrollmaßnahmen muß die gegenseitige Abhängigkeit und Sicherheit in der Partnerschaft gewährleistet werden.

Vorangestellt sei die Beschreibung der anal-sadistischen Entwicklungsphase des Kindes, die etwa das zweite bis vierte Lebensjahr umfaßt, mit der typischen Form der Eltern-Kind-Kollusion, die den Boden für spätere anal-sadistische Charakterbildungen und Kollusionen in der Ehe legt. Es folgt die Beschreibung des ehelichen Machtkampfes, der sado-masochistischen Partnerbeziehung und des Eifersuchts-Untreue-Spiels.

Die anal-sadistische Entwicklungsphase

Nach psychoanalytischer Entwicklungspsychologie kommt es etwa im Alter von 1 bis 3 Jahren zur Entfaltung autonomer Ich-Funktionen, die für das Sozialverhalten von großer Bedeutung sind. In dieser Phase reift die Willkürmotorik, das Kind wird fähig, sich frei und autonom zu bewegen, die Umwelt zu erobern und von ihr Besitz zu ergreifen. Charakteristisch für diesen Entwicklungsschritt ist die Situation, wo das Kind der Mutter davonläuft, dabei vor

Vergnügen kreischt, wenn die besorgte Mutter es vergeblich zurückruft und ihm schließlich nachrennt, um es einzufangen, womit die Symbiose wieder hergestellt ist. Läuft die Mutter ihm nicht nach, so bleibt es bald stehen und kehrt enttäuscht und leicht verängstigt von selbst wieder zurück.

Das Kind erwirbt sich ferner die Möglichkeit, sich sprachlich mit der Umgebung auseinanderzusetzen, was es ebenfalls in seiner Autonomie bestärkt und den Radius des Meinungsaustausches erweitert und differenziert. Die Sprache ist nun nicht mehr nur Aussenden von Bedürfnissignalen wie etwa das Schreien des Säuglings bei Hunger, sondern Sprache ist ein Pakt, der verbindlich und verpflichtend ist. Was man gesagt hat, wird vom andern erinnert und erwirbt den Aspekt des Unwiderruflichen. Das Bemeistern der äußeren Welt, das In-Besitz-Nehmen und Beherrschen hat etwas Berauschendes und vermittelt den Eindruck von Allmacht. Erst allmählich muß das Kind schmerzlich erfahren, daß seiner Macht Schranken gesetzt werden, daß nicht alles in seinem Besitz steht und es in manchen Belangen sich dem Willen anderer fügen muß, wogegen es zornig und trotzig rebelliert.

Diese ganze Entwicklung ist ambivalent. Die Neuerwerbungen des Fortschrittes gehen mit Verlust von Annehmlichkeiten früherer Phasen einher. Der Gewinn von Autonomie, die Ich-Entdeckung, die Etablierung der Subjekt-Objekt-Spaltung führt zum Verlust der Urharmonie und dem Gefühl mit allem verbunden und eins zu sein. Die Ambivalenz zwischen Trennung und Verbundenbleiben drückt sich in all den Polarisierungen aus, die diese Phase charakterisieren, der Polarisierung von Selbständigkeit (Autonomie) gegen Abhängigkeit (Heteronomie), von Herrschen gegen Beherrschtwerden, von Aktivität gegen Passivität, von Ordnung-Herstellen, Strukturieren und Aufbauen gegen Auflösung von Ordnung, Zerstören und Rückführung in den amorphen Zustand. Die Sehnsucht, ungetrennt mit allem verbunden zu bleiben, äußert sich insbesondere auch im Masochismus, wo in der Ekstase des Schmerzes das Ich aufgelöst wird und im Beherrschtwerden das Einssein wieder erreicht wird, wo man ganz dem anderen zu Willen ist, sich von ihm geführt, gehalten und dirigiert fühlt und so die regressive Sehnsucht nach Ungetrenntsein befriedigen kann.

Die anal-sadistische Eltern-Kind-Kollusion
Genauso wie in der oralen Phase können die phasentypischen Konflikte der analen Entwicklungsstufe für das Kind besonders schwer zu bewältigen sein, wenn es sich mit den Eltern in Kollusionen verstrickt, die wesentlich darin begründet sind, daß die Eltern selbst Fixierungen auf analer Stufe aufweisen, die durch das Kind reaktiviert werden. Manche Mütter fühlen sich bedroht und ihres Einflusses beraubt, wenn das Kind selbständig wird, ja diese Selbständigkeit sogar in provokativer Weise an ihnen erproben will. Das Kind macht das Gegenteil von dem, was sie wollen, und zerstört so in jeder Hinsicht die symbiotische Einheit mit ihnen. Bei manchen Müttern treten Ängste vor Verlust und

Trennung auf. Der ganze Konflikt kann noch durch die soziale Situation gefördert werden. Wenn das Kind all das tut, was es nicht darf, wenn es schmutzig, laut und unruhig ist, erhält die Mutter oft von der Umgebung Vorwürfe. Die Mutter wird neurotisiert, wenn die beengten Wohnverhältnisse von ihr verlangen, daß sie das Kind zu zügeln verstehe, ihr andererseits aber ein antiautoritäres Erziehungsideal vorgehalten wird, das sie unter den gegebenen Umständen nicht zu realisieren vermag.

Die häufigste Kollusion ist der Machtkampf, in dem es Eltern und Kind in gleicher Weise darum geht, wer den anderen zu unterwerfen versteht. Vordergründig mag es so aussehen, als ob die Eltern überlegen wären, effektiv hat das Kind aber gerade wegen seiner körperlichen Unterlegenheit viele Trümpfe in den Händen: Es verfügt über das höhere Schreivermögen, ist im aggressiven Ausdruck seiner Gefühle und Bedürfnisse ungehemmter, hat die Unterstützung anderer Erwachsener leicht auf seiner Seite, wenn sich die Eltern zu aggressivem Handeln provozieren lassen und belastet die Eltern auch mit Schuldgefühlen, wenn sie sich unkontrolliert gegenüber dem Kind verhalten.

Vermochten die Erziehungspersonen selbst die Entwicklungsanforderungen der analen Phase nicht ausreichend zu bewältigen, so lassen sie sich als Eltern besonders leicht vom Kind in eine Kollusion, in ein destruktives Zusammenspiel hineinreißen. Früher entwickelte sich ein Machtkampf vor allem am Sauberkeitstraining. Die Sauberkeitserwartung ist die erste Leistungsanforderung an das Kind, die erste Erwartung zur Pflichterfüllung, bei der das Kind ein echter Partner ist, das heißt selbst entscheidet, ob es die Mutter erfreuen oder ärgern will. Die Mutter wird versuchen, das Kind mit Lob und Tadel zur Erfüllung ihrer Erwartungen zu manipulieren. Ist die Mutter selbst noch in der Autonomie-Heteronomie-Problematik verhaftet, so belastet es sie besonders, sich mit ihren erzieherischen Erwartungen in einen Gegensatz zum kindlichen Willen stellen zu müssen; sie spürt in sich den Zwiespalt zwischen dem Wunsch, passiv dem Willen des Kindes nachzugeben, und der Anforderung, es aktiv zu führen. Wenn die Mutter Angst hat, vom Kind unterworfen zu werden, wird sie sich autoritär verhalten und versuchen, den Willen des Kindes zu brechen und es auf Gehorsam aus Prinzip zu dressieren. Sie wird sich strikte jeden Widerspruch verbieten, weil sie sich einer flexiblen Auseinandersetzung mit dem Kind nicht gewachsen fühlen würde. Dem Kind wird so schon früh signalisiert, daß Auseinandersetzungen nicht auf verbaler Ebene ausgetragen werden können. Das Kind wird auf gewisse Streittechniken konditioniert, die für die spätere Ehebeziehung von Bedeutung sein werden: Es lernt, daß es in einer Beziehung darum geht, wer der Stärkere ist und wer die Macht hat. Wer nicht unterworfen werden will, muß sich den anderen unterwerfen. Man kann mit scheinbarer Gefügigkeit sich den anderen unterwerfen durch Schmeicheln, Passivität, Trotz, Sich-Ausschweigen und Lügen. Man kann den anderen zur Verzweiflung bringen durch Blödelei, Fahrigkeit, Pseudodebilität, Tolpatschigkeit, Trödeln oder Einkoten. Es entwickelt sich zwischen Mutter und Kind ein Interaktionszirkel. Die Mutter denkt: Ich bin nur so autoritär, weil das Kind so trotzig ist. Das Kind: Ich bin nur so trotzig, weil die Mutter so autoritär ist.

Die Mutter kann von der Konfrontation mit dem Kind zurückschrecken aus Angst, es mit ihm zu verderben und es zu verlieren. Diese Gefahr ist natürlich besonders groß in Situationen, in denen die Mutter in ihrer Beziehung zum Kind real bedroht ist, zum Beispiel in der Scheidungssituation. Eine solche Mutter wird dazu neigen, dem Kind in allem nachzugeben und es nur indirekt, etwa durch Verängstigung, an sich zu binden. Sie wird es vor allen Gefahren bewahren wollen, und zwar mit dem unbewußten Ziel, zu verhindern, daß es selbständig werden und sich von ihr ablösen könnte. Auf jeden Autonomieversuch wird sie mit Kränkung reagieren, da sie die symbiotische Beziehung zum Kind um jeden Preis aufrechterhalten will. Auch hier spielen sich Mutter und Kind auf einen Interaktionszirkel ein. Die Mutter denkt etwa: Ich bin nur so vorwurfsvoll, weil das Kind so aggressiv ist. Das Kind: Ich bin nur so aggressiv, weil die Mutter so vorwurfsvoll ist.

Das Kind wird dazu neigen, solche Streitformen mit dem späteren Ehepartner zu wiederholen.

Die anale Beziehungsstörung
Für den analen Charakter ist also die Ambivalenz folgender Gegensatzpaarungen maßgeblich:

Aktivität steht gegen Passivität
Autonomie (Selbständigkeit) gegen Heteronomie (Abhängigkeit)
Eigensinn gegen unverpflichtete Nachgiebigkeit
Herrschen gegen Gefügigkeit
Sadismus gegen Masochismus
Sparsamkeit gegen Verschwendung
Ordnungsliebe und Pedanterie gegen Nachlässigkeit
Sauberkeit gegen Beschmutzungslust

Die zu diesen Gegensatzpaarungen gehörigen Phantasien schließen sich bei ein und derselben Person keineswegs aus, auch wenn sich im sozialen Verhalten nur die eine Seite zeigt. So finden wir zum Beispiel nicht selten sadistische Phantasien bei Leuten, die sich Autoritäten gegenüber besonders unterwürfig verhalten.

Das soziale Verhalten läßt sich vordergründig häufig von der Gegensatzpaarung Aktivität–Passivität ableiten, doch finden sich viele Mischformen bezüglich Autonomie, Macht, Besitz und Ordnung.

Die aktiven Herrscher

Bei den aktiven Formen analen Charakters, den Herrschsüchtigen und Sadisten wird leicht übersehen, wie sehr diese Charakterform eine Abwehrbildung gegen Ängste vor Beherrschtwerden und Unterlegenheit sind. Es wird versucht, die eigenen Abhängigkeitswünsche zu sublimieren, indem man andere von sich abhängig macht. Man glaubt selbst Autonomie entfalten zu können, soweit die gegenseitige Abhängigkeit vom Partner her gesichert wird. Solche Menschen drängen sich zum Beispiel leicht in führende Positionen, wobei sie die Führungsaufgaben aber schlecht bewältigen, weil sie sich bei ihren Unterstellten anbiedern möchten. Sie möchten sich von diesen vollumfänglich anerkannt fühlen und von ihnen gestützt und getragen werden. Sie wehren diese «schwächlichen» Bedürfnisse aber wiederum ab, indem sie sich den Mitarbeitern gegenüber besonders schroff verhalten und ihre Anordnungen widerspruchslos durchgesetzt sehen wollen, ohne sie begründen zu müssen. In der Ehe und Familie erwarten sie unbedingte Gefolgschaft, die ihnen äußerlich geleistet wird, ohne daß sie innerlich mitvollzogen wird. Sie stehen in einem unlösbaren Dilemma. Um die Trennungsängste nicht anerkennen zu müssen, verlangen sie absolute Gefolgschaft. Da sie zu Recht befürchten, daß die Gefolgschaft nur äußerlich vollzogen wird, verlangen sie von den Untergebenen mehr persönliche Überzeugung und Stellungnahme. So können wir beispielsweise bei Vertretern religiöser Gemeinschaften leicht beobachten, wie sie von ihren Angehörigen die strikte Befolgung der moralischen Vorschriften verlangen, gleichzeitig aber fordern, daß dieser Gehorsam in freier persönlicher Entscheidung geleistet wird. Sie scheitern am Umstand, daß echte Gefolgschaft nur in der Freiheit des Nichtfolgen-Müssens, das heißt in Autonomie und Trennungsrisiko geleistet werden kann. Anerkennen zu müssen, daß der andere einen eigenen Anspruch auf Initiative und Autonomie hat, bedeutet auch eine Kränkung im narzißtischen Anspruch auf ungetrenntes Einssein.

Ganz ähnliche Haltungen finden wir in den übrigen, als aktiv zu bezeichnenden Eigenschaften. Auch bezüglich Besitz wird der Anspruch gestellt, daß der andere einem alles geben müsse, ohne daß man selbst ihm alles zur Verfügung stellt. In der Ehe äußert sich das nicht nur im Materiellen, sondern auch im Anspruch, alles, was der Partner fühlt und denkt, zu erfahren und zu kontrollieren, was als absolute Offenheit in der Liebe etikettiert wird, im Grunde aber ein Mittel ist, den andern zu beherrschen.

Ordnungsliebe, Pedanterie, Nörgelei und Sparsamkeit sind weitere Eigenschaften, die partnerschaftlich im Dienste der autonomen Machtausübung stehen können. Sie sind Mittel, um den andern in seine Position von Abhängigkeit zu verweisen. Gegen diese Form des Herrschens durch Abhängigmachen ist schwer aufzukommen, weil der Überlegene aus seiner Sicht immer im Recht ist und seine Haltung als notwendig zur Aufrechterhaltung von Ruhe und Ordnung legitimieren wird.

Die passiv-analen Charaktere

Sie lassen alles mit sich geschehen, ohne der Umgebung den geringsten Widerstand entgegenzusetzen. Sie verhalten sich regressiv und sind im Grunde froh, sich nicht selbst aktiv um irgendwelche Problembewältigung kümmern zu müssen, sondern alles den anderen zu überlassen und sich in deren Sicherheit und Schutz zu begeben. Auch ihnen geht es in erster Linie um Wahrung der Abhängigkeit. Es ist aber nicht so, daß sie sich dem Partner nur unterwerfen. Vielmehr versuchen sie, den Partner zu beherrschen, indem sie sich scheinbar von ihm beherrschen lassen. In milderer Form drückt sich das in einem Sprichwort aus, das heute allerdings nicht mehr gesellschaftsfähig ist: «Der Mann ist das Haupt, die Frau der Hals, sie weiß das Haupt zu drehen.» Von der Frau ist allgemein die mehr passiv-duldende Position, vom Mann die aktiv-aggressive erwartet worden. Von jeher fanden sich in der Belletristik viele Beispiele, wie die Frau mit List und Schlauheit den Mann zu lenken und zu beherrschen vermag, ohne daß dieser es merkt, da die Frau ihm formell die Führungsposition zwar zugesteht, ihm aber eingibt, wie er zu führen und zu entscheiden hat.

Nicht immer aber ist es die Frau, die die passive Rolle übernimmt. Wer die passive Rolle übernimmt, wird diese meist nur zum Schein akzeptieren und den aktiven Partner verunsichern durch die hintergründige Art, sich seinem Herrschaftsanspruch zu entziehen. Einer direkten Konfrontation wird ausgewichen. Die Unterwürfigkeit ist aber nur ein Lippenbekenntnis. Es wird zwar nie widersprochen, aber es wird in allem ohne Überzeugung nachgegeben. Man schützt sich mit Passivität. Das unterwürfige Verhalten dient der Taktik, den Partner in Sicherheit zu wiegen, um ihn mit um so höherer Gewißheit ins Netz laufen zu lassen und beherrschen zu können. Das Netz wird so weit ausgeworfen, daß der andere es lange Zeit gar nicht bemerkt, selbst dann noch nicht, wenn es bereits eingezogen wird. Fühlt sich der andere plötzlich gefangen und beginnt sich dagegen zu wehren, so gibt sich der erstere arglos, wodurch der andere nie sicher ist, ob überhaupt ein Netz vorhanden ist. Herrschsüchtiges Verhalten, Brutalität und Reizbarkeit werden sozial mit Ablehnung sanktioniert, sind aber häufig nur verzweifelte Reaktionen gegen die unsichtbaren Fesseln, die einem vom Partner auferlegt worden sind.

Auf der Besitzebene wird der Passiv-Anale keinen direkten Anspruch auf den Besitz des andern erheben, aber er weiß sich dem Besitzanspruch des Partners heimlich zu entziehen. Bei Hausfrauen mag das im Abzweigen von Haushaltsgeld oder in geheimen Sparkonten liegen, bei Männern in heimlichem Besitz oder insbesondere auch in geheimen außerehelichen Beziehungen. Der Partner ahnt oft etwas. Man läßt ihn aber mit seinen Vermutungen im Ungewissen, sagt nicht ja, sagt nicht nein, tönt etwas an, nimmt es wieder zurück und legt dann wieder etwas zu. Auf diese Weise gelingt es, den aktiv Herrschenden in die Knie zu zwingen und ihn zu zermürben. Oder man plädiert für absolute Offenheit, berichtet dem Partner scheinbar ehrlich alle Details einer außerehelichen Beziehung, um ihn damit zu kränken und zu Eifersucht zu reizen.

Auf der Ebene von Sauberkeit und Ordnung gelingt es dem Passiv-Analen, sich dem Herrschaftsanspruch des Partners zu entziehen durch Nachlässigkeit, Vergeßlichkeit und Ungeschicklichkeit.

Diese Provokationen dienen nur dazu, die Beziehung im Streit zu konsolidieren und die gegenseitige Abhängigkeit unter eigenem Machteinfluß zu erhöhen. Es ist aber keinesfalls die Absicht, sich im Streit vom Partner zu trennen.

Die Herrscher-Untertanen-Kollusion
Diese Form von Kollusion resultiert aus dem Zusammenspiel eines «aktiven» mit einem «passiven» analen Charakter. Der aktive Partner möchte in der Beziehung zu Autonomie und Herrschaft progredieren, der passive Partner akzeptiert die Position von Abhängigkeit und Gefügigkeit und sichert sich regressiv gegen Ängste vor Trennung und

Alleingelassenwerden ab. Der aktive Partner kann so seine eigenen Trennungsängste verleugnen, weil diese vom passiven Partner ausgedrückt werden. Der Passive verzichtet auf die Entfaltung von Autonomie, die er dem Partner abtritt. *In der Partnerwahl* sagt sich der aktive Partner: «Ich kann in dieser Beziehung so autonom, aktiv und mächtig sein, weil du so abhängig, passiv und gefügig bist», und der passive Partner kann sich sagen: «Ich kann so abhängig, passiv und verantwortungsfrei bleiben, weil du so autonom, stark und mächtig bist.»

Der Umschlag zum Paarkonflikt tritt durch die Wiederkehr des Verdrängten ein. Der aktive Partner wird von eigenen regressiven Tendenzen befallen, die er bisher verdrängt hatte, von Angst, als abhängig von Anerkennung und Gefolgschaft entlarvt zu werden, Angst, den eigenen passiven Abhängigkeitswünschen nachzugeben und sich vom Partner führen zu lassen. Er wird nun dazu neigen, sein Machtgebaren zu überhöhen und sich den Partner noch stärker zu unterwerfen, um in diesen Ängsten beruhigt zu werden. Der passive Partner aber seinerseits spürt in sich die Anforderung, eigene Autonomie zu entwickeln, um die Gleichwertigkeit in der Ehe aufrechtzuerhalten und seine Ängste, vom Partner ausgenützt zu werden, zu dämpfen. Er erträgt die äußerlich gefügige Haltung nur so weit, wie er spürt, daß der herrschende Partner selbst von ihm abhängig ist und in seiner Herrschaft manipulierbar bleibt. Er wird sich die eigene Macht und Autonomie beweisen wollen, indem er sich den Machtansprüchen des Partners passiv entzieht, wodurch sich der Partner verlassen, nicht ernst genommen und in der Luft hängengelassen fühlt.

Aus eigenen Ängsten verstärkt also jeder das ursprünglich akzeptierte Verhalten ad absurdum. Der eine sagt: «Ich bin so tyrannisch und versklavend, weil du dich mir entziehst und dich auf nichts festlegen läßt.» Der andere: «Ich lasse mich auf nichts festlegen und verpflichten, weil du mich tyrannisieren willst.»

Die anal-sadistische Kollusion

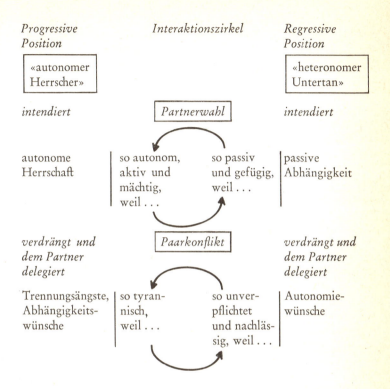

6. *Beispiel:* Eine Frau hatte einen Suizidversuch unternommen wegen außerehelicher Beziehungen ihres Mannes. Dieser führte mit ihr eine patriarchalische Ehe alten Musters. Er betrachtete es als selbstverständlich, daß ihm als Mann Rechte zugestanden würden, die einer Frau nicht zukämen. Die eheliche Beziehung beschränkte er auf den täglichen Geschlechtsverkehr, aufs Essen und aufs Schlafen. Die übrige Zeit verbrachte er in Wirtshäusern oder bei der Arbeit. Beruflich war er ein tüchtiger und geschätzter Handwerker. Er forderte von der Frau, daß sie ihn um alles um Erlaubnis angehe, und herrschte zu Hause unangefochten, von der Frau diskussionslose Beachtung seiner Vorschriften und absoluten Gehorsam fordernd. Sie fühlte sich neben ihm als minderwer-

tige Sklavin. Bei den täglichen sexuellen Beziehungen blieb sie immer frigid, was dem Mann das Gefühl gab, zu außerehelichen Beziehungen berechtigt zu sein. Die täglichen Sexualbeziehungen waren ein Herrschaftsritual des Mannes über seine Frau.

Der Mann stammte aus einer ärmlichen Familie. Sein Vater war ein brutaler Holzfäller, der zu Hause nie ein Wort gesprochen hatte und sich nur mit der Faust auszudrücken pflegte. Seine Mutter mußte ebenfalls mitverdienen. Bevor der Mann die Frau kennenlernte, hatte er ein länger dauerndes Verhältnis mit einer Arztgehilfin, die ihm aber überlegen war, so daß er die Beziehung auflöste. Er wünschte sich für eine Ehe eine Frau, die ihm bedingungslos diente und seine Herrschaftsstellung akzeptierte.

Die Frau wuchs in traumatisierenden Familienverhältnissen auf. Ihr Vater war ein Patriarch voller Gegensätze. Einerseits Mitglied einer Sekte mit fanatisch-religiösen Vorstellungen, andererseits ein Wichtigtuer, kleinkriminell und in späteren Jahren Mitglied eines Nudistenklubs, was in den ländlichen Verhältnissen schockierend wirkte. Die Mutter war eine stille Dulderin, die sich dem Vater völlig unterworfen hatte und sich sogar zur Teilnahme im Nudistenklub zwingen ließ. Die Frau war zu Hause in der Stellung eines Aschenputtels. Der Vater behandelte sie oft in erniedrigender Weise. Insbesondere kontrollierte er in der Adoleszenz ihre Freizeit, um sie vor sexuellen Erfahrungen zu bewahren. Er sagte ihr göttliche Strafen voraus, sofern sie sich seiner väterlichen Autorität zu entziehen versuche.

Die Frau erhoffte sich in ihrem Mann einen Widerpart gegen den übermächtigen Vater. Ihr Mann imponierte ihr als Schläger. So wechselte die Frau von der Unterdrückung durch den Vater in die Unterdrückung durch den Mann. Die Frau wurde vorehelich durch ihren Mann schwanger. Der Mann bot sich an, die Frau zu heiraten, was von ihm her ein Akt des Edelmutes war, der die Frau zu Dankbarkeit und Unterwerfung verpflichtete. Die Partner waren von Anfang an unfähig, miteinander verbal zu kommunizieren. Der Mann verbot der Frau alles, was über Haushaltstätigkeit und Kindererziehung hinausging. Sie durfte nicht nach ihrem Wunsch Sprachkurse besuchen oder Autofahrstunden nehmen. Er aber nahm sich alle Freiheiten heraus. Die Frau fühlte sich sehr unglücklich und drohte mit Scheidung. Der Mann entgegnete, er werde dem zuvorkommen, indem er die ganze Familie erschieße. Bei seiner Charakterstruktur waren diese Drohungen keine leeren Worte. In dieser ausweglosen Situation unternahm die Frau einen Suizidversuch, der sie in unsere Behandlung brachte.

Die Frau hatte also ursprünglich gehofft, durch ihren Mann Autonomie gegenüber ihrem Vater zu gewinnen. Sie geriet nun in die Abhängigkeit von ihrem Mann. Sie entzog sich seinem Herrschaftsanspruch aber durch passives Unverpflichtetsein und desinteressierte Gefügigkeit. Sie ließ die Sexualbeziehungen passiv über sich ergehen und schlief meist mitten im Geschlechtsakt ein.

Die Psychotherapie dieser Ehe erwies sich als schwierig. Wir versuchten den Mann in die Behandlung einzubeziehen. Er war jedoch zu einer Mitarbeit nicht motiviert und drängte lediglich auf Wiederherstellung der alten Verhältnisse. Die Frau war durch den Suizidversuch und die nachfolgende stationäre Behandlung äußerlich vom Mann getrennt. Sie machte in der Therapie gewisse Fortschritte zu verstärkter Autonomie, verwendete aber die Freiheit auch zum Eingehen außerehelicher Beziehungen, um mit ihren Liebhabern ein Gegengewicht gegen die Macht ihres Mannes zu schaffen. Die Frau wurde allgemein aktiver und unternehmungslustiger und begann sich etwas zu emanzipieren. Das verschärfte aber die eheliche Spannung. Nach der Rückkehr in die alten Verhältnisse unternahm die Frau bald einen zweiten Suizidversuch, nachdem der Mann mit allen Mitteln das Herrschafts-Untertanen-Verhältnis wiederherzustellen versucht hatte. Diesmal war auch der Mann über den Suizidversuch der Frau verzweifelt und erwies sich im Gespräch mit einer Therapeutin aussprachebereiter als das erste Mal. Er sah für sich keine Möglichkeit, eine eheliche Beziehung grundsätzlich anders zu gestalten, gewährte der Frau jetzt aber die Möglichkeit, sich von ihm definitiv zu trennen. Ein Jahr später waren sie geschieden. Die Frau blühte auf und wirkte jetzt in ihrer Autonomie echt gereift.

Auf die Besitzebene übertragen stellt der aktive Partner den Anspruch, den andern ganz zu besitzen. Der passive Partner fühlt sich durch diesen Anspruch gehalten. Oft ist der Passive noch stark an die Eltern gebunden und hat Mühe, sich von diesen abzulösen. Er überträgt den Ablösungskampf nun auf den aktiven Partner, der an seiner Stelle gegen die Eltern kämpfen soll. Dadurch entsteht ein Kampf zwischen den Eltern und dem Aktiven um den Besitz des Passiven. Die Eltern werfen ihm vor, er versuche ihnen das «Kind» zu entziehen. Der Aktive wirft ihnen vor, sie möchten das «Kind» als Besitz bewahren. In diesem Kampf laviert der Passive hin und her, versucht zwischen beiden Seiten zu vermitteln, beide Seiten aber auch gegeneinander aufzustacheln. Er läßt sich aber nicht auf eine klare Stellungnahme festlegen. Gerade damit übt er Macht auf den Aktiven wie auch auf seine Eltern aus.

7. Beispiel: Ein jüdischer Kaufmannssohn heiratet eine österreichische Jüdin, die ihren Verwandten- und Bekanntenkreis hinter sich läßt, um zu ihrem Mann zu ziehen. Die Mutter des Mannes weist eine possessiv-narzißtische Struktur auf. Sie beansprucht für sich die zentrale Position der Familie, auch nachdem alle sechs Kinder verheiratet sind. Allwöchentlich veranstaltet die Mutter ein Treffen, bei dem vollständiges Erscheinen der Kinder mit ihren Gatten bzw. Gattinnen erwartet wird.

Der Mann ist das jüngste Kind, kleingewachsen und von geringer Statur, so daß er sich nie mit direkten Aggressionsäußerungen hatte behaupten können, sondern schon früh verfeinerte Kampftechniken entwickeln mußte. Seine Frau ist kräftiger und um einen Kopf größer als er. Sie zeigt einen geraden und direkten Charakter, nimmt kein Blatt vor den Mund, schont niemanden, sondern sagt jedem klar und unmißverständlich, was sie von ihm denkt. Heimlich hat der Mann wohl gehofft, durch diese Frau sich von seiner Mutter besser distanzieren und ablösen zu können. Er hat aber gemerkt, daß er in der Ehe Mühe hat, sich dieser Frau gegenüber zu behaupten. Ihm liegt die direkte Angriffsform nicht. Seine Stärke liegt in vordergründigem Nicken und hintergründigem Begehen von Schleichwegen, um seine geheimen Ziele doch noch zu erreichen. Diese unoffene Art des Mannes macht seine Frau rabiat. Sie kanzelt ihn herunter und nimmt ihn in die Finger. Sie kontrolliert all sein Tun. Sie haben miteinander ein eigenes Geschäft aufgezogen, so daß sie dauernd beieinander sind. Kommt es doch einmal vor, daß der Mann alleine essen muß, so gibt sie ihm an, welche Speisen zu welchem Preis er zu sich zu nehmen hat. Immer wieder versucht der Mann, diese Anordnungen zu unterlaufen, was die Kontrolle der Frau erneut verstärkt. Die Frau fühlt sich zu dieser Kontrollhaltung legitimiert, weil der Mann vor der Ehe in Spielkasinos verkehrt und dort Geld verloren hatte und auch jetzt in seiner Geschäftsbuchhaltung eher nachlässig ist. Teilweise ist er froh, daß sie für ihn diesen lästigen Kram erledigt. Und doch ärgert er sich auch über sich selbst, daß er sich nicht aufraffen kann, selbst Kontrolle und Verantwortung zu übernehmen. Die Frau verlangt vom Mann die totale Offenheit, gesteht ihm aber überhaupt keine Phantasien zu, die von einem Ehebild konsequenter Zweisamkeit abweichen könnten. Sie fordert von ihm Bekenntnisse und Gelöbnisse und duldet keine Halbheiten. Damit provoziert sie ihn, ihr immer hintergründig auszuweichen. Der Mann fürchtet die direkte Konfrontation mit der Frau, genießt aber seine heimliche Machtausübung über sie. Insbesondere versteht er es ausgezeichnet, seine Mutter und seine Frau gegeneinander auszuspielen, in seiner Position dauernd hin und her zu lavieren, sich nie auf eine von beiden festzulegen, womit er im Grunde beide Frauen beherrschen kann.

Als er zum Beispiel von einer Geschäftsreise erst abends um elf Uhr nach Zürich zurückkehrt, wagt er nicht gleich in die Wohnung zu gehen aus Angst, die Frau werde ihm eine Szene machen. Er beschließt deshalb, noch bis zwei Uhr morgens zu warten, um erst dann, wenn die Frau tief schlafe, in die Wohnung zu schleichen. Die Frau kann bis zu seiner Rückkehr natürlich nicht schlafen und veranstaltet nun wirklich einen Riesenkrach. Sie fordert von ihm exakte Angaben über seine Eskapade und verdächtigt ihn der schlimmsten Dinge. Er aber weicht ihr aus, weil es ihm peinlich ist, einzugestehen, er habe nur ängstlich im Wagen gesessen und sich die Zeit mit Zeitunglesen vertrieben. Dieses Ausweichverhalten faßt die Frau als Bestätigung in ihren Verdächtigungen auf und stachelt sie an, noch mehr in ihn zu dringen und ihre Kontrollbemühungen allgemein zu verstärken.

Der Mann kann sich ihrem Anspruch auf lückenlose Zweisamkeit schlecht entziehen, weil sein Vater in der Ehe nie etwas ohne die Mutter unternommen hat und er im Grunde mit seiner Frau in der Ansicht übereinstimmt, daß die Beziehung auseinanderfallen könnte, wenn jedes auf eigene Faust Aktivitäten entwickeln würde, in die der Partner nicht miteinbezogen wäre.

In der Therapie ist für die Frau die Erinnerung an die Ablösung vom eigenen Vater eine wichtige Erkenntnis. Ihr Vater hat versucht, sie als einziges Kind mit Kontrolle und Unterbindung jeglicher Selbständigkeit zeitlebens an sich zu binden mit dem Erfolg, daß sie sich auf eigene Faust nach Israel abgesetzt und den Kontakt zum Vater über Jahre abgebrochen hat. Es geht ihr auf, daß die Kontrolle des Vaters die damalige Beziehung nicht gesichert, sondern vielmehr zerstört hat, indem er ihr keine andere Wahl gelassen hat, als sich – im Grunde gegen ihren Willen – ganz seinem Einfluß zu entziehen.

Der Mann muß lernen, mehr Eigenverantwortung für sein Tun und Denken zu übernehmen, die Frau, das Risiko der Freiheit in der Liebe zu akzeptieren.

Die sado-masochistische Kollusion

Die sado-masochistische Kollusion ist lediglich die übersteigerte Form der Herrschafts-Untertanen-Beziehung.

Freud wies bereits 1905 in seinen «Drei Abhandlungen zur Sexualtheorie» darauf hin, daß Sadismus und Masochismus zwei Seiten der gleichen Perversion sind, deren aktive und passive Form sich in veränderlichen Proportionen beim

gleichen Individuum finden. «Ein Sadist ist immer auch gleichzeitig ein Maso-
chist, wenngleich die aktive oder die passive Seite der Perversion bei ihm stärker
ausgebildet sein und seine vorwiegend sexuelle Betätigung darstellen kann» (G.
W., V, 59).

Freud hebt die Rolle der Identifizierung mit dem andern in der Phantasie
hervor. Während man im Sadismus dem anderen Schmerzen zufüge, genieße
man selbst masochistisch in der Identifizierung mit dem leidenden Objekt.
Beim Masochismus versetze sich das passive Ich in der Phantasie an seine
frühere Stelle, die jetzt dem fremden Subjekt überlassen ist. Oder der Masochismus wird als gegen die eigene Person gerichteter Sadismus bezeichnet. Freud
beleuchtete den Sado-Masochismus vorwiegend von triebdynamischer Seite,
etwa als Triebvermischung zwischen Libido und Aggressionstrieb (Todes-
trieb).

Wenn Freud sagt, das eigentliche Ziel masochistischen Verhaltens sei erst
erreicht, wenn man sich dem andern auf Gnade oder Ungnade preisgegeben
fühle, so kann man vom ich-psychologischen Standpunkt her darin die extrem-
ste Form von Heteronomie, von Rückgängigmachen der Subjekt-Objekt-Spaltung und Wiederherstellung des ungetrennten Ursprungszustandes sehen.
Freud übersah den ich-psychologischen Gesichtspunkt keineswegs: «man
kann behaupten, daß die richtigen Vorbilder für die Haßrelation nicht aus dem
Sexualleben, sondern aus dem Ringen des Ichs um seine Erhaltung und Behaup-
tung stammen» (G. W., X, 230).

Der Sado-Masochismus als sexuelle «Perversion» ist weit weniger
häufig als das Quälen und Sich-quälen-Lassen, welches alle Bereiche
einer Zweierbeziehung umfaßt.

Regelmäßig kann man bei Sadisten den abgewehrten Masochismus
nachweisen, genauso beim Masochisten den verkappten Sadismus. Sadisten leiden unter starken Ohnmachtsängsten, die sie durch überkom-
pensierendes Machtgebaren einzudämmen und zu überwinden suchen.
Sie fühlen sich auch bedrängt von Verlassenheitsängsten und Abhängigkeitswünschen. Statt sich in Macht und Abhängigkeit eines Partners
zu begeben, suchen sie einen Partner, der sich ihnen ganz ausliefert und
sich von ihnen abhängig macht. Wie sehr Sadisten ihre Ohnmacht,
Schwäche und Minderwertigkeit überkompensieren müssen, zeigt sich
in Darstellungen von Film und Prosa, wo sie als Mißgestaltete, Zwerge,
Alternde und Kranke auftreten, die den Kitzel ihrer Macht im sadistischen Akt an noch Wehrloseren spüren. Wie sehr Sadisten autoritätsgläubig sind, zeigte sich auch in der Persönlichkeitsstruktur von Kon-
zentrationslagerschergen des Dritten Reiches.

Die Masochisten andererseits lassen sich auch nicht einfach nur
quälen. Vielmehr verstehen sie es, die Situation des Gequältwerdens so
zu gestalten, daß rückwirkend der Quälende der Gequälte ist. Die

Masochisten quälen den Sadisten zum Beispiel durch ihre unverpflichtete Gefügigkeit. Ein willenloses Ding, das man wie eine Puppe behandeln kann, läßt sich nicht beherrschen. Echtes Machterlebnis gibt es nur da, wo wir einem Widerstrebenden unseren Willen aufzwingen können. Wenn der andere sich gar nicht widersetzt und einfach mit Lippenbekenntnis alles, was man von ihm will, tut und daherplappert, macht er einen gerade durch seine Gefügigkeit wehrlos. Auch erzeugt es Schuldgefühle, Wehrlose zu quälen. Die Masochisten genießen es, wenn sie den sich so stark aufspielenden Sadisten zu Wut provozieren können, ihn ärgern, weil sie einesteils die Schwäche des Partners in seinen Machtdemonstrationen spüren und sich anderenteils doch nie so glücklich fühlen wie wenn sie sich hart angefaßt, gepackt und intensiv gehalten fühlen. Die Erregung, die sie im Partner auszulösen vermögen, übt auf sie selbst eine sexuelle Erregung aus. Das Erleben von Gewalt, von Überwältigung und Vergewaltigung ist mit Lust verbunden.

8. Beispiel: Eine 33jährige Frau kam auf Betreiben von Freunden in unsere stationäre Behandlung, da sie von ihrem Mann in menschenunwürdiger Weise gedemütigt und gequält werde, so daß eine Trennung dieser Ehe dringend angezeigt erschien.

Diese Frau war in sehr belastenden Verhältnissen aufgewachsen. Sie hatte wegen ihrer roten Haare und ihres großen Körperwuchses in der Reihe ihrer Geschwister eine Sonderstellung und wurde von ihren Eltern abgelehnt, da diese auf einen Knaben gehofft hatten. Sie wuchs in Unterschichtverhältnissen im Industriegebiet auf. Beide Eltern und auch die Geschwister der Patientin sollen sexuell haltlos gewesen sein. Die Patientin wurde schon als Kleinkind von ihren Eltern oft auf den nackten Hintern geschlagen. Beim Essen habe jeweils eine Lederpeitsche neben dem Teller des Vaters gelegen, und die Patientin habe oft Schläge hinnehmen müssen, die eigentlich ihren Geschwistern zugekommen wären. Schon als Kind habe sie unter den Schlägen des Vaters eine sexuelle Erregung verspürt und oft im unmittelbaren Anschluß daran masturbiert. 14jährig erlitt sie einen schweren Unfall mit zahlreichen Frakturen, welche wegen ihres unkooperativen Verhaltens schlecht heilten. Sie habe es schon damals genossen, die Ärzte zur Verzweiflung zu bringen, indem sie Fehlhaltungen einnahm, die die Heilung der Knochenbrüche erschwerten. Auch zahnärztliche Behandlung versetzte sie jeweils in einen sexuellen Erregungszustand. Schon in ihrer ersten heterosexuellen Beziehung konnte sie nur zum Höhepunkt gelangen, wenn der Freund sie gleichzeitig würgte.

27jährig lernte sie ihren jetzigen Ehemann kennen. Dieser ist ein fast zwei Meter großer Hüne, der früher einmal ein erfolgreicher Schwergewichtsboxer gewesen war. Er hatte sich aber einen Unfall zugezogen, der die Amputation eines Beines notwendig machte, und war seither gezwungen, an Krücken zu gehen. Die Beziehung begann damit, daß der Mann die Frau, die damals Spitalangestellte war, während eines Behandlungsaufenthaltes im Korridor vergewaltigt habe. Obwohl die Frau wesentlich differenzierter als der Mann war, fühlte sie sich in triebhafter Weise an diesen Mann gebunden. Auch mit ihm konnte sie den sexuellen Höhepunkt nur erreichen, wenn er sie gleichzeitig würgte oder schlug. Der Mann spielte sich aber auch sonst als Herrscher auf. Er machte der Frau Vorschriften bezüglich ihrer Kleidung, nach denen sie sich richtete, obwohl sie ihrem Geschmack nicht entsprachen. Er ließ sie nie allein ausgehen und verbot ihr, Zeitungsartikel zu lesen, die er nicht zum voraus als für sie geeignet freigegeben hatte. Stellte der Mann fest, daß sich die Frau seinen Anordnungen entzog, so schlug er sie mit einem Stock oder bedrohte sie mit einer Pistole. Auch vom 6jährigen Knaben verlangte er Kadavergehorsam und brüllte ihn nieder, wenn dieser widersprechen wollte. Das Kind war trotzig-verstockt und sprach auch mit anderen Leuten kaum ein Wort mehr.

Die Frau hatte aber großen Spaß daran, daß es ihr gelang, den Mann heimlich immer wieder zu hintergehen. So weiß er zum Beispiel bis heute nicht, daß ihr Kind nicht von ihm, sondern von einer außerehelichen Liebschaft stammt. Auch sonst unternahm sie vieles, was ihr Mann nicht erfahren durfte, geriet aber in letzter Zeit in zunehmende Angst vor den Konsequenzen, wenn ihre Heimlichkeiten herauskommen sollten.

Unter dem Schutz der Hospitalisation begann die Frau gleich gegen den Mann zu agieren: Schon am Eintrittstag veränderte sie ihr Äußeres. Sah sie zuvor mit straff gekämmtem Haar, Brille und altmodischer Kleidung bieder und hausbacken aus, so ließ sie sich jetzt eine sportliche Lockenfrisur schneiden, kaufte sich Shorts und enge Hosen (was bisher vom Mann verboten war) und schminkte sich provozierend auf. Der Mann war aufgebracht über diese Veränderung und vermutete in unserer Klinik ein staatlich toleriertes Bordell. Tagelang beobachtete er mit einem Fernglas aus gesicherter Distanz das Treiben unserer Patientin in der Klinik. Jetzt selbst in der sadistischen Position, genoß es die Frau, auf den Wochenendbesuchen den Mann zu provozieren, wo sie nur konnte. Hatte sie zuvor in ständiger Angst vor ihm gelebt, so fühlte sie sich nun in der Position des Mächtigen und war erstaunt, wie klein sie den Mann kriegen konnte. Zwar drohte der Mann immer wieder, den behandelnden Arzt oder die Schwestern umzubringen. Trotz seiner körperlichen Behinderung war seine Körperkraft noch gewaltig, so daß kaum jemand von uns sich gerne mit ihm gerauft hätte. Mehr und mehr wurde der Mann aber windelweich, geriet in immer größere Angst, seine Frau könnte sich von ihm scheiden lassen und drohte schließlich mit Suizid.

In der Therapie wurde versucht, das Agieren der Frau zu deuten. Die Frau gewann Einsicht, daß sie ihrem Mann gegenüber nicht nur, wie anfänglich angegeben, Angst verspürte, sondern daß diese Angst ihr gleichzeitig Lust bereitete. Das Aufgeben des Agierens und der Wegfall dieser Angstlust versetzten sie in eine dysphorisch-depressive Verstimmung. Eine Zeitlang schien sie die Scheidung ernsthaft und konkret anzustreben, weil sie über die sado-masochistische Sexualbeziehung hinaus keine echte Beziehung zu ihrem Mann verspürte. In dem Moment, wo die eingeleiteten Schritte aber zu konkreten Konsequenzen hätten führen sollen, zog sie alles zurück, brach die Behandlung ab und kehrte in die alten Verhältnisse zurück.

Der eheliche Machtkampf
Die meisten Kollusionen, die in diesem Buch besprochen werden, beruhen auf der Komplementärbeziehung eines bezüglich der gemeinsamen Grundthematik progressiven mit einem regressiven Partner. Nun gibt es auch symmetrische Kollusionen (s. WATZLAWICK, BEAVIN und JACKSON), in denen die Partner sich mit gleichartigem Verhalten zu überbieten suchen. Im ehelichen Machtkampf streben beide Partner unter dem Einfluß ihrer verleugneten Abhängigkeitswünsche die autonome Machtposition an.

Der eheliche Machtkampf führt häufig in die Ehetherapie, erweist sich aber als recht therapieresistent. Die Therapiesitzungen werden zu Streitsitzungen, in denen vom Therapeuten nichts anderes erwartet wird, als ein Schiedsspruch zu eigenen Gunsten. Die Partner benehmen sich oft wie zwei Kinder vor der Kindergartentante. Jeder verklagt den anderen wegen scheinbarer Bagatellen. Jeder legt in haarspalterischer Weise seinen Standpunkt dar und sucht zu beweisen, daß er im Recht sei. Der andere führt den Gegenbeweis. Jeder belegt einen richtigen Aspekt des Sachverhaltes, setzt aber andere Proportionen und Akzente. Sobald der eine unter der Beweisführung des anderen in Bedrängnis gerät, weicht er auf andere Vorkommnisse aus, die sich zum Gegenangriff eignen. Jeder hält einen Vorrat längst vergangener Ereignisse. Für den Außenstehenden ist es oft schwer verständlich, weshalb diese Paare dauernd streiten und weshalb sie überhaupt beisammen bleiben, wenn Streiten ihre einzige Beziehungsform ist. Mancher rät deshalb voreilig zur Scheidung, was aber am Problem vorbeigeht, denn eine Trennung wollen ja beide gerade durch den Machtanspruch verhindern. Der Dauerangriff resultiert aus der Angst, dem anderen zu unterliegen, sobald man die geringste Schwäche zeige. Deshalb ist es in der gemeinsamen Therapie schwer, analytisch die Hintergründe der beidseitigen Fehlhaltung aufzuarbeiten, weil jedes dem anderen Schwäche und Versagen nachweisen will, keines aber sich irgendeine Blöße leisten kann. Einsicht würde – so wird befürchtet – als Eingeständnis von Schwäche und Unrecht interpretiert. Auch positive Gefühle oder Liebesbedürfnisse zu äußern fällt schwer aus Angst, der Partner könnte daraus Abhängigkeitsgeständnisse heraushören. Ebenso darf man dem andern nie verzeihen oder für ihn irgendwelches Verständnis aufbringen, denn auch das könnte von ihm als Nachgiebigkeit mißbraucht werden. So können banalste Alltagsprobleme nicht gelöst werden, weil es dabei nicht um die Sache, sondern ums Prinzip geht. Der eine schlägt für diesen Abend einen Film vor, der andere hätte diesen Film auch gerne gesehen, aber weil er nicht selbst den Vorschlag gemacht hat, kommt er nicht mit, um seine Autonomie zu beweisen. Oder: Der Mann wäre an sich bereit, sonntags das Frühstück zu machen. Er erträgt es aber nicht, daß die Frau ihm das befiehlt. Die Frau ereifert sich: «Wenn er doch nur ein einziges Mal etwas hilfsbereit und aufmerksam wäre, aber nie, wirklich nie würde er mir etwas zuliebe tun.» Der Mann aber denkt: «Wenn ich ihr hier den kleinen Finger gebe, will sie gleich die ganze Hand und macht mich zum Pantoffelhelden.»

Der eheliche Machtkampf ist der klassische Fall einer symmetrischen Beziehung, bei der beide sich aus der gleichen Grundphantasie heraus mit ähnlichen Mitteln bekämpfen. Diese beidseitige Grundphantasie ist: «Ich muß den andern beherrschen, um nicht von ihm beherrscht zu werden», «ich muß den andern von mir abhängig machen, um nicht von ihm abhängig zu werden», «ich muß den andern frustrieren, um nicht von ihm frustriert werden zu können», «ich muß den andern auf die Knie zwingen, um nicht von ihm auf die Knie gezwungen zu werden», «solange ich ihn in der Zange halte, kann er mich nicht in die Zange nehmen». Es geht beim Erstreben von Macht im Grunde vor allem um die Überwindung des Gefühls eigener Ohnmacht. Jeder Teil strebt eine kleine Sicherheitsreserve an, um die Gefahr zu bannen, vom andern beherrscht zu werden. Man will dem andern nur um eine Nasenlänge voraus sein, doch gerade diese Nasenlänge bewirkt die Eskalation (s.

WATZLAWICK, BEAVIN und JACKSON). Beide sind dauernd im Angriff aus Angst, in die Defensive gedrängt zu werden. Die Angriffe des Partners werden nur so weit beachtet, wie sich darin Material für einen Gegenangriff findet. Die Interaktion ist gekennzeichnet durch die Tendenz der Partner, gleichzeitig zu sprechen. Zuhören, was der andere sagt, könnte bereits Eingeständnis eigener Schuld sein. So erstarren die Fronten. Trotz großem Geschrei besteht keine eigentliche Kommunikation, das heißt kein Austausch von inhaltlich relevanten Mitteilungen mehr. Der Machtkampf zeigt sich auch im Sexuellen, wo die Partner oft nicht zueinander finden können, weil jedes sich scheut, den Anfang zu machen aus Angst, der andere interpretiere dieses Entgegenkommen als Schwäche, Abhängigkeit und Bedürftigkeit und nütze das aus, um neue Machtansprüche zu stellen oder den Bittsteller abzuweisen und zu demütigen. Diese Hemmung, dem anderen etwas zu geben, kann beim Mann und bei der Frau zur Anorgasmie führen. Sexuelle Hingabe und Ejakulation werden vermieden aus Angst, sich zu vergeben und sich auszuliefern. Der Samen wird eventuell als kostbarer Besitz zurückgehalten.

Die Gefahr, gegen die sich beide Partner bis zur Erschöpfung wehren, ist die Versuchung, auf die orale Stufe zu regredieren. Nicht selten besteht noch eine konkrete Elternabhängigkeit, um deren Auflösung oder Aufrechterhaltung sich der Kampf dreht. Im Grunde sehnen sich beide Partner nach zärtlicher Liebe und passivem Umsorgtwerden, beide können sich aber diese Gefühle und Bedürfnisse nicht zeigen. Es ist, wie wenn sich beide Partner nur mit äußerster Anspannung auf der Autonomieebene halten könnten; sie werden in diesem Bestreben im Kampf mit dem Partner nicht nur gefährdet, sondern auch gestärkt. Die Partner brauchen sich zur Profilierung ihrer Abwehrfunktionen. Das Kämpfen kann als ein Versuch zur Autonomiegewinnung verstanden werden, was möglicherweise von viel zentralerer Bedeutung ist als der libidinöse, sado-masochistische Lustgewinn. Man profiliert sich im Kampf mit dem anderen und gewinnt an Konturen. Der Kampf darf nie zur Ruhe kommen, denn Ruhe heißt drohende Passivität und damit Unterlegenheit.

Der anale Machtkampf ist häufig gekennzeichnet durch Angstlust (BALINT, 1960). Der dauernde Kampf trennt und verbindet zugleich, er vermittelt beiden Partnern das lustvolle Erleben einer engen Symbiose und zugleich das ebenso lustvolle Erleben gegenseitiger Abgrenzung und Selbstbehauptung. Eine ernsthafte Trennung würde beidseits zu schweren Angstzuständen führen. Durch die gegenseitigen Provokationen ist man aber derart ineinander verbissen, daß Distanzierung, Ausweichen und Trennung gar nicht möglich sind. Oft mutet der eheliche Machtkampf als Substitutionsform eines Liebesrituals an. Nicht selten gehen die Streitszenen auch direkt in sexuelle Beziehungen über und flammen gleich danach wieder auf. Die Gefahr, in einer Beziehung auf orale Symbiose zu regredieren, kann nur ausgehalten werden, wenn zugleich die Trennung im Streit gesichert bleibt.

Wir sehen nicht selten ein Wiederaufflammen des analen Machtkampfes in der Altersehe. Die Partner brauchen sich ganz und müssen füreinander da sein. Verlust von Prestige, Macht und Ansehen sowie Verarmungsangst können anale Charakterzüge wie Eigensinn, Ordentlichkeit, Sparsamkeit und Starrsinn verstärken. Trennungsängste und Abhängigkeitsängste werden gesteigert durch die Befürchtung, der Partner könnte einem wegsterben und einen allein zurücklassen, oder man könnte selbst gebrechlich und hinfällig werden und damit dem Partner ausgeliefert sein. Man möchte sich und dem Partner die ungebrochene Ich-Stärke beweisen und kämpft um die Wahrung der Gleichwertigkeit mit dem Partner. Jedes möchte den Partner in gesicherter Abhängigkeit wissen, ohne sich selbst allzusehr von ihm abhängig zu machen. Der Zwiespalt zwischen Abhängigkeit und Bestreben, sich seine Autonomie zu beweisen, führt zwischen alten Leuten oft zu grotesken Bildern von Machtkämpfen, Zänkereien und bösen Streichen wie in folgendem Beispiel:

9. Beispiel: Ein 64jähriger Mann hatte vor vier Jahren sein Geschäft liquidiert und sich ganz auf das häusliche Leben zurückgezogen. Seither ging es in seiner Ehe viel schlechter. Scheinbar bestand der ganze Lebensinhalt dieses Mannes darin, seine Frau zu quälen. Sie beschuldigten sich gegenseitig der Geldgier, hielten sich vor, wie sie miteinander einen schönen Lebensabend haben könnten, wenn nur der andere nicht so egoistisch wäre. Der gegenseitige Stellungskrieg hatte zu folgender Wohnsituation geführt: Der Mann hatte im Flur eine Pavatexwand eingezogen, durch die die Wohnung in zwei Abteile mit je zwei Zimmern getrennt wurde, was den Partnern erlaubte, ein und aus zu gehen, ohne einander zu sehen. Um die Vermeidung einer Begegnung zu sichern, hatte er begonnen, tagsüber zu schlafen und nachts zu leben, während die Frau am gewohnten Schlaf-Wachrhythmus festhielt. Die Frau ihrerseits hatte die an die Räume des Mannes angrenzenden Wände mit Boucléteppichen schalldicht zu machen versucht. Trotz all dieser Trennungsbemühungen waren die Partner vollständig aufeinander bezogen. Die gemeinsame Benützung der Toilette, Küche und Bad bot genügend Gelegenheiten, einander zu ärgern und miteinander zu kommunizieren. Dies geschah allerdings nur auf schriftlichem Wege oder durch averbales Agieren. Ein beliebtes Mittel des Mannes, um die Frau zu ärgern, war, in die Badewanne hineinzukoten, in die Pfannen zu erbrechen und ins Abwaschbecken zu pissen. Fast alltäglich schrieb er eine Botschaft an seine Frau nieder, die meist etwa folgenden Wortlaut hatte: «Du bist schon im Mutterleib verflucht gewesen, Du Hurensau. So verfluch auch ich Dich, Dich Du Siech, Dich vergift ich jetzt, und zwar mit einem Mittel, mit dem Du nicht sofort verreckst, sondern mit dem Du noch 4 Wochen zu leiden hast.»

Er schrieb auch seiner Frau, er sei Atomphysiker und könne mit seinen zwei Ultraviolettlampen schweres Wasser herstellen. Er könne diese Erfindung verkaufen oder auch die ganze Stadt Zürich in die Luft sprengen. Die Frau glaubte halbwegs an diese Erfindungen und war beunruhigt von seiner Drohung, das Haus anzuzünden, wenn sie gerade einmal schlafe. Auch behauptete er, er könne als Pendler kosmische Strahlen in sich aufnehmen und damit Leben und Tod von Menschen vorausbestimmen und beeinflussen. Schließlich wurde es der Frau aber doch zu bunt, und sie trennte sich von ihm.

Damit verfiel der Mann in Apathie und Verwahrlosung, so daß er schließlich in die Psychiatrische Klinik aufgenommen werden mußte. Nachdem er dort schon einige Monate hospitalisiert war, sprach die Frau bei den Ärzten vor und bot sich als Fürsorgerin ihres Mannes an. Sie sagte, sie möchte doch versuchen, ihn jetzt, wo er sich so ordentlich beruhigt habe, wieder zu sich zu nehmen. Ein Jahr nach der Entlassung schrieb sie in einem Brief an den Arzt: «Es freut mich sehr, Ihnen mitteilen zu können, daß sich der Zustand meines Gatten seit seiner Entlassung sehr gebessert hat. Er kann jetzt ganz gut sein Essen zu sich nehmen, ohne vorher Medikamente schlucken zu müssen. Ich gehe viel mit ihm an die frische Luft und versuche ihn von seiner Schwermut abzulenken. Ich habe die feste Hoffnung, daß es mit ihm zwar nicht mehr ganz gut, aber doch wieder entschieden besser wird.» Der eheliche Machtkampf war noch der letzte Versuch dieses Mannes, sich in Autonomie und eigener Kraft zu üben. Jetzt hatte er aufgegeben und unterzog sich passiv-hilflos der Pflege seiner Frau.

Im Machtkampf bekämpfen sich die Partner oft bis aufs Blut. Auffallenderweise treiben sie die Spannung zwar immer bis zum Äußersten, um dann, wenn die Beziehung wirklich zu zerbrechen droht, sich wieder miteinander zu arrangieren. Kurz danach beginnt der Kampf von neuem. So destruktiv die Tendenzen sind, wirklich kaputtmachen will man weder den Partner noch die Beziehung. Es kann aber sein, daß man den Ausweg aus einer Eskalation nicht mehr findet, was gelegentlich zur Scheidung «ohne Scheidungsabsicht» (s. S. 178) führt. Auch kommt es vor, daß die Partner sich wirklich zu Tode hassen. Der dauernde Stress, unter den sich die Partner setzen, kann zu vielfältigen psychosomatischen Symptombildungen führen. In einem Fall mußte die Frau immer wieder für längere Zeit psychiatrisch hospitalisiert werden wegen Depressionen, funktionellem Erbrechen und reaktiver Trunksucht, während der Mann seit Jahren wegen labilem Hochdruck in internistischer Behandlung stand. Dieser Hochdruck wurde auch vom Internisten als psychosomatisch diagnostiziert. Als der Mann für einige Monate in unsere Psychotherapiestation eintrat, normalisierte sich während dieser Trennungszeit sein Blutdruck. Die Therapie vermochte aber kaum an der ehelichen Machtkampfstruktur etwas zu ändern. Mit der Heimkehr des Mannes flammte der alte Streit wieder auf, und der Blutdruck schnellte wieder hoch. Drei Jahre später starb der Mann an den Folgen seiner inzwischen fixierten Hypertonie. Der Kampf hörte aber auch mit seinem Tode nicht auf. Der Mann hatte kurz zuvor seiner Frau noch gesagt: «Du wirst nie zur Ruhe kommen, denn jedesmal wenn du meine Rente erhältst, wirst du denken müssen: Das ist Blutgeld, das ich erhalte, weil ich meinen Mann umgebracht habe.» Dieser Spruch lastet jetzt wie ein Fluch auf der Frau.

Die Psychotherapie des ehelichen Machtkampfes ist schwierig und manchmal aussichtslos. Oft sind die Streitszenen derart ritualisiert, daß sie gar nicht mehr erlebnismäßig mitvollzogen werden. In der Therapie geht es den Partnern nur darum, ihren Rechtsstandpunkt darzulegen und vom Therapeuten Unterstützung und Bestätigung zu erhalten. Analytische Deutungen prallen in dieser Situation am Paar ab und sind meist verlorene Mühe. Hat sich der Machtkampf ritualisiert, so scheinen mir Kommunikations- und Verhaltensübungen am ehesten geeignet, den Ehekonflikt therapeutisch angehbar zu machen. Das Ritual der Kommunikationsübung wirkt dem Machtkampfritual entgegen. Es werden klare Kommunikationsregeln aufgestellt, deren Einhaltung vom Therapeuten kontrolliert wird. In dieser klar strukturierten Kommunikationsform und unter der autoritären Führung des Therapeuten gelingt eine Modifikation des Beziehungsstils oft am ehesten. Aber auch Kommunikationsübungen haben beim ehelichen Machtkampf ihre Tücken, da nicht selten gerade die Beachtung der aufgestellten

Regeln benützt wird, um diese zu unterlaufen und den Kampf noch raffinierter und unfaßbarer weiterzuführen. Wenn irgend möglich, sollten die Kommunikationsübungen dazu dienen, das Paar so weit zu beruhigen, daß es wieder diskussionsfähig wird und sich mit den Hintergründen seines Konfliktes zu befassen vermag. Gelegentlich hat die Paarbehandlung beim ehelichen Machtkampf Nachteile gegenüber der Einzeltherapie, da ein echtes therapeutisches Arbeitsbündnis nicht zu erlangen ist und die Partner die Therapie nur gemeinsam machen wollen, um sich gegenseitig zu kontrollieren und neues Material zu ergattern, das sie gegeneinander ins Feld führen können.

Die Eifersuchts-Untreue-Kollusion

Eifersucht und Untreue sind komplexe Probleme, die sehr verschiedenartig determiniert sein können. Es gibt aber eine bestimmte, recht häufig auftretende Form, die der anal-sadistischen Kollusion zuzuordnen ist. Es stellt sich in ihr der Konflikt zwischen Autonomiebestrebungen und Trennungsängsten in besonderer Klarheit dar. Der eine agiert Autonomie zum Beispiel in einer außerehelichen Beziehung. Er drängt damit den Partner in die Defensive, weil dieser sich jetzt allein verantwortlich für die Aufrechterhaltung der Beziehung fühlt. Dieser agiert Trennungsängste in Form von Eifersucht, verfolgt den Partner in seiner Untreue, kontrolliert ihn und versucht ihn zur Treue zu verpflichten. Je mehr er nun den Partner eifersüchtig verfolgt, um so mehr fühlt sich dieser gedrängt, Autonomie zu beweisen, indem er wegstrebt und sich nicht verpflichten läßt. Je mehr der andere wegstrebt, um so mehr sucht der Eifersüchtige ihn als Besitz zu beanspruchen und ganz in Beschlag zu nehmen. So verstärken die Partner gegenseitig ihre Verhaltensweisen. Der eine sagt: «Ich bin nur so eifersüchtig, weil du so untreu bist», der andere: «Ich bin nur so untreu, weil du so eifersüchtig bist.» Das Krankhafte dieses Spiels zeigt sich in der Art, wie jedes das andere zu seinem Verhalten provoziert. Der Untreue nimmt für sich Offenheit und Ehrlichkeit in Anspruch, weil er zu seinen Untreuephantasien steht, dabei bedient er sich der Offenheit, um sich den Partner zu unterwerfen und ihn zu provozieren, alles zu tun, um die Beziehung vor dem Auseinanderbrechen zu bewahren. Er trägt die Schilderung seiner Untreue-Erlebnisse oft mit missionarischem Eifer an den Partner heran, scheinbar mit der Absicht, ihn zu einer freieren Beziehung zu bekehren, effektiv mit der Wirkung, dessen ängstlichkonservative Haltung zu verstärken. Der Treue nimmt den offiziellen Rechtsstandpunkt ein und vertritt die gesetzliche Moral, durch die der

Partner als schuldig zu erklären ist. Er hofft, die Unterstützung der Umgebung zu erhalten.

Gerade in der heutigen Umbruchzeit, wo der Wert ehelicher Treue in Frage gestellt ist, finden wir bei Paaren häufig die Polarisierung in einen progressiv-revolutionären Partner und einen konservativ-bewahrenden Partner. Die Einstellungen der Partner sind aber häufig interdependent. Es ist relativ leicht und ungefährlich, sich als Revolutionär zu gebärden, solange sich der konservative Partner noch genügend um die Erhaltung der Beziehung bemüht. Andererseits treiben aber erzkonservative Partner den andern oft zur Sprengung der engen Fesseln und zum Versuch, die Abhängigkeit zu zerschlagen, um Bewegung und Entwicklung in die Beziehung hineinzubringen. Beim konservativen Partner erzeugt jeder Entwicklungsschritt und jede Veränderung Angst, gegen die anzukämpfen sich der progressive Partner gedrängt fühlt. So neigt in der Ehe der eine Teil zur Bewahrung des Gewordenen, der andere zur Entfaltung und Veränderung. Solange diese Polarisierung nicht ein Ausmaß annimmt, das eine konstruktive Verständigung unmöglich macht, braucht sie sich nicht ungünstig auszuwirken.

10. Beispiel: Ein Student der Pädagogik und seine Frau stammten aus patriarchalischen Familien, die strenggläubige Mitglieder derselben religiösen Sekte waren. Dort hatten sie sich auch kennengelernt. Sie führten anfänglich eine stark religiös verpflichtete Ehe mit täglichem gemeinsamem Bibellesen und Beten. Das Einhalten des Treueversprechens sowie die Bemühung, den moralischen Ansprüchen der Sekte zu genügen, waren starke Gemeinsamkeiten. Im Laufe seines Studiums geriet der Mann in Kontakt mit progressiven Studentenkreisen und verstrickte sich damit immer mehr in einen Konflikt mit der puritanisch-autoritären Weltanschauung, die von seiner Frau beibehalten wurde. Es kam im Laufe der Ehe zu einer zunehmenden Spannung, die sie schließlich zur Teilnahme an einer Ehepaargruppentherapie motivierte. Die Frau erhoffte sich davon die Rückführung des Mannes in den Schoß der Familie. Der Mann erwartete die Bestätigung in seiner emanzipierten Ideologie. Das Paar fiel durch die gemeinsame Autoritätsgläubigkeit gegenüber dem Therapeutenpaar wie auch gegenüber der Gruppe als Ganzem auf.

Die gegenseitige Verstärkung der pathologischen Fehlhaltungen wurde in der Therapie deutlich: die Frau agierte ihre Trennungsängste in einer Weise, die die Emanzipationswünsche des Mannes steigern mußten. Sie bot sich als arglose, kleinkarierte Hausfrau und Mutter an, die nichts anderes im Sinn hat als häusliche Idyllik, Zusammensitzen, sich lieb in die Augen schauen, gemeinsam Bücher lesen, in einer von jeglicher Beunruhigung verschonten kleinen Welt. Sie versuchte scheinbar alles zu tun, um dem Mann keinen Anstoß zu geben. Sie diente ihm und umsorgte ihn. Wenn er abends einmal später heimkam, so war sie beunruhigt und vermutete einen schweren Unfall. Sie konnte nicht einschlafen, wenn er nicht bei ihr lag.

Der Mann seinerseits fühlte sich durch das Verhalten der Frau eingeengt, ja sogar gequält, da er in seinen Emanzipationsbestrebungen von ihr immer mit Schuldgefühlen belastet wurde. Er vertrat ihr gegenüber, aber auch in der Gruppe derart provokant seine Freiheitsideale, daß sich die Gruppe eine Zeitlang mit seiner Frau solidarisierte und ihn auf moralische Prinzipien festzulegen suchte. Er unternahm auch immer wieder untaugliche Versuche, sich von der Frau zu befreien. Mit der Drohung, diese Nacht mit einer andern Frau zu verbringen, rannte er mehrmals von zu Hause fort, mußte dann aber im Freien übernachten, weil er keine Freundin hatte, vor der Frau aber nicht die Blamage auf sich nehmen wollte, nur ein Theater aufgeführt zu haben. Schließlich ging er dann doch außereheliche Beziehungen ein, die er zunächst vor der Frau verheimlichte. Er verhielt sich aber daheim derart auffällig, daß die Frau inquisitorisch in ihn zu dringen begann, bis er ein Geständnis ablegte. Je mehr die Frau ihn dauernd ausfragte und zu kontrollieren versuchte, desto stärker war sein Bedürfnis, ihr gegenüber neue Geheimnisse zu schaffen und auszubrechen. Als er in seiner Militärdienstabwesenheit erneut eine außereheliche Beziehung einging und diese der Gruppe gestand in einer Sitzung, bei der die Frau nicht anwesend war, wurde ihm allgemein geraten, dieses Abenteuer für sich zu behalten. Es wurde ihm auch gedeutet, daß sein Bedürfnis, seiner Frau außereheliche Phantasien und Erlebnisse immer gleich zu gestehen, in eigenen Anklammerungstendenzen und symbiotischen Wünschen begründet sei.

Er leitete dann ein Skilager von halbwüchsigen Mädchen, denen er Sexualkunde hatte erteilen müssen. Obwohl dazu gar kein Anlaß bestanden hätte, drängte er darauf, daß seine Frau ihn in dieses Lager begleite. In diesem Lager wurde er von den Mädchen umschwärmt, mit denen er dauernd flirtete und anzüglich witzelte. Damit drängte er seine Frau in die Position einer Anstandsdame, die zum Rechten sehen mußte. Auch hier wieder ein Emanzipationsversuch unter der von ihm selbst organisierten Sicherung durch seine Frau.

Seine Frau andererseits verstand es, mit naivem Raffinement den

Mann in seinen progressiven Ideologien zu Fall zu bringen, und ihn vor sich selbst lächerlich zu machen (s. dazu S. 214).

Im Laufe der Behandlung kam es besonders bei der Frau zu einer veränderten Einstellung. Sie emanzipierte sich, meldete eigene Wünsche an, übernahm eine interessante und sie sehr befriedigende Halbtagesstelle und gab dem Mann deutlich zu spüren, daß sie nicht mehr nur für ihn und die Kinder da sei. Damit kam es zum Umkippen der Kollusion: Der Mann, der sich bisher immer nur emanzipieren wollte, litt nun unter den Trennungstendenzen der Frau. Er versuchte sie in ihren Emanzipationsbestrebungen zu lähmen und wieder ganz an den Haushalt zurückzubinden. Das Verhalten der Frau beunruhigte ihn so stark, daß er kaum noch studienfähig war. Jetzt erst merkte er, wie sehr er im Grunde an die Frau gebunden war. Die Frau wurde selbstsicherer und freier. Nach einer gewissen Zeit kam es jedoch in der Therapie erneut zu einer schweren Krise. Der Mann hatte die Frau von einer erneuten außerehelichen Beziehung unterrichtet, wohl in der Hoffnung, damit die früheren Verhältnisse in dieser Eifersuchts-Untreue-Kollusion wiederherzustellen. Die Frau verhielt sich diesmal aber wesentlich konsequenter. Sie richtete ein getrenntes Schlafzimmer ein, verweigerte sexuelle Beziehungen, dachte auch ernsthaft an Scheidung, während der Mann in seinen außerehelichen Beziehungen eher unsicher wirkte und den Eindruck machte, er brauche die Unterstützung seiner Freundin, um sich seiner Frau gegenüber behaupten zu können.

In der Eifersuchts-Untreue-Kollusion agiert also der eine die Emanzipationswünsche und verdrängt die Trennungsängste, die er dem Partner auferlegt. Der andere agiert die Trennungsängste in Form von Eifersucht und delegiert die eigenen Untreuephantasien oder Emanzipationsbestrebungen dem Partner. Auf ein Schema übertragen läßt sich das folgendermaßen darstellen:

Eifersuchts-Untreue-Kollusion

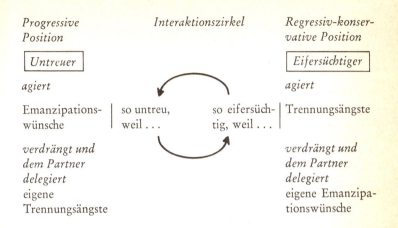

In der Behandlung der Eifersuchts-Untreue-Kollusion sehen wir häufig ein Umkippen wie im erwähnten Beispiel. Der bisher so Selbstsichere, Emanzipierte und Untreue wird plötzlich zum Eifersüchtigen, und der zuvor Eifersüchtige wird zum Untreuen und Emanzipierten.

Zusammenfassende Aspekte der anal-sadistischen Kollusion
Der gemeinsame Widerstand der Partner richtet sich dagegen, ihre Vorstellung in Frage stellen zu lassen, daß die Beziehung auseinanderfallen würde, wenn sich beide frei und autonom verhalten würden. Machtkampf, Sado-Masochismus und Eifersuchts-Untreue-Spiele dienen im Endeffekt beiden Partnern dazu, die gegenseitige Gebundenheit und das Aufeinanderbezogensein zu sichern. Der Partner in progressiver Position wird dem anderen zwar Unselbständigkeit und Abhängigkeit vorhalten, die Art seiner Vorwürfe wird aber geeignet sein, diese Abhängigkeit zu verstärken. Versucht nämlich der regressive Partner einen Schritt in Richtung Autonomie, so wird er darin gleich bestraft. Probiert er, statt immer auszuweichen, wirklich einmal, sich offen und selbständig zu äußern, so wird er von dem sich bedroht fühlenden «Herrscher» heruntergekanzelt und wieder auf die vorgegebene Spur zurückgesetzt. Der «Herrscher» gesteht ihm nur jene Form von «Freiheit» zu, die dem «Untertanen» die Möglichkeit gibt, unter der Über-

schrift von Freiheit sich so zu verhalten, wie es der «Herrscher» für ihn bestimmt hat.

Der «Untertan» andererseits verhält sich in seinen scheinbaren Autonomiebestrebungen oft so ungeschickt und verantwortungslos, daß er den «Herrscher» zur berechtigten Verstärkung seiner Kontrollbemühungen veranlaßt. Der «Herrscher» sollte seine Abhängigkeitswünsche akzeptieren, der «Untertan» eine freiere Beziehung zu seinen Bedürfnissen nach Autonomie und Aktivität finden. Beide Partner sollten lernen, daß die Beziehung nicht auseinanderfallen muß, wenn jeder gewisse autonome Bereiche wahrt und Einzelinitiativen entfaltet.

Das Thema «Liebe als männliche Bestätigung» in der phallisch-ödipalen Kollusion
Die hysterische Ehe

Der gesellschaftliche Aspekt der Rivalität um die sogenannte männliche Rolle. Die phallisch-ödipale Entwicklungsphase. Die phallisch-ödipale Eltern-Kind-Kollusion. Die hysterische Ehe. Die phallisch-ödipale Kollusion. Zusammenfassende Aspekte der phallischen Kollusion. Die ödipale Kollusion.

Der gesellschaftliche Aspekt der Rivalität um die sogenannte männliche Rolle

Von einer phallischen Kollusion, insbesondere von ‹Penisneid›, ‹Kastrationsverhalten› und ‹passiv-femininen› Tendenzen, zu sprechen ist heute eine heikle Angelegenheit, weil die psychoanalytischen Ausführungen FREUDs durch die soziologische Kritik erschüttert sind und heute Unsicherheit darüber besteht, inwiefern die Andersartigkeit der Frau nur Auswuchs gesellschaftlicher Unterprivilegierung ist oder inwiefern sie biologisch begründet werden kann. Besser wäre, von einer kollusiven Rivalität um die sogenannte «männliche» Rolle zu sprechen. Der Kürze halber will ich aber doch die psychoanalytischen Termini beibehalten. Ich gehe von der therapeutischen Feststellung aus, daß die Rivalität zwischen Mann und Frau um die sogenannte «männliche Rolle» in vielen Ehekonflikten im Zentrum steht. Ich glaube, daß bei diesem Konflikt Aspekte der psychoanalytischen Entwicklungspsychologie, wie sie anschließend ausgeführt werden, mitspielen. Ich bin aber ebenso überzeugt, daß es sich nicht einfach nur um biologisch begründete Gegebenheiten handelt, sondern daß soziokulturelle Normen und Werte sowie gesellschaftliche Fehlhaltungen und Fehlerwartungen eine wesentliche Rolle spielen (siehe dazu insbesondere H. E. RICHTER: *«Lernziel Solidarität»*).

Durch die kulturelle Entwicklung der letzten Jahrzehnte haben sich die Voraussetzungen für das männliche und weibliche Stereotyp grundlegend gewandelt. Früher war die Führung eines Haushaltes und die Erziehung der Kinder eine Tätigkeit, die prestigemäßig der Berufstätigkeit des Mannes ebenbürtig stand. Die Frau war Chef im Haushalt, sie stand eventuell verschiedenen Hausangestellten vor, die Haushaltsführung war eine Kunst, die Kompetenz, Wissen, Klugheit und Geschicklichkeit erforderte. Andererseits waren die beruflichen Entwicklungsmöglichkeiten des Mannes häufig eng begrenzt, so daß berufliche

Karriere, Leistung und berufliches Prestige nicht den gleichen Stellenwert einnehmen konnten wie heute.

Gegenwärtig befindet sich die Frau, aber auch der Mann bezüglich der geschlechtsspezifischen Funktion in einer tiefen Krise. Die Gleichwertigkeitsregel läßt sich schwer einhalten, wenn die Haushaltsführung völlig rationalisiert ist und in der isolierten Kleinfamilie die Kinder fast die einzigen engeren Bezugspersonen der Frau sind. Sie kann sich aber auch schwer mit der beruflichen Tätigkeit des Mannes identifizieren, wenn sie von dieser völlig ausgeschlossen ist und kaum eine Möglichkeit hat, dem Mann in seiner Berufstätigkeit mit Rat und Tat beizustehen. Dazu kommt, daß das Selbstwertgefühl heute nicht mehr von der Familienzugehörigkeit bestimmt wird. Die Berufung auf die Herkunft aus einer guten oder gar adligen Familie fällt nicht mehr ins Gewicht. Die Frau kann sich auch nicht mehr mit den beruflichen Leistungen des Mannes ausweisen. Eine «Frau Professor» oder «Frau Direktor», die sich diesen Titel vom Manne entlehnt, wird zunehmend belächelt. Es zählt nur noch die eigene Leistung. Aber auch mit der Erziehungsarbeit kann sich die Frau kaum bestätigen, wird diese heute doch einer dauernden Kritik unterzogen, so daß der Frau am Ende selten die Bestätigung zufällt, eine gute Arbeit geleistet, viel eher aber der Eindruck entsteht, versagt zu haben. Es erfüllt begreiflicherweise viele Frauen mit Wut, sich für eine derart kräfteraubende Tätigkeit wie die Kindererziehung engagieren zu müssen, die zu viele Jahre dauert, um sie nur als vorübergehend zu betrachten, zu kurz aber, um darin ein abschließendes Lebenswerk zu sehen. Sucht die Frau Selbstbestätigung und soziale Beziehungen in einer Berufstätigkeit, so muß sie meist mit untergeordneten Arbeiten vorliebnehmen, während die Männer dank freiem Einsatz ihrer Kräfte systematisch eine berufliche Karriere aufbauen können. Es kann also sicher nicht einfach als neurotisch betrachtet werden, wenn Frauen unter solchen Bedingungen eifersüchtig, neidisch und destruktiv reagieren.

Aber nicht nur bezüglich Leistung, äußerem Prestige und Karriere ist die Frau benachteiligt, sondern auch durch Erziehung zu einer Form von Fraulichkeit, die in der heutigen Leistungswelt als minderwertig gilt. Die Frau hat heute zu Recht häufig den Eindruck, daß die erzieherische Ausrichtung auf ein Bild von Schwäche, Passivität, Anlehnungsbedürftigkeit und Hilflosigkeit nur dazu dient, daß die Männer sich ihr gegenüber um so leichter als stark, mutig, unerschütterlich und dominant profilieren können. Wenn eine Frau in sich ein hohes Maß an Vitalität, Bedürfnis zu Aktivität, Initiative und Kampfgeist verspürt, so muß sie mit gesellschaftlicher Ablehnung rechnen, wenn sie diese Qualitäten entwickeln will, da diese als unfraulich gelten. Von der Frauenbefreiungsbewegung wird denn auch betont, daß es nicht das Anliegen ihrer Bemühungen sei, aus Frauen Männer zu machen, sondern der Frau das gleiche Recht und die gleiche Chance zu geben, sich so zu entfalten, wie sie es für sich selbst als richtig empfindet. Die Frau sollte sich nicht abnormal und neurotisch fühlen müssen, wenn sie sogenannte männliche Charakterzüge und Tendenzen in sich verspürt. Der Gesellschaft sollte nicht zugestanden werden, eine Frau mit «männlichen» Qualitäten zu ächten und sie zu zwingen, derartige Bestrebungen zu unterdrücken.

Aber – wie RICHTER beschreibt – nicht nur die Frau leidet an nicht mehr zeitgemäßen Rollenzwängen, sondern auch der Mann, der von den männlichen Rollenvorschriften überfordert ist. Die neue Freiheit würde darin liegen, daß sich weder die Frau noch der Mann gedrängt fühlen müßten, den gesellschaftlich festgelegten männlich-weiblichen Stereotypen zu genügen. Diese Art von Freiheit wäre ein kultureller Neuerwerb. Nach M. MEAD bestehen große Unterschiede zwischen den Kulturen, was sie als typisch männlich oder weiblich bezeichnen, es gibt aber keine Kultur, die nicht allgemein verbindlich festlegen würde, was männliche und weibliche Eigenschaften sind. «Wir kennen keine Kultur, die behauptet, der Unterschied zwischen Mann und Frau bestehe lediglich in der Form, in der beide Geschlechter zur Erzeugung der Nachkommen beitragen, im übrigen seien aber beide nur menschliche Wesen mit verschiedenen Anlagen, von denen keine einzige ausschließlich einem Geschlecht zugesprochen werden könne.»

Es ist anzunehmen, daß psychologische Differenzen zwischen Mann und Frau teilweise biologisch-konstitutionell begründet sind. Es ist aber heute noch kaum abzuschätzen, wieweit sie auch erziehungsbedingt sind. Selbst wenn sich erweisen sollte, daß unter veränderten Erziehungsbedingungen sogenannte männliche und weibliche Eigenschaften nicht mehr mit dem tatsächlichen Geschlecht korrelieren, so ist es trotzdem möglich, ja wahrscheinlich, daß sich in einem Paar ein Partner mit mehr «männlichen» und ein Partner mit mehr «weiblichen» Qualitäten zusammenfinden werden, wie sich das ja ganz allgemein in Paarbildungen zeigt. Interessant ist ja die Beobachtung bei homosexuellen Paaren, wo trotz Wegfall der biologischen Unterschiede meist ein Partner mit mehr «männlichen» Eigenschaften sich mit einem mit mehr «weiblichen» Eigenschaften verbindet und sich innerhalb des Paares eine männlich-weibliche Funktionsteilung herausbildet. Erfahrungen aus der Ethologie weisen in dieselbe Richtung. So erwähnt WICKLER Experimente mit Buntbarschen: Zwei Männchen wurden zusammengebracht. Nach einem heftigen Kampf verlor der Besiegte die nur bei den Männchen vorhandene Prachtfärbung. Er zog sich nun aber nicht vom Sieger zurück oder versuchte zu entfliehen, sondern schwamm dem Sieger nach. Er nahm ein für Buntbarsche typisch weibliches Verhalten an.

Das Problem der Funktionsteilung zwischen Mann und Frau ist komplex und seine Lösung zur Zeit noch nicht festzulegen. Die Zukunft liegt wohl in der Möglichkeit der Partner, ihre Rolle weitgehend selbst zu definieren. Das Wegfallen von festen Rollenvorschriften könnte dann die Identitätsfindung erschweren. Je mehr Freiheit dem einzelnen zugestanden wird, desto intensiver muß Ausbildung und Erziehung sein, um sich die Kompetenz zu den notwendigen Entscheidungen zu erwerben.

Wenn ich hier von der phallischen Kollusion spreche, so meine ich damit neurotische Fehlhaltungen bezüglich der Geschlechtsrolle, die sich bei der Frau in einer Scheinweiblichkeit bei Unterdrückung «männlicher» Strebungen zeigen, beim Mann dagegen in einer Scheinmännlichkeit bei Unterdrückung «passiv-femininer» Tendenzen. Das Neurotische liegt also in der Verdrängung eigener Tendenzen. Diese Verdrängung ist heute bei Jugendlichen genauso häufig anzutreffen wie zu früheren Zeiten. Auch heute meinen junge Männer, sie müßten als Supermänner imponieren, sie müßten allzeit stark und unerschütterlich sein, einem überzogenen Leistungsideal genügen und allzeit «aufgestellt» wirken. Wenn ich hier von neurotisch spreche, so meine ich einfach eine Fehlhaltung, die aus einem ungelösten Konflikt, aus der Unvereinbarkeit verschiedener Strebungen resultiert. Die Ursache kann sowohl in einer gesellschaftlichen Fehlhaltung wie in einer individuell verfehlten Erziehung liegen. Eltern nehmen eine erzieherische Fehlhaltung oft in Konformität mit gesellschaftlichen Fehlerwartungen ein. Die Familie ist die kleinste Zelle der Gesellschaft, ein Ort, wo sich gesellschaftliche Fehlhaltungen am ehesten auswirken. Der Knabe wird zu Werten der Härte, des Erfolgsstrebens und der Leistung erzogen, das Mädchen zu Koketterie, Attraktivität und zu Verzicht auf eigene Berufsausbildung und Karriere. Die Sorge der Eltern ist, der Knabe könnte zuwenig männlich, das Mädchen zuwenig weiblich werden, wobei diese Sorge oft in neurotisierender Weise an das Kind herangetragen wird.

Ich verwende in den folgenden Ausführungen die psychoanalytischen Termini, weil diese bereits allgemein gebräuchlich sind, möchte aber noch kurz darauf verweisen, wie sie verstanden werden sollen: Wenn ich vom «Penisneid» der Frau spreche, so verstehe ich diesen Begriff weniger im konkret-wörtlichen Sinne, sondern vielmehr als Neid auf die männlichen Privilegien. Die «kastrierende» Haltung bezieht sich nicht nur auf die mehr oder weniger bewußte Absicht, den Mann sexuell impotent zu machen, sondern ihn ganz allgemein in seiner Männlichkeit zu kränken und in seiner privilegierten Stellung zu erschüttern. Analog meint Kastrationsangst des Mannes seine Befürchtung, in seinen männlichen Funktionen beschädigt zu werden und darin zu versagen. Das Sexuelle hat Symbolcharakter. Es stellt das Problem der männlichen Rollenerfüllung in verdichteter Weise dar.

In den bisher besprochenen, narzißtischen, oralen und anal-sadistischen Kollusionsmustern war die Rollenzuteilung nicht direkt mit dem Geschlecht korreliert, obwohl in der anal-sadistischen Kollusion die aktive Rolle häufiger vom Mann beansprucht wird und die passiv-masochistische eher von der Frau. FREUD bezeichnete Aktivität und Passivität als Vorläufer von männlich und weiblich.

Die phallisch-ödipale Entwicklungsphase

Die Vorstellungen FREUDS über diese Entwicklungsphase, insbesondere über die Entwicklung des Mädchens, werden heute auch von der Psychoanalyse kritisch betrachtet, weil Freud die Wirkung soziokultureller Vorurteile und Zwänge auf die Erziehung und die familiäre Atmosphäre zu wenig berücksichtigte.

Gemäß psychoanalytischer Entwicklungspsychologie umfaßt die phallisch-ödipale Entwicklungsphase etwa das vierte bis siebte Lebensjahr. Zuvor war die Entwicklung geschlechtlich kaum differenziert, jetzt – mit der höher entfalteten Wahrnehmungsfähigkeit – bekommt der Unterschied zwischen männlich und nichtmännlich eine große Bedeutung. Für die Kinder ist um das dritte Lebensjahr nur ein Geschlechtsorgan relevant, der Penis. Das Mädchen nimmt die Vagina nicht wahr, sondern es stellt lediglich fest, daß es eines Penis ermangelt. Die Penislosigkeit kann vom Mädchen als Kastration phantasiert werden, was eventuell noch durch die Beobachtung von Menstruationsblutungen gefördert wird. In diesem Alter hat das Exhibieren mit dem Penis eine besondere Bedeutung.

Psychologisch gesehen ist jeder Mensch bisexuell angelegt. Es findet sich ein Nebeneinander von propulsiv-phallischen und rezeptiven Strebungen. Das Verhältnis dieser Strebungen ist für die Identifikation mit der Geschlechtsrolle wichtig. Die Geschlechtsorgane haben Vorbildcharakter, das heißt der Phallus ist Symbol für mehr aktive-eindringende-durchbohrende Charakterzüge, die als männlich bezeichnet werden, die Vagina-Gebärmutter Symbol für mehr

139

rezeptive-umfassende-bergende Eigenschaften, die als weiblich bezeichnet werden (s. ERIKSON).

Während in der bisherigen Darstellung generell von der Entwicklung des Kindes gesprochen wurde, müssen wir jetzt die Entwicklung des Knaben von derjenigen des Mädchens unterscheiden.

Der Knabe

In der phallischen Phase beeinflussen die physiologischen Aktivitäten des Penis die Beziehung zur Mutter. Der Knabe wünscht sein Glied zur Schau zu stellen, es von der Mutter bewundern zu lassen und zu versuchen, sie für die Teilnahme an seiner Lust zu gewinnen. Der Knabe beginnt sich als kleiner Mann zu fühlen und seinen Vater als Rivalen anzusehen. Er will die Mutter besitzen, den Vater verdrängen. Er stößt dabei aber auf Schranken, die ihm von beiden Eltern gesetzt werden. Die Mutter wird die Ansprüche des Knaben allmählich zurückweisen. Der Knabe fühlt sich neben dem viel mächtigeren Vater unterlegen und bekommt es mit Kastrationsängsten zu tun, das heißt Ängsten, in seiner Männlichkeit hinter dem Vater weit zurückzustehen und von ihm genital beschädigt werden zu können. Er löst diesen Konflikt, indem er sich mit der Autorität und Macht des ihm imponierenden Vaters identifiziert. Der Knabe kann die Mutter als phantasiertes Sexualobjekt aufgeben mit Hilfe der Vorstellung: «Wenn ich mal groß bin, bin ich wie Papi und werde eine Mutti heiraten.»

Nach FREUD erliegt der Ödipuskomplex der Verdrängung, und es folgt die Latenzzeit. Durch die Verdrängung des Ödipuskomplexes entzieht sich der Knabe dem Konflikt zwischen dem narzißtischen Interesse an seinem Penis und der libidinösen Besetzung des elterlichen Objektes (Mutter). Die ins Ich introjizierte Vaterautorität bildet den Kern des Über-Ichs, welches vom Vater die Strenge entlehnt, sein Inzestverbot perpetuiert und so das Ich gegen die Wiederkehr der libidinösen Objektbesetzung versichert.

Das Bedürfnis, geliebt und umsorgt zu werden, ist stärker als die phallischen Bestrebungen, so daß letztere wieder aufgegeben werden. Der Ödipuskomplex trägt wesentlich zur Entwicklung des sexuellen Identitätsgefühles beim Kind bei. Der Knabe wird darauf verwiesen, daß er auf die Mutter als Sexualobjekt verzichten muß, daß die Mutter zum Vater gehört und er sich selbst einen eigenen Liebespartner zu suchen hat.

Wie jede Krise und jeder Konflikt beinhaltet der Ödipuskomplex sowohl die Chance eines wichtigen Entwicklungsschrittes als auch die Gefahr einer Traumatisierung. Im günstigen Fall kann der Knabe die Realität akzeptieren. Das Aufgeben der phantasierten Liebesbeziehung zur Mutter sollte so vollzogen werden, daß die Liebesgefühle später ohne Schwierigkeiten auf eine andere Frau übertragen werden können.

Das Mädchen

Mit der Entdeckung des Geschlechtsunterschiedes beginnt die ödipale Phase. Das bis dahin vor allem an die Mutter gebundene Mädchen wendet sich bei der schmerzlichen Feststellung seines Penismangels an den Vater und erhofft sich von ihm die Beseitigung dieses Defizits. Das Mädchen neigt zunächst dazu, sich mit dem Vater und den Brüdern zu identifizieren, während es von der bislang idealisierten Mutter enttäuscht ist und sie geringschätzt. Es liebt Bubenspiele und ahmt diese in Kleidung und Benehmen nach («Bubenmädel»). Es hat das Gefühl, der Knabe werde vom Vater mehr bewundert und von der Mutter mehr geliebt. Das Mädchen fühlt sich organisch gegenüber dem Knaben zu kurz gekommen. Es entwickelt den sogenannten Penisneid. Allmählich setzen sich aber bei ihm mehr rezeptive Ziele durch, und das Mädchen wird für den Vater ein weibliches Objekt. Die Mutter wird zu seiner Rivalin um die Zuneigung des Vaters, aber wie der Knabe identifiziert auch das Mädchen sich mit seiner Rivalin und erwirbt sich dadurch eine weitere Quelle für seine weibliche Entwicklung. Die Entwicklung verläuft beim Mädchen also über die Stufe des Kastrationskomplexes (Penisneid) mit Haß auf die Mutter, die es so mangelhaft ausgestattet hat, zur Identifizierung mit der Mutter und Rivalität mit ihr um die Liebe des Vaters (Ödipuskomplex).

Genauso wie beim Knaben kann die Bewältigung des Ödipuskomplexes beim Mädchen durch ungünstige äußere Einflüsse erschwert werden. Einesteils kann sich der Vater verführerisch und frustrierend zugleich verhalten, andernteils kann die Mutter als weibliche Identifikationsfigur nichts taugen, weil sie selbst zuwenig weiblich identifiziert ist oder weil sie sich vom Vater in ihrer Rolle als Frau erniedrigen läßt. Die Schwierigkeit, die eigene Tendenz zur phallisch-männlichen Identifikation zu überwinden, ist dann besonders groß. Es bleibt eventuell beim Mädchen ein Zug zur Männlichkeit oder zumindest zum Penisneid (Kastrationskomplex) zurück.

In der Pubertät kommt es beim Mädchen und beim Knaben zu einer Renaissance des Ödipuskomplexes, diesmal aber mit dem entscheidenden Unterschied, daß der Konflikt Realcharakter hat und eine konkrete Inzestgefahr bestehen kann. Diese Renaissance des Ödipuskomplexes wirkt oft besonders pathogen, weil er sich zum Familienkonflikt ausweitet, der das Eheverhalten der Kinder manchmal lebenslänglich konkret belastet.

Wird das Kind in seinen ödipalen Ansprüchen zurückgewiesen, frustriert oder in Beziehungsfallen gelockt, so kann das phallisch-ödipale Erziehungsmuster wieder aufgegeben werden und das Kind auf prägenitale Stufen regredieren, das heißt auf Beziehungsformen, in denen es von den Eltern eher angenommen und beantwortet wird, zum Beispiel in der Äußerung von Bedürfnissen nach Zärtlichkeit, Geborgenheit und Abhängigkeit. Es findet darin eine Sphäre, in der es relativ konfliktfrei mit den Eltern kommunizieren kann.

Verstehen die Eltern aber das Kind in seinem schwierigen ödipalen

Konflikt, so zeigen sie ihm die einzuhaltenden Grenzen klar, ohne inkonsequentes Locken und Abweisen. Das Kind wird dann die ödipale Phase ohne dauernde Kränkung seines Selbstgefühles überwinden. In dieser Beziehung kann der Ödipuskomplex eine Lehrzeit für Heterosexualität sein. Im Verlauf der schließlich erfolgreichen Auflösung des ödipalen Konfliktes hat das Kind in Spiel und Phantasie eine Lehrzeit als «Gatte», «Gattin», «Mutter» und «Vater» erlebt, durch die es Schritt für Schritt die Verantwortungen, Einschränkungen und zu einem gewissen Grade auch Annehmlichkeiten jeder dieser Rollen kennengelernt hat. Es führt also quasi eine erste Probeehe. Diese Probeehe ist für die späteren Partnerbeziehungen die grundlegende Erfahrung und bahnt und prägt das spätere Eheverhalten. Die bisher erwähnten Beispiele haben uns ja deutlich gezeigt, in welchem Ausmaß das Eheverhalten von früheren Objektbeziehungen bestimmt wird, selbst dann, wenn beide Partner bewußt ein Eheverhalten anstreben, das im Gegensatz zu demjenigen der Eltern steht. Es drängt sich deshalb auf, eingehender zu prüfen, inwieweit eigenes Eheverhalten von diesen frühesten Objektbeziehungen bestimmt ist. Schon FREUD betonte, daß der Kern aller Neurosen der unbewältigte Ödipuskomplex sei. Man könnte dem hinzufügen, daß er ebenso der Kern neurotischer Ehestörungen sei.

Die phallisch-ödipale Eltern-Kind-Kollusion

Die Bewältigung des phallisch-ödipalen Konfliktes ist eng mit dem Verhalten der Eltern verknüpft. Entwicklungsgemäß stellt das Kind und noch realistischer der Pubertierende den ödipalen Anspruch, den gleichgeschlechtlichen Elternteil zu verdrängen, um mit dem gegengeschlechtlichen Elternteil ein Liebesverhältnis zu unterhalten. Dieser Anspruch kann die Eltern selbst in einen Konflikt bringen, womit sie dem Kind die Bewältigung des Ödipuskomplexes entscheidend erschweren. So kann die Mutter sich durch die sexuellen Wünsche des Knaben angesprochen fühlen und diese Avancen unterstützen, um sich daran zu ergötzen. Diese Tendenz kann besonders gefördert werden, wenn die Mutter in der eigenen sexuellen Beziehung zum Ehemann unbefriedigt ist. Durch unbewußt verführerisches Verhalten kann sie den Erwartungen des Knaben entgegenkommen, um ihn dann brüsk und für ihn uneinfühlbar zurückzuweisen, ihn zu beschimpfen und zu enttäuschen. Solch inkonsequentes, wechselhaftes Verhalten wird es dem Knaben in besonderer Weise erschweren, die Mutter als Sexualobjekt aufgeben zu können, ohne in seinem männlichen Selbstgefühl verletzt zu werden.

Der Vater steht zum Knaben häufig in einer ambivalenten Beziehung. Pathogen für den Knaben sind unterlegene oder stark überlegene Väter, das heißt einerseits Väter, die der Knabe leicht übertrumpfen kann, worauf er mit Schuldgefühlen reagiert oder andererseits Väter, die so überlegen sind, daß der Knabe sich nicht mit ihnen identifizieren kann und sich ihnen deshalb eventuell homosexuell zu unterwerfen neigt. Es rivalisiert aber nicht nur der Sohn mit dem Vater, sondern ebenso der Vater mit dem Sohn. Der Vater kann sich vom Sohn konkret bedroht und verdrängt fühlen. Ist der Vater Arbeiter, der Sohn Student, so ist der Vater häufig stolz und gleichzeitig neidisch auf ihn. Die Eifersucht wird durch die Mutter noch geschürt, die ihren Sohn eventuell vergöttert. Genauso wird es für die Mutter einen echten Konflikt bedeuten, wenn die heranwachsende Tochter attraktiver ist als sie und der Vater närrisch in sie verliebt ist. Die Tochter wird ihrerseits mit Schuldgefühlen reagieren, wenn sie die Mutter beim Vater zu verdrängen vermag.

Der Ödipuskomplex kann somit ein echter Partnerkonflikt zwischen Eltern und Kind werden, ein neurotisches Zusammenspiel im Sinne einer Kollusion. Oftmals kann er von den Kindern bis ins Erwachsenenalter nicht bewältigt werden. Die Tochter bleibt an den Vater gebunden, der Sohn kann sich nicht von der Mutter lösen. In einer eigenen Ehe kann er sich nicht gegen die Mutter abgrenzen und schließt sie in die Ehe ein. Inzestwünsche und Inzestängste finden sich bei den Eltern mindestens so stark wie bei den Kindern. Der Vater ist oft eifersüchtig auf den Liebhaber der Tochter oder fühlt sich vom erfolgreichen Sohn depotenziert. Die Mutter ist häufig eifersüchtig auf die Schwiegertochter und versucht, diese zu entthronen und die Ehe des Sohnes zu sprengen. Die gespannten Beziehungen zwischen den Generationen sind auch außerhalb des Familienkreises, zum Beispiel im Berufsfeld, oft wesentlich durch ungelöste ödipale Eltern-Kind-Kollusionen motiviert.

Die hysterische Ehe

Die phallische Kollusion möchte ich am Beispiel der hysterischen Ehe darstellen, eines Ehesyndroms, das ich auf Grund eingehender Untersuchungen in früheren Arbeiten (1970, 1972) beschrieben habe. Ein wichtiger Aspekt der hysterischen Ehe ist die phallische Kollusion, die in der folgenden Darstellung besonders berücksichtigt werden soll. Bei manchen hysterischen Ehen liegt der Hauptakzent allerdings eher auf einer oral-narzißtischen Störung.

Frauen mit hysterischem Charakter

Die hysterische Ehe ist ein häufiges Ehesyndrom. Der hysterische Charakter soll vor allem im Hinblick auf die ihm eigene Beziehungsform zum Partner dargestellt werden.

Frauen mit hysterischer Charakterstruktur wird oft vorgehalten, sie seien in ihrem emotionalen Erleben flatterhaft und oberflächlich. Es wird dabei übersehen, daß sie unter ihrer inneren Leere leiden und daß die Theatralik und Dramatisierung des Gefühlsausdruckes ihnen helfen soll, sich selbst besser zu spüren. Oft haben sie Mühe, mit sich allein etwas anzufangen und finden in sich wenig Halt. So neigen sie dazu, ihre Konflikte zu verdrängen und zu projizieren, sie leben quasi «außer sich». Auf der Flucht vor eigenen Konflikten versuchen sie diese auf die Umgebung zu übertragen, was für sie naheliegend und erfolgversprechend ist, weil sie von Natur häufig mit besonderer Schönheit und weiblichen Reizen ausgestattet sind. Ein wesentliches Mittel zur Manipulation der Umgebung ist die Demonstration von Schwäche im Kranksein, hilflosem Weinen, Suizidveranstaltungen usw. Man kann direkt sagen, ihre Stärke liege in ihrer Schwäche. Sie betrauen ihre Beziehungspersonen mit der Lösung ihrer Konflikte, wobei sie sich besonders aufgewertet fühlen, wenn sie zusehen «müssen», wie sich zwei rivalisierende Ritter für sie die Köpfe blutig schlagen. So partizipieren sie in Zuschauerrolle an der Dramatik, die sie in der Umgebung entzünden.

Die hysterische Frau gibt sich oft exaltiert, setzt sich in Szene, schminkt sich auf oder versucht mit raffiniertem Augenspiel zu verführen, zu kokettieren und zu gefallen. Sie trägt eine Persönlichkeit zur Schau und muß dauernd eine Rolle spielen. Die Aufmerksamkeit der Umgebung muß durch immer neue Sensationen auf sie zentriert bleiben. Sie spürt sich nur so lange, wie alles um sie herum in Bewegung und Erregung ist. Sobald die Aufmerksamkeit der Umgebung nachläßt, verfällt sie in depressives Verlassenheitsgefühl und Angst vor Selbstverlust.

Die hysterische Frau scheut den intimeren persönlichen Kontakt aus Angst, sich auszuliefern und überwältigt oder ausgenützt zu werden. Bei ihrer starken Tendenz, all ihre Konflikte nach außen zu verlegen, braucht sie im Partner ein Hilfs-Ich, einen Steuer- oder Schutzmann, der sie leitet, dirigiert und bremst. Als Ehemann braucht sie jemanden, der bezüglich stabiler Zuwendung absolut verläßlich ist, der sie führt und hält, ohne ihr gefährlich werden zu können.

Auf Männer wirkt die hysterische Frau oft als Inbegriff der verführerischen Weiblichkeit. Die meisten dieser Frauen haben vorehelich ein intensives Sexualleben gepflegt und viele, besonders die phallisch-exhibitionistischen, neigen dazu, alle ihre menschlichen Beziehungen zu sexualisieren in obszönem Witzeln und genitalem Protzen. Das starke Agieren sexueller Triebhaftigkeit ist aber oft ein partnerbezogenes Abwehrmanöver. Im Sinne einer Flucht nach vorn versucht sie mit schamloser Direktheit die Männer einzuschüchtern. Gelegentlich mißlingt dieses Manöver allerdings, und sie wird scheinbar gegen ihren Willen vergewaltigt. Andere scheuen die Intimität einer persönlichen Begegnung und fliehen in emotional wenig besetzte sexuelle Beziehungen. Sie glauben, mit der Gewährung der sexuellen Hingabe den Mann fesseln und verpflichten zu können, ohne selbst etwas von sich geben zu müssen. Andere, mehr oral fixierte hysterische Frauen verstehen es, mit ihren Krankheitssymptomen Pflegegelegenheiten zu schaffen, die auf Männer besonders verführerisch wirken. Sie geben sich dabei kindlich unschuldig und verschüchtert und sind scheinbar ganz erstaunt, daß der Mann durch ihre naive Hilfebedürftigkeit sexuell erregt wird und nun plötzlich an «so was» denkt.

Als Hintergrund für dieses Sexualverhalten ergibt sich meist ein unbewältigter Ödipus-Komplex. Diese Frauen stehen in einer ambivalenten Vaterbindung. Meist waren sie das Lieblingskind des Vaters. Er wird oft als faszinierend und widersprüchlich geschildert: einesteils triebhaft und impulsiv, andernteils kindlich hilflos, weich und mitleiderregend. Das verführerische Verhalten erschwerte die Bewältigung des Ödipuskomplexes und behinderte vor allem die spätere Ehebildung, in der ja die ödipale Situation reaktiviert wird. Die Mutter eignete sich meist schlecht als Identifikationsfigur, sei es, weil sie selbst ungenügend mit ihrer Weiblichkeit identifiziert war, sei es, weil sie in ihren Minderwertigkeitsgefühlen kaum als Vorbild dienen konnte. Hysterische Frauen fühlten sich oft auch ihren Brüdern gegenüber zurückgesetzt.

So finden wir meist klar umschreibbare Schwierigkeiten in der frühen Kindheit, die diese Frauen in der Bewältigung des Ödipus- und Kastrationskonflikts behinderten. Im Gegensatz zum sogenannten Mannweib, das sich äußerlich männlich kleidet und verhält und in eine gleichartige Rivalität zu den Männern tritt, verarbeitet die hysterische Frau den Konflikt in anderer Weise. Sie unterdrückt bewußt alle Bedürfnisse nach Entfaltung männlicher Aktivität und bescheidet sich forciert auf weibliche Passivität. Ihre Mentalität ist: «Gut, dann bin ich eben nur eine minderwertige Frau. Dann darf man aber an mich auch keine Ansprüche stellen. Der Mann soll sich überall als Mann ausweisen und sich als Mann gegenüber der schwachen Frau bewähren. Wollen wir sehen, ob er wirklich so stark ist!» Sie beschränkt sich trotzig auf eine passiv-feminine Haltung und stellt ihre weibliche Schwäche dem Mann provozierend zur Schau mit der heimlichen, meist unbewußt gehaltenen Phantasie, sich damit an ihm zu rächen. Obwohl sie sich als Sex-Weibchen gibt, verachtet sie sexuell triebhafte Männer und verschafft sich Befriedigung, indem sie einen dieser Männer erst anlockt, um ihn brüsk und unvermittelt gerade dann abzuweisen, wenn er sich nahe am Ziel glaubt. Für eine stabile Beziehung kann sie sich jedoch nur einen asexuellen Mann vorstellen, der weder ihren unbewältigten «Penisneid» noch ihren Ödipus-Komplex anregt, sondern diese Konflikte eher entschärft.

Die Regression auf passive Bedürfnisse wird ferner durch eine prägenitale Fixierung gefördert. Wie schon FREUD betont, verdeckt die starke Vaterbindung nur die noch stärkere Mutterbindung. Aus ihrer oralen Fixierung wünscht sie sich einen Mann, der ihr gegenüber mütterliche Aktivität entfaltet und sie so in einer infantil-passiven Haltung bestärkt.

Der hysterophile Mann

Der Mann der hysterischen Frau wirkt nach außen hin meist angenehm, eher schüchtern, etwas lahm und harmlos, als lieber guter Kerl. Die meisten dieser Männer wuchsen als verzärtelte Muttersöhnchen auf. Manche lebten als Erwachsene bis zur Eheschließung mit der Mutter zusammen und heirateten erst spät. Ihre Mütter werden überwiegend als possessive, aktive und phallische Persönlichkeiten geschildert, neben denen die unscheinbaren und blassen Väter eine auffallend nichtssagende Rolle innehatten. Ein offenes Rivalisieren mit dem schwachen Vater wirkte für diese Männer schulderzeugend. Auch die Mütter duldeten keine Entfaltung sadistisch-aggressiver oder phallisch-exhibitionistischer Tendenzen, sondern förderten bei diesen Männern eine dienend-ritterliche Haltung Frauen gegenüber. Zugelassen wurden nur Triebe mit passivem Ziel, Verlangen nach Wärme, Gestreicheltwerden, Geschütztwerden usw. Die Regression auf diese frühinfantile Haltung ließ den offenen Austrag des positiven Ödipus-Konfliktes vermeiden.

Das Aufgeben der passiven Abhängigkeitshaltung der Mutter gegenüber fällt diesen Männern schwer. Zur Abwehr ihrer Muttergebundenheit entwickeln sie überkompensierende Aktivitäten, wie etwa Begeisterung für Sportarten, die Beweis besonderer Männlichkeit sein sollen, insbesondere waghalsiges Klettern in den Bergen, Fallschirmspringen oder Fliegen, Sportarten, die als Überwindungs- und Ablösungsversuche einer unbewältigten Mutter-Erd-Gebundenheit verstanden werden können. Um den Verlust der Mutter ersetzen zu können, identifizieren sie sich mit ihr und verspüren nun ein Bedürfnis nach einer Frau, die sie so behandeln wollen, wie sie selbst von ihren Müttern behandelt zu werden wünschten. Aus Abwehr ihres Bedürfnisses nach Pflege und Bemutterung wollen sie anderen Mutter, Pfleger und Helfer sein. Sie wollen sich in der Ehe aufopfern, um dafür in der dankbaren Achtung der Familie aufgehoben zu sein. Sie halten sich für unentbehrlich und machen sich zum Alleinverantwortlichen für das Gelingen der Ehe. Aus ihrer Selbstwertproblematik heraus suchen sie Bestätigung als Zentrum von Ehe und Familie. Eigene Ansprüche auf Befriedigung passiver Bedürfnisse werden für die Ehebeziehung verleugnet, würde deren Stillung doch die Gefahr erneuter Abhängigkeit von einer Mutterfigur bedeuten und als Zeichen eigener Schwäche und Unselbständigkeit gewertet. Die überkompensierende Abwehrhaltung richtet sich also gegen die eigenen passiv-femininen Strebungen (die ihrerseits wieder Abwehr der unbewältigten ödipalen und Kastrationsproblematik sein können).

Der hysterophile Mann hat vorehelich meist wenig sexuelle Erfahrungen gehabt. Das Sexuelle ist ihm in einer Partnerbeziehung nur von sekundärer Bedeutung. Oft scheint er sich bei den Frauen gleichsam wegen des kleinen anatomischen Unterschiedes entschuldigen zu wollen mit der Versicherung, daß er daraus keinerlei Vorteile ziehen und schon gar nicht irgendwelche Überlegenheit ableiten möchte. Er will der Frau bedeuten: «Sexuell brauchst du dich vor mir nicht zu fürchten, ich werde dir sicher nichts antun, aber wenn du mich als Helfer und Heiler in deine Dienste nehmen willst, so bin ich immer zur Stelle.»

Im Gegensatz zur hysterischen Frau ist der hysterophile Mann ausgesprochen exhibitionsgehemmt. Er wirkt bescheiden und zurückhaltend und möchte scheinbar kein Aufhebens von sich machen. Und doch läßt sich gerade bei diesem Mann ein Exhibitionsbedürfnis nachweisen, das im Sinne einer altruistischen Abtretung auf die Frau verschoben wird. Er hat einen ausgesprochenen Drang, die Situation seiner Frau zu dramatisieren. Er möchte sie als ein völlig einmaliges, in nichts vergleichbares Geschöpf sehen, das jenseits der sonst allgemein gültigen Anforderungen steht. Die von der Frau gestalteten Szenen werden von ihm aufgeschaukelt; er schürt eine allgemeine Aufregung und veranstaltet um die Frau herum einen großen Wirbel, was ihm die

Gelegenheit gibt, sich in seinen Helfer- und Retterfunktionen zu bewähren. Man kann diesen Mann in seiner Ausrichtung auf die hysterische Frau als *hysterophil* bezeichnen.

Verlauf der hysterischen Ehe
Im Zeitpunkt der Begegnung befindet sich die Frau häufig in einer äußerlich unglücklichen Situation, in der sie dringend der rettenden Unterstützung eines Mannes bedarf. Oft handelt es sich um eine unglückliche Liebschaft, oft um eine ungelöste Elternbindung. Wiederholt ist ihre Verliebtheit in dem Moment geschwunden, wo sie sich auf eine Heirat hätte festlegen sollen. Unter dem Druck der Umgebung und im Versuch, diesen ihr selbst unverständlichen Wiederholungen ein Ende zu setzen, unternimmt sie einen forcierten Versuch, endlich einmal einen Strich unter ihre Ausflüchte zu ziehen und «Vernunft anzunehmen». Wenn sie sich auch nicht verliebt fühlt, entschließt sie sich jetzt doch zur Heirat in der trügerischen Erwartung, die Liebe werde sich dann von selbst einstellen.

Zur Rettung dieser Frau aus ihrer Verstrickung und ihren Nöten fühlt sich der hysterophile Mann in besonderem Maße berufen, drängt er doch darauf, sich an einer schwierigen Aufgabe zu bewähren. Er fühlt sich auch erleichtert durch die Bemerkung der Frau, daß das Sexuelle in ihrer Beziehung zu ihm keine besondere Rolle spiele, daß sie ihn vielmehr wähle, weil er Sicherheit und Vertrauen ausstrahle, ja, daß sie im Grunde einen Ekel vor triebhaften Männern empfinde, die wie Tiere nur die sexuelle Befriedigung bei der Frau suchten. Der hysterophile Mann fühlt sich beruhigt, daß von ihm nicht sexuelle Potenzbeweise erwartet werden, sondern sozial-psychologische Bewährung in der schwierigen Aufgabe an der Frau. Er wittert bei dieser Frau die Chance, bestehen zu können, weil er spürt, daß diese Frau zeitlebens Halt und Schutz brauchen wird. Seine Frau in Dankbarkeit an sich gebunden zu wissen, bedeutet ihm einen hohen narzißtischen Gewinn und sichere Gewähr für fortwährende Spende fraulicher Anhänglichkeit. Unter Hinweisen auf seine unerschöpfliche Liebe läßt er sich beliebig von ihr dirigieren, ohne sich dessen bewußt zu werden.

So wird die Beziehung zunächst von beiden Seiten idealisiert. Die Frau verleugnet ihre eigenen Männlichkeitswünsche und die Schwäche des von ihr gewählten Mannes. Sie will den Mann stark sehen und manipuliert ihn mit diesen Erwartungen. Auch objektiv gesehen geht es diesen Frauen zunächst deutlich besser. Zuvor bestehende Konversionssymptome verschwinden, phobische Symptome treten in den

Hintergrund, die Frauen sind emotional ausgeglichener, zufriedener und glücklicher.

Der Mann ist mit dem Bild, das die Frau auf ihn projiziert, identifiziert. Jetzt, wo er als mütterlicher Helfer und edler Ritter gebraucht wird, fühlt er Kräfte in sich, die ihn über sich hinauswachsen lassen. Die projektive Beziehung der Hysterika ist dem Bedürfnis des Hysterophilen, selbstbestätigende Projektionen auf sich zu lenken, komplementär. Mit ihren Projektionen pumpt die Hysterika den Mann auf. Sie behält das Ventil jedoch dauernd in der Hand im Bedürfnis, seine Größe jederzeit regulieren und nötigenfalls auch wieder zusammenschrumpfen lassen zu können. Der aufgeblasene Mann als Projektionsträger fühlt sich gehoben in seinem gewonnenen Volumen.

Meist geht dieser Glückszustand der hysterischen Ehe aber in Enttäuschung über. Der Selbstwertzuwachs des Mannes ist projektiv hochgespielt. Seine früheren Selbstzweifel machen sich wieder bemerkbar. Gebieterisch meldet sich sein früheres Bedürfnis nach passiver kindlicher Geborgenheit bei einer schützenden Mutter. Solche Regressionsansprüche werden von ihm verdrängt und von der Frau mit Entschiedenheit abgewiesen. Sie kann und will dem Mann gegenüber keinerlei mütterliche Funktionen übernehmen. Sie hat sich nun mal für die kindlich schwache und schonungsbedürftige Position entschieden. Wie aber der Mann unter seinem Anspruch nach ritterlicher Größe zusammenbricht, wird er zum Anlaß von Spott und zorniger Verachtung der Frau. Sie ist enttäuscht und überschüttet den Mann mit Vorhaltungen. Er aber setzt sich dagegen nicht zur Wehr, sondern unterstützt und bestärkt die Frau in ihren Vorwürfen. Er schämt sich seiner Schwäche und empfindet die Verachtung der Frau als gerechte Strafe für sein Versagen. Aus seinem Zwiespalt, eine unerschöpfliche, anspruchslose Mutter zu sein, und dem Bedürfnis, sich passiv bemuttern zu lassen, resultiert häufig tölpelhaftes Benehmen. Er ist zwar willig, weiterhin ritterliche und helfende Funktionen zu übernehmen, aber in einer Weise, die gleichzeitig die Frau zwingt, den Mann wie ein Kind zu überwachen und ihn seinem Strafbedürfnis entsprechend zu schelten. Die schmarotzerhafte Lebensart der Frau beginnt ihn zunehmend auszulaugen. Er verfällt lähmender Lethargie und Passivität. Alles ist auf Vermeiden von Auseinandersetzungen und auf Ausweichen vor Konflikten ausgerichtet.

Dieses Verhalten des Mannes ist nun aber das Schlimmste, was der hysterischen Frau passieren kann. Sie ist in ihrem Selbstgefühl auf die pausenlose Auseinandersetzung mit der Umgebung angewiesen. Temperamentvollen Haß und Ablehnung erträgt sie leichter als Nichtbeachtung und Reaktionslosigkeit. Um den Mann in Bewegung zu bringen, beschimpft sie ihn, stellt ihn öffentlich bloß, versucht ihn zu Eifersuchtsreaktionen zu reizen usw.

Der Mann wird wohl eifersüchtig, aber dadurch keineswegs aktiviert. In steter Verteidigungshaltung pocht er darauf, im Recht zu sein, und versucht der Frau in langatmigen Belehrungen seinen Standpunkt darzulegen. Gerade ihre Beziehung zu Liebhabern beweist ihm, daß sie ohne ihn moralisch verkommen würde. Seine «Heiligenhaltung» bringt die Frau oftmals in Wut. Der Mann quält sie mit seiner unendlichen Duldsamkeit und erzeugt damit in ihr nicht nur Schuldgefühle, sondern läßt sie letztlich mit ihrem Konflikt an sich abprallen und ihre Ohnmacht spüren. Seine Haltung ist: «Schaut mal, was ich alles aushalten kann.» Die Umgebung und damit auch viele Ärzte und Psychotherapeuten stellen sich meist auf die Seite des Mannes, den sie wegen des schweren Schicksals, das ihm von seiner Frau bereitet wird, bemitleiden. Die Behauptungen der Frau, der Mann sei ein gemeiner, heuchlerischer Sadist, werden kopfschüttelnd zur Kenntnis genommen. Der genauere Einblick in die Verhältnisse bestätigt jedoch häufig den ausgesprochenen Masochismus und verkappten Sadismus dieser passiv-femininen Männer.

Sexuell leben diese Paare meist wie in einer Geschwisterehe. Die Frau äußert Ekel vor den täppisch-linkischen Annäherungen ihres Mannes. Meist schaudert sie überhaupt bei jeder Berührung durch ihn zusammen. Wenn sie sexuelle Beziehungen über sich ergehen läßt, fühlt sie sich als Dirne, weil sie keinerlei Liebe für den Mann empfinden könne. Sie beklagt sich auch über die mangelnde sexuelle Aggressivität des Mannes, dabei hat das Gefühl, die sexuelle Funktionsfähigkeit des Mannes beliebig manipulieren zu können, eine wichtige Rolle bei ihrer Partnerwahl gespielt. Der hysterophile Mann erträgt die oft totale Frustration ohne zu klagen. Häufig beginnt er an Potenzstörungen zu leiden. Er wird nicht selten deswegen von seiner primär frigiden Frau verspottet und verhöhnt, was sein Selbstvertrauen in seine Potenz vollends erschüttert. Die Frau verhält sich immer deutlicher gemäß dem Rachetyp (ABRAHAM), das heißt sie verwendet gerade ihre weiblichen Attribute und Fähigkeiten, um den Mann machtlos zu machen und sich an ihm zu rächen. Die an ihrem unbewältigten Kastrationskomplex leidende Frau ist neidisch auf das, was der Mann besitzt, und versucht ihn zu schwächen.

Für den hysterophilen Mann steht in der Beziehung zur Frau die

150

unmittelbare sexuelle Triebbefriedigung im Hintergrund. Für das Gelingen der intimen Vereinigung ist Voraussetzung, daß die Frau willens ist, ihn zu akzeptieren und zu unterstützen. Er ist in seiner Potenz ganz ihrem Wohlwollen ausgeliefert, ja er will seine Potenz in ihre Verfügungsgewalt legen. Phallisch aggressives Verhalten liegt ihm fern. So bescheidet er sich auf Impotenz als Ausdruck verfeinerter und veredelter Männlichkeit, die im Gegensatz zur aggressiven und selbstsüchtigen Roheit anderer Männer stehe.

Das über-rücksichtsvolle Verhalten des Mannes und seine Forderung, einen Wink zur Eröffnung intimer Beziehungen von ihr zu erhalten, ist für die hysterische Frau besonders schwierig, weil sie sexuellen Beziehungen höchst ambivalent gegenübersteht. Sie könnte sich am schuldfreiesten hingeben, wenn sie vergewaltigt würde. Eine Nötigung kann sie andererseits aber gerade aus ihrem Kastrationskomplex heraus schlecht ertragen. In diesem Zwiespalt verhält sie sich bei sexueller Annäherung sprunghaft fordernd und frustrierend, indem sie vom Partner immer das Gegenteil von dem verlangt, was er ihren Ansprüchen gemäß zu tun bemüht ist. Wenn er keine Lust verspürt, fordert sie intime Beziehungen, wenn er Bedürfnisse äußert, weist sie ihn ab, wenn er forsch auf sexuelle Vereinigung ausgeht, sollte er geduldig, fein und rücksichtsvoll sein, wenn er jedoch zart und einfühlend abwarten will, fehlt ihm das männliche Temperament zur Überwältigung.

Die ehelichen Beziehungsstörungen verfestigen sich immer mehr zu einer Charakterhaltung: einerseits die Frau, die über mangelndes Temperament, mangelndes Interesse und mangelnde Männlichkeit des Mannes klagt, andererseits der Mann, der sich immer mehr hinter einer selbstgerechten Heiligen- und Märtyrerhaltung schützt. Diese Beziehungsform genügt der resignierten Frau auf die Dauer nicht. Sie muß den Affekt der Umwelt spüren, um sich nicht aufzulösen und dem inneren Chaos zu verfallen. So beginnt sie Zuwendung, Halt und Beachtung außerhalb der Ehe zu suchen. Der eine Weg ist die Produktion von Konversionssymptomen und anderen Krankheits- oder Suchtsymptomen, die die Zuwendung von Ärzten, Spitälern und anderen sozialen Helfern erwirken. Ein anderer Weg sind außereheliche Beziehungen. Manche Männer fühlen sich aufgerufen, solch liebessehnsüchtige Frauen aus ihrer unglücklichen Bindung an den Ehemann zu retten. In die Beziehung zum Geliebten projiziert die Hysterika aufs neue die Erfüllung all ihrer Wunschvorstellungen: Im Gegensatz zum lahmen und schwachen Mann ist der Geliebte männlich, haltgebend und versteht es, das Temperament der Frau unerschrocken zu zügeln und zu bändigen. Die Frau fühlt sich von ihm gehalten und gefaßt. Schwärmerisch berichtet sie, erst in der Beziehung zum Geliebten sei ihr aufgegangen, was leben und lieben heiße. Lernt man die Persönlichkeit des Geliebten näher kennen, so wirkt dieser oft wie eine Karikatur des Ehemannes. Die Frau wählt einen Liebespartner, von dem sie sich zwar bewußt führen lassen will, wobei sie aber auch bei diesem bestimmt, wann, wo und in welchem Ausmaß. Offensichtlich wiederholt sie mit dem Geliebten dasselbe Spiel wie mit dem Ehemann. Dem Ehemann gegenüber protzt sie aber mit ihrer Orgasmusfähigkeit, womit sie diesen nun vollends seiner Potenz beraubt. Er verzichtet auf sexuelle Ansprüche und überläßt dieses Gebiet meist kampflos dem Geliebten. Obwohl sie in einer bedauernswerten Situation sind, klagen diese Männer nicht, ja sie geben sogar an, sie würden dieselbe Frau erneut heiraten, selbst wenn sie genau wüßten, daß es wieder auf dasselbe hinauslaufe. Sie streichen ihre unverbrüchliche Liebe zu dieser Frau heraus. Manche verfallen allerdings einer chronischen Erschöpfungsdepression mit allgemeiner Müdigkeit und Schwächegefühl, neurasthenischen Beschwerden und Beeinträchtigung der beruflichen Leistungsfähigkeit. Auch das nehmen sie mit erstaunlicher Schicksalsergebenheit hin.

Besonders ungünstig ist die Einbeziehung der Kinder, die von der hysterischen Frau oft in alle Intimitäten des Konfliktes eingeweiht werden. Der hilflose Vater andererseits weint sich bei den Kindern aus und erweckt starkes Mitleid, besonders bei den Töchtern. Die Kinder werden durch dieses Verhalten überfordert. Vor allem aber machen sie früh die Erfahrung, daß persönliche Beziehungen zum eigenen Vorteil ausgenützt werden können, wenn man es versteht, zwei Parteien gegeneinander auszuspielen. Sie erfahren, daß Partnerbeziehungen manipulierbar sind, was das Vertrauen in echte, stabile und feste Beziehungen erschüttert. Besonders die Töchter zeigen oft ein altkluges und geziertes Benehmen. Die ungesunde und widersprüchliche Intimität mit beiden Elternteilen legt häufig bereits den Grundstein für eine eigene hysterische Ehebeziehung.

Die phallisch-ödipale Kollusion

Bei beiden Partnern finden wir eine vorbestehende konflikthafte Beziehung zur männlichen Rolle. Beide Partner haben meist eine ungelöste Beziehung zum gegengeschlechtlichen Elternteil und beide haben meist im gleichgeschlechtlichen Elternteil kein Vorbild, mit dem sie sich identifizieren können.

Die Frau versucht zunächst das Gefühl weiblicher Unterprivilegierung in einer Ehebeziehung damit zu sublimieren, daß sie sich mit
ihrem Mann identifiziert. Es bedeutet für sie dabei ein besonderes
Erlebnis zu spüren, daß die sexuelle Funktionsfähigkeit des Mannes
ganz in ihren Händen liegt. Auch im erweiterten Sinne ist der Mann nur
so weit Mann, wie sie aus ihm einen Mann macht. Im längeren Zusammenleben gelingt ihr aber die Identifikation mit dem Mann nicht. Die
bestehenden Schwierigkeiten, insbesondere ihre Rache- und Kastrationsphantasien, machen sich wieder bemerkbar. Sie begibt sich damit
in einen qualvollen Zwiespalt: Sie möchte einen potenten Mann und
erträgt doch keinen potenten Mann. Ist er potent, so wird ihr Neid
aktiviert. Ist er impotent, so bringt sie sich um die sexuelle Befriedigung
und um die Vorstellung, ein männliches Substitut im Mann zu haben.
So unbefriedigend die Beziehung zum hysterophilen Mann ist, so
scheint sie häufig doch die einzige ihr mögliche Beziehung.

Auf Grund seines eigenen Ödipuskonfliktes und unbewältigten
männlichen Rollenkonfliktes ist für den Mann eine phallisch-aggressive
Sexualität ausgeschlossen. Er sieht für sich nur die Möglichkeit einer
verfeinerten, ritterlichen Beziehung zu einer Frau. Sexualität soll dabei
nur so weit zugelassen sein, wie sie von der Frau gewünscht wird. Er
will seine Potenz in die Hände der Frau legen. Er fühlt sich aber
gewaltig aufgewertet, wenn die Frau sexuell aus ihm einen Mann macht
und ihm so über seine eigenen Potenzängste hinweghilft. Da er aber in
seiner Potenz von ihrem Entgegenkommen abhängig ist, versagt er,
sobald er sich der Unterstützung der Frau nicht mehr sicher fühlt.
Diese Unterstützung fällt aber der Frau aus ihrer eigenen Problematik
heraus schwer. Lautete der Interaktionszirkel bei der Partnerwahl vom
Mann aus: «Ich werde so potent, weil du mich so bestätigst», und von
der Frau her: «Ich kann dich so bestätigen, weil du durch mich so
potent wirst», so lautet der Interaktionszirkel im Paarkonflikt vom
Mann aus: «Ich bin so impotent, weil du mich so kastrierst», und von
der Frau her: «Ich kastriere und verachte dich so, weil du so ein
impotenter Waschlappen bist.»

Die phallische Kollusion

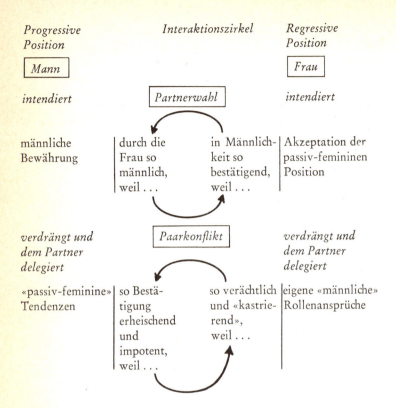

In der hysterischen Ehe wird der gemeinsame «Ödipus- und Kastrationskomplex» des Paares nun keineswegs nur auf phallisch-genitaler Ebene ausgetragen. Vielmehr neigen beide Partner aus einer zusätzlichen oralen Fixation heraus zur Regression auf die Stufe der oralen Kollusion mit der Thematik Pflegen und Gepflegtwerden. Hier kann der Mann eine viel freiere Aktivität entfalten, weil er von seiner Mutter gelernt hat, daß ritterliches Helfen eine akzeptierte Form von Männlichkeit sei. So will er sich als Mann in Erfüllung von Pflegefunktionen bestätigen. Diese orale Pflegerhaltung hat aber noch andere Quellen. Sie dient insbesondere der Überwindung der eigenen oralen Mutterabhängigkeit und eigener «passiv-femininer» Tendenzen.

Auch die Frau regrediert auf orale Anspruchshaltung und erwartet vom Mann ein hohes Maß an Zärtlichkeit, Zuwendung und Pflege. Auch bei ihr haben diese Bedürfnisse eine Quelle in einer oralen Mutterbedürftigkeit. Sie trägt aber ihre oralen Bedürfnisse in einer Weise an den Mann heran, die auf ihn einen kastrierenden Effekt ausüben. Sowohl im erweiterten wie im spezifischen Sinne wird er durch ihre Anspruchshaltung impotent gemacht. Die phallische Kollusion kann also auch auf oraler Stufe ausgetragen werden.

Abweichend von der hier beschriebenen hysterischen Ehe gibt es eine anders akzentuierte phallische Kollusion, bei welcher der Mann ein phallisch-exhibitionistisches Imponiergehabe zeigt. Er protzt mit seiner Männlichkeit, seinem beruflichen Erfolg und seinen Eroberungen bei Frauen und sucht die dauernde Bestätigung der eigenen Potenz, um damit seine Kastrationsängste und «femininen» Tendenzen zu überspielen. Diese Männer sind in ihrem phallischen Gebaren auf die stete Bewunderung der Frauen angewiesen. Wird ihnen die Bewunderung entzogen, so fallen sie in ihrer Männlichkeit gleich zusammen. Hier gerät die Frau oft in eine schwierige Situation. Sie weiß, daß der Mann auf pausenlose phallische Bestätigung angewiesen ist. Sie fühlt sich gedrängt, ihm diese zu vermitteln, obwohl sie ihn zuinnerst als Schwächling betrachtet. Läßt sie aber in ihrer Bestätigung nach, so muß sie damit rechnen, daß der Mann die Bestätigung bei anderen Frauen suchen wird.

Zusammenfassende Aspekte der phallischen Kollusion
Der gemeinsame Widerstand der Partner richtet sich dagegen, ihre Vorstellung in Frage stellen zu lassen, daß der Mann allzeit stark und überlegen, die Frau schwach und führungsbedürftig zu sein habe. Beide erwarten von der Therapie, dem Mann zu stärkerer Männlichkeit zu verhelfen, damit die Frau ihn als wirklich überlegen anerkennen könne, eine Vorstellung, deren Realisierung das Paar in einer unbewußten Übereinkunft dauernd sabotiert. Die therapeutische Lösung der phallischen Kollusion würde darin liegen, daß der Mann sich nicht scheinmännlich, die Frau scheinweiblich zu geben braucht, daß der Mann lernt, offen zu seinen Schwächen, zu seiner Passivität, Weichheit und Hilfebedürftigkeit zu stehen, die Frau andererseits ihre Bedürfnisse nach Entfaltung von Tatkraft und unmittelbarem Ausdruck von Vitalität, Aktivität und Stärke nicht zu unterdrücken brauchte. Meist fällt diese Lösung den Partnern besonders schwer. Die Frau wird den Mann

mit ihrem Hohn und Neid auf seine «Männlichkeit» dauernd erniedrigen und damit verhindern, daß der Mann ohne tiefgehende Kränkung zu seiner Schwäche stehen kann. Der Mann wird schuldbewußt sich den Forderungen nach mehr Männlichkeit aussetzen oder sich anderweitig phallisch zu bestätigen versuchen, aber kaum je die Frau auffordern, sie solle doch selbst die von ihr so hochgepriesenen «männlichen Funktionen» übernehmen. Im Endeffekt sollten nicht nur die «männlichen» Privilegien, sondern auch die damit verbundenen Verpflichtungen und Erwartungen gleichmäßiger auf die Partner verteilt werden, ohne daraus dauernd einen Prestigekampf zu machen.

Die ödipale Kollusion

Bei der ödipalen Kollusion handelt es sich eigentlich um einen Grundaspekt ehelicher Partnerbeziehungen, nämlich um die Wiederholung der Beziehung zum geschlechtlichen Elternteil in Identifikation oder Gegenidentifikation mit dem gleichgeschlechtlichen Elternteil. Liebe und Haß auf den gegengeschlechtlichen Elternteil ist wohl mit jeder heterosexuellen Beziehung verwoben. Man erlebt in jedem Partner den ödipalen Liebespartner.

Der Ödipuskomplex prägt eine Ehe, positiv als Wiederholung der Elternehe, negativ als Versuch zum Gegenteil. In der Ehetherapie sollte immer wieder darauf geachtet werden, inwiefern die Erinnerungen und Erfahrungen aus der ödipalen Phase die Ehe bestimmen.

Der unbewältigte Ödipuskomplex verhindert oftmals überhaupt eine Ehebildung. Die alte kindliche Elternliebe muß nicht aufgegeben werden, wenn zum Beispiel ein Mädchen dem Vater den Haushalt besorgt, nachdem die Mutter gestorben ist. Bei andern zeigt sich ein irrationales Bedürfnis, sich als Geliebte oder Liebhaber bereits Verheirateter anzubieten und einen besonderen Reiz darin zu empfinden, andere Ehen zu sprengen. Manche können sich aus Inzestflucht nicht tiefer in eine Beziehung einlassen, sind zum Beispiel sexuell nur beziehungsfähig mit einem Partner, der mit dem gegengeschlechtlichen Elternteil nichts gemein hat, zum Beispiel mit einem Partner anderer Hautfarbe, mit einer Prostituierten oder mit einem Partner, der so jung ist, daß man ihn eher als eigenes Kind empfindet. Manche versagen sexuell erst nach der Heirat und dabei insbesondere bei intimen Beziehungen im Ehebett.

Unter den Eheformen zeigt sich die ödipale Komponente in der Wahl eines Partners, der dem gegengeschlechtlichen Elternteil gleicht.

Häufig handelt es sich um einen Partner, der wesentlich älter ist und einem so tatsächlich Vater oder Mutter sein könnte. Wenn der Mann mehr als zehn Jahre älter als die Frau ist oder die Frau mehr als fünf Jahre älter als der Mann, so spielt häufig eine ödipale Komponente mit.

Was hat nun der als Vater oder Mutter gewählte Partner für ein Interesse an dieser Verbindung? Häufig läßt sich auch bei ihm ein unbewältigter Ödipuskomplex nachweisen, den er aber damit zu bewältigen versucht, daß er sich selbst an die Stelle der verehrt-gehaßten Eltern setzt und in Identifikation mit diesen deren Funktionen ausüben will. Meist sehen wir, daß der ältere Partner väterliche beziehungsweise mütterliche Gefühle gegenüber dem wesentlich jüngeren hat, als Vater zum Beispiel die Vorstellung, das junge Mädchen ins Eheleben einzuführen, es nach eigener Vorstellung zu formen und es – angesichts der eigenen Überlegenheit – ganz von sich abhängig machen zu können. Diese väterlichen Männer verwöhnen meist ihre «Kinder», sind sehr besorgt, bemüht und aufmerksam, sie lassen aber ihre Frauen nicht erwachsen werden, muten ihnen nichts zu und halten es für ausgeschlossen, selbst von ihren Frauen etwas erwarten zu können, etwa bei ihnen Rat und Hilfe zu suchen. Es bildet sich nicht selten eine Kollusion nach dem oral-symbiotischen oder anal-sadistischen Typ. So sehr es die Frauen nämlich zunächst genießen, sich an einen erfahrenen Mann anzulehnen, so müssen sie gemäß der Gleichwertigkeitsregel einiges unternehmen, um ihre Unerfahrenheit aufzuwiegen. So ist denn die wesentlich jüngere Frau ihrem Mann oft überlegen bezüglich jugendlicher Attraktivität, Vitalität, Lust an Tanz, Sport und Bewegung usw. Sie erlebt die väterliche Führung – zu Recht oder zu Unrecht – als Bevormundung und Unterdrückung. Die allzu große Verwöhnung und Nachsicht verleiten zu hysterischem Agieren, zum Szenenmachen, Intrigieren und Manipulieren. Häufig kommt es zu Eifersucht, weil der väterliche Gatte in dauernder Angst ist, die Frau könnte sexuell an einem jüngeren Mann mehr Gefallen finden, um so mehr, weil es sexuell aus der Inzestproblematik heraus in diesen Ehen häufig nicht klappt.

Ist die Frau bedeutend älter als der Mann und diesem gegenüber in Mutterposition, finden wir ein ähnliches Problem. Häufig sind diese jungen Männer weich, kindlich und unselbständig. Die Wahl einer wesentlich älteren Frau wird damit rationalisiert, sie wüßten mit jüngeren Frauen nichts anzufangen, weil ihnen diese zu unreif seien. Auch sie haben in einer Ehe Mühe, das Gleichgewicht aufrechtzuerhalten und greifen ihrerseits zu verschiedenen Mitteln, die Gefahr der

Unterlegenheit abzuwehren. Manche beginnen zu trinken und spielen sich unter Alkohol in der Wirtschaft oder zu Hause groß auf oder dokumentieren ihre Kräfte durch handgreifliche Brutalität. Das Trinken soll einerseits dazu dienen, aus der Bevormundung durch die Frau auszubrechen, um diese aber andererseits gerade damit zu legitimieren und zu verstärken.

11. Beispiel: Eine 52jährige Inhaberin einer Reitschule ist mit einem 21 Jahre alten Fotografen seit drei Jahren verheiratet. Der Altersunterschied beträgt 31 Jahre. Es ist ihre dritte Ehe. Zuvor war sie mit einem 13 Jahre jüngeren Mann befreundet, der sie aber betrogen habe, so daß sie aus Trotz ihren jetzigen Mann geheiratet habe. Altersmäßig steht der Mann zwischen ihrer älteren und jüngeren Tochter. Zwei Jahre lang sei die Ehe gut gegangen, dann sei er außereheliche Beziehungen zu jüngeren Frauen eingegangen und sei jeweils wie ein Knabe zur Mutter gekommen, um ihr über diese Erlebnisse zu berichten. Er habe sich in dieser Zeit zum Mann entwickelt, spiele sich darüber hinaus allerdings männlicher auf als er sei. So habe er versucht, sie herumzukommandieren und sie gar zu schlagen, was sie nicht akzeptieren könne. Vor allem aber habe sie Mühe, ihm seine Ehebrüche zu verzeihen. Während ihre sexuellen Beziehungen anfänglich ordentlich gingen, leide sie jetzt an Verkrampfungen beim Verkehr mit anhaltenden Schmerzen. Dazu komme, daß er sie vor einigen Monaten mit einer Geschlechtskrankheit angesteckt habe.

Die Frau macht einen männlichen und emanzipierten Eindruck. Mit strahlenden Augen erzählt sie von ihrem Vater, einem Prachtsmann. Sie selbst wäre lieber ein Mann. All ihre Freunde seien schwächliche und hilflose Männer gewesen, die von ihr geschützt und geführt werden wollten. Im Grunde genommen brauche sie gar keinen Mann. Auch ihr jetziger Mann sei im Grunde genommen weich und kindlich. Da sie ihm ihre Scheidungsabsichten mitgeteilt habe, liege er jetzt trotzig im Bett und verharre im Hungerstreik.

Einige Tage nach dem Gespräch mit dieser Frau unternahm der Mann seinen ersten Fallschirmabsprung, was offenbar für ihn eine besondere Männlichkeitsprobe war. Prompt brach er sich dabei den Knöchel des rechten Fußes und mußte sich in Spitalpflege begeben. Im Gespräch mit mir war er sichtlich bemüht, einen besonders männlichen und erwachsenen Eindruck zu machen. Nach seinen Angaben hing er an seiner Frau, weil ihm jüngere Frauen zu naiv seien und er sich von älteren Frauen eher verstanden fühle. Er drohte mit Suizid, wenn ihn seine Frau verlassen würde. Nach wenigen Einzel- und Paargesprächen willigte aber auch er in eine Scheidung ein.

Ödipale Gesichtspunkte spielen wohl in jeder Ehe mit. Es wird ein Partner gewählt, weil er dem gegengeschlechtlichen Elternteil gleicht (inzestuöse Gebundenheit, Endogamie [ABRAHAM]), oder er wird gewählt, weil er ihm eben gerade nicht gleicht (Inzestflucht, Exogamie [ABRAHAM]). Da die Bindung an den gegengeschlechtlichen Elternteil ambivalent ist, bleibt es auch diejenige an den Partner. Vor allem bei der neurotischen Exogamie, wo der Partner also in bewußter Gegenidentifikation zum Elternteil gewählt wird, um nur ja nicht die Eltern-Kind-Bindung oder die Elternehe zu wiederholen, entpuppt sich dieses Vorhaben immer wieder als Illusion, wie im einführenden Beispiel (Kapitel 4) gezeigt wurde. Wenn die Bindung an den gegengeschlechtlichen Elternteil noch stark ist, so wird der Partner dauernd mit diesem verglichen. Man liebt oder haßt den Partner, weil er der Mutter gleicht, oder man liebt und haßt ihn, weil er gerade nicht der Mutter gleicht. In beidem ist die Mutter der Angelpunkt. Besteht tatsächlich keine Ähnlichkeit des Partners mit dem Elternteil, an den man ambivalent gebunden ist, so kann das einer Wahl aus Vermeidungstendenz entsprechen. Im längeren Zusammenleben übt dann aber ein solcher Partner keine Faszination auf einen aus. Man gerät im Zusammenleben mit ihm nicht in Resonanzschwingung. Eine Frau, die ihren tyrannischen Vater haßt, aber auch von ihm fasziniert ist, wird für ihren korrekten, aber lahmen Ehemann bald nichts mehr empfinden können. Henry DICKS hat die aus einer unbewältigten ambivalenten Bindung an die Eltern resultierende Haß-Liebe besonders klar herausgearbeitet.

Die Kollusionsmuster sind keine Ehekategorien
Vorangehend wurden vier Kollusionsmuster dargestellt, die zeigen sollen, wie zwei Partner auf Grund einer gemeinsam sie beunruhigenden und ihnen meist unbewußten Phantasie sich in einen Konflikt hineinsteigern, der gewisse typische Strukturmerkmale trägt. Die Gefahr besteht nun, daß diese vier Konfliktmuster als Ehetypen oder Ehekategorien aufgefaßt werden könnten, in die sich alle Ehepaare einteilen lassen. Eine solche Folgerung könnte sich als einseitig und verhängnisvoll auswirken.

Die vier Kollusionsmuster sind vier dynamische Grundprinzipien, die als solche keine Krankheitseinheiten bilden. Vielmehr muß gesehen werden, daß jedes Ehepaar von allen vier erwähnten Grundthemen betroffen wird, also vom Thema «Liebe als Einssein», «Liebe als Einander-Umsorgen», «Liebe als Einander-ganz-Gehören» sowie «Liebe als männliche Bestätigung». Wenn auch alle vier Grundthemen jedes Ehepaar beschäftigen, so wird der Ehekonflikt doch akzentmäßig meist in der Form von nur einem dieser Kollusionsmuster präsentiert. Ich lege den Fokus der Behandlung häufig auf die Bearbeitung dieses einen Kollusionsmusters. Meist zeigt sich im Laufe der Behandlung aber, daß auch die anderen Themen mitwirken. Das Paar vollzieht in der Behandlung eventuell eine Wandlung, regrediert zum Beispiel auf eine orale Kollusion oder progrediert in einen phallischen Rivalitätsstreit. Oder es zeigt sich, daß die sado-masochistische Erregung vor allem dazu diente, sich vom Absacken in ein narzißtisches Loch zu bewahren und sich selbst besser zu spüren und abzugrenzen.

Die Darstellung der hysterischen Ehe bot Gelegenheit zu zeigen, wie in diesem Ehesyndrom die phallisch-ödipale Problematik zwar die Leitthematik ist, wie aber die anderen Kollusionsmuster ebenfalls wichtige Aspekte dieses Ehesyndroms darstellen. So spielt die narzißtische Kollusion in der hysterischen Ehe häufig entscheidend mit: Beide Partner haben ein schlechtes Selbstwertgefühl und eine schlechte Selbstabgrenzung. Bei der Frau zeigt sich die narzißtische Problematik in ihrer übertriebenen Bezogenheit auf die Umwelt, ihre Verschmelzungs- und Identifikationstendenzen, ihr «außer sich sein». Beim Mann zeigt sich die narzißtische Problematik in seiner Tendenz, nur für die Frau leben zu wollen. Er bietet sich als erweitertes Selbst der Frau an, als eigentliches Substitut ihres Selbst. Die orale Kollusion zeigt sich in der hysterischen Ehe vor allem da, wo die Frau mit unstillbaren Ansprüchen an Pflege, Zärtlichkeit und Zuwendung an den Mann herantritt und der Mann seinerseits seine orale Fixierung durch überkompensierende Mutter- und Pflegetätigkeit sublimieren will. Auch der Reizhunger der Frau, das fast süchtige Bedürfnis mit immer wieder neuen dramatischen Effekten «gefüttert» zu werden und das entsprechende Bedürfnis des Mannes, die Affektdramatik der Frau anzuheizen und an dieser zu partizipieren, hat sowohl einen narzißtischen wie einen oralen Aspekt. Die anale Kollusion zeigt sich in der hysterischen Ehe bei der Frau in der Intrigenkunst, mit der sie den Mann zu beherrschen sucht, und beim Mann in seiner masochistischen Märtyrer- und Heiligenhaltung, mit der er seinerseits die Frau zu quälen und zu beherrschen versteht.

Wie bereits dargestellt, kann eine phallische Problematik auch scheinbar asexuell ausgetragen werden. Die hysterische Frau macht etwa den Mann in seinen Pflegebemühungen zum Versager (sie «kastriert» ihn diesbezüglich). Umgekehrt kann auch ein bestimmtes Symptom, wie eine Sexualstörung, sehr verschieden begründet sein und muß keineswegs nur eine phallisch-ödipale Problematik sein. So findet sich nicht selten sexuelle Überaktivität bei Männern, die eifersüchtig auf ihre Kinder sind und Angst haben, zuwenig Zuwendung von der Frau zu bekommen. Oder die sexuelle Überaktivität kann dem Mann alltäglich bestätigen, seine Frau ganz zu besitzen und sie völlig zu beherrschen. Oder sexuelle Abwehr und sexuelles Versagen kann narzißtisch begründet sein, weil der Orgasmus als Selbstverlust gefürchtet wird. Sexuelle Ablehnung kann auch oral begründet sein, weil man sich pflegerisch für den Partner verausgabt hat und ihm nichts mehr zu geben vermag, oder anal, weil man den Partner durch Samenretention quälen will.

Das Anliegen des Kollusionskonzeptes ist, einen Beitrag zur differenzierteren Sicht von Ehekonflikten zu leisten und nicht zu deren Schematisierung und Schablonisierung. Die Kollusionsmuster sollen Orientierungshilfen sein und nicht den Charakter eines Pflanzenbestimmungsbuches oder eines Kochbuches haben. Sie sollen helfen, in der Ehetherapie thematische und dynamische Akzente zu setzen.

6. Das unbewußte Zusammenspiel der Partner (Kollusion)

In den vorangegangenen Kapiteln versuchte ich das Zusammenwirken zweier Partner in der Ehe konkret an Hand typischer Kollusionsmuster darzustellen. Im folgenden Kapitel möchte ich die diesen Konfliktthemen gemeinsamen psychodynamischen Prinzipien klarer herausarbeiten.

Die intraindividuelle * Balance

Jedes der vier Kollusionsthemen, nämlich das Thema Liebe als Einssein, Liebe als Einander-Umsorgen, Liebe als Einander-ganz-Gehören und Liebe als männliche Bestätigung, hat einen regressiven und einen progressiven Aspekt. Im Themenkreis der narzißtischen Kollusion bezeichne ich als das regressive Extrem die Vorstellung, daß man sich ganz für den Partner aufgeben und von ihm ein besseres Selbst entlehnen könne, und als das progressive Extrem die Vorstellung, daß der Partner sich ganz für einen aufgebe, und man durch diesen Zuwachs in seinem Selbst erweitert und aufgewertet werde.

Im Themenkreis der oralen Kollusion mit dem Thema Liebe als Einander-Umsorgen bezeichne ich als regressives Extrem die Vorstellung, daß man sich vom Partner ohne Gegenleistung verwöhnen, stützen und pflegen lassen könne, und als progressives Extrem die Vorstellung, daß man im Pflegen des Partners zur aufopfernden Mutter und zum heilenden Retter werde.

Im Themenkreis der anal-sadistischen Kollusion mit dem Thema Liebe als Pflichterfüllung und Einander-ganz-Gehören sehe ich das regressive Extrem in der Vorstellung, sich der Führung des Partners passiv zu unterziehen und sich ganz von ihm abhängig zu machen, und das progressive Extrem in der Vorstellung, den Partner ganz für sich zu haben und ihn zu führen.

Im Themenkreis der phallischen Kollusion mit dem Thema Liebe als männliche Bestätigung liegt die progressive Phantasie in der Vorstellung, der Mann habe sich überall als Held zu bewähren, die Frau dagegen habe ihn – regressiv – in seinen Leistungen zu bewundern.

In einer Partnerschaft ist jedes Individuum von diesen Themenkreisen berührt, und zwar sowohl vom regressiven wie vom progressiven Aspekt.

Der gesunde Zustand liegt im freien Nebeneinander von regressiven und progressiven Phantasien und Strebungen. Jeder möchte mal verwöhnt und umsorgt werden, sich passiv führen lassen, sich in verantwortungsfreier Abhängigkeit einem Partner anvertrauen und sich stolz mit ihm identifizieren können. Bei jedem sind die Vorstellungen passiv-regressiver Befriedigung auch mit Ängsten vor Unterlegenheit und Frustration verbunden. Jeder möchte andererseits durch die Partnerschaft in seiner Autonomie, Selbstentfaltung und Identität gefördert und bestätigt werden. Jeder ängstigt sich aber auch, sich mit der Verfolgung dieser Ziele zu übernehmen.

Nun kann es sein, daß ein Individuum auf Grund unbewältigter Konflikte in seiner früheren Lebensentwicklung von gewissen Aspekten dieser Themenkreise in besonderem Maße belastet ist, so daß es – konfrontiert mit einer konkreten Partnerbeziehung – für sich nur die Verhaltensmöglichkeit des einen Aspektes anstrebt und die des Gegenaspektes ablehnt und meidet. Es kann zum Beispiel sein, daß ein Mann sich als Kind dauernd von den Wünschen seiner Mutter bestimmt fühlte, so daß er sich eine Partnerschaft nur unter der Bedingung vorstellen kann, daß er sich dem Partner überhaupt nicht anzupassen hätte und sich der Partner ganz nach ihm richten und sich für ihn aufgeben müßte.

Oder ein früheres Heimkind wurde in seiner Kindheit in seinen Bedürfnissen so stark frustriert, daß es in die Partnerschaft mit einem großen Nachholbedarf eintritt, sich verwöhnen lassen möchte, ohne selbst dem Partner irgend etwas geben zu müssen. Oder ein Mann, der allgemein als zartes Muttersöhnchen verlacht worden war, möchte sich in der Partnerschaft als ritterlicher Helfer und Heiler bewähren und jede Vorstellung eigener Mutterabhängigkeit ausschließen. Oder eine Trinkertochter möchte an ihrem trunksüchtigen Ehemann das wiedergutmachen, was sie ihrem Vater gegenüber versäumt zu haben glaubt, und ist deshalb zur Übernahme der oralen Mutterposition motiviert. Die Verhaltensmöglichkeiten, die angestrebt oder vermieden werden, sind meist bestimmt von Ängsten, Schuld- oder Schamgefühlen, die sich auf *thematisch entsprechende Erfahrungen und gefühlsbetonte Erinnerungen aus der Kindheit* beziehen (wie bei den Kollusionsmungehend dargestellt).

esentliches Kriterium gesunder Beziehungsfähigkeit sehe ich Flexibilität, in der ein Individuum je nach partnerschaftlicher on die progressive oder regressive Position einnehmen kann, oder negativ ausgedrückt, als wesentliches Kriterium für eine störungsanfällige Beziehungsfähigkeit sehe ich die Starre und Ausschließlichkeit, mit der sich jemand an eine der progressiven oder regressiven Extremformen klammert. In der Psychotherapie wird versucht, sich mit den angstvoll vermiedenen Phantasien vertraut zu machen, die jemanden drängen, sich in einer Extremposition zu verschanzen.

Die Vorstellungen vom eigenen Eheverhalten können also eingeengt sein auf eine Extremposition, die man für sich anstrebt oder deren Komplementärform man ablehnt, um vorbestehende Angst-, Scham- oder Schuldgefühle zu bewältigen.

Für diejenigen, die die *regressive Beziehungsposition* anstreben, heißt das:

□ auf narzißtischer Ebene: «Ich will mich ganz für dich aufgeben, da ich es gar nicht wert bin, irgendwelche Beachtung und Bestätigung für mich zu beanspruchen. Für mich gibt es auf der Welt nur noch dich. Mein Glück liegt nur noch in deinen Händen.»

□ auf oraler Ebene: «Ich möchte so umsorgt und gepflegt werden, weil ich als Kind frustriert (oder verwöhnt) worden bin und weil ich auf keinen Fall selbst Mutterfunktionen übernehmen kann aus Angst, darin so zu versagen wie meine Mutter.»

□ auf analer Ebene: «Ich möchte mich dir passiv unterziehen und mich von dir widerstandslos führen lassen, so wie ich es zu Hause mußte. Autonomieansprüche und Führungsambitionen meide ich aus Angst, dadurch von dir getrennt und verlassen zu werden.»

□ auf phallischer Ebene: «Ich will dich in deinen ‹männlichen› Funktionen fördern und mich auf die ‹passiv-feminine› Haltung bescheiden, wie es mir als Frau auferlegt ist.»

Für diejenigen, die sich in einer *aktiv-progressiven Beziehungsposition* sehen, bedeutet dies:

□ auf narzißtischer Ebene: «Ich will unter deiner Bestätigung über mich hinauswachsen und dein Idol verkörpern.»

□ auf oraler Ebene: «Ich will mich für dich wie eine ideale Mutter aufopfern und mich nicht mehr selbst als hilfloses Kind behandeln lassen.»

□ auf analer Ebene: «Da einer von beiden in der Ehe führen muß, übernehme ich dieses Amt, nachdem ich mich mein Leben lang immer ducken und unterordnen mußte.»

☐ auf phallischer Ebene: «Ich will mich in unserer Beziehung männlich bestätigen (und nicht weiterhin von der Mutter als Versager verlacht werden).»

Kennzeichnend für frühkindlich geprägte Beziehungsstörungen ist die Einengung der an sich ambivalenten regressiv-progressiven Vorstellungen auf nur eine Extremseite unter Verdrängung der Gegenvorstellung. Das angestrebte Verhalten dient der Abwehr der verdrängten Beziehungsmöglichkeiten.

Nun ist aus der psychoanalytischen Abwehrlehre bekannt: je stärker eine Vorstellung verdrängt wird, desto aufdringlicher macht sie sich in verschlüsselter Form bemerkbar und schleicht sich zur Hintertüre wieder herein. Jene Grundthematik, von der eine Verhaltensmöglichkeit ausgeschlossen werden soll, spielt für Partnerwahl und Paarkonflikt eine besonders gefühlsgeladene Rolle.

Je exklusiver zum Beispiel jemand für sich nur die autonome Machtposition anstrebt, um so bedrängender werden die unterdrückten Bedürfnisse nach passiver Abhängigkeit. Die Gefahr besteht, daß das verstärkte Bedürfnis nach passiver Abhängigkeit zu noch stärkerer Abweichung in die Machtposition führt.

Intraindividuell besteht eine Balance zwischen angestrebtem Verhalten und unbewußtem Erleben. Je einseitiger das eheliche Verhalten wird, desto bedrängender wird die gegenläufige unbewußte Phantasie, und je stärker eine Vorstellung verdrängt werden muß, desto extremer fällt der gegenläufige Kompensationsversuch im (ehelichen) Verhalten aus.

Die interindividuelle * Balance

Neben der erwähnten *intra*individuellen Balance, der Bestimmung des ehelichen Verhaltens eines Individuums durch seine innere Dynamik, gibt es eine *inter*individuelle Balance, das heißt eine Bestimmung des ehelichen Verhaltens durch die Wechselwirkung der Partner.

Interindividuell wird das Verhalten des einzelnen von der Paardynamik um so ausgeprägter bestimmt, je stärker:
a) das Paar ein in sich geschlossenes System bildet und
b) das Paar unter inneren oder äußeren Stress gerät und dabei sozial funktionsfähig und selbsttragend bleiben will.

Vorläufig möchte ich die Paardynamik unter der Annahme betrachten, daß diese zwei Bedingungen erfüllt sind. In den Kapiteln 8 und 9 soll gezeigt werden, wie sich die Dynamik verändert, wenn das nicht mehr der Fall ist.

Die Bestimmung des Verhaltens des einzelnen durch das Verhalten der anderen findet sich übrigens nicht nur in der Ehe, sondern in jeder Gruppe, am ausgeprägtesten in institutionalisierten Gruppen, bei denen gewisse Rollenerwartungen das Verhalten der Funktionsträger weitgehend festlegen. Die Gruppe bildet ein Ganzes, in dem die Verhaltensweisen der einzelnen aufeinander abgestimmt und voneinander abhängig sind.

Wenn wir das Paar als ein in sich geschlossenes System betrachten, ist das Verhalten des einen immer nur so weit möglich, wie es das Verhalten des anderen zuläßt. A kann intradyadisch («innerpaarlich») nur so viel geben, wie B von ihm nimmt, und B kann nur so viel nehmen, wie A gibt. Die Summe des Gegebenen ist gleich der Summe des Bekommenen. Oder A kann in der Dyade nur so weit führen, wie B ihm folgt. B kann sich nur so weit führen lassen, wie A zu führen bereit ist. Die Summe der Führungsakte ist gleich der Summe der Gehorsamsakte. Oder A kann in der Dyade nur so weit mütterlich pflegen, wie B sich pflegen lassen will. B kann nur so viel Pflege erhalten, wie A zu pflegen bereit ist.

In der Regel gilt in Wechselwirkung: Je aktiver der eine, desto passiver der andere; je selbstbezogener der eine, desto altruistischer der andere; je führender der eine, desto gefügiger der andere; je «männlicher» der eine, desto «weiblicher» der andere; je haltloser und nachlässiger der eine, desto kontrollierender der andere; je depressiver der eine, desto strammer der andere; je sanftmütiger der eine, desto bissiger der andere usw. Das Paar bildet das übergeordnete Ganze, das funktionsfähig gehalten werden muß. Der eine kann das Komplementärverhalten des anderen dadurch erzwingen, daß er dem Partner die Verantwortung für das soziale Genügen des Paares zuschiebt. Das Paar dekompensiert, wenn die Partner sich in Passivität, Triebhaftigkeit, Nachlässigkeit, Verschwendung, Depression usw. überbieten. Das Paarleben ist aber auch unerfreulich, wenn beide sich in betriebsamem Aktivismus, Ausüben von Kontrollfunktionen und Führungsverhalten hochtreiben. A kann intradyadisch nicht mütterlich pflegen, wenn B auch pflegen will. A kann am besten pflegen, wenn B gepflegt werden will. A kann nicht führen, wenn B auch führen will. A kann am besten führen, wenn B geführt werden will.

Innerhalb des Paares wirkt ein ausgleichender Regulationsmechanismus, der die Aktionen der Partner dyadisch aufeinander abstimmt

und einseitige Abweichungen ausbalanciert. Unterfunktionieren des einen bewirkt bezüglich derselben Größe ein Überfunktionieren des anderen, und Überfunktionieren des einen bewirkt Unterfunktionieren des anderen.

Das Zusammenwirken der intraindividuellen und interindividuellen Balance

Wenn nun in einem Paar der eine Partner auf Grund persönlicher Schwierigkeiten ein einseitiges Abwehrverhalten für sich beansprucht, so wird die Bildung eines stabilen Paares begünstigt, wenn sein Partner bereit ist, das ausgleichende Gegenverhalten einzunehmen. Er wird also einen Partner wählen, von dem er sich in seinem Extremverhalten, zum Beispiel in progressivem Überfunktionieren, akzeptiert und womöglich sogar benötigt fühlen kann. Der Partner sollte ihm diese Verhaltensweise erleichtern, indem er sich als regressiv unterfunktionierend anbietet. Die *inter*individuelle Balance zwischen den Partnern wird also die *intra*individuelle Balance des ersteren stabilisieren, indem sein Partner regressive Passivität und damit den von ihm verdrängten Persönlichkeitsteil verkörpert.

Nun ist aber eine derartige Paarbildung nicht denkbar, wenn nicht auch der andere Partner aus eigener Motivation daran interessiert ist. Der zweite wird nun ebenso eine Verbindung suchen, in der sein angestrebtes regressives Abwehrverhalten bestätigt wird durch einen Partner, der den progressiven Anteil für sich beansprucht.

Jeder verkörpert also in seinem Verhalten das, was der andere als eigene Verhaltensmöglichkeit verdrängt.

Die ins Unbewußte verdrängten Verhaltensmöglichkeiten des einen entsprechen dem Sozialverhalten des andern. Zwischen den intraindividuellen Balancen der Partner und der interindividuellen Balance des Paares besteht eine Entsprechung. Jeder fühlt sich in dem von ihm selbst angestrebten Abwehrverhalten vom Partner benötigt und gleichzeitig vor der Gefahr bewahrt, in die ängstlich vermiedene Gegenposition zu verfallen, da diese ja vom Partner aus eigener Motivation für sich beansprucht wird.

Meist wird für die Beschreibung dieser Vorgänge der Begriff der Projektion verwendet. Schon seit Beginn der psychoanalytischen Forschung ist bekannt, daß ein Individuum die Tendenz hat, die ins Unbewußte verdrängten Phantasien auf andere Individuen zu projizieren. Der Begriff «Projektion» sollte in der Ehepsychologie aber kritisch verwendet werden. Das Bild, das einer vom anderen entwirft, ist bei Ehepaaren nämlich nicht so sehr eine Phantasie oder Andichtung, sondern eher eine Wahrnehmungseinengung. Von den Eigenschaften des Partners hat überhöhte Bedeutung, was den abgespaltenen und verdrängten Aspekten des eigenen Selbst entspricht, die man in den anderen verlegt, um sie für sich besser abzuwehren. LAING (1973) schreibt: «Der eine benützt den anderen nicht einfach als einen Haken, an dem sich Projektionen aufhängen lassen. Er ist bestrebt, im Anderen die eigentliche *Verkörperung* der Projektion zu finden, oder ihn zu veranlassen, diese Verkörperung zu werden» (S. 117).

Welche Auswirkungen haben diese Projektionen auf den Empfänger? In welcher Weise wird sein Verhalten und sein Unbewußtes von diesen Projektionen beeinflußt? In einer Paarbeziehung hat der Projektionsempfänger ein eigenes Interesse, die Projektionen des Partners auf sich zu lenken und diesen mit seinem Verhalten zu entsprechen. Projektionen sind also nicht leere Phantasien. In einer Partnerschaft haben sie reale Konsequenzen, indem sie das Sozialverhalten des Projektionsempfängers prägen.

Das gemeinsame Unbewußte der Partner

Die Partner sind sich durch gemeinsame, meist unbewußte Grundannahmen verbunden. Die gemeinsamen Vorstellungen und unbewußten Phantasien bilden die emotionale Basis der gegenseitigen Anziehung, der Intensität der Gebundenheit, aber auch die Basis des Paarkonfliktes.

Der Infragestellung solcher unbewußter, verbindender Grundannahmen setzen die Partner einen gemeinsamen Widerstand entgegen.

Im narzißtischen Paarkonflikt verbirgt sich hinter all dem bitteren Streit die den Partnern gemeinsame Sehnsucht nach einer absoluten, idealen und durch nichts getrübten Symbiose, deren Unerreichbarkeit durch Zufügen unablässiger Enttäuschungen klargestellt werden muß.

Im oralen Paarkonflikt sind sich die Partner im Grunde trotz aller Vorwürfe darin einig, daß in ihrer Beziehung sich Liebe als pflegende Mutter-Kind-Beziehung ereignen sollte.

Im anal-sadistischen Streit stimmen die Partner in der unausgesprochenen Ansicht überein, daß eine Zweierbeziehung auseinanderfallen werde, wenn deren Sicherheit nicht durch Gebundenheit, Kontrolle und Autorität gewährleistet werde.

In der phallischen Rivalität wird von beiden angenommen, daß der

Mann im Grunde der Frau überlegen sein sollte.

Diese gemeinsamen unbewußten Grundannahmen sind oft unter all den Streitszenen verschüttet. Die verborgene Übereinstimmung der Partner wird oft erst im Verlaufe einer längerdauernden Therapie offenbar.

Die gemeinsamen unbewußten Grundannahmen entwickeln in der Zweierbeziehung eine eigengesetzliche Dynamik, häufig im Sinne der in den Kollusionsmustern dargestellten Komplementarität.

Die partnerschaftliche Verflechtung von sozialem Verhalten und unbewußtem Erleben ist für die Ehe- und Familientherapie von großer Bedeutung. Unser Forschungsteam hat mit dem Gemeinsamen Rorschach-Versuch ein Untersuchungsinstrument geschaffen, das sich für die Bearbeitung dieser Fragen anbietet. Die Partner absolvieren miteinander den Rorschach-Test mit der Auflage, sich bei jeder Tafel auf *eine* Deutung zu einigen. Der Entscheidungsprozeß läßt in verschiedenen voneinander unabhängigen Variablen das Sozialverhalten erfassen und zeigt andernteils in der inhaltlichen Diskussion über die vorgeschlagenen Klecksdeutungen die unbewußte Dynamik, die Phantasien, Ängste und Abwehrmaßnahmen innerhalb des Paares. Die Diskrepanz zwischen Sozialverhalten und unbewußter Dynamik kann dabei deutlich sein, wie zum Beispiel im Falle einer Trinkerehe, wo im Gemeinsamen Rorschach die Frau auf Verhaltensebene tyrannisch jede Initiative, Aktivität und Mitentscheidung des trunksüchtigen Mannes unterdrückte, wo aber dieselbe «dominierende» Frau in den Rorschach-Inhalten passive Bedürfnisse und starke Abhängigkeitsphantasien äußerte. Oder in einer hysterischen Ehe, wo der Mann von der betont passiven Frau die Führungsfunktionen zugeschoben erhielt, sich in den Deutungsinhalten der Frau aber deren eigene phallischen Ansprüche und Kastrationstendenzen zeigten.

Von der Partnerwahl zum Paarkonflikt

In der Phase der Verliebtheit gehen die Partner ganz in der Bildung eines gemeinsamen Selbst auf mit dem Bestreben, das individuelle Selbst so zu modifizieren, daß es sich mit demjenigen des Partners zu einem harmonischen Ganzen verbindet. Die Partner haben sich in ihrer Beziehung, zum Beispiel im Sinne der erwähnten Kollusionsmuster, funktionell aufgeteilt, was eine enge Bindung entstehen läßt. Je größer nun die Bereiche sind, die für den einen als eigene Verhaltensmöglichkeit ausgeklammert und somit stellvertretend vom Partner übernommen werden müssen, um so gefährdeter ist die Beziehung sowohl intraindividuell wie auch interindividuell.

Intraindividuell kann jeder im Partner ein Substitut (einen Ersatz) für eigene verdrängte Bereiche finden. Solange die Partner ganz ineinan-

der verklammert sind und sie sich als Einheit fühlen, mag diese gegenseitige Ergänzung am besten spielen. Aber in der Gewohnheit des alltäglichen Lebens wird ein jeder auch wieder auf sein individuelles Selbst zurückgeworfen, und der Stellenwert des gemeinsamen Selbst als geschlossener Einheit reduziert sich. Die ins Unbewußte verdrängten Persönlichkeitsanteile kommen wieder hoch und gefährden die Stabilisierung, die die Partner in der Kollusion gefunden haben.

Interindividuell betrachtet, erträgt es der Progressive auf die Dauer nicht, dem Partner die regressive Befriedigung zu vermitteln, die er sich selbst versagt. Er frustriert zwar den Partner, indem er ihn in dessen regressiver Position kleinhält. Er frustriert sich damit aber auch selbst, indem er damit die progressiven Ich-Funktionen für das Paar dauernd allein übernehmen muß, ohne daß er deswegen vom Partner ausreichend mit Anerkennung entschädigt würde. So sehr er sich auch über das regressive Verhalten des Partners ärgert, noch viel weniger würde er es ertragen, wenn dieser wirklich selbstbewußter und unabhängiger würde.

Der Regressive haßt den Progressiven, weil das Angewiesensein auf dessen Hilfe ihn kränkt. Er delegiert zwar weiterhin die Ich-Funktionen wie Kontrolle, Führung, Entscheidung und Aktivität dem Partner, weil er sich deren Übernahme nicht selbst zumutet. Statt diese progressiven Funktionen selbst zu erfüllen und den Widerstand in sich zu überwinden, fällt es ihm leichter, die Bemühungen des Progressiven dauernd zu untergraben und sich ihnen zu widersetzen. Er haßt aber auch sich selbst, weil er sich weiterhin von den Bemühungen des Partners abhängig weiß.

Wenn der Mann sich allabendlich betrinkt, zwingt er die Frau, ihn zu überwachen und ihm dauernd Vorwürfe zu machen, da die Frau ja nicht untätig zusehen kann, wie er verkommt. Der Mann fühlt sich aber durch die Notwendigkeit, eine Aufpasserin haben zu müssen, in seinem Selbstgefühl gekränkt und trinkt eventuell aus Trotz noch mehr. Das Problem läßt sich nur lösen, wenn der Mann sich entschließt, selbst die Verantwortung für sich zu übernehmen.

Ein anderer führt mit seiner Frau zusammen ein Geschäft. Er neigt dazu, über seine Verhältnisse zu leben und in seiner Buchhaltung keinerlei Ordnung zu halten. Er zwingt dadurch seine Frau, ihn zu kontrollieren und ihm aufzulauern. Er trotzt ihr damit, daß er noch nachlässiger wird. Im Grunde aber haßt er sich selbst wegen seiner Willensschwäche. Der Konflikt läßt sich nur lösen, wenn er bereit ist, selbst die Verantwortung für die Finanzen zu tragen.

Im günstigen Falle lernt ein Individuum, daß es den Partner nicht als Träger seiner abgewehrten Persönlichkeitsanteile mißbrauchen darf, sondern diese, obwohl angsterregend, in sich integrieren muß.

Vielen gelingt aber die Reintegration des delegierten Anteils nicht. Sie empfinden diese Forderung als eine Zumutung, die sie nicht akzeptieren wollen. Sie reagieren mit Wut gegen eine derartige Anmaßung, die ausgerechnet die stellvertretende Ergänzung, die die Ehe für sie so attraktiv gemacht hat, zerstören sollte.

Der Partner in regressiver Position sollte sich mit den verdrängten progressiven Möglichkeiten auseinandersetzen, also mit den eigenen Entwicklungsanforderungen zu Autonomie, Übernahme von Verantwortung und Aktivität. Im günstigen Falle wird er diesen Reifungsschritt auf sich nehmen, weil er sich in seinem bisherigen Verhalten gegenüber dem Partner als minderwertiger und unselbständiger Schmarotzer fühlt und auch zunehmend der Angst verfällt, sich dem Partner auszuliefern oder von ihm verlassen zu werden.

Der Partner in progressiver Position sollte sich mit den ihn bedrängenden regressiven Persönlichkeitsanteilen auseinandersetzen, also mit der Unechtheit seiner gespielten Stärke, Überlegenheit und «Reife» und mit dem Erfordernis, seine eigenen passiven Tendenzen und seine Bedürfnisse nach Abhängigkeit und unmittelbarer Triebbefriedigung zu akzeptieren.

Im *Idealfall* vermögen die Partner diesen Reifungsschritt gemeinsam zu vollziehen und sich bei dieser Reifung gegenseitig behilflich zu sein. Häufig aber wird einer oder beide Partner die Enttäuschung über die Unmöglichkeit, sich in der Ehe von allen Konflikten erlösen zu lassen, nicht akzeptieren, sondern versuchen, die ursprüngliche Definition der Beziehung durchzutrotzen.

Leicht entwickelt sich nun eine verhängnisvolle Beziehungsform: Einer oder beide Partner sind ängstlich bemüht, das gemeinsame Selbst um jeden Preis zu erhalten, ja dessen vorrangige Bedeutung abzusichern, indem sie das eigene Verhalten so übersteigern, daß der Partner im komplementären Gegenverhalten fixiert wird (interindividuelle Balance). Sie übersteigern ihr Verhalten aber auch aus Abwehr gegen die Wiederkehr der eigenen verdrängten Persönlichkeitsanteile (intraindividuelle Balance).

Diese Übersteigerung bewirkt nun aber im Endeffekt das Gegenteil des Intendierten.

Der *progressive Narzißt*, der vom Partner die Selbstaufgabe gefordert hatte, merkt nun, daß die Idealisierungen von seiten des Partners ihn nicht nur aufwerten, sondern auch festlegen und gefangenhalten. Er reagiert mit Wut, versucht den Partner aus sich hinauszudrängen und ihn zu zerstören, doch je mehr er den Partner entwertet, desto weniger wird dieser den Mut zum eigenen Selbst finden, und desto weniger wird er die schuldbeladene Verpflichtung los, den Partner in sich tragen zu müssen.

Der *regressive Narzißt* aber wird mit Wut reagieren, daß sein Partner die in ihn gesetzten Idealvorstellungen enttäuscht und wird versuchen, ihn mit Vorwürfen auf sein Idealbild zu verpflichten. Er wird weiterhin nur für den Partner leben, aber nicht mehr, indem er sich für diesen aufgibt, sondern indem er sich für die Charakterentwicklung des Partners zuständig und verantwortlich fühlt. Er hält sich für unentbehrlich und ist überzeugt, daß der Partner ohne ihn verloren wäre.

Die übersteigerte Form von «Egoismus» des Progressiv-Narzißtischen wird also im Endeffekt zur Fremdbestimmtheit seines Selbst, und die übersteigerte Form des «Altruismus» des Regressiv-Narzißtischen wird im Endeffekt zur manipulierenden Außensteuerung. Der Streit geht endlos, solange der Progressiv-Narzißtische nicht bereit ist, das Selbst des Partners zu stützen und zu bestätigen und solange der Regressiv-Narzißtische davor zurückschreckt, ein eigenes Selbst zu akzeptieren und zu entwickeln.

Der *orale Pfleger*, der von seinem Partner hilfebedürftiges Kinderverhalten fordert, tendiert dahin, seine eigenen oralen Bedürfnisse von jeder direkten Befriedigung durch den Partner auszuschließen, indem er sich dem Partner gegenüber vollkommen anspruchslos verhält und sich bis zur Erschöpfung pflegerisch verausgabt. In seiner Erschöpfung wird er letztlich zum pflegebedürftigen Kind. Der *orale Pflegling* aber wird immer mehr Ansprüche stellen, je mehr er von der Angst verfolgt wird, der andere könnte in seinen Pflegeleistungen nachlassen. Er hält sich zur Übernahme von Mutterfunktionen für nicht geeignet und fühlt sich vom Partner darin auch weder bestätigt noch benötigt. So wird er das orale Arrangement aber gerade dadurch zerstören, daß er den Partner in seinen Mutterfunktionen ad absurdum treibt, indem er sich immer regressiver und fordernder verhält. Damit verbaut er sich im Endeffekt gerade das, was er im Grunde beansprucht, nämlich pflegerische Zuwendung.

Der Streit geht endlos, solange der progressive Pfleger nicht bereit ist, sich in eigenen oralen Bedürfnissen vom Partner pflegen zu lassen, und der regressive Pflegling nicht akzeptiert, daß er nicht nur kindlich fordern kann, sondern auch geben muß.

Der *passiv-regressiv Anale*, der sich keinerlei Autonomieentwicklung zumutet und jede offen-aggressive Selbstbehauptung umgeht, wird dazu neigen, seine passive Fügsamkeit zu benützen, um den scheinbar dominanten Partner zu beherrschen und im Griff zu halten, was ihm um so leichter fällt, als er die Schwäche des Partners genau kennt und weiß, daß dieser von seiner Gefolgschaft abhängig ist. Übertriebener Gehorsam als entleertes Marionettenverhalten und Lippenbekenntnis wird zum passiven Widerstand, zur Obstruktion und damit im Endeffekt zu einer Form von autonomem Machtgebaren. Der *aktive Führer* dagegen wird unter der Angst, sich der Gefolgschaft seines Partners nicht sicher zu sein, sein Führerverhalten zur Tyrannei übersteigern oder mit dem Anspruch auf totale Offenheit die Kontrolle jedes Gedankens seines Partners beanspruchen. Weil er den Partner für jeden nicht konformen Gedanken bestrafen wird, fördert er bei ihm Lügenverhalten, Schönfärberei und Heimlichkeit.

Der Streit wird endlos eskalieren, solange der passiv-regressive Partner nicht offen und ehrlich zu seinen Autonomieansprüchen steht und sich als eigenständiges Wesen dem Partner gegenüber zu behaupten sucht, ohne gleich Trennungsängsten zu verfallen, und solange andererseits der Aktiv-Progressive seinem Partner nicht autonome Bereiche und Initiativen zugesteht, ohne sich deswegen gleich gefährdet, ausgeschaltet und verlassen zu fühlen.

Der die *männliche Rolle* für sich beanspruchende Mann wird jede sich bietende Situation als Prüfungs- und Bewährungssituation seiner Männlichkeit empfinden, bis er gar nicht anders kann als einmal zu versagen, worauf sein mühsam errichtetes männliches Selbstbewußtsein zusammenbricht. Die seine aufgeplusterte Männlichkeit *bestätigende Frau* wird ihn durch weibliche Pseudoschwäche überfordern, womit sie ihn letztlich als Versager bloßstellt.

Der Streit ist endlos, solange der Mann sich keine Schwächen und passiven Tendenzen zugestehen kann und sich die Frau auf das einseitige Bild der Bewunderung des Mannes einengen läßt.

Die tiefere Ursache liegt also darin, daß beide Partner sich weder mit den eigenen verdrängten Persönlichkeitsanteilen noch mit denjenigen des Partners auseinandersetzen wollen. Die Weigerung, sich mit dem Unbewußten zu befassen, erzeugt Schuldgefühle, die in der Ehe auf den Partner projiziert werden, der für das eigene Fehlverhalten haftbar gemacht wird. «Ich bin nur so, weil du so bist. Wenn du nicht so wärest, wäre ich nicht so.» Das Fehlverhalten des einen wird zum Alibi für das Fehlverhalten des anderen. Die Partner halten sich im kollusiven Interaktionszirkel gefangen.

In der Kollusion besteht also zwischen den Partnern eine uneingestandene Übereinkunft, sich nicht mit dem unbewußten Anteil ihres Konfliktes zu befassen. Die gegenseitigen Vorwürfe sind oft Rituale, die so vorgetragen werden, daß sie die kollusive Funktionsteilung eher absichern als auflösen. Jeder Versuch des einen, aus der Kollusion auszusteigen und sich mit dem von ihm verdrängten Anteil am Konflikt auseinanderzusetzen, wird vom Partner gleich sabotiert. Wenn der orale Pfleger auch darüber jammert, er werde bis zur Erschöpfung pflegerisch beansprucht – sich selbst vom Partner einmal versorgen und verwöhnen zu lassen, erträgt er noch viel weniger und ist darin mit dem Partner einig, der ihn ja auch keinesfalls pflegen will. Der anale Herrscher wirft seiner Frau Unselbständigkeit und Passivität vor, erstickt aber jeden Versuch ihrerseits zu Autonomieentwicklung im Keime und bestätigt sie letztlich in ihrer passiven Abhängigkeit. Die «phallische» Frau verhöhnt ihren impotenten Mann und verhindert so, daß er sich je mit seiner «passiv-femininen» Seite befreunden könnte, was ja die Anforderung an sie stellen würde, ihre Männlichkeitsstrebungen in sich zu integrieren. Die Partner leiden zwar an der Ehe, quälen sich miteinander ab, stimmen aber letztlich darin überein, daß sie nicht wirklich etwas an ihrer Beziehung ändern wollen. In der Therapie braucht es oft lange Zeit, bis dem Paar dieser gemeinsame Widerstand aufgezeigt und bewußt gemacht werden kann.

Das kollusive Patt

Die Kollusion erweist sich im längeren Zusammenleben als eine Falle, welche die Partner in all den ursprünglichen Ängsten, Schuldgefühlen und Beschämungen gefangenhält und ihnen kaum ein Entkommen ermöglicht. Statt daß derjenige, der mit der Ehe versuchte über seine Gefühle der Minderwertigkeit, des Versagens, der Schwäche und des Nichtakzeptiert-Werdens unter der Bestätigung des Partners hinauszuwachsen, muß er sich jetzt unter den pausenlosen Vorwürfen, Anschuldigungen und Entwertungen des Partners schlechter vorkommen als je zuvor. Derjenige, der gehofft hatte, in der Ehe ein Paradies zu finden, wo all seine infantilen Bedürfnisse gestillt würden, fühlt sich durch das Verhalten des Partners mehr frustriert als durch irgendeine andere Beziehungsperson. Die Kollusion entpuppt sich als destruktives Arrangement und erzeugt Wut, Haß, Rachegefühle, Verzweiflung und bittere Enttäuschung.

Der Außenstehende mag schwer begreifen, wie zwei vernünftige Menschen sich über Jahrzehnte mit immer den gleichen Sätzen kränken und belasten können, ohne von der Nutzlosigkeit ihrer Beschuldigungen Kenntnis zu nehmen. Da der Streit meist um alltägliche Bagatellen geführt wird, ist es auch schwer einsehbar, weshalb sich beide so halsstarrig und verbohrt verhalten. Was diese Frau verlangt ist ja so wenig, weshalb kann der Mann ihr nicht entgegenkommen und etwas großzügiger und aufmerksamer sein? Weshalb ihr nicht mal einen Blumenstrauß bringen, auf einen Besuch zu den Schwiegereltern mitkommen, am Sonntag das Frühstück im Bett servieren, die Zeitung ordentlich weglegen, eine Anerkennung für das Essen aussprechen usw.? Das wäre doch wirklich nur eine Kleinigkeit! Oder weshalb kann die Frau nicht etwas großzügiger und elastischer sein, mal den Mann am Abend allein ausgehen lassen, ohne ihn nachher ins Verhör zu ziehen, ihn mal in Ruhe seine Zeitung lesen lassen, ihn am Sonntag mal etwas verwöhnen, ihn etwas in seinen beruflichen Sorgen unterstützen und ihm eine Anerkennung aussprechen, daß er das ganze Jahr so tapfer arbeitet? Das wäre doch weiß Gott nicht viel verlangt! Es gibt heute denn auch eine große Zahl von Ehe-Bestsellern, Streittechniken und Beratungsbüchern, die hierzu technische Ratschläge und Handlungsanweisungen erteilen. Durch Festsetzung des geeigneten Zeitpunktes für Streitgespräche, durch klare Formulierung, was man vom Partner will, durch Aushandeln unter Angabe von Wichtigkeit des Geforderten oder durch Tauschgeschäfte hofft man den Leuten strukturierte Hilfe anzubieten, wie sie in fairer Weise ihre Divergenzen überbrücken können. Meine Bedenken gegenüber derartigen Handlungsanweisungen sind, daß selbst die sauberste und fairste Streittechnik unterlaufen und mißbraucht wird, wenn die Hintergründe, die derartige Bagatellen zu Staatsaffären werden lassen, nicht geklärt und beeinflußt werden. Wie soll einer aber klar und eindeutig aussprechen, was er fühlt und vom Partner will, wenn das, was er im Grunde fühlt und vom Partner will, ihm selbst *nicht bewußt, weil verdrängt* ist?

Ginge es nur um den Sachwert eines Streites, so wäre überhaupt nicht einzusehen, weshalb zwei intelligente, im Umgang mit anderen Menschen absolut vernünftig reagierende Menschen sich miteinander wegen derartiger Bagatellen jahrelange Kriege liefern können. Wäre das Problem rational lösbar, so würden die Leute selbst das finden, was man ihnen so gemeinhin rät.

Die Bagatellen, um die gekämpft wird, haben meist einen prinzipiellen, übergreifenden Charakter. Die Weigerung des Mannes, seiner Frau einen Blumenstrauß zu bringen, rührt eventuell von der Erfahrung, daß wenn er ihr heute Blumen bringt, morgen aber nicht gleich mit Pralinés aufkreuzt, sie ihn schon wieder fragen wird: «Hast du mich jetzt schon nicht mehr lieb?» Die tieferen Gründe liegen eventuell in einer oralen Kollusion mit ihren Wurzeln in unbewältigten Kindheitserfahrungen. Oder die Frau wird ihn wegen des Blumenstraußes gleich der Beziehung zu einer heimlichen Geliebten verdächtigen, der er womöglich einen Brillantring geschenkt habe (anale Kollusion). Die Weigerung der Frau, ihn in seiner beruflichen Leistung anzuerkennen, beruht auf der tiefen Frustration über ihre eigene Position als Hausfrau und Mutter (phallische Kollusion). Es ist schwer, jemanden für das zu loben, was man als Ursache eigener Unterprivilegierung betrachtet. Die Frau hat keine Lust, den Mann am Sonntag zu verwöhnen, wenn das nur dazu dient, ihn für die Wochenarbeit wieder fit zu kriegen.

Es geht meist nicht um Banalitäten. Die Halsstarrigkeit ist die Folge ungezählter vorangegangener Frustrationen, die jegliche Verhaltensänderung als sinnlos erscheinen lassen. Es handelt sich sowohl um Frustrationen in den Erwartungen an den Ehepartner wie auch um gleichartige Frustrationen in der eigenen Kindheit.

Die Unfähigkeit, sich in diesen Bagatellstreitigkeiten flexibel zu verhalten, zeigt mit besonderer Deutlichkeit, wie unfrei die Partner in ihrem gegenseitigen Verhalten sind. Die unbewußte Paardynamik determiniert das Partnerverhalten oft fast völlig.

Scheidung und Auflösung der Kollusion

Die Kollusion ist ein gruppendynamischer Prozeß, in dem das Verhalten des einen mit einer gewissen Zwangsläufigkeit das Verhalten des anderen bestimmt und selbst von dessen Verhalten bestimmt wird. Dieser Prozeß wird durch das gemeinsame Unbewußte aktiviert, durch das beiderseits verdrängte Grundthema, das in meist polarisierten Rollen ausgetragen wird. Wie kann es da nach Bildung eines eskalierenden Zirkelschlusses ein Entrinnen oder eine Trennung geben?

In tiefgehenden Krisen und unter starkem Stress neigen Paarbeziehungen dazu, in zwei defiziente Formen zu dekompensieren:

☐ Die eine Form ist die Intensivierung der Kollusion, die durch ein
Überengagement, durch eine noch stärkere Gebundenheit der Partner gekennzeichnet ist.

☐ Die andere Form ist die Degeneration der Paarbeziehung, die Ent-
mischung des Paares durch Weigerung, in der dyadischen Dynamik
weiterhin mitzuagieren. In der Volkssprache sagt man: ‹Sie leben
sich auseinander›, ‹sie entfremden sich›, ‹sie leben aneinander vor-
bei›. Das gemeinsame Selbst löst sich auf. Die Funktionsprinzipien
der klaren Abgrenzung, der flexiblen regressiv-progressiven Position und der Gleichwertigkeit des Selbstgefühls werden nicht mehr
beachtet; das Verhalten der Partner ist nicht mehr aufeinander abgestimmt.

Oft sehen sich Verheiratete in der Ehekrise nur vor der Wahl, entweder
in Form einer Kollusion auf den Partner krankhaft bezogen zu bleiben
oder in diesem Spiel nicht mehr mitzumachen. Meist kommt es in einer
Ehekrise zunächst zur Intensivierung der Kollusion, bis dann einer
oder beide Partner aus dem Teufelskreis auszusteigen versuchen. In der
Regel gelingt das erst, nachdem das bisher geschlossene dyadische
System geöffnet und Drittpersonen in den Konflikt einbezogen worden sind. Ist der Partner aber zur Stabilisierung seines Selbstgefühls
oder zur Befriedigung grundlegender Bedürfnisse auf den anderen
angewiesen, so ist er nicht bereit, ihn aus der Kollusion zu entlassen.
Der Partner in progressiver Position wird dann alles daransetzen, den
regressiven Partner in die Regression zurückzuzwingen, vor allem
durch Erzeugung von Angst vor der Zukunft und Untergrabung jeglicher Ansätze zu Autonomie und Selbstwertgefühl. «Mach nur so weiter, probier doch mal, selbständig zu werden, du wirst schon noch
sehen, was dabei herauskommt. Du mußt nur nicht meinen, ich würde
mich dann noch um dich kümmern, wenn du auf den Knien zu mir
zurückkehren willst.» Der regressive Partner dagegen wird den anderen eher durch Erzeugung von Schuldgefühlen in der Kollusion festzuhalten versuchen: «Ich habe dir so vertraut, hab alles für dich aufgegeben, ich hab an dich geglaubt, aber ich sehe, ich habe dich über-
schätzt . . .» Bleibt der Partner innerlich fest und läßt sich nicht durch
Erzeugung von Angst-, Schuld- oder Schamgefühlen zur Fortsetzung
der Kollusion drängen, so setzt sich der krisenhafte Prozeß eventuell in
Richtung einer Scheidung fort. Eine Zeitlang wird man vielleicht dem
Frieden zuliebe scheinbar weiterhin Kollusion spielen, oder man versucht sich abzulenken und außerhalb der Ehe die nicht zugelassenen

persönlichen Möglichkeiten zu realisieren. Sofern nicht äußere Gründe dagegenstehen, kommt es meist früher oder später zur Auflösung der Beziehung. Wie echt und gesund diese Kollusionsverweigerung tatsächlich ist, wird sich später erweisen, insbesondere wenn eine neue Beziehung eingegangen wird. Nicht immer ist nämlich die Initiative zur Scheidung Ausdruck einer gesunden Verweigerung eines neurotischen Arrangements. Es kann auch der kollusionswillige Partner die Scheidung anstreben, weil der andere nicht mehr ausreichend mitspielt und er sich somit lieber mit einem neuen Kollusionspartner versuchen will.

Gelegentlich kommt es zur Scheidung ohne Scheidungsabsicht. Scheidungsdrohungen werden besonders in der analen Kollusion oft als bloße Waffe eingesetzt. In der Neigung, auf jede Provokation mit eskalierender Gegenaktion zu antworten, können sich die Partner in eine zwangsläufige Entwicklung hineinsteigern, die sie zur Scheidung zwingt, weil keines ohne Gesichtsverlust nachgeben kann. Es kommt dann zu einem endlosen Scheidungsprozeß, in dem sich die Partner aus Trennungsschmerz das Leben zur Hölle machen und sich in tödlichem Haß zu zerstören suchen. Auch nach der Scheidung können es solche Partner nicht unterlassen, einander weiterhin zu quälen.

7. Partnerwahl und Einspielen der Kollusion

Dieses Kapitel befaßt sich mit einigen Ergänzungen zum besseren Verständnis des Kollusionskonzeptes, Ergänzungen zum Teil mehr theoretischer Art, die vielleicht eher Fachleute interessieren. Ich will mich mit dem Problem der Partnerwahl auseinandersetzen, weil das neurotische Zusammenspiel der Partner ja bereits mit der ersten Begegnung beginnt. Es stellt sich die Frage: Greifen die Abwehrstrukturen der Partner von Anfang an ineinander wie Schlüssel und Schloß, oder ergibt sich die Kollusion erst aus einem beiderseitigen Anpassungsprozeß?

Ferner soll der Begriff der Kollusion noch klarer umschrieben werden, insbesondere in der Abgrenzung zu Ehekonflikten, die keinen kollusiven Charakter haben, und in Abgrenzung zu Ehestörungen, die einseitig der neurotischen Beziehungsform nur des einen Partners zuzuschreiben sind.

Anschließend möchte ich auf die im Interesse der Lesbarkeit bis jetzt wenig erwähnte Literatur verweisen, in der sich ähnliche Ansätze finden, wie ich sie hier darzustellen versuche.

Schließlich wird noch gezeigt, daß sich das Kollusionskonzept nicht auf Ehekonflikte beschränkt, sondern auf Gruppenprozesse jeglicher Art erweitern läßt.

Die Kollusion der Partnerwahl: Schlüssel-Schloß-Phänomen oder Anpassungsprozeß?

Wenden wir uns zuerst der Frage zu, ob sich bei der Partnerwahl eher gleichartige oder gegensätzliche Persönlichkeitsstrukturen anziehen. Es gibt zwei sich scheinbar widersprechende Regeln: «Gleich und gleich gesellt sich gern» (Homogamie) und «Gegensätze ziehen sich an» (Heterogamie). In diesem Sinne gibt es eine reichhaltige Literatur über die Partnerwahl. Das Problem ist sehr komplex, und die Ergebnisse sind widersprüchlich. Relativ einfach und gesichert ist der statistische Nachweis der Gleichartigkeit der Partner bezüglich Klasse, Rasse,

Religion, Weltanschauung, Werthaltungen, Einstellungen, Gewohnheiten und Interessen. Das muß allerdings nicht auf der höheren «Anziehung» zwischen Ähnlichen beruhen, sondern kann darin begründet sein, daß die Chance, einen Partner kennenzulernen, in der gleichen sozialen und beruflichen Schicht am größten ist. Wesentlich schwieriger gestaltet sich das Problem der Partnerwahl in bezug auf Persönlichkeitsmerkmale. Hier sind denn auch die Ergebnisse verschiedener Untersuchungen widersprüchlich. Rein methodisch ist das Problem der Gleichheit oder Verschiedenheit schwer prüfbar bezüglich emotionaler Faktoren wie Ängsten, Trieben, Bedürfnissen, Abwehrmechanismen usw. WINCH nimmt eine Komplementarität von Bedürfnissen an. Andere wiederum heben die Ähnlichkeit der Persönlichkeitsstruktur der Partner hervor. Untersuchungen verschiedener Autoren wie KREITMAN und Mitarbeiter, PENROSE und NIELSEN u. a. ergeben bei Ehepartnern häufiger gleichartige psychische Störungen (das heißt gleichartige psychiatrische Diagnosen) als der Wahrscheinlichkeit entspricht.

Daß die Forschungsergebnisse bezüglich Homogamie oder Heterogamie so widersprüchlich sind, dürfte meiner Meinung nach an der unklaren und teilweise falschen Fragestellung liegen:

1. Untersuchungen über Gleichheit oder Gegensätzlichkeit von Persönlichkeiten gehen von der Voraussetzung aus, daß sich zwei Individuen vollumfänglich in die Ehebeziehung eingeben und deshalb alle Persönlichkeitszüge auf Gleichheit oder Verschiedenheit untersucht werden müßten. Ich glaube aber, daß für Partnerwahl und Paarkonflikt nur ein Ausschnitt von Persönlichkeitsmerkmalen relevant ist und daß die Frage deshalb nur bezüglich dieser für die Beziehung relevanten Eigenschaften, Wünsche und Ängste geprüft werden sollte.

2. Gleichheits- und Gegensätzlichkeitshypothese müssen sich nicht ausschließen, weil es sich ja um polare Gegensätze bezüglich des Gleichen handeln kann. Die beiden Sprichworte lassen sich zu einem legieren: «Gegensätzlichkeiten vom Gleichen ziehen sich an.» Das in Betracht gezogene Kollusionsthema beschäftigt jeden der beiden Partner in seiner progressiven und regressiven Form, aber im partnerbezogenen Verhalten zeigt oft der eine Partner nur die progressive und der andere nur die regressive Seite der gleichen Thematik. Hilfsbereitschaft kann aus Hilfsbedürftigkeit herrühren, Unterwürfigkeit einer geheimen Machtausübung entsprechen oder auf die Spitze getriebene Weiblichkeit den Mann depotenzieren. Je

nach Untersuchungsmethode können sich somit Gegensätze oder Gleichheiten im Verhältnis der Partner zueinander zeigen.

Ergibt sich die kollusive Ergänzung der Partner aus ihrer vorbestehenden Persönlichkeitsstruktur oder erst aus einem beidseitigen Anpassungsprozeß? Unter den Forschern, die die Gleichheitshypothese vertreten, gibt es eine vieljährige Auseinandersetzung um die Frage, ob die Partner von vornehein in psychologischer Hinsicht gleich sind (*assortative mating*, SLATER & WOODSIDE) oder ob sie sich erst im Laufe der Ehe angleichen (*interaction theory* von KREITMAN und Mitarbeiter). KREITMAN fand in vielerlei Hinsicht, insbesondere bezüglich Psychopathologie, eine höhere Konvergenz mit zunehmender Dauer der Ehe. Die Arbeiten von KREITMAN sind wertvoll, um statistisch zu belegen, wie stark in Ehen psychisch Gestörter der Angleichungsvorgang der Partner ist. Ich bin dem gleichen Problem bisher in unsystematischer Art mit dem Gemeinsamen Rorschach-Versuch nachgegangen. Dabei hat sich ergeben, daß die Probanden im gemeinsamen Versuch die Rorschach-Kleckse in erheblichem Maße anders deuten als im vorangegangenen Einzelversuch. Der gemeinsame Versuch ergibt somit auch ein anderes Persönlichkeitsbild. Zum Beispiel konnte ich in Familien Schizophrener oft beobachten, daß klinisch gesunde Angehörige im gemeinsamen Versuch stark schizophrenieverdächtige Deutungen äußerten, die sie im individuellen Versuch nicht erwähnt hatten. Diese Befunde führten mich dazu, von einer *Interaktionspersönlichkeit* zu sprechen, nämlich von der auf einen konkreten Partner bezogenen «Persönlichkeit», die sich oft von der auf sich selbst gestellten Persönlichkeit (im individuellen Rorschach-Test) deutlich unterscheidet. Die Interaktionspersönlichkeiten der Partner stehen zueinander in Interdependenz.

Übersetzt auf die alltägliche Erfahrung bedeutet das: Jeder erlebt und verhält sich als Persönlichkeit anders, je nachdem mit welchem Partner er in Interaktion steht. So fühlt er sich zum Beispiel einem Partner A gegenüber überlegen und groß, einem Partner B gegenüber aber klein und minderwertig, mit Partner C wird er zum Wortführer und Geschichtenerzähler, mit Partner D dagegen fühlt er sich befangen und gehemmt, Partner E weckt in ihm das Bedürfnis zu helfen und zu trösten, bei Partner F fühlt er sich geborgen, vom Partner G erhält er Führungsfunktionen übertragen, Partner H unterzieht er sich willig, mit Partner I verhält er sich neurotisch, mit Partner K dagegen durchaus gesund.

Diese verschiedenartigen «Persönlichkeiten» stehen in Korrelation mit korrespondierenden Anpassungsvorgängen beim Partner.

Die Interaktionspersönlichkeit ist nicht notwendigerweise ein «falsches Selbst» (LAING) oder eine «Persona» (C. G. JUNG), sondern sie resultiert aus einer partner- und situationsgebundenen Umstrukturierung, in der bisher Latentes manifest und zuvor Manifestes in den Hintergrund tritt.

In der sozialpsychologischen Forschung (zitiert nach ARGYLE) wurde mit anderen Experimenten nachgewiesen, daß das Verhalten je nach Beziehungsperson beträchtlich variiert. Jeder Mensch hat verschiedene Verhaltensstile oder Unterpersönlichkeiten. Zwei Menschen können auf mehr als eine Weise Beziehungen zueinander aufnehmen. Das Problem, kompatible, passende Interaktionsstile zu finden, hat durch die verfügbaren Unterpersönlichkeiten mehrere Lösungen. Aber auch für die Dyade gibt es je nach Situation mehrere verschiedene Gleichgewichtszustände. Dyaden können in manchen Situationen kompatibler sein als in anderen. Die Untersuchungen von HEIDER und von NEWCOMB (zit. WIENOLD) ergeben, daß zwei Personen dazu neigen, sich in ihrem Verhalten und in ihrer Orientierung und Einstellung einander anzugleichen, was ihnen ein positives Freundschaftsgefühl gibt. Abweichungen in Einstellungen und Wahrnehmungen setzen die Dyade unter Stress. Nach WIENOLD wird sich ein Individuum zu einem anderen Individuum um so mehr hingezogen fühlen, je mehr es in seiner Selbsteinschätzung durch das andere bestärkt und erhöht wird.

Vergegenwärtigen wir uns, was abläuft, wenn wir in eine neue Umgebung eintreten und dort ein neues Beziehungsnetz aufbauen. Es setzt ein intensiver Anpassungsvorgang ein, in dem wir die neue Umgebung abtasten, welche Definition unseres Selbst sie zuläßt und welche sie ausschließt, und in dem die Umgebung darauf achtet, welche Definitionen ihres Selbst wir ihr erteilen. LAING (1973) sagt: «Jede Beziehung bedeutet eine Definition des Selbst durch den Anderen und des Anderen durch das Selbst» (S. 88). So kann es zum Beispiel sein, daß man in einem Haus zu Gast ist, wo die Frau einen unter die Fittiche nimmt und einem keine andere Verhaltensweise zugesteht als diejenige eines passiven unselbständigen Kindes. Vielleicht wird man es genießen, sich einmal so verwöhnen und umsorgen zu lassen, auch wenn man diese Haltung sonst im Leben nicht einnimmt. Wehrt man diese Beziehungsform aber ab, so wird man sich nur für eine begrenzte Zeit und in begrenztem Maße diese Rolle auferlegen lassen.

Am wohlsten wird man sich in einer Umgebung fühlen, wo man sich so gesehen und akzeptiert fühlt, wie man sich selbst sieht oder gerne sehen möchte.

Bei der Partnerwahl laufen nun dieselben Vorgänge auf Gegenseitigkeit ab. Wenn sich zwei Partner erstmals treffen, so setzt ein intensiver Prozeß gegenseitiger Selbstdefinitionen ein. Meist spürt man schon auf den ersten Blick, ob eine nähere Begegnung überhaupt in Frage käme. Man kann diesen Vorgang gemäß WATZLAWICK, BEAVIN und JACKSON als einen Austausch von Ich-Du-Definitionen betrachten.

Dieses gegenseitige Abtasten auf Ansprechbarkeit findet in großer Dichte statt, während man scheinbar über irgendwelche Belanglosigkeiten wie Wetter, Ferienerlebnisse oder Äußerlichkeiten spricht. Der Inhalt des Gespräches mutet als Vorwand an, um eine Fülle von paraverbalen und nicht-verbalen Ich-Du-Definitionen auszutauschen.

So etwa in folgenden (konstruierten) Partygesprächen:

A: Welch ein Wetter!

B: Tatsächlich, da müßte es herrlich sein in den Bergen.

A: O ja, die Berge, phantastisch! Sind Sie Bergsteiger?

B: Ich bin passionierter Kletterer.

A: Kletterer – puh, da wird mir ganz angst. Ja sind Sie schwindelfrei?

B: Ach, das ist leicht zu überwinden, das hat man nur am Anfang.

A: Das finde ich großartig, Klettern ist ganz prima. Wenn ich ein Mann wäre, würde ich es auch tun.

B: Wissen Sie, mit einiger Übung ist das ganz ungefährlich.

A: Das muß faszinierend sein. Ehrlich gestanden – schon seit vielen Jahren hätte ich Lust zu einer Hochgebirgstour, aber eben, man müßte dazu einen Führer haben, dem man sich ganz anvertrauen kann. Glauben Sie, daß auch Frauen ihre Angst dabei verlieren?

Es findet also bereits in diesem kurzen Gespräch eine Rollenpolarisierung zwischen «männlichem» Führer und haltsuchender Gefolgin statt.

Anders verhält es sich in folgendem Gespräch:

A: Welch ein Wetter!

B: Tatsächlich, da müßte es herrlich sein in den Bergen.

A: Sind Sie Bergsteiger? Ich gehe lieber reiten. Für mich gibt es nichts Schöneres als so allein auf dem Pferd durch die Landschaft zu preschen . . .

Hier ist die Frau eine Amazone und zeigt keinerlei Bedürfnis nach männlicher Führung. Im Gegensatz zum ersten Gespräch, wo unter dem Vorwand der Bergsteigerei bereits tiefere persönliche Bedürfnisse angesprochen werden, bringt dieser Gesprächsansatz keine persönliche Annäherung.

Die kollusive Partnerwahl darf nicht als Schlüssel-Schloß-Phänomen gesehen werden, bei dem zwei Persönlichkeiten von vornherein fugenlos ineinanderpassen. Vielmehr vollzieht sich die Paarbildung als Anpassungsprozeß, der bei beiden Partnern zu einer Umschichtung von latenten und manifesten Persönlichkeitsmerkmalen führen kann. Besonders wichtig für diesen Anpassungsvorgang dürfte sein, ob man sich vom Partner in einer Selbstdefinition akzeptiert und bestärkt fühlt, die den eigenen Idealen nahe kommt, und ob man dem Partner Bestätigungen in einer Selbstdefinition geben kann, durch die er sich verstanden und aufgewertet fühlt. Die Gefahr, daß sich ein neurotisches Arrangement im Sinne einer Kollusion bildet, ist deshalb so groß, weil neurotische Beziehungsstörungen mit Leiden verbunden sind und die hoffnungsvolle Erwartung besteht, wenigstens in der Beziehung zu *einem* Menschen voll akzeptiert, idealisiert und von bisherigen Beziehungsängsten erlöst zu werden. Diese Erwartungen gehören zu den stärksten Motivationen zur Bildung und Ausgestaltung einer Paarbeziehung.

Die Partnerwahl ist ein dyadischer Anpassungsprozeß, bei dem ein Teil der Bedürfnisse, Ängste und Idealvorstellungen eine überhöhte Bedeutung gewinnt, während andere Persönlichkeitsbereiche die Partnerwahl wenig berühren. Die Anpassung und gegenseitige Faszination kann aber nur so weit gehen, wie sie sich auf latent vorhandene persönliche Möglichkeiten stützt. Ein mehr oder weniger großer Anteil des persönlichen Beziehungspotentials wird in eine konkrete Ehebeziehung nicht eingehen und bleibt auf das Phantasieleben oder auf andere Beziehungen verwiesen, auf den Berufsbereich, den Freundeskreis, die weitere Familie, das Wirtshaus, den Klub usw. Die Gleichartigkeit der soziologischen Merkmale, wie sie sich in statistischen Paaruntersuchungen ergibt, mag zwar einen stabilisierenden Einfluß auf das Paar ausüben. Sie läßt aber die Herzen der Partner nicht «höher schlagen» und reicht kaum als Motivation zur «Liebesehe» aus. Diese Merkmale sind jedoch als konfliktfreie Bereiche wichtig. Die Kollusion bezieht sich auf den Bereich der Partnerwahl, der die stärkste emotionale Anziehung zwischen den Partnern bewirken kann und in der Verliebtheit eine zentrale Wirkung ausübt.

Ist jeder Ehekonflikt eine Kollusion?

> Unter Kollusion verstehe ich das Zusammenspiel in einem neurotischen Paarkonflikt. Neurotisch meint, daß die Partner auf Grund innerer Fixierungen an unbewußte Konfliktsituationen der Kindheit nicht in der Lage sind, Differenzen zielgerichtet und sachbezogen miteinander zu bewältigen. Bei weitem nicht jeder Ehekonflikt ist in diesem Sinne eine Kollusion.

Nehmen wir ein Beispiel: Ein Paar plant die nächste Ferienreise. Die Frau wünscht am Meer zu faulenzen, der Mann möchte ins Gebirge. Dem Mann ist es am Meer zu langweilig und heiß, der Frau in den Bergen zu anstrengend und düster. Es kann sich zwischen den Partnern eine heftige Auseinandersetzung entspinnen. Jeder kann seinen Wunsch mit guten Argumenten vertreten. Soweit handelt es sich um eine ganz normale Meinungsverschiedenheit. Irrational wird dieser Streit nun aber, wenn uneingestandene, tiefere Motive die Hartnäckigkeit in der Durchsetzung des eigenen Wunsches bestimmen. So kann sich zum Beispiel ein Machtkampf entspinnen, bei dem es gar nicht mehr um die Sache des Ferienplanes geht, sondern nur um die Selbstbehauptung aus der irrationalen Angst, wenn man jetzt nachgebe, habe man für immer verloren. Die Angst kann so übergroß sein, weil beide schon als Kinder die Erfahrung gemacht haben, daß das Aushandeln von Meinungsverschiedenheiten nur nach dem Herrscher-Untertanen-Prinzip möglich sei. Oder es kann sein, daß die Frau denkt: ‹Er will nur nicht ans Meer, weil er sich im Grunde keine Zeit für mich nehmen will. In den Bergen geht er allein auf Klettertouren und läßt mich sitzen. Im Grunde möchte er mich wohl überhaupt nicht dabei haben.› Die Diskussion um den Ferienort wird zum Testfall, ob der Partner einen noch wirklich liebt, ob er einen verwöhnen will oder einer engen Zweisamkeit entfliehen möchte. Für den Mann bedeutet aber das Klettern eventuell ein Versuch, seine Muttergebundenheit zu bewältigen, wie das in der psychoanalytischen Literatur beschrieben wird. Am Meer fürchtete er dagegen auf infantile Passivität zu regredieren. Der Streit um den Ferienplan mobilisiert also tiefere Konfliktbereitschaften in beiden Partnern und erreicht somit eine

Intensität, die in keinem angemessenen Verhältnis zur Sache mehr steht.

Bei manchen Ehekonflikten geht es zwar um tiefere persönliche Probleme zwischen den Partnern, die deswegen aber noch nicht neurotisch sein müssen. Hier wären vor allem die phasentypischen Konflikte zu nennen (siehe Kapitel 3). Mit zunehmender Freiheit wird es für ein Paar auch schwieriger, in all den an sie herantretenden Lebensfragen die für sie richtige Entscheidung zu treffen. Zunehmende Freiheit erfordert vermehrte Kompetenz und Eigenverantwortung, stellt also an die Reife eines Paares hohe Anforderungen. Sie bringt Unsicherheit, Meinungsdifferenzen und ein mühseliges – aber wertvolles – Suchen nach Lösungen mit sich. Es kommt zu Konflikten in der Auseinandersetzung über die Art des Zusammenlebens, ob als Ehe oder als nicht legalisierte Gemeinschaft, ob mit Kindern oder ohne, ob in Wohngemeinschaft oder im Eigenheim, ob in steter Zweisamkeit oder relativ lockerer Bindung, ob in symmetrischer oder komplementärer Arbeits- und Funktionsteilung, ob unter Zulassung außerehelicher Beziehungen oder in absoluter Treue usw. Die Krise der Lebensmitte und das Alter bringen weitere Belastungen für die Ehe. Es gibt für diese Krisen nicht einfach Lösungen, sondern es geht darum, sich in einen Reifungsprozeß einzulassen und oft langwierig nach einer Krisenbewältigung zu suchen.

Jeder Mensch nimmt unbewältigte Konflikterfahrungen aus der Kindheit in sein späteres Leben mit. Diese werden in ähnlich gelagerten Beziehungskonflikten, in Stress-Situationen des Zusammenlebens und in Reifungskrisen des Erwachsenen aktualisiert und bestimmen die «Lösungen». Scharf lassen sich nichtneurotische Paarkonflikte nicht gegen neurotische Kollusionen abgrenzen. Wenn aber die Bewältigung von Ehekrisen durch irrationale Ängste und Abwehrmaßnahmen in einem erheblichen Ausmaß behindert ist, liegt eine neurotische Kollusion vor.

Das Vorliegen einer Kollusion, also eines neurotischen Zusammenspiels, kann vermutet werden, wenn in einem Paarkonflikt beide Partner sich in inadäquater* Weise in ein stereotypes Streitritual verwickeln, das einen hohen Anteil ihrer psychischen Energie absorbiert und über lange Dauer keinem der Partner eine Lösung des Konfliktes oder ein Entrinnen aus der Verstrickung erlaubt. So kann der Ehestreit für Partner zum Lebensinhalt über Jahrzehnte werden. Sie bekriegen sich aufs Messer und machen sich das Leben zur Hölle. Unter dem Dauerstress kommt es zu psychosomatischen Krankheiten, die sogar tödlich verlaufen können. Für den Außenstehenden ist es unbegreiflich, wie sich ein Paar wegen kindischer Bagatellen so erregen kann und weshalb die Partner aus ihrem Zerwürfnis und der beiderseitigen Qual nicht die Konsequenzen ziehen und auseinandergehen. Die Partner verhalten sich oft wie *Wahnkranke*, sind keiner vernünftigen Diskussion zugänglich und sind unfähig, ihre Beziehung zum Partner in den richtigen Dimensionen zu sehen. Sie halten unbeirrbar an ihrer Fehlhaltung dem Partner gegenüber fest und wiederholen stereotyp die gleichen Anschuldigungen und Forderungen, obwohl sie sich doch eigentlich von deren Nutzlosigkeit längst hätten überzeugen können. Für alles aber, was ihre Beziehung nicht betrifft, sind sie offen, zugänglich, in ihren Affekten einfühlbar und in ihrem Verhalten angepaßt. In der Therapie spielen sie zwar oft Scheidungsdrohungen aus. Sie brechen die Therapie aber meist in dem Moment ab, wo diese für die Beziehung Konsequenzen haben könnte.

Zur Kollusion gehört wesentlich ein irrationales Überengagement beider Partner aus tieferen persönlichen Schwierigkeiten. Dieses irrationale Überengagement als Fehlhaltung kann allerdings gelegentlich schwer erkennbar sein, weil die abnorme Haltung eventuell von der Gesellschaft als besonders wertvoll idealisiert wird. So sehen wir insbesondere Individuen, die sich ihren Ehepartnern gegenüber wie Heilige oder Märtyrer ausnehmen, sich die gröbsten Beschimpfungen und Erniedrigungen mit Gleichmut gefallen lassen, sich in totalem Altruismus bis zur Erschöpfung für ihren Partner opfern und ein Vorbild völliger Bedürfnislosigkeit und Nächstenliebe zu sein scheinen. Solche Extremhaltungen lassen sich meist an den Reaktionen des Partners beurteilen. Nimmt dieser die Komplementärhaltung ein, gebärdet er sich als Teufel, Wüstling, Versager oder Egoist, so liegt die Vermutung nahe, daß Leidensbereitschaft, Toleranz und Helfertum in kollusiver Entsprechung zur polaren Gegenposition aufgebaut wurden und die Partner sich gegenseitig in dieser Fehlhaltung fixieren. «Wo viel Licht ist, ist auch viel Schatten» gilt dann sowohl interindividuell wie intraindividuell.

Es kann nun aber auch sein, daß die Partner sich in ihrer Abwehrhaltung so eingerichtet haben, daß sich ihre gemeinsame Abwehr gerade in der Reaktionslosigkeit zeigt, mit der sie gewisse Einschränkungen und Fehlhaltungen hinnehmen. So akzeptiert ein Paar gleichmütig über Jahre totale sexuelle Abstinenz, oder ein Paar zeigt einen völlig unbegründeten Besserungsoptimismus, eine vorschnelle Versöhnungsbereitschaft oder rasche Verhaltensänderung in der Therapie, alles Manöver, um sich den Anforderungen der Therapie möglichst rasch zu entziehen.

Oft legen Paare überzeugend dar, sie hätten über viele Jahre eine glückliche Ehe geführt, «bis dann . . .» ein scheinbar äußerliches Ereignis eintrat: die Geburt eines Kindes, ein Stellenwechsel, eine berufliche Beförderung des Mannes, eine neue Mitarbeiterin, ein Wohnungswechsel, der Wegzug eines Kindes, der Tod eines Elternteils usw. Dieses Ereignis erweist sich als geeignet, eine Thematik zu aktivieren, die latent schon zuvor einen Konfliktherd gebildet hatte, also zum Beispiel die Thematik «Liebe als Einssein», «Liebe als Einander-Umsorgen», «Liebe als Einander-ganz-Gehören» oder «Liebe als männliche Bestätigung». Das äußere Ereignis überfordert die bisher kompensiert gehaltene Abwehrstruktur des Paares und drängt es zur kollusiven Eskalation. In der Therapie müssen wir einerseits die alltäglichen Bagatellen, um die der Streit sich dreht, auf die tieferen persönlichen Motivationen hinterfragen, andererseits müssen wir die tieferen persönlichen Beziehungsschwierigkeiten in einen Bezug zur Realsituation bringen, in denen sie manifest werden.

Nicht jeder Ehekonflikt ist eine Kollusion, aber jeder Ehekonflikt kann in den destruktiven und irrationalen Lösungsversuch entarten, den ich als Kollusion bezeichne.

Unter Kollusion verstehe ich ein neurotisches Zusammenspiel und nicht jegliche Form von Zusammenspiel zweier Partner. Die Funktionsteilung innerhalb eines Paares, das Ergänzungsverhältnis und die Integration der Verhaltensweisen zu einem übergeordneten Ganzen sind ein normaler gruppendynamischer Vorgang und sind für die Partner eine Bereicherung und ein Gewinn. *Neurotisch wird dieses Zusammenspiel erst durch den Abwehrcharakter. Das Übernehmen oder Abtreten gewisser Funktionen resultiert nicht aus einem freien Spiel zwischen den Partnern, sondern wird durch irrationale Motive erzwungen, deren Wurzeln in unbewältigten frühkindlichen Traumatisationen und Konflikten liegen.*

Bei der Therapie einer Kollusion gehe ich von der Arbeitshypothese aus, daß der neurotische Beitrag und damit die «Schuld» am Ehezerwürfnis sich hälftig auf beide Partner verteilen. Gibt es nun auch *Ehekonflikte, die einseitig der neurotischen Beziehungsstörung nur des einen Partners zuzuschreiben sind?* Wenn der eine versucht, den Partner in ein neurotisches Zusammenspiel hineinzuziehen oder zu komplementärneurotischen Reaktionen zu provozieren, steht es dem Partner an sich frei, die Kollusion zu verweigern.

So berichtet ein seit zehn Jahren verheirateter Analysand im Laufe der Behandlung über sadistische Phantasien seiner Frau gegenüber, die in ihm besonders während des Sexualverkehrs hochkommen und für seine sexuelle Erregung Voraussetzung sind. Er phantasiert jeweils, wie er die Frau zerschnetzle, ihr den Bauch aufschlitze, die Därme und Genitalien herausreiße usw. Er ist durch diese Phantasien tief beunruhigt, vor allem aus Angst, er könnte diese Phantasien in die Tat umsetzen. Unter großen Ängsten und nach langen inneren Kämpfen teilt er der Frau diese Phantasien mit. Sie hatte keine Ahnung davon. Zu seinem Erstaunen – und zu seiner Enttäuschung – nimmt die Frau sein Geständnis einfach hin, ohne ersichtliche emotionale Reaktion und ohne ihr Verhalten beim Sexualverkehr deswegen beeinflussen zu lassen. Es stellt sich also keine Kollusion her. Die sadistischen Phantasien bleiben klar das Problem des Mannes in der Beziehung zu seiner Frau und werden nicht zum gemeinsamen Problem. Die Frau verweigert dem Mann den kollusiven Brückenschlag. Sie lehnt es ab, in der ihr angebotenen Kollusion mitzuspielen.

Der Partner kann grundsätzlich in einer angebotenen Kollusion mitagieren oder nicht. LAING (1973) schreibt dazu: «Wenn man Kollusion verweigert, fühlt man sich schuldig, weil man nicht die Verkörperung des vom Andern für seine Identität benötigten Komplements ist oder wird. Gibt man aber tatsächlich nach, läßt man sich tatsächlich dazu verleiten, wird man seinem eigenen Selbst entfremdet und macht sich deshalb des Selbst-Verrats schuldig» (S. 117). LAING betont also vor allem den Aspekt, daß man sich vom Partner ein falsches Selbst aufdrängen oder in einem falschen Selbst bestätigen läßt. Ich glaube demgegenüber, daß der Partner im allgemeinen nicht zur Vermeidung von Schuldgefühlen eine Kollusion eingeht, sondern daß er von sich aus die Disposition in sich trägt, dieses vom Partner erwartete Selbst zu verkörpern, das dem eigenen Ideal entspricht. Zur Kollusion kommt es erst bei einer beiderseitigen neurotischen Reaktionsbereitschaft. Fehlt diese, so kann der Partner zwar eventuell stark unter der neurotischen Beziehungsstörung des ersteren leiden, ohne daß in ihm dadurch ein eigener Konflikt, ein Zwiespalt mit irrationalen Ängsten und starren Abwehrmaßnahmen entsteht. Er wird sich weder in der Beziehungsstörung des Partners überengagieren noch sich dieser gegenüber vermauern. In der therapeutischen Praxis bewährt es sich, zunächst grundsätzlich eine Kollusion, also ein neurotisches Zusammenspiel, anzunehmen, es sei denn, der eine Partner habe selbst das Gefühl, die Ehestörung werde einseitig durch *seine eigenen Probleme* verursacht.

Wird er aber von seinem Partner zur Therapie angemeldet, muß bis zum Erweis des Gegenteils eine Kollusion angenommen werden.

Weil die *Kollusion* sich meist erst aus einem Anpassungsprozeß ergibt, ist sie *nicht ein schicksalhafter Prozeß. Ein Individuum mit einer neurotischen Beziehungsstörung sucht sich nicht zwangsläufig einen Partner, mit dem es die entsprechende Kollusion aufbauen muß.* Ich möchte auch die von Psychotherapeuten oft geäußerte Annahme relativieren, daß ein neurotisches Individuum in einer zweiten oder dritten Ehe genau dasselbe neurotische Debakel inszenieren wird wie in der ersten gescheiterten Ehe. Sicher sind solche Fälle nicht selten. Es kommt aber auch vor, daß die Zweitehe wesentlich anders strukturiert ist. Dasselbe Individuum kann sich mit dem einen Partner in eine neurotische Beziehung verstricken, während es mit einem anderen eine recht gesunde Beziehung aufbauen kann. *Eine Kollusion ergibt sich, wenn gleichartige neurotische Beziehungsbereitschaften bei beiden Partnern in Resonanzschwingung geraten.* Jeder Mensch hat verschiedene schwache Stellen, die ihn für ein neurotisches Arrangement ansprechbar machen. Jeder Mensch hat aber auch Möglichkeiten, Fehltendenzen zu erkennen und zu korrigieren. Dem Psychotherapeuten ist das aus seinen «Gegenübertragungen» bekannt.

Literatur zur Kollusion und kollusive Gruppenprozesse

Der Begriff ‹Kollusion›* findet sich in der Literatur von Partnerbeziehungen verschiedentlich. Wie LAING in «Das Selbst und die Anderen» (dt. 1973) schreibt, meint der Begriff Kollusion ein heimliches Einverständnis. Lusion komme von *ludere*, das neben spielen auch die Bedeutung von täuschen hat. Kollusion ist ein «Spiel», das von zwei oder mehr Leuten gespielt wird, die sich dabei gegenseitig täuschen. Ein wesentlicher Grundzug des Spiels ist, nicht zuzugeben, daß es ein Spiel ist. Kollusion wird – nach LAING – immer dann endgültig erreicht, wenn man im anderen jenen anderen findet, der einen in dem falschen Selbst «bestätigt», das man zu realisieren sucht. Jeder hat einen anderen gefunden, der ihm seine eigene falsche Vorstellung von sich selbst bekräftigt und diesem Eindruck den Schein von Realität verleiht.

Wesentliche Anregungen zur Entwicklung meines Konzeptes habe ich von Henry DICKS erhalten. Er entwickelte sein Konzept in der Terminologie FAIRBAIRNS und Melanie KLEINS. In seinem Buch findet sich das Beste, was meines Wissens von analytischer Seite zur Psychodynamik von Ehekrisen gesagt wurde. Das wesentliche Motiv zur

Partnerwahl sieht DICKS in der Wiederentdeckung der unterdrückten und verlorenen Aspekte (libidinöse Anteile) des Selbst im Partner (unter der Macht des libidinösen Ichs). Die wesentliche Ursache des Ehekonfliktes liege in der projektiven Verfolgung der verdrängten und unterdrückten Teile des Selbst im Partner (unter der Macht des antilibidinösen Ichs). Damit werde die Ambivalenz verständlich, daß ausgerechnet das, was ursprünglich Anziehung bewirke, nachträglich zur Ursache der Ehekrise werde. Das Zusammengehörigkeitsgefühl der Partner entstehe dadurch, daß auf einer tieferen Stufe der andere so wahrgenommen werde, als ob er ein Teil von einem selbst wäre. Das Paar bilde eine Art gemeinsame Ich-Grenze. In dieser Einheit könne jeder durch projektive Identifikation im Zusammensein mit dem Partner verlorene, abgespaltene und unterdrückte Aspekte seiner primären Objektbeziehungen wiederentdecken. Im Streit behandeln die Partner einander so, als ob der andere das frühere Objekt wäre. Das eigentliche Wesen der Kollusion zeige sich in «Hund und Katz»-Ehen, wenn das «schlechte Objekt» zwischen den Partnern hin und her pendle, das heißt jeder aus dem anderen das schlechte Objekt machen wolle.

Die Ausführungen H. DICKS' machen deutlich, wie verdrängte, mit einem schlechten Objektanteil verbundene Ich-Anteile die Verbindung mit entsprechenden Anteilen des Partners suchen. Was von ihm und von anderen analytischen Ehetherapeuten noch wenig bearbeitet wurde, ist die Frage: Wie kommt es, daß der Partner bereit ist, sich mit diesen guten oder schlechten verdrängten Objektanteilen zu identifizieren? Welche eigenen Motive sind wirksam, wenn er in der ihm angebotenen Kollusion mitspielt, und mit welchem Verhalten veranlaßt er den ersteren, ihn zu dieser Kollusion zu provozieren?

Die Beobachtungen aus der Ehetherapie, die zu meinem Konzept der Kollusion führten, finden in der Literatur über Analytische Gruppentherapie viele Analogien. Dies hat mich erstaunt, da sich die Partner einer therapeutischen Gruppe in der Regel ja nicht selbst auswählen können, sondern vom Therapeuten zusammengeführt werden. Wenn sich in einer analytischen Gruppe ein gemeinsames Unbewußtes bildet, so stimmt das mit meinen Ausführungen überein, daß nicht allein die vorbestehende Persönlichkeitsstruktur für die Kollusionsbildung maßgeblich ist, sondern daß ein gruppendynamischer Prozeß einsetzt, in dem jene persönlichen Möglichkeiten der Teilnehmer besonders hervortreten werden, die auf entsprechende Resonanz bei der Gruppe stoßen. Andere Persönlichkeitszüge werden aber von der Gruppe nicht beantwortet oder gar unterdrückt, so daß diese nicht ins Gruppengeschehen eingehen können. BION beobachtete, daß die Individuen einem Homogenisierungsprozeß unterliegen, der ihre unbewußte Erlebniswelt in einer unbewußten gemeinsamen Phantasie der Gruppe gleichschaltet. Es bildet sich im Laufe der Behandlung ein unbewußter Gruppenprozeß heraus. Die Gruppenstruktur ergibt sich aus der Integration der verschiedenen Strukturen der einzelnen Gruppenmitglieder. Gesprächsinhalte und Verhaltensweisen der Gruppenteilnehmer werden von einer gemeinsamen unbewußten Phantasie gelenkt. Die Gruppe spricht sozusagen durch ihre Teilnehmer. Der einzelne nimmt Gefühle und Regungen der Gruppe in sich auf und verstärkt damit die eigenen entsprechenden Gefühle. Jede Aktion, die ein Teilnehmer übernimmt, erfüllt er gleichsam in Funktion der Gruppe. Jede Person in der Gruppe versucht andere in eine Rolle zu drängen, die den eigenen dominanten unbewußten Phantasien entspricht. Die dem anderen zugewiesene Rolle wird von diesem dann akzeptiert, wenn sie mit seiner gerade dominanten eigenen unbewußten Phantasie übereinstimmt. Es bildet sich dann eine Art Hauptnenner für diese Rollen und eine gemeinsame Gruppenkultur.

Derartige Beobachtungen werden in etwas abgewandelten Formulierungen von BION, EZRIEL, STOCK-WHITAKER und LIEBERMAN, ARGELANDER, HEIGL-EVERS, GRINBERG–LANGER–RODRIGUE und anderen Autoren beschrieben. Auf die Wirksamkeit von miteinander geteilten Gefühlen und Phantasien in Ehekonflikten haben Henry DICKS, K. BANNISTER & L. PINCUS und June MAINPRICE hingewiesen.

Wie in den vorangegangenen Kapiteln erwähnt, akzentuiert sich die gemeinsame Grundstörung der Partner als Paarkonflikt durch eine gemeinsame Regression. Diese Regression läßt Fixationen auf unbewältigte frühkindliche Entwicklungskonflikte wirksam werden. Henry DICKS sieht die Ehe als ein Feld, in dem sich unbewältigte frühere Objektbeziehungen mit besonderer Klarheit darstellen. Die Regression auf frühkindliche Konflikte in der Ehe liegt nahe, weil diese viele Analogien zur frühen Eltern-Kind-Beziehung hat.

In der Gruppenpsychotherapie kann eine analoge Regression aller Teilnehmer beobachtet werden. BION unterscheidet bei jeder Gruppe zwei Aspekte: 1. den Aspekt der Arbeitsgruppe, das heißt die realitätsbezogene, zielgerichtete Kooperation der Gruppenmitglieder, deren Funktionsweise einer gewissen Reife entspricht. 2. Den Aspekt der Grundeinstellungsgruppe, das heißt die Entfaltung mächtiger emotionaler Kräfte, die einer gemeinsamen Grundannahme entspringen und zu einer starken Kohäsion in der Gruppe führen. Diese Kräfte tragen sehr unreife Züge. In einer Therapiegruppe ist die Regression zur Grundeinstellungsgruppe aus therapeutischen Gründen erwünscht. Bion beschreibt verschiedene typische Grundannahmen, die von Heigl-Evers in abgewandelter Form übernommen werden.

Die Beobachtungen von Bion lassen sich auf Ehekonflikte übertragen: Der Aspekt der Arbeitsgruppe geht unter dem kollusiven Konflikt verloren. Die Regression auf eine gemeinsame Grundannahme ist durch starke emotionale Kräfte gekennzeichnet und vermittelt dem Paar eine hohe, aber unreife Kohäsion. Es ist immer wieder erstaunlich, wie dieselbe Person, die im Arbeitsbereich in reifer Weise Konflikte aushandelt, im Ehebereich auf infantiles Streitverhalten regrediert.

Die Kollusion als eine Regression der Partner auf ein gemeinsames, meist unbewußt gehaltenes Grundthema ist ein gruppendynamisches Phänomen, das sich überall vorfindet, hier aber – der Thematik dieses Buches entsprechend – auf Zweierbeziehungen beschränkt wurde. Kollusionen spielen aber in allen Gruppenkonflikten, selbst in der Politik eine wichtige Rolle. Überall wo sich in Konflikten radikale Gruppen gegeneinander polarisieren, kann man beobachten, wie die eine Gruppe den von ihr verdrängten eigenen Anteil in der Gegengruppe verfolgt. Führt eine Revolution zum totalen Sieg der einen Seite, so etabliert sie oftmals ein Herrschaftssystem, das dem System, das sie überwinden wollte, erschreckend ähnlich ist.

8. Die Einbeziehung von Drittpersonen in den Paarkonflikt

Bis jetzt beschränkte sich die Darstellung im wesentlichen auf die Psychodynamik der Zweierbeziehung, auf das Zusammenwirken der Ehepartner in der Kollusion, so als ob diese sich in einem geschlossenen System abspielen würde. Die Dyade ist aber nie völlig in sich geschlossen. Sie hat als halboffenes System eine eigene innere Dynamik, so daß die bisherige Darstellung nicht falsch, aber einseitig und ergänzungsbedürftig ist. Insbesondere wenn die Dyade im kollusiven Konflikt unter Stress gesetzt wird, ist die Einbeziehung von Drittpersonen eine der wichtigsten zusätzlichen Abwehrmaßnahmen. Murray BOWEN bezeichnete den Triangel als kleinstes stabiles Beziehungssystem, als emotionales Molekül. Ob dies generell für alle Beziehungen zutrifft, mag dahingestellt sein. Sicher ist, daß unter Stress dyadische Systeme zur Dreiecksbildung neigen. Die Einbeziehung von Drittpersonen kann die eigene Stellung gegenüber dem Konfliktpartner stärken oder das Paar fester aneinanderbinden.

Um nicht mißverstanden zu werden: Ein in sich abgeschlossenes Paar ist ein pathologischer Zustand. Das Sich-Einlassen und -Auseinandersetzen mit Drittpersonen ist für die Gesunderhaltung und Weiterentwicklung eines Paares notwendig! Dieses Kapitel beschäftigt sich nun aber mit einer ganz bestimmten Form von Einbeziehung einer Drittperson in den Ehekonflikt. Die Drittperson hat funktionellen Charakter und dient dem Paar dazu, einen offenen ehelichen Konfliktaustrag zu vermeiden oder sich mit dem Konflikt besser zu arrangieren. In diesem Kapitel soll die Einbeziehung von Drittpersonen also nur in ihrem *Abwehraspekt* bearbeitet werden.

Es sollen vier Formen behandelt werden, wie ein Paar im kollusiven Konflikt ein Dreieck bilden kann:

☐ Der Zusammenschluß gegen einen bedrohlichen Dritten.
☐ Die Drittperson als Puffer und Bindeglied.
☐ Die Drittperson als einseitiger Bündnispartner.
☐ Funktionsteilung in der ehelichen Dreiecksbeziehung.

Der Zusammenschluß gegen einen bedrohlichen Dritten

Eine intradyadische Spannung kann damit neutralisiert werden, daß sie nach außen verlegt wird, das heißt Partner A und B finden eine Drittperson C, die als gemeinsame Herausforderung oder Bedrohung erlebt wird, so daß sie sich gegen diese zusammenschließen müssen und die intradyadischen Spannungen in den Hintergrund treten.

$$A \dashv \vdash B \longrightarrow \quad \frac{A \mid B}{C}$$

A und B verbünden sich also gegen C. Es ist ein altbewährter demagogischer Trick, daß man unlösbare innenpolitische Spannungen neutralisieren kann, indem man die außenpolitische Bedrohung aufbauscht. Oder bei einer geselligen Zusammenkunft läßt sich das durch interne Spannungen blockierte Gespräch am besten in Gang bringen, indem man über eine nicht anwesende gemeinsame Bezugsperson spricht. Auf die Ehe bezogen kann sich ein zerstrittenes Paar wieder zusammenfinden, wenn zum Beispiel ein Kind Erziehungsschwierigkeiten bereitet, was die vereinte Aktion beider Eltern erfordert. Oder ein Ehepaar kann sich von den eigenen Eltern bedroht fühlen, die ihrerseits alles daransetzen, die Paarbeziehung zu zerstören. Oder Nachbarn, Verwandte, Hausmeister oder Arbeitgeber schikanieren das Paar, das sich nun ganz gegen diese solidarisieren muß.

12. Beispiel: Ein 19jähriges Mädchen kam mit einer schweren Anorexia nervosa (Pubertätsmagersucht) in unsere stationäre Behandlung. Sie war ein Jahr älter als ihre Schwester. Die Schwester war ein charmantes, bei Männern erfolgreiches, scheinbar völlig problemloses Mädchen, während die Patientin seit je sensibel, zurückhaltend, geistig interessiert und kompliziert war. In der Ideologie der Eltern, insbesondere der Mutter, galt es aber als besonders verwerflich, kompliziert und für die Umgebung belastend zu sein. In der Familie wurden viele Parties veranstaltet, man hatte sich immer fröhlich und aufgeräumt zu geben, niemand sollte den andern belasten dürfen. Bei auftretenden Konflikten galt es sich abzulenken. Die elterliche Ehe war aber von jeher voller Spannungen, hintergründiger Machtkämpfe und Rivalitäten. Die Spannung zwischen den Eltern mußte als solche jedoch nicht ausgetragen werden, weil die Eltern sich gegen das Sorgenkind, unsere Patientin, zusammenschließen konnten. Gerade in der Krankheit der Tochter sahen sie den Beweis, daß es falsch sei, sich mit persönlichen Konflikten zu befassen, daß man damit ins Grübeln verfalle, krank werde und daß es deshalb berechtigt sei, Konflikte wegzuschieben und sich mit Geselligkeit, Sport und Vergnügungen abzulenken. Mit Hilfe der Krankheit wurde die elterliche Ehe mit der elternkonformen jüngeren Tochter gegen die anorektische Patientin zusammengeschweißt.

13. Beispiel: Ein reicher jüdischer Kaufmannssohn heiratete eine katholische Deutsche. Für seine Eltern war diese Partnerwahl sowohl vom religiösen wie besonders auch rassischen Gesichtspunkt aus das Schlimmste, was ihnen passieren konnte. Dem Sohn dagegen gab diese Partnerwahl die Möglichkeit, seinen Eltern gegenüber Autonomie zu beweisen. Es kam zum affektgeladenen Streit.

Die Eltern versuchten mit Drohungen und Lockungen, die Verbindung ihres Sohnes mit dieser Deutschen zu zerstören. Als dieser überstürzt und heimlich geheiratet hatte, stießen sie ihn aus dem Geschäft aus und brachen die Beziehung zu ihm ab. Der junge Mann war als einziger Sohn zur Übernahme des Geschäftes vorgesehen. Der Ausschluß aus der Familie bedeutete für ihn eine harte Selbstbehauptungsprobe. Unter dem Zwang, den Eltern allzeit das Eheglück beweisen zu müssen, lebte das Paar in idealisierter, aggressionsgehemmter Weise über mehrere Jahre zusammen. Schließlich fanden sich die Eltern mit der Ehe ihres Sohnes ab und zeigten sich versöhnlich. Kurze Zeit danach kam es zu einem nervösen Zusammenbruch des Mannes mit panikartigen Angstzuständen. In der darauffolgenden Psychotherapie gestand er unter schweren Widerständen, daß in ihm nun selbst zunehmend Zweifel hochgekommen seien, ob seine Frau für ihn tatsächlich die richtige sei. Die Bedrohung von seiten der Eltern hatte lange Zeit verhindert, daß zwischen ihm und seiner Frau eine echte und kritische Auseinandersetzung hatte stattfinden können, da sie sich keine Trübung ihres idealisierten Liebesglückes leisten konnten.

Ist die komplementäre Beziehung für beide Partner unbefriedigend geworden, so finden sie in der Einbeziehung einer Drittperson die Möglichkeit, sich gleichsinnig gegen diese zu polarisieren. So können zum Beispiel beide Partner regressive Hilfebedürftigkeit agieren, wenn sie eine helfende Drittperson in einem älteren Freund, Therapeuten oder Pfarrer finden, oder in einer oralen Kollusion können beide Ehepartner die progressive Pflegeposition einem hilflosen und pflegebedürftigen Kind gegenüber einnehmen. Handelt es sich bei dieser Drittperson um ein Kind, so besteht für dessen Entwicklung die große Gefahr, daß es von den Eltern unselbständig und abhängig gehalten wird, um dessen Ablösung zu verhindern, weil die Eltern es benötigen, um nicht wieder ganz auf die dyadische Kollusion zurückgeworfen zu werden.

Die Drittperson als Puffer und Bindeglied

Eine häufige Form, eheliche Spannungen zu verhindern oder zu neutralisieren, ist die Beanspruchung von Drittpersonen als Puffer und Bindeglied. Viele Paare schützen sich ganz allgemein vor zu großer Intimität, indem sie jede Zweisamkeit meiden. Das kann dazu führen, daß sie die Kinder dauernd in der Nähe haben müssen oder ihre Eltern zu sich aufnehmen oder rastlos von einer Party zur anderen fahren, um nur ja nie allein mit dem Partner sein zu müssen. Schädlich ist diese Situation vor allem für die Kinder, die sich dem Anspruch, den Eltern als Bindeglied zu dienen, oft nur schwer entziehen können.

14. Beispiel: Eine eben mündig gewordene Krankenschwester wurde uns nach einem Suizidversuch zur stationären Psychotherapie zugewiesen. Ihre familiäre Situation war bis vor wenigen Jahren folgende gewesen: Im selben Haushalt lebten die Großeltern mütterlicherseits, eine mongoloide Tante, ein lediger Onkel und die Patientin mit ihrer jüngeren Schwester und dem jüngeren Bruder. Die großelterliche Ehe war allzeit gespannt: Die Großmutter war eine Tyrannin, die alle herumkommandierte, der Großvater ein Säufer, der sich immer wieder in die Wirtschaft absetzte und zu verwahrlosen drohte. Die Mutter war überzeugt, ihre Eltern könnten nicht ohne ihre Vermittlungstätigkeit miteinander auskommen. So fühlte sie sich verpflichtet, bei ihren Eltern zu bleiben, um die elterliche Ehe zusammenzuhalten. Als sie heiratete, blieb sie weiterhin mit ihrem Mann bei ihren Eltern, obwohl das Ehepaar unter der Herrschsucht der Großmutter litt, die sich in all ihre Angelegenheiten einmischte. Der Ehemann war ein temperamentvoller, vitaler und bärenstarker Mann, die Frau dagegen spröde, kontaktscheu und introvertiert. Eheliche Spannungen wurden nie direkt ausgetragen. Vielmehr benützten die Eltern ihrerseits nun das jüngste der Kinder, den Sohn, als Bindeglied. Dieser Sohn mußte dauernd bei ihnen sein. Er schlief in ihrem Zimmer. Der Vater verbrachte jede freie Minute mit ihm. Der Sohn entwickelte ein schweres Asthma bronchiale und blieb bis zum zwölften Altersjahr Bettnässer. Beide Krankheiten sprechen für regressive Elternabhängigkeit. Der Sohn war als einziges der Kinder auch bereit, die sektiererische Religiosität der Eltern anzunehmen und mit ihnen täglich in der Bibel zu lesen. Dann traten aber innerhalb weniger Jahre Todesfälle auf, die das familiäre System umstrukturierten: Zuerst starb die mongoloide Tante. Der Onkel heiratete und zog aus dem Hause. Dann verschied die Großmutter, was der Mutter nun endlich die Gelegenheit gegeben hätte, selbständiger zu werden und mit ihrem Mann mehr allein zu sein. Kurz darauf starb der zwölfjährige Knabe an einem Elektrounfall. Dieser Todesfall war für beide Eltern, vor allem für den Vater, ein schwerer Schlag. Mit drastischer Gebärde schilderte der Vater, wie ihm mit diesem Tod ein Stück von ihm selbst aus der Brust herausgerissen worden sei. Die Eltern waren nun erstmals unter sich, weil die zwei übriggebliebenen Töchter bereits auswärts arbeiteten und nur über das Wochenende heimkamen. Das versetzte vor allem den Vater in große Angst in seiner Beziehung zur Mutter. Er suchte zunächst Halt in der Übersteigerung seiner sektiererischen Religiosität, dann aber in deutlich erotischen Ansprüchen an die Töchter, ihn nicht zu verlassen.

$$
\begin{array}{ccccccc}
\text{GM} & & & & & & \\
| & & & & & & \\
\text{M} & - & \text{S} & - & \text{V} & \longrightarrow & \text{M} - \text{T}_1 - \text{V} \\
| & & & & & & \\
\text{GV} & & \text{T}_1 & & & & \\
 & & \text{T}_2 & & & & \text{T}_2
\end{array}
$$

GM = *Großmutter*, GV = *Großvater*, M = *Mutter*, V = *Vater*, S = *Sohn*, T_1 = *ältere Tochter*, T_2 = *jüngere Tochter*.

Bis dahin waren die beiden Töchter von der familiären Pathologie relativ wenig behelligt worden. Sie gerieten nun aber durch den Tod des Bruders in eine schwierige Position: Einerseits standen sie in der Adoleszenz und hätten sich mit all den Problemen des Erwachsenwerdens und der Ablösung von den Eltern befassen müssen. Andererseits fühlte sich vor allem die ältere Tochter aus Loyalität (Boszormenyi-Nagy & Spark) verpflichtet, die Stelle des verstorbenen Bruders einzunehmen und den Eltern ihr Leben aufzuopfern. Aus diesem für sie unerträglichen Konflikt heraus unternahm sie schließlich einen Suizidversuch. Für die Eltern war die damit verbundene Todesdrohung ein Schock, wurde ihnen doch damit klargemacht, daß sie nun auch dieses Kind verlieren würden, sei es durch Tod oder sei es durch die entwicklungsbedingte Ablösung. Durch Erzeugung von Schuldgefühlen und Angst versuchten sie verzweifelt, das Kind in seiner Pufferstellung zu halten.

Die Drittperson als einseitiger Bündnispartner

Der eine Partner A zieht C als Bundesgenossen in den Konflikt hinein und verschafft sich so Schützenhilfe im Kampf gegen B, der damit in Nachteil gesetzt wird.

$$A \dashv \vdash B \longrightarrow \left.\begin{array}{c} A \\ C \end{array}\right\} B$$

B fühlt sich verraten und sucht nun seinerseits Bundesgenossen, was den Konflikt eventuell auf immer größere Gruppen ausweitet. Viele Menschen haben ein Bedürfnis, sich als einseitige Bundesgenossen anzubieten, seien es Verwandte, Freunde, Kinder oder Therapeuten. Die dyadische Spannung wird durch einseitige Bundesgenossen meist verstärkt, wird aber für einen der Partner erträglicher auf Kosten des anderen Partners. Leicht kommt es zur Eskalation: Der Mann führt die erste Drittperson als Geliebte ein. Daraufhin unternimmt die Frau einen Suizidversuch und wird hospitalisiert. Die Ärzte setzen sich verständnisvoll mit ihr in Beziehung. Der zurückgebliebene Mann wiegelt inzwischen die Kinder gegen die Frau auf. Diese wird von ihrer Herkunftsfamilie besucht und weiht sie in den Ehekonflikt ein. Ihre Mutter zieht nun in die Familie und besorgt die Kinder und den Haushalt. Gleichzeitig versucht sie, die Kinder gegen den Mann einzunehmen. Der Mann versucht daraufhin, die Schwiegermutter im Haushalt durch die Geliebte zu ersetzen. Die Frau begibt sich daraufhin in Psychotherapie usw.

Die einseitige Einbeziehung von Drittpersonen in den Ehekonflikt ist eines der häufigsten und wohl auch gefährlichsten psychosozialen Abwehrmanöver. Es wird damit auch gegen zwei Prinzipien verstoßen, deren Einhaltung ich für eine gesunde Ehe für wichtig erachte: Das

Abgrenzungsprinzip wird verletzt, indem einer der Partner sich intim mit einem andern in ein exklusives, *gegen den Ehepartner* gerichtetes Verhältnis einläßt. Die Gleichwertigkeitsregel wird verletzt, indem der eine Partner sein Gesicht durch Einbeziehung einer Drittperson einseitig erhöht und sich der andere dadurch unterlegen und betrogen fühlen muß. Er sieht sich nun seinerseits zu Gegenzügen gedrängt, um das Gleichgewicht wiederherzustellen. Vor allem Frauen mit hysterischer Charakterstruktur trachten danach, sich gar nicht direkt in einem Streit mit dem Partner zu engagieren, weil sie sich selbst keine eigenen Kräfte zutrauen. Sie suchen sich Verbündete, die nicht nur mit ihnen, sondern an ihrer Stelle gegen den Partner kämpfen. Oft werden allerdings Drittpersonen erst dann einbezogen, wenn der andere Partner die Regeln des Kampfes mit gleichwertigen Waffen bereits verletzt hat, zum Beispiel nachdem der Mann von seiner Körperkraft Gebrauch gemacht und die Frau geschlagen hat, worauf die Frau die Nachbarn und ihren Vater zu Hilfe holt.

Wie bereits beim Abgrenzungsprinzip ausgeführt, halte ich die Öffnung der Ehe für etwas Wichtiges. An den modernen Bestrebungen ist zu begrüßen, daß Ehepaare freier zu ihren Konflikten stehen und eher bereit sind, mit Freunden und Bekannten darüber zu sprechen. Um dieses Gespräch konstruktiv zu gestalten, sind gewisse Regeln, die dem Abgrenzungsprinzip entsprechen, zu beachten: Es ist oft gefährlich, wenn sich nur einer der Partner mit einem *gegengeschlechtlichen* Bekannten in ein intimes Gespräch über den Ehekonflikt einläßt und seinen Ehepartner von diesem Gespräch ausschließt. Die Gefahr, daß der gegengeschlechtliche Bekannte mitagiert und sich als einseitiger Bundesgenosse anbietet, ist erheblich. Wenn das Anliegen wirklich darin besteht, im offenen Gespräch mit Drittpersonen die Ehebeziehung zu klären, erfordert ein solches Gespräch ein hohes Maß an Fairness und kritischer Kontrolle des eigenen Verhaltens von allen Seiten.

Funktionsteilung in der ehelichen Dreiecksbeziehung

Ein weiterer Ausweg aus der unerträglichen dyadischen Spannung ist die triadische Funktionsteilung. Es wird im bewußten oder unbewußten gegenseitigen Einverständnis eine Drittperson eingeführt, die jene Beziehungsaspekte übernehmen soll, die die Ehepartner nicht miteinander leben können. So kann zum Beispiel ein Mann mit homosexuellen Tendenzen seine Frau zu außerehelichen Beziehungen auffordern. Oder eine Frau kann unbewußt eine zwar offiziell von ihr bekämpfte außereheliche Beziehung ihres Mannes am Leben erhalten und an dieser aus der Zuschauerposition teilnehmen. Oder es kann ein Mann froh sein, daß seine Frau ihre psychischen Schwierigkeiten mit einem Psychotherapeuten diskutiert und er davon entlastet ist, sich dauernd so intensiv mit ihr beschäftigen zu müssen. Gelegentlich wird sich ein Paar über den Stellenwert einer Drittperson erst klar, wenn diese ausfällt.

15. Beispiel: Ein Paar meldete sich zur Ehetherapie wegen übertriebener und angeblich unbegründeter Eifersucht des Mannes. Die Frau war als Einzelkind stark an ihren Vater gebunden geblieben. Sie heirateten, als sie erst 20jährig war. Ihr Mann war damals ebenfalls noch sehr jung. Er hatte den größten Teil seiner Kindheit in Pflegefamilien und Heimen verbracht und war nun glücklich, in den Eltern seiner Frau einen Ersatz für sein mangelndes Elternhaus gefunden zu haben. Nach zehnjähriger Ehe brach in Zusammenhang mit dem Tod des Vaters der Frau in der bis dahin glücklichen Beziehung die Krise aus. Bis dahin hatte das Ehepaar in einer symmetrischen Kinderbeziehung zum Vater gestanden. Beide waren recht unselbständig geblieben und fanden im Vater Schutz und sichere Führung. Nach dessen Tod fühlten sie sich verwaist. Sie spürten die Notwendigkeit, nun selbst die Erwachsenen-Funktionen zu über- nehmen. Der Mann sah sich vom Anspruch der Frau, den Vater ersetzen zu müssen, überfordert. Er entwickelte eine irrationale Eifersucht, in- dem er vermutete, seine Frau werde einen anderen Mann suchen, der ihr den verstorbenen Vater besser ersetzen könnte als er selbst.

In beschränktem Maße ist die triadische Funktionsteilung notwendig und begrüßenswert, da sonst der Anspruch auf umfassende gegenseiti- ge Bedürfnisbefriedigung die Ehe überlasten kann. Die triadische Funktionsteilung muß also keineswegs ein Abwehrmanöver sein, in- dem sie der Realität Rechnung trägt, daß sich die Partner gegenseitig nicht alles sein und bedeuten können. So hat auch die Beziehung zu den Eltern, Verwandten, Freunden und Kindern triadische Züge, indem sie gewisse Beziehungsmodalitäten ermöglicht, die in der Ehe schwer zu realisieren wären. Für die Funktionsfähigkeit der Dyade wird wichtig sein, ob dabei das Abgrenzungsprinzip und die Gleichwertigkeitsregel eingehalten bleiben und in welchem Ausmaß der Dritteil für die Exi- stenz der Dyade benötigt wird.

Eheliche Dreiecksbeziehungen

Außereheliche Beziehungen gehören zu den häufigsten äußeren Anlässen, die ein Paar zum Eheberater oder Ehetherapeuten führen. Grundsätzlich bemühen sich Psychotherapeuten, eine wertfreie Haltung einzunehmen und es dem Paar anheimzustellen, ob sie sich mit dieser außerehelichen Beziehung einzurichten versuchen, ob sie die Ehe auflösen wollen oder ob sie die außereheliche Liebschaft aufgeben sollten. Wenn man aber die psychotherapeutische Literatur liest, fällt auf, daß sich ein Wandel in den Wertvorstellungen der Therapeuten abzeichnet. Noch vor wenigen Jahren wurde jemandem neurotische Bindungsunfähigkeit, Angst vor Intimität, Sucht nach phallischer Selbstbestätigung usw. nachgesagt, wenn er nicht zu einer langdauernden, stabilen Zweierbeziehung fähig war, sondern in außereheliche Beziehungen ausbrach. Zur Erklärung seines Verhaltens hätte man ihm in der Lebensgeschichte Fakten nachgewiesen, die ihn an einer ausschließlichen Zweierbeziehung behinderten. Heute ist eine umgekehrte Tendenz spürbar. Der Anspruch auf eheliche Treue ist manchen neuroseverdächtig. Eifersucht wird mit infantilen Abhängigkeitswünschen, Trennungsängsten, Besitzansprüchen usw. in Zusammenhang gebracht und ist Anlaß für eine psychotherapeutische Behandlung.

Wenn ich auch grundsätzlich eine möglichst unvoreingenommene Haltung des Therapeuten für notwendig erachte, so halte ich es andererseits für wichtig, die Wertgebundenheit der eigenen therapeutischen Haltung nicht zu verleugnen, sondern vielmehr zu reflektieren. Es wäre naiv zu glauben, unser therapeutisches Handeln könnte je wertfrei sein. Bei einer außerehelichen Beziehung ist zum Beispiel ein grundsätzlich anderes Ergebnis zu erwarten je nachdem, ob wir das Ehepaar in Paarbehandlung nehmen und der Geliebten – soweit notwendig – eine Einzeltherapie bei einem anderen Therapeuten empfehlen, oder ob wir alle drei in eine Dreierbehandlung nehmen. Der vom Therapeuten festgelegte äußere Behandlungsrahmen verrät bereits seine Werthaltung und wirkt im voraus strukturierend auf das Behandlungsergebnis. Die Paarbehandlung wird eher die Chance in sich tragen, die Ehepartner einander näherzubringen als das triadische Setting. Da ich mich bis jetzt nicht überzeugen konnte, daß eine intime Dreierbeziehung für *alle* Beteiligten über längere Zeit befriedigend funktioniert, neige ich eher dazu, bereits mit dem äußeren therapeutischen Setting dem Abgrenzungsprinzip Achtung zu verschaffen. Ich nehme damit bewußt eine Werthaltung ein. Damit werden manche Therapeuten nicht einiggehen, die es als unmoralisch empfinden, die Geliebte aus der Behandlung auszuschließen und sie in diesem Sinne nicht als gleichwertigen Partner zu behandeln.

Folgende Situation scheint mir jedoch für die heutige Verwirrung recht bezeichnend:

16. Beispiel: Eine junge Deutsche lebt mit ihrem schweizerischen Ehemann und seiner früheren, von ihm geschiedenen Frau und deren achtjährigem Sohn in einer Wohngemeinschaft. Sie kommt in Behandlung wegen hysterischen Gehstörungen und depressiver Verzweiflung, da sie das Zusammenleben nicht mehr aushält. Sie hatte vor drei Jahren ihren Mann auf einer Geschäftsreise kennengelernt und mit ihm zunächst eine außereheliche Beziehung ohne Wissen seiner damaligen Frau unterhalten. Sie verliebten sich intensiv ineinander, und der Mann versprach ihr, sich von seiner Frau zu scheiden, um sie zu heiraten. So zog die Patientin vor zwei Jahren nach Zürich. Der Mann hatte sich aber nicht wie versprochen bereits geschieden, sondern im Gegenteil, er hatte bisher seine Frau über die außereheliche Beziehung nicht einmal unterrichtet. Unter dem Druck der Patientin gestand er der Frau diese Beziehung, und sie einigten sich, die Ehe zu scheiden. Kurz vor der Scheidung verfiel seine Frau einem depressiven Verzweiflungszustand mit hysterischem Agieren und Zerstörungswut, in der sie Geschirr zusammenschlug, mit Selbstmord drohte und tagelang weinend herumlag. Die Patientin und ihr Mann behielten sie deshalb in ihrer Wohnung und trösteten und pflegten sie gemeinsam. Seine ehemalige Frau, unterdessen geschieden, von Beruf Sozialarbeiterin, hatte aber genügend gruppendynamische Kenntnisse, um zu spüren, daß sie das frischgebackene Ehepaar nur noch stärker zusammenband, wenn sie ihnen durch ihr krankhaftes Gebaren die gemeinsame Aufgabe auferlegte, sie zu trösten und zu pflegen (extradyadische Polarisierung). Sie entschloß sich deshalb, mit dem achtjährigen Knaben auszuziehen und in einer andern Stadt zu wohnen. Nach einem halben Jahr hatte sie sich äußerlich aufgefangen. Sie sah ein, daß sie ihrem Mann gegenüber zu unterwürfig und zu abhängig gewesen war. Da ihr Mann sehr an dem Kind hing, bot sie sich an, zurückzukehren, um mit ihm, seiner zweiten Frau und anderen Freunden in einer Wohngemeinschaft zu leben. Im Gegensatz zu früher verhielt sie sich völlig autonom und selbstsicher, übte aber möglicherweise gerade in dieser Haltung einen besonderen Reiz auf ihren Mann aus, der sich sehr um sie bemühte. Es kam sowohl körperlich wie seelisch erneut zu einer intimen Beziehung zwischen dem Mann und ihr. Die beiden Frauen verhielten sich zueinander wie Freundinnen. Die erste Frau beriet die zweite in ihrem Verhalten dem schwierigen und deutlich neurotischen Mann gegenüber. Sie zeigte volles Verständnis dafür, daß auch die zweite Ehe nicht ohne Schwierigkeiten gehen konnte. Es kam nie zu offenem Streit zwischen den beiden Frauen. Die zweite Frau, die in Zürich keinen anderen Anschluß hatte, litt aber uneingestandenerweise sehr unter der Anwesenheit der ersten Frau. Sie wagte nicht mit der Forderung an den Mann heranzutreten, sich nun endgültig von der ersten Frau zu trennen, weil dieser unterdessen an phobischen Symptomen erkrankt war und deshalb nicht belastet werden durfte. Als sich die Patientin behandlungsuchend an mich wandte, beabsichtigte ich ein Gespräch mit allen dreien, zu dem der Mann dann aber nicht erschien, da er sich einem offenen Gespräch über die triadischen Spannungen nicht gewachsen fühlte. Ich führte das Gespräch mit den beiden Frauen: auf der einen Seite die junge, an sich hübsche Deutsche, die wie ein Häufchen Elend in sich zusammengesunken und völlig erschöpft dasaß, auf der anderen Seite die geschiedene erste Frau mit strahlendem Gesicht, keck und ‹aufgestellt›. Diese Frau äußerte, sie wolle auf keinen Fall ihren früheren Mann wieder heiraten, werde aber auch nicht aus der Wohngemeinschaft ausziehen, da sie überzeugt sei, es handle sich bei der zweiten Ehe um ein neurotisches Arrangement. Nicht wegen ihrer Anwesenheit funktioniere die zweite Ehe schlecht, sondern weil beide Partner ihre frühkindlich begründeten neurotischen Beziehungsstörungen nicht bearbeitet hätten. Mit kaum faßbarem Raffinement verstand sie es aber, unter dem Deckmantel therapeutischer Hilfe und wohlmeinender Ratschläge der zweiten Frau Nadelstiche zu versetzen. Sie war entschlossen, sich zu rächen, daß diese Frau ihre Ehe zerstört hatte. Ich nahm die zweite Frau in unsere Psychotherapieabteilung auf, so daß der Mann und die erste Frau in der Wohngemeinschaft zurückblieben. Schon nach kurzer Zeit nahm der Mann eine Stelle in Deutschland an und trennte sich von beiden Frauen. Der ersten Frau behagte es auch nicht mehr. Sie zog in eine andere Wohngemeinschaft um.

Solche und ähnliche Fälle sind heute keine Seltenheit, besonders bei jungen Leuten, die einer Gruppenideologie nachzuleben versuchen, die Ideale von Freiheit, Solidarität, Offenheit und Gemeinschaft in einer übersteigerten Form zu realisieren versuchen, so daß am Ende alle unglücklich und überfordert sind. Ich versuche in solchen Fällen dem Abgrenzungsprinzip Geltung zu verschaffen, um äußerlich eine gewisse Ordnung herzustellen, die meistens die Situation beruhigt und entspannt.

Außereheliche Beziehungen sind häufig. Im Gegensatz zu früher, wo sie meist verheimlicht wurden, versuchen die Ehepartner heute eher offen darüber zu sprechen. So anerkennenswert die Grundabsicht der Offenheit und Ehrlichkeit ist, so vermischen sich in diese Geständnisse doch oft ungünstige Motivationen. Manche wollen mit dem Geständnis lediglich den Partner provozieren, an ihrer Stelle die außereheliche Gefahr abzuwenden. Solche Geständnisse resultieren aus infantilen Anklammerungsbedürfnissen und Trennungsängsten, wie ich sie in der Eifersuchts-Untreue-Kollusion dargestellt habe. Manche ermuntern den Partner direkt zu «offenen» außerehelichen Beziehungen, weil sie mit dieser toleranten Haltung sich die Sicherheit wahren wollen, die außerehelichen Aktionen des Partners zu kontrollieren. Bei anderen sind die Geständnisse eine Waffe im ehelichen Machtkampf, um den Partner zu erniedrigen, zu verängstigen und in Nachteil zu setzen. Der dauernde Vergleich mit der idealisierten Beziehung zum Geliebten kann auch dazu dienen, sich von der Auseinandersetzung mit dem Ehekonflikt zu dispensieren, da man jetzt ausreichende Trümpfe in den Händen hat, um die Schuld am ehelichen Versagen dem Partner zuzuschieben. Andere wollen vor dem Partner und vor sich selbst damit renommieren, daß sie immer noch begehrenswert und erfolgreich sind. Für viele ist die außereheliche Beziehung auch ein Spiel mit dem Feuer, um die Ehe in Spannung zu halten. Für manche ist sie ein Statussymbol oder ein Attribut einer besonders progressiven Partnerschaft. Oft kommt es zu einer beidseitigen Eskalation, wo jeder den andern überbietet mit detaillierten Berichten über seine sexuellen Abenteuer oder interessanten Gespräche mit andern Partnern. Der andere hört sich das an, ohne sich dabei eine Spur von Eifersucht oder Spannung anmerken zu lassen. In der Therapie kommt dann eventuell zum beiderseitigen Erstaunen heraus, daß im Grunde beide unter den außerehelichen Beziehungen leiden, daß aber keiner gewagt hätte, dem Partner das einzugestehen. Bei beiden bestand eventuell gar nicht so sehr ein echtes Interesse an einer außerehelichen Beziehung, sondern jeder wollte dem andern zeigen, daß er ihm gleichziehen könne und daß er sich von ihm nicht abhängig machen wolle. Oft soll die außereheliche Beziehung vor allzu großer Nähe, vor zu großen gegenseitigen Ansprüchen und Erwartungen schützen.

Wenn es auch zutrifft, daß man die Ehe nicht überlasten soll, wenn es auch stimmt, daß die Partner sich nicht in allem alles sein können, wenn es auch Tatsache sein kann, daß Sexualbeziehungen mit einem anderen Partner befriedigender sind oder ein anderer einen in gewissen Problemen besser versteht und berät, so wird es für den Ehepartner trotzdem wichtig sein zu spüren, daß die Gestaltung des ehelichen Sexuallebens ein *gemeinsames Anliegen* bleibt, daß man seine Sorgen mit ihm als *gemeinsame Sorgen* teilt und daß man die Beziehungen zu Freunden und die Gestaltung der Freizeit zwar nicht ausschließlich, aber doch zur Hauptsache als ein gemeinsames Anliegen pflegt. Absolute Offenheit bezüglich außerehelicher Beziehungen scheint sich in manchen Ehetherapien eher ungünstig auszuwirken. Derjenige, der die außereheliche Beziehung unterhält, soll die Verantwortung für diese Beziehung selbst tragen. Im allgemeinen übersteigt es die Kräfte eines Menschen, zu mehr als einer Person eine langdauernde und umfassende Liebesbeziehung zu unterhalten.

Aus meinen bisherigen Erfahrungen habe ich den Eindruck, daß *langdauernde* außereheliche Beziehungen mit Wissen des Ehepartners nicht mit einer glücklichen Ehe zu vereinbaren sind. Kurzdauernde außereheliche Erfahrungen können gelegentlich eine wesentliche Bereicherung sowohl für das Individuum wie für eine Ehebeziehung sein, obwohl sie meist alle oder zumindest einzelne der Beteiligten unter schweren psychischen Stress setzen. Die individuellen Unterschiede dürften in dieser Hinsicht groß sein. Die Strukturregel muß elastisch verstanden und angewendet werden.

Es gibt aber Paare, die sich auf langdauernde Dreiecksbeziehungen einrichten mit vollem Wissen beiderseits. Es handelt sich um Paare, die nach langjährigen Konflikten zu dem Schluß gekommen sind, daß sie einander gewisse eheliche Erwartungen nicht erfüllen können. Es geht dabei insbesondere um sexuelle Beziehungen, die vom einen Partner abgelehnt werden und deshalb außerehelich befriedigt werden sollen, was beiden als *der tragbarste Kompromiß* erscheint. Solche Dreiecksbeziehungen werden im allgemeinen von den Ehepartnern nicht als ideal, jedoch als die bestmöglichste Lösung in ihrem Ehekonflikt empfunden. Meist hat der außereheliche Partner aber doch nicht denselben Status, sondern oft eher funktionellen Charakter, und meist muß er deutlich zu spüren bekommen, daß er dem Ehepartner nicht gleichgestellt wird, was für ihn oft kränkend ist.

Es gibt nun ganz verschiedene Formen von ehelichen Dreiecksbeziehungen, die ich an Hand verschiedener Beispiele darstellen möchte:

17. Beispiel: Die Geliebte als Blitzableiter in phallisch-ödipaler Kollusion Ein 46jähriger erfolgreicher Geschäftsmann ist seit zwölf Jahren verheiratet. Anlaß zur Ehebehandlung ist eine zweijährige außereheliche Bekanntschaft zu einem 17 Jahre jüngeren Mädchen, das nun auf Heirat drängt. Das Paar erhofft von der Behandlung eine verbesserte Entscheidungsfähigkeit.

Die Frau ist einzige Tochter eines reichen Geschäftsmannes, der zu Hause ein autoritäres Regime führte und zur Patientin eine inzestuös gefärbte Beziehung unterhielt. In der Pubertät überwachte er sie eifersüchtig gegenüber möglichen Liebhabern, drückte sie beim Tanz jeweils fest an sich und küßte sie intensiver, als es üblicherweise den Vätern zusteht. Die Frau trat unberührt in die Ehe ein mit starken Hemmungen sexuellen Beziehungen gegenüber bei gleichzeitig sehr farbigen sexuellen Phantasien. Vor allem spürte sie einen Widerwillen gegen sexuelle Beziehungen im Ehebett. Sie blühte sexuell erst auf, als sie einige Jahre vor der Liebschaft ihres Mannes ein intimes Verhältnis mit einem Werkstudenten hatte. Mit diesem war sie erstmals orgasmusfähig und erlebte die Sexualität als etwas Faszinierendes. Sie versuchte den Mann zur Eifersucht zu provozieren. Doch dieser antwortete auf die Liebschaft mit einem Gegenzug. Er ging nun seinerseits außereheliche Beziehungen ein und reagierte der Frau gegenüber mit Potenzstörungen. Die Frau gab die Liebschaft auf und verlegte sich in der Folge darauf, den Mann wegen seiner Untreue zu verfolgen, um gleichzeitig in der Phantasie an dessen sexuellen Beziehungen zu partizipieren. Damit hatte sie die ödipale Konstellation ihrer Jugend in der Ehe wiederholt. Ähnlich wie sie es beim Verhältnis des Vaters zu dessen Geliebten getan hatte, lebte sie die Sexualität projektiv aus, indem sie sich für die Liebschaft des Mannes mit der Geliebten obszöne Praktiken vorstellte, deren Realisierung sie sich selbst versagen mußte. Sie rächte sich gleichzeitig am Mann – stellvertretend für ihren Vater –, indem sie ihn für eheliche Untreue verfolgte und bestrafte.

Auch der Mann konstellierte in der Ehe die ödipale Situation seiner Jugend wieder. Er hatte eine «kastrierende» Mutter, eine temperamentvolle, selbstbezogene Südländerin, die ihn verunsichert hatte, indem sie sich ihm bald überschwenglich zugewandt hatte, um sich ohne ersichtlichen Grund wieder von ihm abzukehren. Sie hatte sein männliches Selbstvertrauen untergraben, indem sie dauernd an ihm herumgenörgelt und ihn in seiner Männlichkeit erniedrigt und kleingehalten hatte.

Dem Mann ging es bei der Eheschließung sehr um seine männliche Selbstbestätigung. Er fühlte sich von seiner Frau angezogen, weil sie

selbstbewußt und aggressionsfrei wirkte und ihm in der Auseinandersetzung mit den Eltern den Rücken stärkte. Unter ihrem Einfluß lernte er
sich beruflich zu behaupten. Er war dankbar, in der Frau jemanden zu
haben, der ihn akzeptierte und bestätigte. Doch im Laufe der Ehe begann sich die Situation seiner Kindheit immer klarer zu wiederholen. Die
Frau nahm das gleiche Nörgelverhalten an, das er früher an seiner
Mutter erlebt hatte. Er hörte aus allem, was sie sagte, Kritik heraus,
spielte sich gekränkt und trotzig auf und begann sexuell zu versagen.
Das Verhältnis zur Geliebten diente ihm schließlich dazu, sich an der
Frau für deren erniedrigende Kritik an seiner Person zu rächen und mit
seiner Potenz aufzutrumpfen.

Die Ehekrise gründete also zu einem wesentlichen Teil in einer ödipalen Kollusion. Die Frau konstellierte die Dreieckssituation aus Inzestangst und Rache an ihrem untreuen Vater, der Mann aus Trotz gegen die
kastrierende Mutter. Bei beiden wurden in der Ehe die Inzestängste
reaktiviert. Für beide waren befriedigende sexuelle Beziehungen nur
außerhalb der Ehe vollziehbar. Die Abwehr der Inzestgefahr wurde nun
in der Ehe in der Weise polarisiert, daß der Mann die Rolle des Untreuen,
die Frau diejenige der eifersüchtigen Verfolgerin der Untreue einnahm.
Beide Rollen waren interdependent. Je mehr die Frau den Mann erniedri-
rigte, kritisierte und mit Vorwürfen wegen seiner Untreue verfolgte,
desto mehr fixierte sie ihn in der Trotzreaktion gegen seine Mutter und
ließ ihn seine Bestätigung in der Liebschaft suchen. Je mehr andererseits der Mann sich mit der Geliebten einließ, um so mehr sah sich die
Frau in der Rolle der frustrierten Dritten und fühlte sich gedrängt, über
den untreuen Mann herzufallen und sich an ihm – an ihres Vaters Stelle –
zu rächen. Jeder verhielt sich so, daß er dem andern ein Alibi zur
neurotischen Fehlhaltung verschaffte. Der Mann konnte sagen: «Ich
suche meine Erfüllung bei einer Geliebten, weil du dauernd an mir
herumkritisierst.» Die Frau: «Ich kritisiere dauernd an dir herum, weil du
deine Bestätigung bei einer Geliebten suchst.» Die neurotischen Fehlhaltungen beider Partner bildeten ein regelkreisartig in sich geschlossenes System.

Der Stellenwert, den die Geliebte in ihrer Beziehung innehatte, wurde
den Partnern im Laufe der gemeinsamen Therapie bewußt. Das
Schlimmste, was im neurotischen Arrangement zweier Partner passieren kann, ist, daß ein Partner plötzlich in seiner Fehlhaltung nachläßt.
Als der Mann in einer Phase der Therapie daran dachte, die Geliebte
aufzugeben, verfiel die Frau, die verbal diesen Schritt dauernd gefordert
hatte, in einen nächtlichen Panikzustand aus Angst, als Gegenleistung

zu sexuellen Beziehungen mit dem Mann verpflichtet zu sein. Sie reagierte mit unstillbarem Erbrechen und heftiger Migräne, was sie in der Form noch nie erlebt hatte. Sie verstärkte sofort wieder ihre mißtrauende Verfolgerhaltung und vermochte den Mann damit wieder von seinem Vorhaben abzubringen, die außereheliche Beziehung aufzulösen.

In einer späteren Therapiephase ließ die Frau von ihrer erniedrigenden Krittelsucht ab und äußerte schüchtern, wie sie den Mann trotz seiner Fehler liebe und wie sie im Grunde Bedürfnisse verspüre, sich an ihn anzulehnen und von ihm gehalten zu werden. Der Mann war selbst erstaunt, daß er nun, wo ihm die Frau endlich das ersehnte Entgegenkommen zeigte, mit Widerständen reagierte aus Angst, die Frau könnte damit auch gerade mit Ansprüchen nach sexuellen Beziehungen kommen, bei denen er versagen würde. Er stellte sich deshalb so linkisch und täppisch an, daß die Frau schon bald wieder in ihre frühere Nörgelei zurückfiel.

Die Existenz der Geliebten verhinderte, daß das Paar die Inzestangst direkt austragen mußte, denn dies konnte jetzt über die Geliebte geschehen. Statt daß die Frau sich mit ihrem schon vorbestehenden Ekel vor ehelichen Beziehungen befassen mußte, konnte sie diesen in der Existenz der Geliebten begründen. Statt daß sich der Mann seiner Angst vor sexuellem Versagen zu stellen hatte, konnte er mit seiner außerehelichen Potenz auftrumpfen und seine Frau durch die Geliebte auf Distanz halten. Die Existenz der Geliebten dispensierte also das Paar von der Auseinandersetzung mit dem eigentlichen Ehekonflikt und entlastete beide Partner von der Vorstellung, durch eigenes Versagen zum Ehekonflikt beizutragen.

18. Beispiel: Der Geliebte als prestigeerhöhendes Statussymbol: Die Ehe eines kleinen Angestellten war unglücklich. Seine Frau, eine schwarzlockige Schönheit, hatte ihn angeblich nur geheiratet, weil sie sich auf Grund frühkindlicher Traumatisierungen und schlechten Selbstwertgefühls keinen besseren Mann zugetraut hätte. In ihrem Geltungsdrang fühlte sie sich in der Ehe unbefriedigt, vor allem wenn sie sich mit ihren Geschwistern und früheren Freunden verglich, die unterdessen Karriere gemacht hatten und in wohlhabenden Verhältnissen lebten, während sie sich von ihrem Mann immer noch in einem alten VW-Käfer herumfahren lassen mußte und sich alljährlich höchstens ein Kleid leisten konnte. Ihrem Mann gegenüber geriet sie in zunehmende Gereiztheit und erniedrigte ihn in der Hoffnung, ihn damit zu höheren

Berufsleistungen anzutreiben, jedoch ohne Erfolg. Er reagierte lediglich mit zunehmender Impotenz. Um etwas Geld dazu zu verdienen, nahmen sie einen Untermieter auf, einen deutschen Arzt. Es kam bald zu einer intimen Liebschaft mit voller Kenntnis des Mannes. Die Frau fühlte sich durch diese Beziehung aufgewertet, konnte mit dem Geliebten geistreiche Diskussionen führen und fand in den sexuellen Beziehungen volle Erfüllung. Der Mann war froh, daß die Frau zufriedener war und ihn jetzt eher in Ruhe ließ. Die Frau dachte nie an Scheidung, weil sie sich bei ihrem Ehemann sicherer fühlte und den Eindruck hatte, diesem Arzt nicht gewachsen zu sein. Der Mann tröstete sich damit, daß er als kleiner Schweizer bezüglich sprachlichem Ausdrucksvermögen einem Berliner gegenüber natürlich auf verlorenem Posten stehe. Er überhöhte die Distanz zum Geliebten dauernd, indem er diesen zur Unvergleichbarkeit hochstilisierte.

19. Beispiel: Die Geliebte als trennender Riegel in einer narzißtischen Kollusion: In einer narzißtischen Ehe verfolgte die Frau den Mann seit der Heirat mit dem dauernden Verdacht, er werde ihr untreu. Ihr Vater hatte seine Gattinnen immer wieder betrogen und war dreimal verheiratet gewesen. Die Frau hatte von Anfang an größtes Mißtrauen gegenüber der Ehebeziehung und beteuerte immer wieder, ihr Mann sei der einzige Mensch, dem sie je vertraut habe. Es wäre für sie ganz schrecklich, wenn er dieses Vertrauen enttäuschen würde. Sie verehrte ihren Mann, idealisierte ihn, engte ihn aber mit ihren Idealisierungen immer mehr ein, so daß er zunehmend das Bedürfnis bekam, aus den Verpflichtungen, welche ihre Erwartungen bedeuteten, auszubrechen, um er selbst zu sein. So kam es tatsächlich zur außerehelichen Liebschaft. Die Frau überschüttete ihn nun mit Vorwürfen und fühlte sich in ihrem Mißtrauen bestärkt. Er hatte ein schlechtes Gewissen, doch war es ihm unmöglich, die Geliebte aufzugeben, weil er sich damit selbst aufgegeben hätte. Für ihn war die Beziehung zur Geliebten ein trennender Riegel zwischen seiner Frau und ihm. Durch die Geliebte spürte er sich klarer von der Frau abgegrenzt und mit ihr konfrontiert. In der Therapie wurde es auch deutlich, daß die Frau, obwohl sie anscheinend die Liebschaft aufs heftigste bekämpfte, sich dauernd so verhielt, daß sie diese verewigte. Als sich der Mann ernsthaft von der Geliebten trennen wollte, telefonierte diese in Anwesenheit der Frau mit ihm und drohte mit Selbstmord. Sogleich forderte die Frau, daß er sich jetzt um die Geliebte kümmern müsse und sie nicht im Stiche lassen dürfe, worauf die Liebschaft erneut durch die Aktivität der Frau weitergeführt wurde. Die langdauernde

Unzugänglichkeit der Frau gegenüber Deutungen ihres Verhaltens wies darauf hin, daß sie selbst die ungetrübte Intimität einer Zweierbeziehung nicht ertragen hätte und die Situation dauernd so konstellieren mußte, daß sie den Mann mit Vorwürfen wegen der erlittenen Enttäuschung überschütten konnte.

20. Beispiel: Die Geliebte als nährende Ersatzmutter: In einer oralen Kollusion suchte der liebesbedürftige Mann, der sich von seiner Frau nicht ausreichend mit Zärtlichkeiten gesättigt fühlte, Trost bei einer wesentlich älteren Freundin, bei der er gelegentlich auch schlief. Die Ehefrau war wohl etwas eifersüchtig, gesamthaft gesehen aber ganz froh, daß er sie nun mit seinen bodenlosen Ansprüchen an Zuwendung, Zärtlichkeit und Umsorgung verschonte.

Insbesondere in hysterischen Ehen fiel immer wieder auf, daß die Männer die außerehelichen Liebschaften ihrer Frauen erstaunlich gelassen hinnahmen. Keiner drohte deswegen mit Scheidung und bekämpfte die Liebschaft aktiv. Die Liebschaft bot den Männern Distanz von ihren Frauen, bestärkte sie in ihrem Märtyrer- und Heiligenstatus und befreite sie vor sexuellen Anforderungen. Sie betrachteten die außereheliche Beziehung nicht als ernsthafte Gefahr ihrer Ehe, da sie sich bezüglich liebevoller Besorgtheit um die Frau und Opferwilligkeit unersetzlich fühlten und deshalb nicht befürchteten, von ihren Frauen verlassen zu werden.

Die Funktion der Kinder im Ehekonflikt

Durch die Einbeziehung der Kinder kann der Ehekonflikt zum Familienkonflikt ausgeweitet werden. Um der ehelichen Konfrontation auszuweichen, wird die Spannung der Dyade auf ein größeres System übertragen. Die Familie agiert den Konflikt als Ganzes aus. Unter dem Stress kann eines der Kinder erkranken, wahrscheinlich dasjenige, das sich am meisten in den Konflikt hatte einziehen lassen. Die Familie organisiert sich neu um das kranke Kind herum und läßt sich von dessen Krankheit ganz in Anspruch nehmen. Die Eltern müssen sich gar nicht mehr mit ihrem Ehekonflikt auseinandersetzen, obwohl innerhalb der Familie ein gemeinsames heimliches Einverständnis darüber besteht, daß der eigentliche Konflikt zwischen den Eltern liegt. Es besteht aber eine unausgesprochene Übereinkunft, daß der Austrag dieses Konfliktes den Eltern nicht zugemutet werden könne. Das erkrankte Kind bietet sich dann als Ersatzmedium an, in dem der Ehekonflikt ausgetragen werden kann. Dies bedeutet für das Kind teilweise einen narzißtischen Gewinn, da es sich unentbehrlich fühlt und den Eindruck hat, ohne sein Engagement wären die Eltern gar nicht lebensfähig.

Die Ausweitung des Ehekonfliktes zum Familienkonflikt soll hier nur kurz angedeutet werden, da sie das Thema dieses Buches überschreitet und in der Literatur der Familientherapie eingehend behandelt wird (s. bes. Stierlin; Minuchin; Boszormenyi-Nagy & Spark). Ich beschränke mich hier auf den ehedynamischen Gesichtspunkt. Ein amerikanischer Familientherapeut sagte mir, im Grunde sollte man die Kindertherapie durch Ehetherapie ersetzen, da die Quelle des Familienkonfliktes fast immer ein Ehekonflikt sei. Die Realisierung dieses Grundsatzes scheitere allerdings daran, daß viele Eltern sich nicht zu einer Ehetherapie bereit erklären würden. Ich könnte mir vorstellen, es wirke auch mit, daß viele Therapeuten lieber Kinder als Ehepaare behandeln.

Das Kind kann als Medium dienen, an dem oder über das die Kollusion ausgetragen wird. Statt eines Ehekonfliktes werden dem Psychotherapeuten Divergenzen in den Erziehungsauffassungen angegeben. Jeder Elternteil legitimiert seine Erziehungshaltung als bloß ausgleichende Reaktion auf die Fehlhaltung des anderen Elternteiles. Der eine sagt: «Ich bin so hart mit dem Kind, weil du so weich bist», der andere: «Ich bin so weich, weil du so hart bist». Der eine: «Ich bin so autoritär, weil du den Kindern alles durchläßt», der andere: «Ich bin so antiautoritär, weil du so autoritär bist.» Der eine: «Ich verlange von den Kindern Verzichtleistungen, weil du so verwöhnend bist», der andere: «Ich bin so verwöhnend, weil du von den Kindern immer Verzichtleistungen forderst.» Der eine: «Ich kritisiere die Kinder, weil du sie so vergötterst», der andere: «Ich vergöttere sie so, weil du sie immer kritisierst.»

Übertriebene Härte des einen führt zwangsläufig zu milderer Erziehungshaltung beim andern, genauso wie übertriebene Verwöhnung des einen dem andern keine andere Wahl läßt als eine strenge Erziehungshaltung einzunehmen. Die Erziehungsanforderungen werden in einer gewissen Balance an das Kind herangetragen. Nimmt ein Elternteil eine einseitige Extremhaltung ein, so zwingt er den Partner zur Übernahme der ausgleichenden Gegenhaltung, wenn das Erziehungsergebnis in Übereinstimmung mit den gesellschaftlichen Leitbildern stehen soll. Auch hier entwickelt sich ein Verstärkerkreis, in dem es nicht mehr möglich ist zu sagen, wer der Schuldige wäre.

Verhängnisvoll ist, daß manche Eltern unbewußt das Kind zu Verhaltensstörungen oder Krankheitssymptomen manipulieren, mit denen sie dem Partner in ihrer kollusiven Spannung eins auswischen wollen: «Siehst du, was du mit deiner Haltung angerichtet hast?» Unter gegenseitiger Beschuldigung wird das Kind häufig zum Kinderpsychiater geschickt. Wenn die Klage des Vaters lautet: «Meine Frau verwöhnt die Kinder ganz übermäßig», so ist die eigentliche Frage, inwiefern sich dieser Mann zu kurz gekommen fühlt und sich aus abgewehrter Eifersucht den Kindern gegenüber so schroff benimmt.

Oder wenn die Frau vorträgt, der Mann ist zu hart mit den Kindern, er kümmert sich viel zu wenig um sie, so stellt sich die Frage, inwiefern die Frau selbst unter der Gefühlskälte und Härte des Mannes leidet und den Eindruck hat, er kümmere sich nicht um sie. Wenn man nicht wagt, für sich selbst direkte Ansprüche zu stellen, so ist es ein bewährter psychosozialer Abwehrmechanismus, andere vorzuschieben, für deren Befriedigung man sich einsetzen will. «Ist euch nicht kalt?» sagt man, wenn man für sich selbst gerne die Heizung anstellen möchte. «Möchtet ihr nicht etwas trinken?» sagt man, wenn man selbst Durst hat.

21. Beispiel: Ein Paar meldet sich beim Kinderpsychiater, angeblich wegen Meinungsverschiedenheit über die Kindererziehung. Der siebenjährige Knabe weist einen fraglichen frühkindlichen Hirnschaden auf und zeigt Verhaltensschwierigkeiten, die das Paar völlig aus der Fassung bringen. Das Kind steigert sich in Affektausbrüche hinein, in denen es schreit und tobt und außer Rand und Band gerät. Es verhält sich völlig undiszipliniert und läßt sich überhaupt nicht lenken. Mann und Frau werfen sich gegenseitig Erziehungsversagen vor und werden deshalb zur Ehetherapie geschickt, obwohl sie sich keiner Ehekonflikte bewußt sind.

Als Eheproblematik ergibt sich im Erstinterview eine anal-zwanghafte Kollusion, in der der Mann sich als Ordnungshüter und Autorität mit absolutem Gehorsamsanspruch aufspielt und die etwas infantile Frau sich ihm vordergründig zwar widerstandslos unterwirft, ihn aber durch Nachlässigkeit, Passivität und Faulheit ärgert. Dem direkten Austrag des Partnerkonfliktes wird von beiden Seiten ausgewichen und der Konflikt auf die Erziehung des Kindes verschoben. Der Mann, der in Kriegsverhältnissen aufgewachsen ist, will die harte, militärische Erziehung durchsetzen, die Frau aber seine Autorität untergraben, indem sie dem Kind hinter seinem Rücken alles durchläßt.

Die Symptombildung gibt einerseits dem Mann recht, daß man dem Kind (und damit auch der Frau) Schranken setzen und es disziplinieren muß. Aber auch die Frau profitiert von den Verhaltensstörungen des Kindes, weil der Mann dadurch gezwungen wird, sich mehr um die Kinder zu kümmern und sich dabei als ohnmächtiger Versager auszuweisen. Sie führt ihn in seinem autoritären Verhalten ad absurdum, indem sie ihm über das Verhalten des Kindes zeigen kann, daß er diesem – aber auch ihr gegenüber – zu hart, engstirnig und stur ist. Sie schaukelt die Reaktionen des Kindes heimlich auf, indem sie sich ganz mit dessen Affektausbrüchen identifiziert.

Die Verhaltensstörungen des Kindes verhindern, daß sich das Paar direkt mit seiner ehelichen Spannung auseinandersetzen muß.

22. Beispiel: Im bereits auf Seite 130 ff. erwähnten *Beispiel* – ebenfalls eine anale Kollusion – identifizierte sich der Mann, Student der Pädagogik, mit progressiven Ideologien. Obwohl er theoretisch die Emanzipation der Frau forderte, beanspruchte er zu Hause die Respektierung seiner patriarchalischen Autorität. Da er studienhalber viel zu Hause war, nützte die Frau die Gelegenheit, den Kindern in seiner Anwesenheit alles durchzulassen und sie heimlich zu ermuntern, wie kleine Teufel herumzulärmen, bis es den Pädagogen in seiner Studierstube vom Stuhl hob, er zornentbrannt in den Korridor stürzte und die Kinder anschrie. Zerknirscht zog er sich alsbald wieder von den erschreckten Kindern zurück und brütete über Theorie und Praxis der antiautoritären Erziehung, während die Frau sich ins Fäustchen lachte. Auch hier benützte die Frau die Kinder, um den Mann in seinem autoritären Herrschaftsanspruch zu Fall zu bringen, ohne sich ihm direkt stellen zu müssen.

Nicht selten will man den Partner in die Stellung des Strafenden und Bösen manipulieren, um sich bei den Kindern um so eher die Position des Beliebten zu erwerben. Oder man versucht, den Partner eifersüchtig zu machen, indem man sich den Kindern übertrieben zuwendet und den Partner vernachlässigt oder das Kind in den Eigenschaften besonders fördert, in denen der Partner einen enttäuscht und ärgert. Der Knabe wird als besonders stark, sportlich, ritterlich, charmant und aufmerksam gelobt, die Tochter als bildhübsch, ein richtiges Weibchen mit Sex-Appeal, mit mütterlicher Wärme und Besorgtheit.

Das Verhängisvolle an dieser elterlichen Haltung ist, daß sie Tendenzen, die im Kind vorliegen und für seine Entwicklung ohnehin gefährlich sein können, nicht bremst und in die richtigen Bahnen lenkt, sondern aufschaukelt und ausbeutet. RICHTER beschreibt in «Eltern, Kind und Neurose», wie die Eltern im Kind eine narzißtische Erweiterung ihres Selbst suchen, wie sie das Kind als Substitut von Teilen ihres Selbst sehen wollen. Nach meiner Erfahrung bildet sich darüber hinaus meist zwischen Eltern und Kind eine narzißtische Kollusion, in der auch das Kind aktiv dahin tendiert, den Eltern als Substitut zu dienen. Gerade bei Adoleszenten konnte ich immer wieder beobachten, daß ihre Unfähigkeit, erwachsen und autonom zu werden, wesentlich in der Vorstellung begründet war, für die Eltern unentbehrlich und lebenswichtig zu sein. Diese Vorstellung vermittelt dem Kind ein grandioses Selbstgefühl und dispensiert es von der Auseinandersetzung mit der eigenen Entwicklung. Die Ablösung von den Eltern belastet es nicht nur mit Schuldgefühlen und Angst, sondern auch mit dem Verlust der eigenen Identität, die es in der Übernahme seiner Funktion den Eltern gegenüber gefunden zu haben glaubt.

Auch die Einbeziehung der Kinder als einseitige Bundesgenossen ist von RICHTER in «Eltern, Kind und Neurose» eingehend beschrieben worden. Diese Form wirkt sich auf die Kinder oft ebenso verheerend aus. Einer oder beide Elternteile versuchen, das Kind zu ihrem Bundesgenossen zu machen und es gegen den andern einzunehmen. Das Kind wird als Schiedsrichter in den ehelichen Streitigkeiten der Eltern eingesetzt; jeder beansprucht es für sich als Schützenhilfe, als Vorkämpfer in eigener Sache, als Spitzel, Zuträger und Intrigant, ja manche Eltern suchen selbst wie Kinder bei ihren Kindern Trost, Schutz und Hilfe, was die Kinder oft überfordert. Besonders verhängnisvoll ist dieses Intrigenspiel, weil die Bewältigung des Ödipuskomplexes dem Kind in dieser Form fast unmöglich gemacht wird. Wenn die Mutter sich an den Sohn anlehnt, ihm alle Schlechtigkeiten über den Vater erzählt und ihn zur gemeinsamen Rebellion gegen den Vater ermuntert oder wenn der Vater sich bei der Tochter ausweint, ihr über die sexuellen Frustrationen bei der Mutter klagt und sich eventuell dabei zusätzlich an der Tochter vergreift, muß es nicht wundern, wenn die Kinder schwerst traumatisiert und oftmals lebenslang in ihren intimen Beziehungen behindert bleiben.

Das Kind in der Rolle eines stellvertretenden Konfliktträgers wird vor allem in der Literatur der amerikanischen Familientherapie, aber auch bei RICHTER als Substitut der negativen Identität oder als Sündenbock eingehend beschrieben und soll hier nur der Vollständigkeit halber erwähnt werden. Diese Beziehungskonstellation entspricht einer Kollusion mit extradyadischer Polarisierung, wo sich das Ehepaar oder eventuell die ganze Familie gegen eines der Kinder vereint. Dieses wird damit zum Kristallisationspunkt des familiären Konfliktes, zum Projektionsträger für alles, was die Familie an sich selbst nicht wahrhaben will, zum Schandfleck, Verräter und Apostat, von dem man sich distanziert. Innerlich bleibt die Familie aber ganz auf diesen Projektionsträger fixiert und beschäftigt sich mit all den Skandalen, die er ihr bereitet. Hier genügt es natürlich nicht, das Kind nur in Polarisierung zur ehelichen Dyade zu betrachten, obwohl das ein wichtiger Aspekt bleibt. Der Konflikt sollte vor allem als *Familienkollusion* angesehen werden, an dem jeder, wie in einem Drama, in einer ganz bestimmten Rolle teilhat. Die Beschreibung der Familienkollusion würde aber den Rahmen dieser Darstellung überschreiten.

Als Kollusionsmedium, Bundesgenosse oder Sündenbock können statt des Kindes auch andere Beziehungspersonen, die Mutter, die Schwiegermutter, die Freunde, ja sogar eine Ideologie eingesetzt werden. Das Kind wird aber in der heutigen Kleinfamilie am ehesten als «Dritter» einbezogen und ist solch pathologischen Einflüssen am schutzlosesten preisgegeben.

9. Psychosomatische Paar-Erkrankungen

Die konfliktneutralisierende Wirkung der psychosomatischen Symptombildung

Im vorangegangenen Kapitel wurde dargestellt, wie das Paar unter Stress die Tendenz hat, seine Grenzen zu öffnen und Drittpersonen in den Konflikt einzubauen. Ihre Einbeziehung kann die intradyadische Spannung neutralisieren, wenn beide Partner sich im Kampf gegen diese Drittperson eng zusammenschließen müssen. Die Drittperson kann aber auch einseitiger Bundesgenosse desjenigen sein, der sich dem Kampf gegen den Partner nicht mehr gewachsen fühlt. Nun sehen wir, daß ein psychosomatisches Symptom für die dyadische Dynamik einen ganz ähnlichen Stellenwert haben kann wie die einbezogene Drittperson. Droht in der dyadischen Spannung die Balance der Gleichwertigkeit zuungunsten des einen Partners auszuschlagen, so gibt es vielerlei Verhaltensmöglichkeiten, die ihm verhelfen, das Gleichgewicht zu seinen Gunsten wieder herzustellen. So kann man zum Beispiel den Partner mit Weinen entwaffnen und ihn mit Schuldgefühlen belasten, man kann ihn mit Schweigen, Wutanfällen, Tätlichkeiten, Davonlaufen usw. unter Druck setzen. Wenn der Einsatz derartiger Mittel aber nicht mehr ausreicht, und die Situation für den geschwächten Partner so unerträglich wird, daß er sich nicht mehr mit «konventionellen Mitteln» behaupten kann, so muß etwas Eingreifendes passieren, um das Beziehungssystem wieder zu balancieren. Das kann insbesondere der Ausbruch einer psychosomatischen Krankheit sein.

Unter psychosomatischen Krankheiten versteht man Körperkrankheiten aus seelischer Ursache. Im engeren Sinne zählt man dazu Krankheiten mit Organveränderungen, also insbesondere gewisse Formen von Magen- und Zwölffingerdarmgeschwüren, Asthma bronchiale, Ekzem, Neurodermitis, primär chronische Polyarthritis, essentielle Hypertonie (Hochdruck), Colitis ulcerosa usw.; im weiteren Sinne die viel häufigeren funktionellen und vegetativen Regulationsstörungen wie Migräne, Herzneurose, Verstopfung, Schlaflosigkeit, Störungen des weiblichen Zyklus, Sexualstörungen, Fettsucht, Pubertätsmagersucht, nervöses Erbrechen und viele andere mehr.

Die Krankheit verändert die Beziehungsform des Paares als Ganzes. Die dyadische Beziehung wird auf eine andere Stufe eingestellt, neu kalibriert (WATZLAWICK, BEAVIN und JACKSON). Einesteils werden die Partner durch die Krankheit stärker aneinandergebunden, andernteils aber werden sie gegeneinander besser abgegrenzt. Es tritt eine innere Distanzierung ein, weil man über viele Themen, die einen zuvor gemeinsam beunruhigt haben, gar nicht mehr sprechen kann, da man sich ja nicht mehr belasten darf. Alles was mit der Krankheit nicht in unmittelbarem Zusammenhang steht, wird belanglos. Auf diese Weise gewinnt das Paar Distanz zum kollusiven Konflikt. Zusätzlich kann es zu einer äußeren Trennung durch Hospitalisation, Kuraufenthalte, Bettlägerigkeit und körperliche Behinderung kommen.

Eine weitere Veränderung, welche die Symptombildung oft mit sich bringt, ist die Öffnung des dyadischen Spannungsfeldes gegenüber Drittpersonen. Vorangehend war das Paar oftmals ganz auf die Kollusion fixiert und verarmte in seinen Außenbeziehungen. Durch die Krankheit wird die Isolation aufgebrochen und eine intensive, krankheitsbestimmte Außenweltbeziehung aufgenommen. Sofern sich der Arzt als zugänglich erweist, wird ihm der Ehekonflikt zunächst in verschleierter, später meist aber auch in offener Form mitgeteilt. Die Krankheit ist ein Appell an die Umgebung, dem in der Kollusion gefangenen Paar zu helfen.

23. Beispiel: Eine 39jährige Hausfrau, Mutter eines achtjährigen Sohnes, kam in Behandlung wegen schwerer Herzneurose, an der sie seit einem halben Jahr litt. Ihr Ehemann ist ein Büroangestellter, ein echter Beamtentyp, pedantisch, korrekt, beflissen und formalistisch. Die Patientin heiratete diesen Mann, nachdem sie in erster Ehe von einem triebhaften Kriminellen ausgenützt worden war. Für ihre zweite Ehe wollte sie lieber auf Abenteuerlichkeit und ausgelassene Fröhlichkeit verzichten und an der Seite ihres engstirnigen Mannes ein gesichertes und solides Bürgerleben führen. Da sie eine attraktive und im Grunde lebenslustige Frau war, fiel es ihr schwer, ihre sexuellen Phantasien im Zaume zu halten. Anläßlich einer Klassenzusammenkunft traf sie ihren Jugendfreund, einen rassigen Sportsmann mit schnellem Wagen, von dem sie seit jeher fasziniert gewesen war. In zeitlichem Zusammenhang damit trat ihre erste angstneurotische Krise auf: rascher Puls, Erstikkungsangst, Angst vor Herzinfarkt, Herzstechen gepaart mit Platzangst. Die Patientin war in der Folge kaum mehr in der Lage, das Haus ohne Begleitung ihres Mannes zu verlassen. Meist mußte dieser sogar für sie die Einkäufe tätigen. Der Mann übernahm diese Aufgabe ohne zu murren. Er sprach der Patientin energisch zu, man müsse sich eben zusammenreißen, man dürfe nicht alles so schwer nehmen usw.

Die Patientin kam in stationäre Psychotherapie. Im Laufe der analytisch gerichteten Einzeltherapie gab sie allmählich unter schwersten Ängsten und Widerständen sexuelle Phantasien zu, von denen sie sich bedroht fühlte. Im Interesse der Therapie begann sie eine Halbtagsarbeit, was dem Ehemann allerdings wenig paßte. Er hatte seit je zu Eifersucht geneigt. Er beanspruchte die Patientin ganz für sich und schien in ihr vor allem eine Mutter zu suchen. Er fühlte sich auch gegenüber dem achtjährigen Knaben immer hintangesetzt. Bei der Entlassung nach dreimonatiger Therapie waren ihre angstneurotischen Symptome in den Hintergrund getreten. Die Patientin war wieder in der Lage, allein überall hinzugehen und sich durch ihre gelegentlich noch auftretenden Ängste nicht in ihren Aktionen beeinträchtigen zu lassen. Dafür kam es nach der Entlassung zu erheblichen Spannungen in der zuvor problemlos scheinenden Ehe. Die Patientin wollte sich die gewonnene Autonomie vom Mann nicht mehr nehmen lassen.

Er aber reagierte darauf mit Angst und Eifersucht. Einmal rückte der Mann zu einer gemeinsamen Besprechung mit der Frau bei mir an, in der Hand das Schweizerische Zivilgesetzbuch, wo er mit dem Artikel 160 schwarz auf weiß nachweisen konnte, daß er von Gesetzes wegen das Haupt der Familie sei, während die Frau dem Mann mit Rat und Tat zur Seite zu stehen und ihn in seiner Sorge für die Gemeinschaft nach Kräften zu unterstützen habe. In formalistischer Manier versuchte er, das bedrohte Patriarchat zu retten. An einem Sonntagnachmittag stand er plötzlich vor meiner Haustüre hilfesuchend auf meinen Rat wartend, da seine Frau trotzig auf einem Bänklein im Walde hocke, kein Wort von sich gebe und sich weigere, ihm nach Hause zu folgen. Vorangegangen war, daß er, um zu Hause Ordnung herzustellen, in ihrer Abwesenheit verschiedene persönliche Effekten der Frau in den Kehricht geworfen hatte. Der Mann hoffte nun, von mir die Einweisung in eine psychiatrische Klinik zu erwirken, da man ja eine derartige Frau für irre erklären müsse.

Trotz der vermehrten Streitigkeiten ging es der Frau gesundheitlich immer besser. Sie konnte auf die Fortsetzung einer ambulanten Nachbehandlung allmählich verzichten. Sie schrieb mir dann nur noch alle Jahre zum Jahreswechsel kleine Briefchen, die nachfolgend zitiert seien, weil sie deutlich zeigen, wie die Frau im Ehekonflikt zunächst ihre Mutter als Bundesgenossin benutzt und die Spannung sich offensichtlich ins Unerträgliche steigert. Im zweiten Brief aber scheint sich die Situation durch eine jetzt beim Mann aufgetretene psychosomatische Erkrankung äußerlich beruhigt zu haben. Die Beziehung ist jetzt eingeengt auf eine Welt der Krankheiten.

Vor einem Jahr, als ihre Beziehung zum Mann maximal gespannt war, schrieb sie: «Mein Sohn Dieter mußte mir ein mit Schreibmaschine geschriebenes Kärtchen von ihm [dem Mann] überbringen. Nächsten Freitag müsse ich zu Ihnen kommen, sonst würden zwingende Maßnahmen ergriffen. Es war also noch nicht genug Blitz und Donner niedergegangen. Er ist noch nervös und trotzig, jedoch geschlagen. Hören Sie nun. Ich telefonierte meiner Mutter wohl oder übel, und mit dem hat er nicht gerechnet. Sie verlangte ihn ans Telefon und wusch ihm so richtig die Kappe. Das wirkte. Er glaubt immer, über mich verfügen zu können. Bald sind wir ein Jahr hier, ein hartes Jahr und der Kampf geht weiter, ich weiß es. Heute durfte mir mein Mann noch sagen, er gebe mir hier ein Zimmer, also das Wohnrecht. Dabei habe ich soviel wie er, wenn nicht noch mehr als er an dieses Haus beigesteuert ... Dazu trinkt er noch gern Alkohol, was ihm gar nicht gut tut, denn er ist sonst schon so brausig und draufgängerisch, herrschsüchtig und befehlerisch. Ich werde nicht mehr so anständig sein und zu allem ‹ja› sagen, sondern mich auch wehren. Vor nichts werde ich zurückschrecken und meine Leute mobilisieren. Er hält mir öfters vor, daß ich nicht vergebens in der ‹Psychiatrischen› gewesen sei und ich gehöre in eine solche Anstalt. Man sehe mir an, daß ich schwerkrank gewesen sei ...»

Ein Jahr später folgt ein weiterer, wesentlich kürzerer Bericht: «So haben wir bald wieder ein Jahr geschafft. Neues Jahr, zeig dein Gesicht! Ende November wurde mein Mann operiert, nachdem er eine Gallensteinkolik hatte. Er mußte schon lange vorsichtig sein mit dem Essen. Nun weilt er zur Erholung. In den Beinen ist er noch etwas schwach, wir hoffen sehr, daß alles gut kommt. Dieter [der Sohn] hatte eine starke Grippe, mit Husten und einer bösen Zehe, die der Arzt schneiden und nähen mußte. Langweilig wird es mir also nie.»

Die Situation scheint sich beruhigt zu haben dank der Erkrankung des Mannes.

Häufig wird der Sinn der Symptombildung am deutlichsten durch deren Auflösung in der Therapie. Oft kommt es dabei zur Freisetzung bisher verdrängter außerehelicher Phantasien, die deshalb als so angsterregend erlebt werden, weil diese Patienten die Befriedigung einmal zugelassener Wünsche nicht aufzuschieben vermögen und sich wehrlos ihrem Trieb ausgeliefert fühlen, was die Ehe gefährden und mit einem Objektverlust einhergehen kann. Im Laufe der Therapie werden dann nicht selten außereheliche Kontakte eingegangen, auch wenn das vom Therapeuten in keiner Weise angestrebt wird. Diese außerehelichen Beziehungen werden oft provokant dem Partner mitgeteilt, um sich von eigenen Schuldgefühlen zu entlasten und um dem Partner die Kontrolle über die zugelassenen Phantasien zu übertragen. Er soll verantwortlich dafür sein, daß man es nicht zu weit treibt und sich in zulässigen Grenzen hält. Der Partner reagiert meist mit Eifersucht und moralisierender Einengung. Da aber der Patient sich in der Therapie zu größerer Autonomie ermuntert fühlt, beginnt er sich nun gegen den Partner zu wehren. War die Ehe zuvor monoton, spannungsarm und ganz auf die Symptombildung zentriert, so kommt es nach Wegfall des Symptoms zum Ehezerwürfnis. Wir sehen dann besonders deutlich, wie die Krankheit beiden Teilen gedient hat, die Ehe in engem Rahmen spannungsfrei zu halten. Wenn der bisherige Symptomträger seine Krankheit aufgibt, kann sein Partner sich besonders beunruhigt fühlen. Er fürchtet um seinen Einfluß und seine überlegene Stellung, versucht sich eine Zeitlang zu behaupten mit Drohungen, der Patient werde nächstens noch kränker werden, werde der Hospitalisation in einer «Irrenanstalt» bedürfen oder unter Vormundschaft gestellt werden. Dann folgt eine Phase der Niedergeschlagenheit, in welcher der Partner durchblicken läßt: «Krank warst du mir lieber». Er fürchtet, der ehemalige Patient werde sich von ihm lösen. Nicht selten bricht nun bei ihm eine Symptomkrankheit aus. Solche Therapieabläufe konnte ich vor allem bei Herzneurotikern beobachten, die bei uns in stationärer Psychotherapie standen, wobei ich mich bemüht hatte, den Partner ebenfalls in die Therapie miteinzubeziehen. Mit dem Wahrnehmen der verdrängten Phantasien und einem Zuwachs an Autonomie trat jeweils die Symptombildung beim Patienten zurück, die Ehe wurde aber zunehmend gespannt, wie in folgendem Beispiel:

24. Beispiel: Eine 31jährige Frau, Mutter von zwei Kindern, wurde uns zur stationären Psychotherapie zugewiesen wegen schwerer Angstneurose mit herzphobischen Symptomen und Platzangst. Sie litt bereits seit acht Jahren an der herzneurotischen Symptomatik und war deswegen in Behandlung verschiedener Internisten und Psychiater gewesen. Zweimal war sie in psychiatrischen Kliniken hospitalisiert gewesen, ohne daß die Symptomatik je wesentlich hätte beeinflußt werden können. Die stationäre Behandlung war indiziert, weil die Patientin nicht mehr in der

Lage war, ihre Wohnung zu verlassen.

Die Krankheit war ausgebrochen, als die Patientin von einem Arzt wegen Angina untersucht worden war. Der Arzt, ein schöner Mann, habe angeblich dabei anzügliche Bemerkungen fallengelassen. Als derselbe Arzt auf Hausbesuch bei einer Nachbarin weilte, brach bei der Patientin der erste Angstanfall aus, in dem sie panikartig zu diesem Arzt flüchtete. Die Patientin war seit zehn Jahren verheiratet mit einem Bäcker, mit dem sie während Jahren gemeinsam ein Geschäft geführt hatte, das sie dann aber wegen ihrer Erkrankung aufgeben mußten. Seither betätigte sich der Mann als Vertreter. Er wirkte äußerlich als Playboy im Gegensatz zur Patientin, die ein biederes, wenig vorteilhaft aussehendes Hausmütterchen war. Die Patientin war eifersüchtig auf ihren Mann, der ihr immer wieder ehelich untreu war.

Im Laufe der stationären Behandlung wurde die Patientin zunehmend von außerehelichen Phantasien beunruhigt. Sie ließ sich in Beziehungen zu Mitpatienten ein, was vom Mann zunächst hämisch kommentiert und abschätzig ins Lächerliche gezogen wurde. Die Patientin blühte aber zunehmend auf, wurde autonomer und begann sich dem Mann gegenüber zu behaupten. Sie tat dies allerdings in wenig konstruktiver Weise. Vielmehr agierte sie, indem sie ihn zur Eifersucht provozierte, wo sie nur konnte. Der Versuch einer Ehetherapie in der unterdessen manifest gewordenen Ehekrise führte leider nicht weiter. Der Mann fixierte sich auf seine Position des überlegenen Weltmannes und versuchte weiterhin, die Frau als kleines Dummerchen und unzurechnungsfähige Kranke zu behandeln. Es kam zum Machtkampf zwischen den beiden. Nach der Entlassung ging es der Patientin bezüglich Symptomatik so gut wie seit Krankheitsbeginn nie mehr. Sie war wieder in der Lage, sich frei in der Stadt zu bewegen und nahm eine Halbtagsarbeit an. Die eheliche Spannung steigerte sich ins Unerträgliche. Beide Partner waren voller Angst, dem anderen zu unterliegen, und suchten nach immer neuen Methoden, um den anderen unterzukriegen. Vor allem dem Mann ging es zusehends schlechter. Er nahm 10 kg an Gewicht ab, war zeitweise kaum mehr arbeitsfähig, sah blaß und geschwächt aus, verlor seine Stelle und mußte sich mit einem bescheideneren Posten zufriedengeben. Er äußerte in einer der seltenen ruhigen Minuten der Frau gegenüber: «Jetzt brauchst du mich wohl bald nicht mehr, jetzt bist du ja gesund.» Der Mann mißgönnte ihr das Geld, das sie verdiente und das ihr eine gewisse Autonomie ihm gegenüber erlaubte. Einmal wandte er sich notfallmäßig an mich, seine Frau drehe durch, man müsse sie doch psychiatrisch hospitalisieren. Der Mann wurde der Frau gegenüber eifersüchtig und kontrollierte und überwachte sie. Die Berufstätigkeit gab der Frau Selbstbewußtsein, so daß sie die Angst vor einer Trennung schrittweise verlor. Da die Patientin dauernd außereheliche Beziehungen unterhielt, reichte der Mann schließlich die Scheidung ein. Im Scheidungsprozeß entstand ein langes Hin und Her mit zeitweiligem Getrenntleben, abwechselnd mit Wiederaufnahme des Zusammenlebens. Schließlich war die Frau in der Lage, den Scheidungsprozeß in geordneter Manier durchzuführen und all die Angelegenheiten der Trennung mit dem Mann vernünftig zu regeln. Sie hatte es aufgegeben, den Mann weiterhin zu provozieren, und kümmerte sich nach der Scheidung freundschaftlich um ihn.

In der Therapie wird es ein Anliegen sein, das Paar anzuhalten, den Konflikt in direkter Form auszutragen und nicht den Umweg über die Krankheit zu benützen. In dem Maße, wie das Krankheitssymptom verschwindet, erhöht sich dann oft die eheliche Spannung, so daß sich manches Paar nach dem Zustand zurücksehnen mag, wo eines von beiden krank und damit die Beziehung ruhiger und kontrollierter war. Nicht selten kommt es zu einem Umkippen der Rollenverteilung: War zuerst der eine in der Rolle des Kranken, so fällt nach dessen Behandlung der andere in eine Krankheit.

Die psychosomatische Krankheit als gemeinsames Abwehrsyndrom

Nach psychoanalytischer Lehre geht es bei der psychosomatischen Symptombildung etwas vereinfacht gesagt um folgenden Prozeß:

Wenn libidinöse oder aggressive Strebungen nicht direkt auf einen Partner bezogen geäußert werden können, so müssen sie verdrängt werden. Das Individuum gibt es auf, diese Affekte direkt auf eine Beziehungsperson zu richten, um darin Befriedigung zu suchen. In einer ersten Phase von Abwehr sucht das Individuum in Ersatzphantasien auszuweichen, in denen es die erstrebte Beziehung vergegenwärtigen und so erlebnismäßig austragen kann. Genügt diese Verdrängungsmaßnahme zur Bewältigung der affektiven Spannung nicht, so erfolgt jetzt in einer zweiten Phase die Verschiebung in die Dynamik körperlicher Abwehrvorgänge. In dieser zweiten Phase kommt es zur psychosomatischen Symptombildung. Das Individuum gibt seine manifeste Anspruchshaltung gegenüber der Beziehungsperson auf und verhält sich äußerlich gesehen völlig angepaßt und normal. Die affektive Spannung wird jetzt im körperlichen Symptom ausgetragen. Damit ist das Individuum aus dem zuvor bestehenden Konflikt befreit, hat sich aber mit der körperlichen Krankheit im Sinne eines Erinnerungssymboles belastet. Auch muß es einen erheblichen Teil seiner psychischen Energie für die Aufrechterhaltung dieser Symptombildung aufwenden, was zu einer Verarmung seines Interessenbereiches führt.

Nach MITSCHERLICH (1967) kommt ein Affekt, soweit er bewußt zugelassen werden kann, zur Entspannung, indem er sich auf ein Objekt, das heißt auf eine Beziehungsperson richtet. Ich und Objekt erleben sich dabei sinnvoll miteinander in Kontakt. In der Verdrängung werden nun nicht nur der Affekt und die mit ihm verbundenen Vorstellungen daran gehindert, ins Bewußtsein einzutreten. Psychosozial bedeutet Verdrängung die Verhinderung, daß der Affekt direkt mit einem Objekt in Kontakt kommen kann, daß er sich mit einem Objekt verknüpft. So bleibt dieser Affekt im Zustand des Verdrängtseins als Dauererregung bestehen und kann sich nun nicht mehr in einer ihm angestammten affektiven Gesamtgestalt und auf einen Partner bezogen äußern. Der Affekt verläuft jetzt im Inneren des Organismus «autoplastisch», das heißt, er richtet sich libidinös, aggressiv und selbstdestruktiv auf den eigenen Körper. Aus Hilflosigkeit und Hoffnungslosigkeit gibt es das Individuum auf, seine affektive Aufmerksamkeit auf äußere Objekte zu richten, um diese – alloplastisch – zu verändern oder von diesen Befriedigung zu suchen, vielmehr richtet sich diese jetzt auf den eigenen Körper und macht diesen zum Fokus einer narzißtischen Regression.

MITSCHERLICH spricht von einer zweiphasigen Abwehr: *Die erste Phase* ist diejenige der *neurotischen Affektbewältigung* mittels Phantasieleistungen im Sinne halluzinatorischer Wunscherfüllung und Omnipotenzvorstellungen. Die Objektbeziehungen sind neurotisch geprägt im Sinne von neurotischen Ansprüchen und Abwehrhaltungen. Eventuell kommt es hier auch zu einer psychoneurotischen Symptombildung. Psychoneurosen sind eine auf Empfindungen und Gedanken reduzierte Erkrankungsform, die die Desomatisation (SCHUR) und damit den Sekundärprozeß aufrechterhält. Genügen nun aber die neurotischen Verdrängungsmechanismen zur Bewältigung einer personalen Krise nicht, so erfolgt jetzt in einer zweiten Phase die Verschiebung in die Dynamik körperlicher Abwehrvorgänge.

Die zweite Phase ist die Phase der *psychosomatischen Symptombildung* unter gleichzeitigem Verschwinden mancher Abwehrhaltungen. Schwere neurotische Fehlhaltungen treten im Bewußtsein und im manifesten Verhalten zurück. Es stellt sich eine Einförmigkeit der Reaktion, eine Charaktermonotonie ein. Ein Teil der Neurose verändert sich also und geht unter. Das psychoneurotisch deformierte Verhalten reicht zur Aufrechterhaltung eines Anpassungsgleichgewichtes nicht mehr aus. Die direkt auf das Objekt gerichtete Aktivität wird aufgegeben.

Durch Resomatisation (SCHUR) kommt es zu einer Entschärfung des konflikterregenden Affektes, der jetzt im Symptom ersatzbefriedigt wird, das heißt die Befriedigung des libidinösen Anspruchs verschmilzt mit dem Strafbedürfnis für dessen Befriedigung. Durch die Resomatisation kann die Verdrängung verstärkt werden, und damit wird verhindert, daß die Beziehungsperson mit dem abgewehrten Affekt in Kontakt kommt.

Die Symptombildung kann als eine regressiv verlaufende Abwehrleistung des Ich betrachtet werden, die ihm einen primären Krankheitsgewinn verschafft. FREUD schrieb: «Das Ich hat damit erreicht, daß es widerspruchsfrei [d. h. konfliktfrei] geworden ist, es hat sich aber dafür mit einem Erinnerungssymbol belastet, welches als unlösbare motorische Innervation oder als stets wiederkehrende halluzinatorische Sensation nach Art eines Parasiten im Bewußtsein haust» (GW I, Seite 63). Die zur Symptombildung aufgewendete energetische Leistung des Ich führt zu einer Verarmung desselben an Besetzungsenergie. Sein Interessenbereich wird eingeschränkt. Als Entschädigung für die Schwächung der Ich-Funktionen kann der psychosomatisch Kranke stützende, tragende und fürsorgende Maßnahmen seiner Umwelt mobilisieren, was als sekundärer Krankheitsgewinn bezeichnet wird (MEERWEIN).

Die zweiphasige Abwehr nach MITSCHERLICH läßt sich nun zwanglos auf die Psychosomatik bei Partnerkonflikten übertragen.

> Wenn es den Partnern nicht mehr gelingt, einen Konflikt mit den ihnen vertrauten psychologischen Mitteln, mit direkt aufeinander gerichteten Verhaltensweisen zu bewältigen, sie aber nicht die Möglichkeit sehen, sich voneinander zu distanzieren oder in Ersatzphantasien auszubrechen, so kann der Konflikt auf Körperebene ausgetragen werden.

Wenn sich also die Spannung verbal nicht bewältigen läßt, weicht das Paar in dieser hoffnungslosen Situation in die «Organsprache» aus und somatisiert den Konflikt. In der Dyade vollzieht sich derselbe Wandel, wie wir ihn für das Individuum aus der psychoanalytischen Beschreibung zitierten:

> Wo zuvor neurotische Verhaltens- und Beziehungsformen vorherrschten, tritt jetzt in der Dyade Ruhe und «Normalisierung» der Beziehung ein. Das Paar schränkt sich ein auf eine Welt der Krankheit.

Diese Beobachtung wurde von RICHTER am Beispiel der angstneurotischen Familie – unter dem Stichwort «Sanatorium» – und zusammen mit BECKMANN am Beispiel der Herzneurose beschrieben. Die Symptombildung schafft Nähe und Distanz. Sie zwingt die Partner, sich einander intensiver zuzuwenden und sich ausschließlich miteinander zu befassen. Gleichzeitig können aber gar keine Ansprüche und Konfliktangebote aufkommen, die über Pflege und Umsorgung hinausgehen. *Durch das Symptom ist man aneinander gekettet und voreinander geschützt. Die Konflikte sind zwar nicht verschwunden, aber sie werden jetzt auf dieser verschobenen Stufe ausgetragen, die es oftmals beiden Partnern erleichtert, sich elastischer zu verhalten, da sie jetzt nachsichtiger zueinander sein können, ohne das Gesicht zu verlieren.*

Die psychosomatische Kommunikation

Die Kommunikationstheorie sieht im Symptom ein adäquates Verhalten in einem unhaltbaren ehelichen oder familiären Kontext (s. WATZLAWICK, BEAVIN und JACKSON). Mit dem Symptom können sich die Partner mitteilen, was ihnen verbal nicht kommunizierbar ist, wofür sie in dieser verfremdeten Form nicht haftbar gemacht werden können und nicht als zurechnungsfähig gelten. Die Krankheit des Systems besteht dann darin, daß nur diese unverantwortete, averbale Form von Kommunikation zugelassen wird.

Betrachten wir nun, in welcher Form zwei Partner mittels psychosomatischer Symptombildung den kollusiven Konflikt modifizieren können:

In der *oralen Kollusion* kann der Partner in Pfleglingsposition mehr Pflege und Zuwendung erlangen, weil dieser Anspruch durch die Krankheit legitimiert ist und auch dem Partner in Mutterposition pflegerisches Entgegenkommen ermöglicht. Wird aber der bisher überforderte Partner in Mutterposition krank, so ist er von den Pflegeverpflichtungen entbunden. Er darf jetzt selbst oral regredieren und Ansprüche an seine Umgebung stellen, ohne deswegen sein Selbstbild von Bedürfnislosigkeit und Anspruchslosigkeit zu verlieren.

25. *Beispiel:* Eine 32jährige Frau ist seit elf Jahren praktisch dauernd wegen einer hysterischen Gehstörung ans Bett gefesselt. Sie lebt mit ihrem gleichaltrigen Ehemann, einem Elektroniktechniker, seit sechs Jahren in gewollt kinderloser Ehe. Nachdem sie schon in unzähligen Kliniken und Instituten behandelt worden ist, wird sie uns zur stationären Psychotherapie zugewiesen. Sie ist eine musisch aussehende junge Frau mit langem wallendem Haar. Sie zeigt gekünstelte, dramatisierende Gebärden, verklärte Gesichtszüge, sie wirkt geziert, pathetisch, süßlich und ganz auf ihre körperlichen Beschwerden eingeengt. Ihr Mann ist ein kleingewachsener unscheinbarer Techniker mit hintergründigem Ehrgeiz und hohen Idealen. Er hatte keine vorehelichen Bekanntschaften und war früher Leiter religiöser Jugendbewegungen. Er begann ein Abendgymnasium, das er aber aufgab, um sich ganz seiner kranken Frau widmen zu können.

Das Paar lernte sich bereits 16jährig im Konfirmandenunterricht kennen. Ihre eigentliche Bekanntschaft begann jedoch erst mit 21 Jahren. Die Frau hatte sich damals unter dem Druck der Eltern entschlossen, eine Liebesaffäre zu einem Künstler aufzugeben und sich mit ihrem späteren Ehemann zu liieren. Im direkten Anschluß an den ersten gemeinsamen Spaziergang mit ihrem späteren Mann trat ihre Schwäche mit Gehstörung auf, deretwegen sie nun seit elf Jahren ans Bett gebunden ist. Sie wies den Mann wegen ihrer Krankheit ab, um ihn auf die Probe zu stellen. Sie war nämlich der Meinung, keinen Mann wirklich an sich binden zu können. Als nun der Mann auf Fortsetzung der Bekanntschaft drängte und beteuerte, er wäre ohne sie nicht mehr lebensfähig, kam sie zu der Überzeugung: «Das ist ein Mann, den man heiraten kann, auf den ist Verlaß, das ist eine solide Sache.» Nach fünfjähriger Bekanntschaft erfolgte die Heirat mit Haustrauung, da die Patientin bettlägerig war. So blieb sie bis jetzt in Pflege ihrer in der Nachbarwohnung lebenden Eltern und des Ehemannes. Sie darf tagsüber nicht allein gelassen werden, da sie darunter leiden könnte. Der Mann pflegt die Frau mit größter Aufopferung. Er versucht sie mit Musik und Vorlesen zu unterhalten. Er sieht in der Krankheit der Frau direkt einen Vorteil für die Ehe: «Wir sind dem Ziel der Ehe nähergekommen als andere. Wir müssen viel Zeit füreinander aufwenden und sind uns deshalb so verbunden.» Er bleibt praktisch jede freie Minute bei der bettlägerigen Frau. Er kocht gerne und besorgt gerne den Haushalt. Die Frau verklärt das eheliche Paradies in nicht zu überbietender Weise. Wenn sich das Paar dem Arzt präsentiert, ist das ein verliebtes Gezwitscher und süßliches Gesäusel. Die wegen der Schwäche der Frau auferlegte sexuelle Abstinenz wird vom Mann mit größter Rücksichtnahme akzeptiert. Die orale Kollusion mit der Thematik Pflegen und Gepflegtwerden, kann durch das Symptom konfliktfrei aufrechterhalten werden.

In der *analen Kollusion* wird die Frage nach Herrschen und Beherrschtwerden durch die Krankheit gegenstandslos und verschleiert. Der Kranke kann den Gesunden mit seiner Krankheit tyrannisieren, umgekehrt kann sich der Gesunde als der Stärkere fühlen und den geschwächten Kranken in gesicherter Abhängigkeit halten. Dabei ergibt sich nie mit Klarheit, wer wen beherrscht, weil ja im Ausnahmezustand alles nicht zum Nennwert genommen werden muß. Auch im Kampf um den Besitz kann die psychosomatische Symptombildung zu einem für beide Partner tragbaren Kompromiß führen wie in folgendem Beispiel:

26. Beispiel: Es handelt sich um eine kinderlose Spätehe. Beide Partner wollten alles vom andern haben, ohne ihm alles geben zu müssen. Beide Partner waren in ebenbürtiger beruflicher Position. Der Streit konkretisierte sich in der Geldfrage. Der Mann war der Ansicht, daß man das Geld zusammenlegen müsse. Die Frau dagegen wollte das selbst verdiente Geld für sich behalten. Unter der jahrelangen Spannung im Besitzstreit entwickelte die Frau eine Horton'sche Neuralgie. Diese Krankheit löste den Konflikt insofern, als für die Abklärung und Behandlung ihrer Krankheit sehr viel Geld benötigt wurde. Die Kompromißlösung bestand darin, daß – wie es der Mann wünschte – das Geld zusammengelegt werden mußte, daß aber fast alles Geld – wie es dem Wunsch der Frau entsprach – für die (kranke) Frau ausgegeben werden mußte. Nachdem die Frau in Behandlung vieler Ärzte gewesen war, wurde dem Leiden durch Operation ein Ende gesetzt. Die Frau mußte in der Folge wegen einer Depression psychiatrisch hospitalisiert werden. Der behandelnde Arzt schlug eine Ehetherapie vor. Der Konflikt fixierte sich nun auf eine andere Störung: Der Mann zeigte der Frau gegenüber keinerlei sexuelle Aktivität mehr. Sie behauptete, das müsse an einer Krankheit liegen, und führte als Beweis seine stark gelblich verfärbten Unterhosen an. Es handelte sich hier sozusagen um einen Besitzstreit um die männlichen Samen: Die Frau wollte diese ganz für sich haben, der Mann sie aber für sich behalten. Die Frau versuchte nun den Mann zum Kranken zu organisieren, wogegen er sich zur Wehr setzte. Auch hier hätte die Diagnose einer körperlichen Krankheit wohl diesen Konflikt zu neutralisieren vermocht.

In der *phallischen Kollusion* entfällt die Rivalität zwischen den Partnern, weil durch die Krankheit die sexuellen Beziehungen, aber auch
überhaupt jedes Kräftemessen verunmöglicht wird und ein Versagen
und Unterliegen als krankheitsbedingt entschuldigt werden kann. So
gibt es kein Kräftemessen bezüglich männlicher Funktionen, Prestige,
Leistungsfähigkeit und Initiative mehr. Im folgenden Beispiel bestand
in der Ehe eine starke Rivalität hinsichtlich sportlicher Leistungsfähigkeit beim Bergsteigen und Skifahren:

27. Beispiel: Der Mann, ein Deutscher, empfand es als tiefe Kränkung,
wenn er beim Bergsteigen atemlos hinter seiner Frau – einer Schweize-
rin – einherhastete und feststellen mußte, daß der Abstand zu ihr bis zur
Erreichung des Gipfels immer größer wurde. Er empfand es zudem als
Blamage, daß die Frau den Rucksack trug. Die Frau äußerte sich ihm
gegenüber abschätzig, es langweile sie, mit ihm Bergtouren zu unternehmen, sie würde lieber allein mit dem Bergführer losziehen. Bei späteren Ferienaufenthalten verknackste sich der Mann regelmäßig am
ersten Tag den Fuß, so daß ihm vom Arzt die Fortsetzung des Tourenpro-
gramms untersagt wurde. Damit lösten sie jeweils ihre Ferienrivalität.

Die Dialektik von Schuld und Verdienst
bei psychosomatischen Paarerkrankungen

I. BOSZORMENYI-NAGY und G. SPARK schlagen vor, das familiäre System unter dem Aspekt einer Buchführung zu betrachten, in der Ver-
dienste und Schulden eines jeden Familiengliedes aufgeführt sind. Das
Verhalten jedes Familiengliedes vereint Schuld und Verdienst in dialek-
tischer Weise in sich. Es besteht eine meist unbewußte Gerechtigkeits-
balance in der Familie, die den Ausgleich von Schuld und Verdienst in
der Familie fordert.

Bei psychosomatischen Paarerkrankungen scheint mir die Betrach-
tung des Verhaltens jedes Partners unter dem Aspekt von Verdienst
und Schuld besonders fruchtbar. In der Literatur wird oft von den
Autoren eine willkürlich wertende, wenig reflektierte Haltung eingenommen. Bald ist der psychosomatisch Kranke derjenige, der sich mit
der Symptomkrankheit Vorteile von der Umgebung verschafft – man
nennt diese Vorteile «sekundären Krankheitsgewinn» – bald ist der
psychosomatisch Kranke das Opfer seiner Umgebung, derjenige der
stellvertretend für seine Angehörigen den neurotischen Konflikt aus-

trägt. Bald tyrannisiert der Symptomträger seine Umgebung mit seiner Krankheit, bald erkrankt er als erster, weil er das schwächste Familienglied ist. Bald heißt es vom Symptomträger, er entledige sich mit der Krankheit der familiären Sorgen, bald wiederum er sei derjenige, der der Familie gegenüber am loyalsten sei und sich am ernsthaftesten am Familienkonflikt engagiere und deshalb dekompensiere. Bald wirft man ihm vor, er verstecke in der psychosomatischen Abwehr den eigentlichen Konflikt, bald hält man ihm zugute, er bringe mit seinem Krankheitsangebot die Ehe oder Familie in Behandlung.

Ich glaube, daß man die Frage von Schuld und Verdienst bei Familien- und Ehekrankheiten mit einer dialektischen Betrachtungsweise am besten beantworten kann. Der Symptomträger und sein Partner, nennen wir ihn «Symptompfleger», stellen sich in der Krankheit zueinander in ein beiderseitiges Verhältnis von Schuld und Verdienst. Schuld und Verdienst des einen und des anderen Partners wiegen sich in einer Ehe wohl meist gegenseitig auf.

Für den *Symptomträger* kann Krankheit etwa folgendes bedeuten: Er wird von den familiären und beruflichen Anforderungen, Pflichten und Verantwortungen entbunden, er schränkt seinen äußeren Bewegungsraum ein, aber auch sein inneres Erleben zentriert sich auf das Krankheitsgeschehen. Er fühlt sich anderer Konflikte enthoben und von Versuchungs- und Gefahrensituationen dispensiert. Er steht im Mittelpunkt des Interesses der Umgebung, kann sich von dieser passiv abhängig machen, wird bemitleidet, erhält pflegerische Zuwendung, kann auf magische Vorstellungen regredieren und sich von allen Anforderungen freisagen. Er kann sich mittels des Symptoms behaupten und durchsetzen. Das Symptom ermöglicht es ihm, sich von der Kollusion freizusagen: «Ich mach im Konflikt nicht mehr mit, ich bin jetzt krank.» Der Partner kann wütend sein über die Symptombildung und sich verraten oder verlassen fühlen. Er muß sich – oft schuldbewußt – dem Symptom beugen, das die kollusive Situation grundsätzlich auf andere Basis stellt. Der Symptomträger muß andererseits Einschränkungen und Selbstwerteinbußen wegen des Patientenstatus auf sich nehmen. Dem Partner gegenüber kann er sich aber flexibler verhalten: «Jetzt wo ich krank bin, kann ich nicht mehr so . . ., ich muß jetzt alles vermeiden, was mich erregen könnte . . ., da muß ich vieles meinem Partner überlassen . . .».

Der *Symptompfleger* pflegt oft nicht nur den Kranken, sondern auch dessen Symptom, da auch er durch die Symptombildung einen Schutz und Krankheitsgewinn erfährt. Er kann sich dem Symptomträger gegenüber nachgiebiger verhalten, weil er diesen nicht als vollwertig betrachten muß und weil er vieles, was dieser sagt, als krankheitsbedingt abtun kann. Dadurch daß er gesund ist, kann er sich dem Kranken überlegen fühlen, er muß aber wegen der Krankheit des Partners viel auf sich nehmen und auf manches verzichten. Im Konflikt kann er sich flexibler verhalten mit Äußerungen wie: «Ich muß eben meine Frau schonen, sie hat's auf den Nerven . . ., ich nehme das nicht tragisch, sie ist eben überreizt wegen ihrer Beschwerden . . ., da darf man nicht alles für bare Münze nehmen, was sie sagt . . ., Du bist eben krank und gehörst in Behandlung . . .» Auch der Symptompfleger wird in seinem inneren und äußeren Aktionsradius durch die Krankheit des Partners eingeengt. Alles was zuvor die Beziehung belastete, wird gegenstandslos, weil er sich jetzt vor allem pflegerisch um den Partner kümmern muß, er darf ihn für nichts beanspruchen, keine Forderungen an ihn stellen, womit er sich aber auch selbst von der Bewältigung dyadischer Konflikte dispensieren kann. Er kann oder muß stellvertretend die familiären Pflichten, Aufgaben und Verantwortungen allein übernehmen, was ihm eventuell ein Gefühl der Unersetzlichkeit, Überlegenheit und Macht verleiht. Er kann sich dem Partner in seiner Gesundheit überlegen und narzißtisch aufgewertet fühlen.

Ich habe hier nicht immer sauber zwischen psychosomatischen und psychoneurotischen Symptombildungen (hysterischen, zwangshaften, phobischen, depressiven, schizophrenen Symptomen usw.) differenziert, weil diese sich grundsätzlich ähnlich auf das Beziehungssystem auswirken. Die Grenzen zwischen schwierigem Charakter und psychischem Krankheitssymptom sind allerdings unschärfer. Die Umgebung wird vom krankhaften Verhalten in einer psychischen Krankheit stärker in Mitleidenschaft gezogen als vom unspezifischeren Krankheitscharakter eines psychosomatischen Symptoms. Ein Zwangssymptom zwingt die Umgebung zum Mitagieren im Zwangsritual, das ihr unverständlich bleibt. In der Psychose entfernt sich der Partner der Umgebung in eine befremdende und beunruhigende Welt. Die Umgebung kann im allgemeinen mit einem psychischen Krankheitssymptom weit mehr zu Reaktionen von Abwehr, Scham, Schuldgefühlen, Angst und Ärger herausgefordert werden als mit einer körperlichen Symptombildung, die einfach schicksalsergeben als Krankheit hingenommen wird.

Das hilfeabweisende Krankheitsverhalten

Es handelt sich gleichsam um die Übersteigerung psychosomatischen Abwehrverhaltens. Der Patient versagt sich bewußt alles, was als sekundärer Krankheitsgewinn angesehen werden könnte. Er dissimuliert und bagatellisiert seine Krankheit, die sehr häufig eine psychosomatisch bedingte Organkrankheit ist, wie zum Beispiel eine primär chronische Polyarthritis. Die Haltung findet sich aber, was eventuell weniger bekannt ist – auch bei Konversionssymptomen. Der Patient kommuniziert nicht mehr über das Symptom mit der Umgebung, sondern das Symptom selbst kommuniziert scheinbar gegen den Willen des Patienten. Der Patient verhält sich anspruchslos, ruhig, gelassen und «vernünftig». Er gibt an, es gehe ihm recht gut, es stehe gar nicht schlimm mit ihm, er fühle sich wohl und sei zufrieden. Das Symptom aber legt dar, daß es mit dem Patienten miserabel steht, daß er eingehender medizinischer Abklärungen bedarf, intensiver Pflege und Schonung, daß er sich in einem bedauernswerten, gräßlichen und lebensbedrohenden Zustand befindet. Der Patient verhält sich unverdrossen autonom, entschuldigt sich laufend für allfällige Unannehmlichkeiten, die sein Leiden der Umgebung bereite, lehnt jede Hilfe ab und fordert die Umgebung dauernd verbal auf, seinem Leiden keinerlei Beachtung zu schenken und sich in keiner Weise durch ihn belasten zu lassen.

Diese Patienten sind meist mit Angehörigen liiert, die genauso eingestellt sind, wie es die Patienten verbalisieren. Der Partner möchte sich nicht durch die Partnerschaft belasten lassen. Er hat die Beziehung so definiert, daß keinerlei Ansprüche an ihn gestellt werden dürfen und ihm keinerlei Einschränkungen auferlegt werden sollen. Oder er engagiert sich höchstens in dem Sinne, daß er pausenlos etwas für den Patienten «machen» will, ohne sich persönlich einzulassen. Durch die Krankheit stellt nun der Patient plötzlich Ansprüche, die ihn belasten, worüber er im höchsten Maße beunruhigt und ungehalten ist. Der Kranke empfindet einesteils echte Schuldgefühle, weil er es von Kindheit an gewohnt ist, daß er keine Ansprüche an die Umgebung stellen darf. Andererseits hat seine Krankheit dem Partner gegenüber auch einen gewissen Rachecharakter: «Es tut mir leid, meine Krankheit zwingt dich gegen meinen Willen, mir Hilfe zu leisten.» Der Patient vermittelt dem Partner eine Doppelbindungs-Situation. Verbal verhält er sich so, wie es der Partner im Grunde wünscht: «Kümmere dich nicht um mich und meine Krankheit, gehe Skilaufen, nimm dir eine Freundin, widme dich deinem Beruf usw.». Verhält sich der Partner gemäß dieser Aufforderung, die im Grunde seinen Intentionen entspricht, so wird er von Gewissensqualen geplagt, und es wird ihm jedes Vergnügen, das er sich fern vom Patienten leistet, verdorben. Verleugnet aber der Partner seine ursprüngliche Absicht, sich nicht um den Patienten zu kümmern, und verhält er sich pflegerisch, so wird er gereizt und mürrisch, da er sich der Krankheit beugen muß. Der Partner sitzt in der Falle, der Patient aber ist unangreifbar, weil er bewußt und verbal den sekundären Krankheitsgewinn ablehnt und jeden Anspruch darauf verleugnet.

Aber auch der Arzt kann sich diesen Patienten gegenüber nie richtig verhalten. Sie sind in ihren Angaben völlig unzuverlässig, sabotieren die Behandlung und machen oft den Eindruck, als hätten sie es nur darauf abgesehen, den Arzt in seinen therapeutischen Bemühungen zu Fall zu bringen, ihn als hilflos zu entlarven, ihn zu frustrieren und an ihm Rache zu üben. Ihr Verhalten ist eine Abwehr der psychosomatischen Abwehr, das heißt der sekundäre Krankheitsgewinn wird abgewehrt durch ein dissimulierend-hilfeabweisendes Krankheitsverhalten. In der Therapie muß man versuchen, diesen Patienten zunächst zu helfen, sich überhaupt als krank wahrzunehmen und zu akzeptieren. Der persönliche Hintergrund dieser Haltung ist eine extreme Form von Hoffnungslosigkeit. Häufig sind die Patienten depressiv, haben ein schlechtes Selbstgefühl und leiden unter schweren Schuldgefühlen gegenüber eigenen Ansprüchen und an selbstdestruktiven Tendenzen.

28. Beispiel: Ein akademischer Forscher in 30jähriger Ehe. Er hatte von der Frau immer verlangt, sich seiner Arbeit unterzuordnen, ihm jegliche Freiheit zuzugestehen und keine Ansprüche an ihn zu stellen. Die Frau versuchte ihn in seiner Arbeit zu unterstützen. Der wesentliche Konflikt in der Ehe war jedoch, daß die Frau wohl den ihr auferlegten Verzicht akzeptierte, daß sie aber den Anspruch erhob, über alles, was der Mann tat und dachte, informiert zu werden, um daran teilzunehmen. Der Mann empfand das als eine unzulässige Einmischung, die er sich verbat. Die Frau entwickelte seit Jahren eine primär-chronische Polyarthritis, derentwegen sie heute stark behindert ist. Sie muß an Stöcken gehen und kann Treppen kaum bewältigen. Die Frau äußert dauernd Schuldgefühle, daß sie den Mann mit ihrer Krankheit belaste, und unternimmt alles, um ihre Selbständigkeit zu wahren und sich nicht von ihm abhängig zu machen. Trotzdem leidet sie darunter, daß er für ihre Beschwerden so wenig Verständnis und Rücksicht aufbringen kann. Sie wehrt aber ihre Anlehnungsbedürfnisse und Abhängigkeitswünsche ab und verhält sich provokativ autonom. Der Mann umgekehrt fühlt sich durch ihre körperliche Krankheit eingeengt und möchte im Grunde sein eigenes Leben ohne die Belastung durch die Frau leben. Er reißt sich gelegentlich los, um Sport zu treiben oder allein in die Ferien zu fahren. Er kann das Alleinsein aber nicht genießen wegen seines schlechten Gewissens der Frau gegenüber. Wenn er ihr helfen sollte, ist er ungehalten und gereizt, weil er es der Frau ja doch nie richtig machen könne. So quälen sie sich gegenseitig mit der Krankheit, wobei beide ihre Ärgerlichkeit und Schuldgefühle verleugnen. Die Frau bestreitet, daß sie im Grunde genommen vom Mann gepflegt werden möchte, der Mann, daß er sich durch ihre Krankheit eingeengt und belastet fühle. So sagt die Frau ihm dauernd: «Geh doch allein auf eine Reise, das tut dir doch gut.» Heimlich denkt sie aber: «Wenn er doch nur bei mir bleiben würde.» Wenn sie tatsächlich allein gelassen wird, bekommt sie in der Wohnung Angstzustände. Der Mann denkt heimlich an Scheidung oder Trennung und möchte die Frau in ein Pflegeheim abschieben, Phantasien, die er ihr gegenüber streng geheimhält. Die Frau ahnt das aber, was ihr Bedürfnis nach Autonomie wiederum verstärkt, da sie keinesfalls einem Heim ausgeliefert sein möchte. Beide können nicht zueinander und nicht voneinander gehen.

29. Beispiel: Eine 38jährige kinderlos verheiratete Frau kam in stationäre Psychotherapie wegen funktionellen Beinlähmungen und Migräneattacken. Sie ist seit neun Jahren mit einem Schweizer verheiratet und lebt mit diesem seither in Afrika. Der Mann ist ein erfolgreicher Techniker und großer Sportler. Sie leben in neokolonialistisch-feudalen Verhältnissen. Der Arbeitgeber, eine Großfirma, liefert Wohnung, Mobiliar und bestimmt das ganze Leben. Man pflegt gesellige Betriebsamkeit und eifriges Partyleben. Die Ehe ist angeblich aus Vernunftgründen geschlossen worden. Die Frau hat von Anfang an nie gewagt, eigene Ansprüche dem Manne gegenüber zu stellen. Sie gab sich für ihn auf und war ängstlich darauf bedacht, ihm das Leben so angenehm wie möglich zu machen. Der Mann seinerseits zeigte wenig Interesse an der Beziehung zur Frau, sondern lebte ganz für seine sportlichen und gesellschaftlichen Ambitionen. Eheliche Spannungen wurden nie offen ausgetragen. Beide hatten eine große Abneigung gegen offene Streitszenen.

Die Patientin leidet seit dem 20. Altersjahr an Migräneattacken, ein- bis zweimal pro Woche, in denen sie sich jeweils ins Bett zurückziehen muß. Diese Migräneattacken treten nicht selten im Zusammenhang mit

Frustrationen von seiten ihres Mannes auf: die Patientin zieht sich dann immer sofort auf ihr Zimmer zurück.

Die Patientin wagte nie, den Mann mit irgendwelchen Problemen zu belasten. Sie verleugnete ihre eheliche Frustration. Sie kehrte aber fast alljährlich krankheitshalber für mehrere Monate in die Schweiz zurück. Das eine Mal handelte es sich um einen Knochenbruch, den sie sich beim gemeinsamen Sport mit dem Mann zugezogen hatte, ein anderes Mal um eine Schilddrüsenoperation, dann wieder um eine Abklärung wegen fraglichen Ulcus duodeni usw.

Seit einem halben Jahr war sie nun zunächst in Afrika in Behandlung wegen ungeklärten Fieberzuständen. Sie erhielt Vitamin B12-Injektionen zur allgemeinen Stärkung. Es kam Husten und Bronchitis dazu, was mit Antibiotika und weiteren Vitaminspritzen behandelt wurde. Als sich noch Kopfweh dazugesellte, vermuteten die Ärzte Malaria. Diese konnte zwar nie gesichert werden, trotzdem wurde die Patientin mit Chinin behandelt. Nun kam es plötzlich zu Parästhesien, Zittern und Schwäche in den Beinen. Es wurde eine Nervenentzündung vermutet, eventuell wegen Überdosierung von Chinin. Schließlich wurde die Patientin nach Zürich auf die Medizinische Poliklinik überwiesen, wo kein organischer Befund erhoben werden konnte.

Die Patientin kam in Behandlung unserer Psychotherapiestation. Die Behandlung gestaltete sich schwierig, da die Patientin keinerlei Konfliktbewußtsein aufbrachte. In ihrem Verhalten war sie äußerlich angepaßt, allzeit unbeteiligt freundlich, zuvorkommend, hilfsbereit, dankbar und anspruchslos. Wegen ihrer Knieschwäche konnte sie nur in Begleitung spazierengehen, wobei – um Wahrung der Autonomie bedacht – sie sich aber weigerte, sich bei jemandem einzuhängen. Insbesondere verleugnete die Patientin irgendwelche Eheschwierigkeiten. Die Migräneanfälle traten mehrmals während der therapeutischen Gespräche über das Thema Ehe auf. Die Symptomatik diente der Patientin dazu, den Krankheitsaufenthalt in der Schweiz zur definitiven Rückkehr auszubauen. Sie kaufte sich hier eine eigene Wohnung, schrieb dem Mann, sie ertrage die klimatischen Verhältnisse in Afrika nicht mehr weiter. Sie setzte ihn so unter Druck, wegen ihrer Krankheit nachzugeben und in die Schweiz zurückzukehren.

Typisch an diesem Beispiel ist, wie die Patientin viele Ärzte zum somatischen Mitagieren gewinnen konnte, so daß sie intensive und eingreifende Behandlungen erhielt, ohne daß je eine klare somatische Diagnose gestellt werden konnte.

Formen von psychosomatischen Paar-Erkrankungen

Etwas vereinfachend können in Anlehnung an MITSCHERLICH drei Aspekte von psychosomatischen Symptombildungen unterschieden werden, die ich in ihrer kommunikativen Bedeutung darstellen möchte:

a) *das Symptom in seinem Konversionsaspekt:* Hier ist der Körper das Medium, um einen unaussprechbaren Konflikt symbolhaft darzustellen.

b) *das Symptom als Affektäquivalent:* Hier ist der Körper das Medium, um einen starken Affekt abzureagieren.

c) *das Symptom als Stressbegleiter:* Hier dekompensiert der Körper unter der starken inneren Spannung.

Im konkreten Fall können sich diese drei Aspekte in verschiedener Akzentsetzung mischen.

a) *Das Symptom in seinem Konversionsaspekt*

Der Konversionsaspekt bezieht sich auf das Symptom als symbolhaften Ausdruck eines unbewältigten Konfliktes. Das körperliche Symptom stellt eine bewußt nicht zugelassene Verhaltensweise in einer Gebärde oder einer «Organsprache» dar. Das Verhalten des Kranken ist oft appellativ, gelegentlich aber auch auffallend indifferent. Die Gebärde des Konversionssymptoms ist eine konfliktspezifische Kommunikation gegenüber dem Konfliktpartner. Das Unbewußte des Symptomträgers spricht im Symptom zum Unbewußten des Konfliktpartners. Häufig hat das Symptom einen Charakter, der die divergierenden Ansprüche beider Konfliktpartner kompromißhaft miteinander versöhnt.

Im Blepharospasmus, im krampfartigen Lidschluß, drückt ein Ehemann zum Beispiel aus: «Ich kann die Augen nicht offenhalten.» Er unterhält eine heimliche Liebschaft und hat Angst, der Frau «in die Augen zu sehen». Er will aber auch selbst seiner persönlichen Situation nicht mit offenen Augen begegnen.

Ein Mädchen bricht an der Haustür mit einer hysterischen Beinlähmung zusammen und erreicht so, daß der junge Mann im Erdgeschoß, in den sie sich heimlich verliebt hat, sie auf seinen Armen in ihre Wohnung im dritten Stock hinauftragen muß. Mit ihrer Lähmung kommuniziert sie ihm: «Ich bin so schwach auf den Beinen, ohne deine stützende Hilfe kann ich im Leben nicht mehr weiter.»

Welche Krankheitsmanifestationen den Konversionssymptomen zuzurechnen sind und welche nicht, ist in der psychiatrischen Wissenschaft viel diskutiert worden, ohne daß eine einheitliche Begriffsfassung erreicht worden wäre. Ergiebiger als diese Frage der nosologischen Einteilung scheint mir die psychodynamische Bedeutung dieses Begriffes, der Aspekt der unbewußten Gebärdensprache. Dieser Aspekt zeigt sich in dem folgenden Beispiel einer Herzneurose (die Herzneurose ist bei G. ENGEL unter den häufigen Konversionsmanifestationen aufgeführt):

30. Beispiel: Ein 28jähriger Mann war in überbehüteten Verhältnissen als Einzelkind aufgewachsen. Während seines ersten Auslandaufenthaltes lernte er in Paris seine spätere Ehefrau kennen, die seine erste Mädchenbekanntschaft war. Sie selbst war ebenfalls Einzelkind. Kurz vor der Hochzeit kam es zu langdauernden Spannungen zwischen den Partnern den Wohnsitz betreffend: Der Mann drängte nach Zürich zurück, die Frau beharrte auf Paris. In dieser Zeit traten beim Mann allgemeine Reizbarkeit, Nervosität und Colon irritabile auf. Zwei Monate nach der Heirat machte der Mann eine Grippe durch, worunter eine schwere Herzneurose ausbrach mit Druck und Stechen in der Herzgegend, panikartiger Angst vor Herzinfarkt ohne Vorliegen eines objektiven Herzbefundes. Der notfallmäßig zugezogene Arzt beruhigte den Mann bezüglich organischer Befunde, riet ihm aber zur Rückkehr in die Schweiz, wo die nahen Berge und die Gelegenheit zum Wintersport seiner Gesundheit zuträglicher seien. Die Frau mußte sich dem ärztlichen Attest beugen, und das Paar zog nach Zürich, wo es zunächst bei den Eltern des Mannes wohnte. Im Laufe von drei Jahren lernte die Frau in Zürich kein Wort Deutsch, so daß sie nicht einmal in der Lage war, ihre Einkäufe zu tätigen und sich mit den Nachbarn zu verständigen. So verbrachte sie den ganzen Tag allein in der Wohnung und wartete auf die abendliche Rückkehr des Mannes, der dann für sie alles erledigen mußte, was sie wegen ihrer Sprachschwierigkeiten nicht hatte bewältigen können. Die Frau war todunglücklich, drängte andauernd nach Paris zurück und weigerte sich, in Zürich Fuß zu fassen. Sie hintertrieb den beruflichen Aufstieg des Mannes, insbesondere die Möglichkeit, in den Außendienst aufzusteigen, was unregelmäßige Arbeitszeit und spätes abendliches Heimkehren bedeutet hätte. Nachdem sich die herzneurotischen Symptome des Mannes mit der Rückkehr nach Zürich vorübergehend gebessert hatten, verstärkten sie sich alsbald wieder. Es trat Angst vor dem Alleinsein auf, Platzangst und Angst vor Ohnmachten. Es kam zur Einschränkung des Aktionsradius und schließlich zur Arbeitsunfähigkeit. Der Mann trat deswegen in unsere stationäre Psychotherapie ein.

Mit der Hospitalisation des Patienten wurde das eheliche System tiefgehend erschüttert. Die Frau war stark beunruhigt und drängte auf sofortige Heimkehr des Mannes. Als dieser ihrer Forderung nicht nachkam, flüchtete sie zu ihren Eltern und weigerte sich trotzig zurückzukehren, bis der Mann entlassen werde. Sie war dem Therapeuten gegenüber feindlich eingestellt und versuchte, die Therapie zu untergraben. Plötzlich hörten wir, daß sie selbst an einer angstneurotischen Symptomatik erkrankt war, nämlich an nächtlichen Angstanfällen und irrationaler Angst beim Alleinsein.

Für die Heilung des Patienten in der Behandlung war eine wichtige Voraussetzung, daß es gelungen war, die Frau nun doch noch für die Therapie zu gewinnen und ihr zur Einsicht zu verhelfen, daß, solange sie den Mann derart einenge, sie ihn in seiner Symptomatik fixiere und sich damit selbst die Rückkehr nach Paris verbaue. Sie erkannte, daß der Mann erst dann den Mut aufbringen könnte, nach Paris umzuziehen, wenn er sich ausreichende Selbstsicherheit und Gesundheit erworben hätte. Um ihm diese zu vermitteln, mußte sie ihm mehr Lebensraum zugestehen, was ihr aber erst möglich geworden war, nachdem sie begonnen hatte, sich in Zürich zu akklimatisieren und die Sprache zu erlernen, um damit autonomer zu werden.

Durch die herzneurotische Symptombildung mußte der Streit um den Wohnsitz nicht mehr direkt ausgetragen werden. Der Mann mußte seinen Anspruch, nach Zürich zurückzukehren, nicht mehr direkt vertreten. Das Symptom übernahm die Mitteilung an den Partner: «Ich hab's auf dem Herzen, ich sterbe, wenn ich nicht sofort in meine Heimatstadt zurückkehren kann, ich kann nichts dafür, mein Herz zwingt mich!» Der Mann hatte sich damit von der Verantwortung für die Wahl des Wohnortes entbunden. Er mußte seinen Wunsch nicht mehr selbst vertreten. Das allmächtige Herz sprach zum Herzen der Frau. Für die Frau bedeutete das Symptom: «Ich habe einen Mann, der hat's auf dem Herzen. Er sollte abends rasch nach Hause kommen, sich bei mir ausruhen, er muß sich schonen und darf nicht allein ausgehen. Wenn man's auf dem Herzen hat, sollte man vor allem nie allein sein, denn man weiß ja nie, plötzlich kommt die Attacke.» Sie kommunizierte dem Mann über sein Herzsymptom, daß er sich ihr ganz anschließen müsse und keinen Schritt aus ihrem Sorgekreis heraus tun dürfte. Das Symptom bewahrte ihr den Mann in gesicherter Abhängigkeit. So neutralisierte das Symptom die eheliche Spannung und integrierte die Ansprüche beider Partner in einen einigermaßen tragbaren Kompromiß.

b) *Das Symptom als Affektäquivalent*

Als Affektäquivalente bezeichnet man organische Begleiterscheinungen von starken psychischen Affekten. Das somatische Symptom kann zum eigentlichen Medium werden, in dem der Affekt abreagiert wird, ohne daß die damit verbundenen Phantasien ins Bewußtsein eindringen oder gar als solche kommuniziert werden müßten. Die Symptombildung ist oft anfallsartig (paroxysmal) und drastisch. Es entlädt sich in ihr eine unerträgliche affektive Spannung. Dabei wird nicht nur der Symptomträger, sondern auch seine Umgebung in einen Zustand höchster Erregung versetzt mit Höhepunkt, Abklingen und Übergang in Erschöpfung und Entspannung. Der Aspekt des Affektäquivalentes findet sich etwa in Asthmaanfällen, Migräneattacken, gewissen Formen von Epilepsie, hysterischen Dämmer- und Erregungszuständen, Hyperventilationstetanien, herzphobischen Panikzuständen usw. Wie nach einem reinigenden Gewitter stellt sich nach diesen dramatischen Anfällen die Ruhe wieder ein.

31. Beispiel von paroxysmalen hysterischen Erregungszuständen: Ein unsteter junger Mann stabilisiert sich unter dem mütterlichen Einfluß seiner Ehefrau. Einesteils sieht er ein, daß er der straffen Führung der Frau bedarf, andererseits fühlt er sich allzu sehr von ihr beherrscht. Es kommt nun immer wieder zu anfallsweisen Geschehen, die folgendermaßen ablaufen: Nach Stunden bis Tagen vermehrter Spannung bricht beim Mann ein hysterischer Erregungszustand aus, in dem er bei getrübtem Bewußtsein die Frau mit den obszönsten Ausdrücken beschimpft. Die Frau ist sprachlos, ganz erschlagen und ruft ihm zu: «Das bist nicht du, das ist der Teufel, der aus dir spricht.» Dieser Anfall unflätigster Beschimpfung klingt nach einigen Minuten ab, der Mann wird von Schwäche befallen, kann sich nicht mehr auf den Beinen halten, fällt zu Boden und liegt – auf keinen Zuruf mehr reagierend – der Frau zu Füßen. Die Frau, jetzt voller Besorgnis und Mitleid, schleppt den Mann ins Bett, entkleidet ihn, pflegt ihn aufs beste, bis er wieder zu sich kommt, worauf sich beide beruhigen.

Die anale Kollusion, das heißt die Spannung zwischen Herrschen und Beherrschtwerden, läuft in diesem Anfall wie ein Ritual ab. Der Mann spielt sich zuerst als wütender Kraftprotz auf, erschreckt die Frau und kanzelt sie herunter. Da er sich in einem Ausnahmezustand befindet, ist er dafür unzurechnungsfähig. Darauf kippt das Verhalten ins Gegenteil: Er unterwirft sich der Frau, legt sich ihr zu Füßen. Die Spannung kann abreagiert werden, und es folgt eine Phase von Frieden und Eintracht bis zum nächsten derartigen Anfall. Der Konflikt wird nie verbalisiert, sondern nur in dieser paroxysmalen Form ausgetragen.

Im konkreten Fall können sich die verschiedenen Aspekte psychosomatischer Symptombildungen mischen. Im obigen Beispiel hat das Symptom deutlich den Charakter eines Affektäquivalentes. Es hat aber auch Konversionscharakter im Sinne einer Gebärde: Sich-Groß-Machen im Wutanfall mit anschließender Unterwerfung im Schwächeanfall.

c) *Das Symptom als Stressbegleiter*
Unter langdauerndem, heftigem psychischen Stress kann es zu einer körperlichen Dekompensation mit organischer Symptombildung kommen. Die starke psychische Spannung zieht das körperliche Geschehen in Mitleidenschaft, bewirkt insbesondere eine Dysfunktion der vegetativ und endokrin gesteuerten Organfunktionen, die eigentliche Organläsionen nach sich ziehen können.

Es kann sein, daß die Organkrankheit auch Ausdruckscharakter hat. Wieweit aber bei allen psychosomatischen Krankheiten mit Organläsion die Krankheit spezifischer Ausdruck einer definierten Persönlichkeitsstruktur in einer bestimmten Konfliktsituation ist, bleibt umstritten. Es wird auch ein organisches Entgegenkommen diskutiert. Sicher ist, daß psychischer Stress ganz allgemein zu einer Beeinträchtigung des Allgemeinzustandes und der Abwehrkräfte des Organismus führen kann und damit den Ausbruch von Krankheiten aller Art zu begünstigen vermag.

Die Patienten mit psychosomatischen Organkrankheiten verhalten sich oft deutlich anders als diejenigen mit Konversionssymptomen und Affektäquivalenten, die, obwohl verbal gehemmt, oftmals über eine ausdrucksstarke Körpersprache verfügen und eine ausgeprägte Mimik und lebhafte Gestik zeigen. Auftretende Spannungen sind im Gespräch von nervösem Fingerspiel, Schwitzen, Erröten usw. begleitet. Patienten mit psychosomatischen Organkrankheiten dagegen wirken oft überkontrolliert, affektsteif, unverbindlich-freundlich, in Mimik und Haltung verspannt mit wenig Begleitbewegungen. Die konfliktneutralisierende Wirkung ist hier weniger faßbar als beim Konversionssymptom und Affektäquivalent, weil das Vorliegen eines eventuellen Paarkonfliktes meist verleugnet wird.

Stressleiden sind oft die Folge einer somatischen Dekompensation, nachdem der Bogen überspannt wurde und die psychischen Verarbeitungsmöglichkeiten erschöpft sind. Typische psychosomatische Stressleiden sind etwa Magenulcus, Colitis ulcerosa, primär chronische Polyarthritis und andere mehr.

32. Beispiel: Ein 44jähriger Lagerarbeiter hatte früher einen verwahrlosten Lebensstil gehabt. Seine Arbeitsstellen hatte er immer wieder nach kurzer Zeit bei den geringsten Differenzen mit Mitarbeitern gekündigt. Zeitweise vagabundierte er herum, nächtigte im Freien und geriet ins Trinken. Er hatte verschiedene Gefängnisstrafen wegen Tätlichkeiten und Diebstählen absitzen müssen. Dann lernte er seine Frau kennen, die er vor 14 Jahren geheiratet hat. Seither hielt er sich äußerlich an einen untadeligen Lebenswandel: Er trinkt und raucht nicht mehr, verkehrt nicht mehr mit seinen früheren Kumpanen und geht abends nicht mehr aus, sondern sitzt vor dem Fernsehkasten. In den letzten 14 Jahren hat er nur einmal die Stelle gewechselt und ist an seiner jetzigen Stelle als stiller und fleißiger Arbeiter geschätzt. In seiner Beziehungsfähigkeit verarmte er aber. Er saß zu Hause mißmutig und wortkarg herum, provozierte die Frau, sich um ihn zu kümmern, indem er sie zum Beispiel um Rat anging, wie er sich kleiden solle, um dann auf ihre Antwort gereizt zurückzugeben, sie wolle ihm immer nur befehlen, das lasse er sich nicht mehr bieten. Im Zornanfall schlug er sie, aber auch sich selbst. Seine Frau suchte Zuflucht bei einem Eheberater. Ein halbes Jahr vor der Behandlung bei uns verschwand die Frau mit der Tochter, die dem Vater besonders nahestand, mit unbekanntem Ziel in die Ferien. Der Patient ärgerte sich darüber. Er fühlte sich verlassen und frustriert. Kurz darauf setzten heftige Magenbeschwerden ein. Er mußte internistisch hospitalisiert werden, wobei ein Magenulcus diagnostiziert wurde, das operiert werden mußte. Es folgte ein Ulcusrezidiv. Der Patient magerte zunehmend ab. Es trat nun ein Ulcus pepticum jejuni, ein Dünndarmgeschwür auf, das weitere Operationen notwendig machte. Es kam zum allgemeinen Kräfteverfall. Bis er zu uns auf die Psychotherapiestation kam, war er über ein halbes Jahr fast dauernd hospitalisiert. Er galt überall als äußerst schwieriger Patient. Er beanspruchte insbesondere die Schwestern im Übermaß, stellte kaum zu erfüllende pflegerische Ansprüche, um sich trotzdem dauernd über deren Nachlässigkeit und Desinteresse zu beklagen. Offensichtlich übertrug er seine Ressentiments gegen die Frau nun auf die Schwestern. Einem psychotherapeutischen Gespräch war er kaum zugänglich, da er keine Konflikte sah und auch seine Beziehung zur Ehefrau als problemfrei darstellte. Seine Verstimmungen äußerten sich vor allem als Magen-Darm-Beschwerden. Auf die geringste Frustration reagierte er mit unerträglichen Schmerzen, die sich jeweils unter entsprechender Zuwendung bald wieder besserten. Der Ehekonflikt war nun auf den Konflikt mit dem Pflegepersonal verschoben worden. Eine psychotherapeutische Bearbeitung seiner Situation war uns in diesem Fall nicht gelungen. Der Patient mußte wegen erneuter Ulcusbeschwerden auf die Chirurgie verlegt werden, von wo er nicht mehr zu uns zurückkehren wollte.

Die psychosomatische Arzt-Patient-Kollusion

Wie erwähnt, geht die psychosomatische Symptombildung häufig mit einer scheinbaren Normalisierung des Sozialverhaltens einher. Die psychosomatisch Kranken sind in ihren Interessen und Phantasien somatisch fixiert. Man nennt sie gelegentlich «emotionale Analphabeten», weil sie ihre Gefühle und psychischen Vorgänge nicht wahrzunehmen vermögen. Um so exakter registrieren sie aber ihr Körpergeschehen.

Sie verhalten sich so, wie manche somatisch orientierten Ärzte sich den Idealpatienten wünschen: Sie können präzise Angaben über ihre Körpervorgänge machen, die sie genau beobachten. Sie sind autoritätsgläubig, unterziehen sich gehorsam jeder ärztlichen Anordnung, lassen alle Untersuchungen widerstandlos über sich ergehen, verhalten sich passiv und neigen dazu, die Macht des Arztes zu mystifizieren und zu idealisieren. Vor allem aber wehren sie alle psychologischen Betrachtungsweisen ab. Geistig bewegt sich der Patient häufig im Bereich ärztlicher Aufmunterungsfloskeln, die sich diese Patienten selbst geben oder vom Arzt immer und immer wieder hören wollen, wie: Kopf hoch, den Mut nicht sinken lassen! Man muß sich entspannen und nicht alles so schwer nehmen; man muß sich ablenken, in Gesellschaft gehen oder Sport treiben; man muß sich Aufbaustoffe zuführen, wie Vitamine, Rohkost, biologisches Gemüse; man muß sich fit halten, an die Sonne gehen, viel schlafen, frische Luft atmen; nur nicht grübeln, sondern sich positiv einstellen und eine optimistische Haltung bewahren. Wenn es einem schlecht geht, so hat man etwas Schlechtes gegessen, oder das Wetter ist schuld. – Das arme Wetter!

Ärzte mit rein naturwissenschaftlicher Optik wünschen sich einen derartigen Patienten, da sie – legitimiert durch Zeitdruck – Patienten brauchen, die sich in ein naturwissenschaftliches Konzept einfügen, dieses Konzept akzeptieren und nicht mit psychologischen Anliegen alles komplizieren. Es entsteht häufig eine Kollusion zwischen einseitig naturwissenschaftlich orientiertem Arzt und psychosomatisch Kranken mit einer gemeinsamen Abwehr gegenüber allen psychologischen Problemen. Der Patient spürt, daß er beim Arzt mit keinen anderen als mit somatischen Fragen und Befunden ankommen kann. Der Arzt merkt, daß der Patient von ihm nichts anderes erwartet als eine körperliche Diagnose und jede Nachfrage über sein psychisches Befinden als unzulässige Einmischung in seinen Privatbereich zurückweisen würde.

Nach dieser Phase der «Partnerwahl» kommt es nun aber zum Partnerkonflikt. Die Rechnung geht nicht auf, weil sich die Krankheitsbeschwerden nicht mit den körperlichen Befunden decken, ja eventuell überhaupt kein organischer Befund nachweisbar ist. Die somatisierende Arzt-Patient-Kollusion wird gelegentlich trotzdem aufrechterhalten. Es kann nun ein völlig belangloser Befund oder ein letztlich aus der Luft gegriffener Verdacht herangezogen werden, um die Verabreichung irgendeines nutzlosen Medikamentes zu rechtfertigen. Der Patient verliert den Glauben an den Arzt, der sein Leiden nicht diagnostiziert und ihm nicht helfen kann; der Arzt wird ärgerlich, weil ihn seine eigene Unfähigkeit kränkt und er den Vertrauensverlust des Patienten spürt. Vielleicht schiebt er den Patienten einem anderen Spezialisten zu, wo häufig das ganze Spiel von vorne beginnt.

Man kann sich fragen, inwiefern psychosomatisches Krankheitsverhalten iatrogen ist, also durch die Ärzte erzeugt wird. Der Widerstand weiter Arztkreise gegen eine psychosomatische Medizin kann wohl deshalb so lange aufrechterhalten werden, weil ein Großteil der Patienten und deren Angehörigen diese Widerstandshaltung vordergründig unterstützen, obwohl sie letztlich in ihrem tiefgehenden Mißtrauen den Ärzten gegenüber gerade dadurch bestärkt werden.

10. Therapeutische Gesichtspunkte

Die Schwierigkeiten der Psychoanalytiker mit der Paartherapie

Schätzungsweise 40 bis 60 Prozent der Klientel einer psychotherapeutischen Praxis suchen primär Hilfe wegen gestörter Partnerbeziehungen. Man müßte somit als selbstverständlich annehmen, die Paartherapie wäre eine der bestentwickelten und weitestverbreiteten Formen von Psychotherapie. Das Gegenteil trifft zu. Trotz dem in den letzten Jahren rasch wachsenden psychologischen Interesse für Paarkonflikte gibt es heute erst ganz wenige ausgebildete Psychotherapeuten, die sich für Paarbehandlungen engagieren.

Man kann dafür rationale Gründe anführen und auf die historische Entwicklung verweisen. Seit FREUD ist die psychoanalytische Theorie immer wieder mit neuen Aspekten beladen worden, was Anpassungen, Akzentverschiebungen und Neuformulierungen erforderte, bis schließlich die Theorie so komplex geworden ist, daß mancher Gefahr läuft, vor lauter Bäumen den Wald nicht mehr zu erkennen. Viele lassen sich von der Komplexität der Theorie abschrecken. Andere verwenden während vieler Jahre ihre ganze geistige Kraft zur Erarbeitung des psychoanalytischen Gedankengutes. Wird das Menschliche wie durch ein Mikroskop betrachtet, so können gewisse Strukturen übergenau wahrgenommen werden, aber sie werden eventuell so stark vergrößert, daß die Proportionen zum Gesamten abhanden kommen. Psychoanalytische Betrachtungen lassen gelegentlich das vermissen, was man – bildlich gesprochen – mit bloßem Auge sehen könnte, wenn man den Blick nicht durch die Vergrößerungsröhre einengen ließe.

Viele Analytiker, die ich befragt habe, antworten, die analytische Theorie sei so komplex, daß sie sich überfordert fühlten, diese auf zwei Individuen auszuweiten. Sie möchten sich lieber auf die therapeutische Beziehung zu nur einem Individuum beschränken, auf das Feld, für das sie sich kompetent fühlen. Das Wesentliche einer neurotischen Beziehungsstörung werde sich ohnehin in der Übertragungsbeziehung zum

Analytiker zeigen und könne da viel direkter bearbeitet werden. Leider wird dabei oft zu wenig beachtet, wie sehr die Beziehungsstörung in einer konkreten Paarbeziehung erst im verhängnisvollen Zusammenspiel mit dessen realem Partner manifest wird, sich erst aus der Interdependenz zweier Interaktionspersönlichkeiten ergibt und sich therapeutisch auch nur in dem Ausmaß verändern läßt, wie sich das Beziehungssystem als Ganzes und damit auch der Realpartner umstrukturiert.

In jeder Psychotherapie von Ehekonflikten sollte also der Partner zumindest in der Vergegenwärtigung einbezogen werden, und zwar so, wie er sich wirklich verhält und nicht nur so, wie der Patient ihn sehen will.

Ein weiterer Einwand von analytischer Seite ist, man wolle sich nicht zum Retter der Ehe machen lassen oder eine neurotische Partnerwahl mit der Therapie konsolidieren. Das Individuum, das sich hilfesuchend an uns wendet, habe den Anspruch, im therapeutischen Freiraum Hilfe für seine Selbstentfaltung zu finden. Wenn sich diese Selbstentfaltung mit der Ehebeziehung als kompatibel erweise, so sei nichts gegen deren Aufrechterhaltung einzuwenden; entscheidend sei, daß der Ehepartner den Gang der Therapie nicht beeinträchtige. Diese Ansicht ist eindeutig eine Werthaltung: Vorrangig hat sich die Ehe oder der Ehepartner dem zu behandelnden Individuum unterzuordnen und nicht das Individuum der Ehebeziehung einzuordnen. Diese Werthaltung ist philosophisch stark vom Individualismus des ausgehenden 19. und beginnenden 20. Jahrhunderts geprägt und ist, wie der Vergleich mit anderen Kulturen zeigt, keineswegs selbstverständlich. Mir scheint diese individualistische Betrachtungsweise aber vor allem wegen der in diesem Buche dargestellten Interdependenz der Partner ergänzungsbedürftig.

Analytiker sollten auch den Mut aufbringen, sich zu fragen, ob eventuell emotionale Schwierigkeiten sie hemmen, sich für Ehetherapien zu engagieren. Im allgemeinen wird deren Notwendigkeit zwar durchweg bejaht, aber die meisten Analytiker sträuben sich, Paartherapien durchzuführen. So wird diese Domäne einerseits Pfarrern und Eheberatern überlassen, die gleichzeitig als therapeutische Dilettanten belächelt werden. Es profitieren andererseits ganze Geschäftszweige von der Marktlücke dieses psychotherapeutischen Abseitsstehens. Frauenillustrierte erteilen ehetherapeutische Ratschläge, und Bestseller regen zu allerhand oft verantwortungslosen Paarexperimenten und Eheselbsttherapien an.

Gelegentlich kommt es vor, daß mich Psychotherapeuten zu vertrauensseliger Stunde fragen: «Sagen Sie mal, wie kamen Sie eigentlich zur

Ehetherapie?», mit dem maliziösen Augenzwinkern: «Der muß mit seiner Ehe ja schön in der Tinte sitzen.» Als Analytiker pflege ich die Frage zurückzugeben: «Sagen Sie mal, wie kamen Sie eigentlich nicht zur Ehetherapie?» Ich habe nämlich den Eindruck, daß die Zurückhaltung der Analytiker gegenüber Paarbehandlungen nicht selten in persönlichen Eheschwierigkeiten mitbegründet ist, welche oft schamvoll verdeckt werden.

Der gute Analytiker zeichnet sich durch ein hohes Maß an Empathie (Einfühlung) aus. Er nimmt Gefühle und Affekte seiner Patienten an seinen eigenen gefühlsmäßigen Reaktionen, an seiner «Gegenübertragung» wahr. Der Analytiker vollzieht eine passagere affektive Identifikation mit dem Patienten mit nachfolgender Distanzierung (KEMPER 1952). Er muß fähig sein, verschiedenartigste Gefühle selbst nach- und mitzuempfinden, indem er sich selbst im therapeutischen Prozeß als diagnostisches Instrument einsetzt. Diese Fähigkeit finden wir bei narzißtischen oder schizoiden Persönlichkeiten ganz besonders entwickelt (siehe KOHUT). Der große persönliche Einsatz wird dem Analytiker unter dem Schutze des therapeutischen Arrangements erleichtert, ja oftmals ist der therapeutische Rahmen die Beziehungsform, in der der Analytiker auf Grund seiner Persönlichkeitsstruktur sozial am besten funktioniert. Dieser Schutz fehlt dem Analytiker nun aber in einer nicht therapeutischen Partnerbeziehung. In der konkreten Paarsituation kann sich der Analytiker nicht mehr als Spiegel oder Projektionsschirm anbieten. Es genügt nicht, sich in den Liebespartner einfühlen und ihn immer noch besser verstehen zu wollen. In der Berufssituation muß sich der Analytiker nicht mit sozialem Handeln verantworten, sondern mit verbalem Deuten. Das ist aber in der Ehebeziehung nicht zulässig. Da müßte der Analytiker seine Rolle ablegen können und selbst Stellung beziehen. Er sollte nicht das Verhalten des Partners interpretieren, sondern müßte selbst «agieren».

Manchen Analytikern fällt es auf Grund ihrer Persönlichkeitsstruktur schwer, dem Partner gegenüber die introspektiv-interpretierende Haltung aufzugeben. Anfänglich mag das Psychologisieren dem Partner angenehm sein, weil er sich in vertiefter Weise verstanden fühlen wird. Auf längere Dauer aber wird er die Beziehung als einseitig empfinden und möchte spüren, wie der analytische Partner wirklich ist, er möchte sich ein Bild von ihm machen können, ein Bild von Fleisch und Blut. Je mehr er nun aber den Analytiker bedrängt, Farbe zu bekennen, desto mehr wird dieser – wie in der narzißtischen Kollusion beschrieben – ausweichen. Die Berufswahl des Analytikers kann eine sozialisierte, für ihn und seine Patienten heilsame Abwehrform in eigenen Beziehungsschwierigkeiten sein. In der Ehe besteht aber die Gefahr, daß sich der nicht analytisch gebildete Partner zunächst persönlich unterlegen fühlen wird. Eventuell versucht er nun, sich selbst in die analytische Denkweise einzuarbeiten, und begibt sich in eine Psychoanalyse. Damit wird aber häufig das Meister-Schüler-Verhältnis nur noch spürbarer. Manche haben dann erst recht den Eindruck, sie dürften nur die analytischen Brosamen vom Tische des Herrn aufpicken. Diese Beziehungsform widerspricht der Gleichwertigkeitsregel. Nicht selten entwickeln die nichtanalytischen Partner einen Haß auf alles Analysieren und verlegen sich auf die Gegenposition, nämlich auf das direkte soziale Agieren. Agieren als Reaktion auf die Entwertung des Gesprächs durch das deutelnde Verhalten des Analytikers, Agieren, weil das oft die Verhaltensform ist, der gegenüber sich mancher Analytiker relativ hilflos fühlt. Er neigt dazu, sich zurückzuziehen, wenn ihn sein Partner anbrüllt, ihm Szenen macht oder ihn vor anderen Leuten als lächerlich hinstellt. Er wird sich mit dem Gedanken schützen, daß Agieren in den Augen vieler Analytiker einen Anstrich von Primitivreaktion hat. Er muß sich also dem Partner nicht auf einer so direkten, unkontrollierten Stufe stellen. Je deutender sich solch ein Analytiker verhält, desto mehr fühlt sich sein Partner zum Agieren gedrängt, und je mehr der Partner agiert, um so mehr zieht sich dieser Analytiker ins Deuten zurück. Es entwickelt sich nun leicht ein Beziehungssyndrom, das ich als hysterische Ehe beschrieben habe.

Bei der Partnerwahl stand mancher Analytiker in der Stellung des Retters und Heilers zu einer scheinbar schwachen und hilfebedürftigen Frau. Er half ihr aus ihrem Unglück, was ihm einen narzißtischen Selbstwertzuwachs verschaffte. Die Beziehung wurde als oral-narzißtisch definiert: der Mann als idealisierter Retter, der die Frau stützt, trägt und empathisch in ihr aufgeht, die Frau als zartes, schwaches und dankbares Kleinod. Es kann sich die Tendenz durchsetzen, daß die Frau immer regressiv-anspruchsvoller wird und den Mann auszusaugen versucht, der Mann sich aber nicht dagegen zur Wehr setzt, sondern zerknirscht sich in eine Ecke verzieht. Dieses Ausweichverhalten wird die Frau provozieren, noch vehementer auf ihn einzuschreien. Wie der Hysterophile wird solch ein Analytiker diesen Affektausbruch teilweise als peinlich erleben, teilweise aber auch davon fasziniert sein als Substitut seiner verlorenen Spontaneität.

Das Gefühl, in der eigenen Ehe zu versagen, empfinden viele Analytiker als peinlich und kränkend, und das mag mitspielen, wenn sie sich

247

als inkompetent für Ehetherapie erklären. Es entspricht ihrer emotionalen Ambivalenz, wenn sie Ehetherapie den Instanzen zuschieben, von denen sie im Grunde therapeutisches Versagen erwarten.

Die Auswirkung der analytischen Zweierbeziehung auf den Paarkonflikt.
Die Gegenübertragung* zum nichtbehandelten Partner

Ein wichtiger Einwand gegen die Paartherapie ist, man störe die freie Entfaltung der analytischen Übertragungsbeziehung durch die ständige Realpräsenz des Konfliktpartners. Der neurotische Anteil an der Ehebeziehung werde sich in der Beziehung zum Therapeuten ja ohnehin wiederholen und sich im geschützten Freiraum der Analyse besser bearbeiten lassen. Der Analytiker fühlt sich in seinem therapeutischen Spielraum durch den Konfliktpartner behindert. Das Eintreten in eine intensive Intimbeziehung mit dem Patienten, die Entfaltung einer meist idealisierten Übertragungsbeziehung, die Bildung von Gegenübertragungsreaktionen, das empathische Einfühlen und partielle Identifizieren mit dem Patienten gehören zum Faszinierenden und Befriedigenden an der analytischen Tätigkeit und motivieren weitgehend zur Berufsausübung. All das wird dem Analytiker durch die Realpräsenz des Partners verdorben, weil der Partner ihn der einseitigen Parteinahme bezichtigen wird und selbst Anspruch auf Identifikation und Empathie mit ihm stellt. Eine orthodoxe Psychoanalyse und eine klassische analytische Haltung läßt sich somit auch der Sache nach nicht mit Paartherapie vereinbaren.

Denken wir nur in analytischen Kategorien, so werden wir genügend methodische Argumente gegen die Paartherapie finden und uns gut gegen die Ansprüche auf ehetherapeutische Tätigkeit abschirmen können. Die Einwände und Bedenken gegen die individualistische Sicht berühren uns nur, wenn wir bereit sind, über den analytischen Gartenzaun hinauszublicken. Es geht da vor allem um die Frage: Was hat die analytische Zweierbeziehung für eine Wirkung auf das außeranalytische Beziehungssystem? Welche gruppendynamischen Prozesse werden durch das analytische Arrangement ausgelöst? Im Rahmen dieser Darstellung möchte ich mich auf das Dreieck Therapeut–Patient–Ehepartner beschränken.

Die Tatsache, daß einer von zwei Ehepartnern zum Therapeuten in eine so intime Beziehung eintritt, von der der andere ausgeschlossen ist, führt zwangsläufig zu schweren Belastungen des dyadischen Systems. Es werden damit fast alle Prinzipien mißachtet, die ich in diesem Buch für die Funktionsfähigkeit einer Ehe postuliert habe. Die dyadische Grenze wird einseitig aufgelöst, es entsteht ein Zwei-gegen-einen-System in der Verbindung Therapeut–Patient gegen Nichtpatient und dies unausweichlich, allein durch die äußere Anordnung der Analyse, selbst wenn keiner der Beteiligten daraus einen Profit erwirken will. Auch die Gleichwertigkeitsregel wird verletzt, indem der Patient in der Rückenstärkung durch die Therapiesituation und unter der therapeutischen Persönlichkeitsentwicklung einen Selbstwertzuwachs erfährt, der dem Nichtpatienten nicht zukommt.

Da uns aber die Kommunikationstheorie lehrt, daß es in einem Beziehungssystem nicht möglich ist, einen Teil zu verändern, ohne daß alle anderen Teile mitverändert werden, kann also bei einem verheirateten Patienten gar nicht ein tiefgehender therapeutischer Eingriff vorgenommen werden, ohne daß dieser zu einschneidenden Veränderungen beim Partner führen muß. Im ungünstigen Falle wird der Partner sein Komplementärverhalten (im Sinne einer negativen Rückkoppelung) verstärken, um jeden Versuch des Patienten, sein Verhalten zu verändern, gleich wieder zu neutralisieren. Im günstigen Falle entwickelt sich der Partner mit dem Patienten (positive Rückkoppelung, s. WATZLAWICK, BEAVIN und JACKSON), wodurch das Beziehungssystem als Ganzes verändert wird. Da nun aber der oberste Grundsatz therapeutischen Handelns «primum nihil nocere» bleiben muß, sollte es selbstverständlich sein, daß man die negativen Auswirkungen der Einzeltherapie auf die Angehörigen nicht einfach mit einem bedauernden Schulterzucken zur Kenntnis nimmt, sondern sich ernsthaft damit befaßt.

Versuchen wir uns in die Situation des nichtbehandelten Partners einzufühlen. Ist er oral fixiert, so kann er neidisch auf den Patienten werden, der von seinem Therapeuten anscheinend so viel bekommt, oder er kann in der Pflegeposition mit dem Therapeuten konkurrieren. Ein anal Fixierter wird leicht befürchten, der Therapeut nehme ihm den Partner weg, entziehe ihm die Kontrolle über den Partner oder bilde mit dem Patienten eine Allianz, aus der er ausgeschlossen sei. Der phallisch Fixierte fürchtet eventuell, vom Therapeuten beim Partner ausgestochen zu werden.

Die Entwicklung im Dreieck Patient–Ehepartner–Therapeut möchte ich am Beispiel angstneurotischer Ehen noch weiter ausführen, da ich dort negative Auswirkungen der Einzeltherapie oft beobachten und auch selbst nicht immer vermeiden konnte. Die Frau leidet zum Beispiel an einer sie invalidisierenden Klaustrophobie* (Platzangst), die sich im Zusammenhang mit der ehelichen Untreue ihres Mannes entwickelt hat. In der Einzeltherapie ergibt sich nun, daß die Frau selbst von sexuellen Versuchungen beunruhigt wird, daß sie aber diese außerehelichen Phantasien auf Grund tiefgehender Trennungsängste verleugnet und auf den Mann projiziert. Der Mann fühlte sich in der Ehebeziehung als König, spricht sich selbst jede Form von Autonomie und Freiheit zu, was von der Frau eifersüchtig bekämpft wird. In der intensiven Einzeltherapie bessert sich die Klaustrophobie der Frau. Sie läßt davon ab, den Mann pausenlos eifersüchtig zu verfolgen, und beginnt sich allmählich, unter großen Ängsten, mit den eigenen Untreuephantasien vertraut zu machen. Plötzlich vernehmen wir von der Frau, der Mann habe seine eigene außereheliche Beziehung aufgegeben und sei nun seinerseits eifersüchtig geworden. Er mache zu Hause Szenen, gebärde sich als Tyrann und Sittenwächter und versuche jede Selbständigkeitsstrebung der Frau im Keime zu ersticken. Die Reaktion der Frau und leider nicht selten auch des Therapeuten ist Schadenfreude, da jetzt offenbar geworden sei, daß der bisher so selbstsichere Mann seine Position der Stärke nur deshalb habe halten können, weil die Frau die Position der Schwäche und Eifersucht übernommen habe.

Der Mann fühlt sich offensichtlich beunruhigt von der Vorstellung, die Frau könnte sich von ihm trennen und sich ihm gegenüber emanzipieren. Oft wünscht er in dieser Phase Kontakt mit dem Therapeuten. Manche Therapeuten weisen diesen Wunsch schroff zurück, da dadurch die therapeutische Arbeit beeinträchtigt werden könnte. Andere gewähren ihm ein Gespräch. Nun kommt aber dieser Mann nicht in der Haltung, die Patienten üblicherweise annehmen müssen, um unseren Helferwillen zu stimulieren. Er bietet sich nicht als niedergeschlagen, mitleiderregend und elend an, sondern er gebärdet sich in der Gesprächssituation arrogant, herausfordernd und überheblich. Eventuell möchte er sich als Kotherapeuten empfehlen und mit uns über die Unartigkeiten der Frau konferieren. Direkt oder indirekt macht er uns klar, daß er über die Therapie aufgebracht ist und hierher kommt, um auf den Fortgang der Therapie Einfluß zu nehmen. Er steht im Grunde meist ambivalent zum Therapeuten. Halbwegs spürt er ein Bedürfnis, sich ebenfalls unter die Fittiche einer elterlichen Autorität begeben zu können, der er sich anvertrauen und unterwerfen möchte. Er lehnt aber für sich den Patientenstatus ab und fühlt sich verpflichtet, innerhalb der Dyade derjenige Teil zu sein, der auch unter noch so schwierigen Bedingungen sozial funktionsfähig bleibt. Es braucht Fingerspitzengefühl, sich in dieser Situation therapeutisch richtig zu verhalten. Wir müssen versuchen, diesen narzißtisch kränkbaren, verunsicherten Mann zu stützen, anstatt ihn als überkompensierenden Schwächling entlarven zu wollen. Er ist von der Angst erfüllt, er könnte nun plötzlich kränker dastehen als seine Frau. Das Konzept der Kollusion kann hier eine wichtige Hilfe anbieten, indem die Verhaltensweisen beider Partner in ihrer Interdependenz aufgewiesen werden. Der Therapeut könnte dem Mann zum Beispiel etwa sagen: Es sei leicht vorstellbar, wie sehr er durch die Krankheit der Patientin belastet sei, müsse er doch zur Zeit die Verantwortung für das soziale Funktionieren der Ehe oder Familie fast allein tragen. Die Gefahr in einer derartigen Situation sei, daß man sich dann keine eigenen Ängste und Schwächen mehr leisten dürfe. Die Erfahrung zeige aber, daß eine solche Haltung auf die Dauer ungesund sei, da jeder Mensch, auch der stärkste Mann, gelegentlich mal Hilfe und Unterstützung benötige. Ziel der Therapie sei, daß er und seine Frau von den Extrempositionen abrücken, daß die Frau lerne, trotz Angst und Schwächegefühl Verantwortung mitzutragen und selbständig mitzuhandeln. Von der Therapie her gesehen wäre es am günstigsten, wenn er seinerseits mithelfen könnte, ihr bei diesen Emanzipationsbestrebungen zu helfen. Das sei oft nicht so leicht, weil möglicherweise die Frau eine Phase durchmachen werde, in der sie ihre Selbständigkeit etwas allzu provokant herausstreichen müsse. Das sei eine Durchgangsphase, die häufig auftrete. Man könne aber auch immer wieder beobachten, daß es für den Partner schwierig sei, sich mit eigenen Schwächen und Ängsten auseinanderzusetzen, besonders wenn der andere sich so provozierend verhalte. Auch könne leicht der Eindruck entstehen, der andere werde vom Therapeuten gegen den Partner aufgehetzt und ermuntert, sich von ihm loszulösen. Das sei aber nicht das Ziel der Behandlung. Vielmehr gehe es darum, partnerschaftlich zu einer Beziehung zu finden, in der jeder dasselbe Maß von Freiheit und Solidarität wahrnehme und jeder etwa gleich viel Verantwortung für die Ehe und Familie trage.

Nicht selten fühlt der Therapeut sich in seiner Arbeit durch das Auftreten des Partners gefährdet. Er hat das Gefühl, der Partner wolle nun sein Besitzrecht anmelden und die Patientin wieder ganz in seine Einflußsphäre zurückholen. Er befürchtet, der Partner werde die eben aufkeimenden Autonomiebestrebungen der Patientin zerstören. So fühlt er sich verpflichtet, sich schützend vor die Patientin zu stellen und vom Partner selbstlose Opferbereitschaft zu fordern. Wenn sich der Partner dazu nicht verpflichten läßt, fühlt sich mancher Therapeut berechtigt, ihm jegliche Einmischung zu verbieten und ihn schroff abzuweisen oder zu kränken, indem er ihn für therapiebedürftiger deklariert als die Patientin. Leicht kommt es nun zum Machtkampf zwischen Therapeut und Ehepartner um den Besitz der Patientin. Jeder hat das Gefühl, der andere wolle ihm die Patientin wegnehmen, und jeder versucht, die Patientin in der eigenen Einflußsphäre festzuhalten. Der Therapeut forciert die Autonomiebestrebungen der Patientin und wird nun selbst in die Kollusion einbezogen. Es bildet sich eine Kollusion zu dritt um die Konfliktthematik «Trennungsängste gegen Autonomiewünsche»:

☐ Die Patientin verliert in der engen Beziehung zum Therapeuten ihre Trennungsängste. Sie fühlt sich in der Therapie und unter den spürbaren Erwartungen des Therapeuten zu Emanzipationsversuchen stimuliert. Sie sucht den Beifall des Therapeuten, indem sie sich provokant gegenüber dem Ehemann absetzt und sich autonom gebärdet. Durch das provokante Gebaren stiftet sie den Mann an, gegen den Therapeuten zu agieren und ihren Therapiewiderstand vikariierend auszutragen.

☐ Der Ehemann wird zunehmend von Trennungsängsten beunruhigt und verliert seine ursprünglichen Emanzipationswünsche. Er möchte die Therapie untergraben und die sich von ihm entfernende Frau wieder ganz für sich zurückgewinnen.

☐ Der Therapeut steht unter der Spannung, ob er der Patientin dazu verhelfen kann, sich trotz der Repressalien des Ehemannes zu behaupten. Er agiert für die Patientin in ihren Emanzipationsbestrebungen.

Das Ergebnis der Therapie kann aus der Sicht mancher Therapeuten dann etwa folgendermaßen lauten: «Die ursprünglich so unselbständige, ängstliche und schwer neurotische Patientin hat sich in der Therapie sehr erfreulich entfaltet. Sie ist wesentlich autonomer und reifer geworden. Dies zeigte sich vor allem darin, daß sie sich aus der pathologischen Bindung an den schwerkranken Mann zu lösen vermochte und sogar ohne Rückfall die unumgängliche Scheidung durchstand. Der krankhaft eifersüchtige Mann versuchte die Therapie mit allen Mitteln zu untergraben und die Selbstentfaltung seiner Frau zu sabotieren. Verschiedentlich wurde versucht, den Mann mit seinen überspielten Ohnmachtsängsten zu konfrontieren. Leider wollte er sich nicht helfen lassen, so daß der Patientin nur die Trennung blieb.»

Was ist nun das Ergebnis? Vielleicht ist im therapeutischen Sinne gar nichts Eigentliches passiert, vielleicht ist nur das System umstrukturiert worden, und die Frau hat von der Abhängigkeit vom Mann in die Abhängigkeit des Therapeuten gewechselt. Vielleicht kann sie die Trennung vom Therapeuten damit umgehen, daß sie selbst auf einen therapeutischen Beruf umstellt und zur treuen Jüngerin ihres Meisters wird. In der Bearbeitung der Kollusion hätte die Gemeinsamkeit der Problematik beiden Partnern bewußt gemacht werden sollen. Natürlich gelingt das nicht immer. Sicher aber werden manche therapeutischen Chancen verpaßt, weil der Therapeut sich nur auf die Gegenübertragung* zum Patienten konzentriert, seine Aggressionen und negativen Reaktionen aber um so unkontrollierter an den Angehörigen ausläßt. Die Kontrolle der Gegenübertragung zu den Angehörigen dürfte häufig wichtiger und auch schwieriger sein als diejenige gegenüber dem Patienten. Allzu schnell werden die Angehörigen zu Sündenböcken für das Scheitern einer Behandlung gemacht und als unverbesserliche Psychopathen und Paranoiker abgestempelt. Man frustriert und provoziert sie, indem man nichts mit ihnen zu tun haben will, und wundert sich dann, wenn sie gegen die Therapie agieren und sich weigern, selbst eine Theorie auf sich zu nehmen. Die Angehörigen werden oftmals als übertragungsmäßiges Freiwild gehalten. Man darf sie beliebig abschießen. Es schmeichelt manchen Therapeuten, sich den Angehörigen gegenüber als überlegen, mutig, stark und erfolgreich zu fühlen. Manche rächen sich in dieser Dreieckssituation für die früher erlittene ödipale Kränkung.

Die Therapeut-Patient-Kollusion und deren Ähnlichkeit zur Patientenehe

In langdauernden therapeutischen Beziehungen besteht, wie in jeder Zweierbeziehung, ein starker Zug zur Kollusionsbildung zwischen Therapeut und Patient. Therapeut und Patient drohen sich auf ein bestimmtes Beziehungsmuster einzuspielen, das durch gemeinsame blinde Flecke gekennzeichnet ist. Der Patient weiß mit der Zeit genau, was das Interesse des Therapeuten wecken wird, und weiß auch meist im voraus, wann und wie dieser intervenieren wird. Je länger die Therapie dauert, desto größer dürfte die gegenseitige Angleichung sein und damit die Gefahr, daß die Therapie zu einem Modus vivendi zweckentfremdet wird.

Die Psychoanalyse war sich dieser Gefahr von jeher voll bewußt.

Durch das Absolvieren einer Lehranalyse sowie unter der Therapieüberwachung eines Kontrollanalytikers soll die unreflektierte, persönliche Verstrickung des Analytikers verhindert werden. Daß es trotz dieser Bemühungen nicht selten zu Kollusionsbildungen kommt, zeigt, wie schwierig es offensichtlich ist, sich einem Kollusionsangebot zu entziehen.

Die narzißtische Therapeut-Patient-Kollusion zeigt sich zum Beispiel in Beziehungen zwischen Führern therapeutischer Institute, die sich ihren Schülern – meist früheren Patienten – als Identifikationsfigur anbieten. Die Jünger entlehnen von diesen «Vätern» ein idealisiertes Selbst, mit dem sie ihr eigenes Selbst zu erhöhen suchen. Es spielt sich eine narzißtische Kollusion ein. Oder der Therapeut bietet sich als unerschöpfliche Mutter zur oralen Kollusion an und nimmt den Patienten als Ersatzkind unter die Fittiche oder opfert sich auf, «trägt ihn durch» in Erwartung dankbarer Bestätigung. Oder der Therapeut genießt in der analen Kollusion die Macht und Kontrolle, die er über den ganz von ihm abhängigen Patienten ausübt. In der phallischen Kollusionsbildung fühlt er sich als Mann bestätigt, wenn er alle Patientinnen in sich verliebt machen kann. Sicher wird es zu einer guten Ausbildung gehören, solche Kollusionsneigungen bewußt zu machen. Nicht immer sind diese Tendenzen aber den Lehr- und Kontrollanalytikern selbst genügend bewußt. Wie D. BECKMANN in «Der Analytiker und sein Patient» schreibt, zeigt der Psychoanalytiker selbst unkontrollierte affektive Einstellungen, die ihren Ursprung in neurotischen Übertragungshaltungen (sogenannten Restneurosen) haben. Neben der Gegenübertragung zeigt der Psychoanalytiker selbst Übertragungsverhalten*, das ihm nicht bewußt und mit Widerstand verbunden ist. Der Patient seinerseits hat aber neben der Übertragungsreaktion auch Gegenübertragungsreaktionen auf den Analytiker, indem er bei sich selbst emotionale Vorgänge registriert, die sich auf unbewältigte neurotische Ängste und Wünsche des Analytikers beziehen. So zeigt BECKMANN zum Beispiel, daß, je ausgeprägter im Gießen-Test der Diagnostiker bei Patienten phallisch-genitale Komponenten feststellt, desto weniger erhält er solche selbst von anderen zugeschrieben. Je mehr der Diagnostiker Patienten anklammernd-depressiv beurteilt, um so mehr weist er selbst nach der Fremdbeurteilung phallisch-genitale Züge auf. Derselbe Patient kann für den einen Analytiker vorwiegend orale Ängste und Wünsche zeigen, für einen anderen aber phallisch-genitale Züge. Die vollständige Offenheit des Analytikers gegenüber den Patienten ist ein zwar erstrebenswertes, aber utopisches Ideal. Der Analytiker wählt

sich – so BECKMANN – seine Patienten nach ganz ähnlichen Gesetzmä-
ßigkeiten, die auch die eheliche Partnerwahl bestimmen.

Es ist also zu erwarten, daß die Kollusion zwischen Therapeut und
Patient oftmals die gleiche sein wird wie diejenige zwischen Ehepartner
und Patient. Ehepartner und Therapeut stehen zum Patienten in einer
ähnlichen Komplementärposition. Wie die Gegenpole eines Magneten
fühlen sie sich vom Patienten angezogen, aber auch wie gleiche magne-
tische Pole stoßen sie sich gegenseitig ab. Analytiker und unbehandel-
ter Ehepartner in progressiver Position fühlen sich beide in der Beziehung zum Patienten stärker und gesünder als wenn sie allein sind.
Analytiker und Ehepartner stehen zueinander in einer symmetrischen
Beziehung, die die Tendenz zu eskalierender Rivalität in sich birgt. Die
Beziehung der Therapeuten zu den Angehörigen dürfte unter anderem
deshalb so schwierig sein, weil die Therapeuten an den Angehörigen all
das wahrnehmen, was sie sich selbst mühsam versagen, insbesondere
sehen sie bei den Angehörigen Bestrebungen zur Selbststabilisierung
des Stärkeren auf Kosten des «Schwächeren». Die Angehörigen sind die
Projektion oder das Substitut der negativen therapeutischen Identität.
Sie sind diejenigen, die sich als Retter, Führer oder Mutter stark machen
wollen, indem sie den Patienten schwach, abhängig und krank halten.
Wir Therapeuten tun das nicht, aber wollen wir es insgeheim nicht
doch?

Ich glaube, daß das Konzept der Kollusion für den Therapeuten eine
wichtige Hilfe sein kann, um das, was er vom Einzelpatienten hört, im
Systemzusammenhang zu erkennen. Dadurch, daß er sich auf die Paardynamik ausrichtet, gelingt es ihm leichter, dem Paar als Ganzem zu
begegnen, ohne sich nach der einen oder anderen Seite ziehen zu lassen,
ohne der Tendenz zu verfallen, sich mit dem «sympathischeren» Partner zu identifizieren, aber auch ohne die kontraphobische Reaktionsbildung, den «unsympathischen» Partner besonders bestätigen zu müssen. Der Therapeut wird in einer Paartherapie freier sein, sich zeitweilig
mit der einen Seite einzulassen, wenn er sich sicher fühlt, den empathi-
schen Ausgleich mit der Gegenseite zu gegebener Zeit wiederherstellen
zu können. Vor allem aber wird er das Problem der Gegenübertragung
zu den Angehörigen klarer erkennen können.

Zielsetzung der Paartherapie

Das Ziel der Ehetherapie sehe ich in Übereinstimmung mit den meisten
Ehetherapeuten nicht in der Rettung der Ehe um jeden Preis. Vielmehr

möchte ich dem Paar aus der Stagnation ihrer Kollusionsbildung heraushelfen, so daß ihre Beziehung wieder eine freie Dynamik entfalten kann und die Partner entscheidungsfähig und damit auch scheidungsfähig werden. Ehetherapie soll zur Klärung der Beziehung führen. Das Ende einer geglückten Ehetherapie kann durchaus in einer Scheidung liegen. Nicht selten verhilft eine kurze Paarbehandlung in einer festgefahrenen Ehesituation den Partnern eher zu einer Entscheidung als eine langjährige Psychoanalyse. Den folgenden Brief schrieb mir eine Frau ein Jahr nach einer vier Wochen dauernden intensiven Paartherapie. Sie selbst wie ihr Mann hatten zuvor mehrjährige Psychoanalysen absolviert.

«Sehr geehrter Herr Dr. Willi,
wie Sie uns letztes Jahr sagten, sind Sie interessiert am Fortgang unseres Schicksals. Vor einem halben Jahr trennte ich mich von Fredy und bezog zusammen mit den Kindern eine 4-Zimmerwohnung in einem Neubauquartier. Die Trennung vollzog sich sehr harmonisch, und auch unser letztes Weihnachtsfest war friedlich und schön. Uns beiden schien eine Trennung die beste und ehrlichste Lösung. Die Kinder, denen unser Problem vertraut war, fanden eine Trennung ebenfalls das beste. Fredy blieb allein im Haus und wird von unserer gemeinsamen Putzfrau versorgt.

Unterdessen habe ich mich gut in der Wohnung eingelebt. Sie befindet sich in der Nähe der Schule, die die Kinder besuchen. Der Freundeskreis ist derselbe für sie geblieben, und sie sind vergnügt und akzeptieren die Lösung. Auch gehen sie oft zu Fredy zum Essen, oder als ich dieses Jahr auf einer Ferienreise war, wohnten sie dort.

Fredy kümmert sich ganz rührend um die Kinder, und sie sind des Lobes voll über den veränderten Vater. Wir treffen uns auch ab und zu in der Stadt zum Essen, oder Fredy kommt zu mir in die Wohnung, damit wir die auf uns zukommenden Probleme besprechen können.

Der Scheidungsvertrag ist sehr großzügig und fair gehalten [. . .] nun ist es Sache des Gerichtes, uns zu scheiden, was vermutlich gegen Ende Juni sein wird. Fredy und ich werden auf alle Fälle alles daransetzen, auf Distanz gute Freunde zu bleiben. Dazu möchte ich Ihnen noch sagen, daß ich nicht beabsichtige, in der nächsten Zeit wieder zu heiraten.

Natürlich bringt unsere Trennung auch viel Kummer, aber Fredy und ich sind beide überzeugt, daß wir das Richtige getan haben.

Ihnen möchte ich sehr für alles danken, was Sie für uns getan haben. Wenn es auch nicht dazu geführt hat, daß wir wieder gemeinsam unser

Leben fortsetzen, so hat es uns doch geholfen, wieder miteinander zu sprechen und unser Problem mit Anstand und Verständnis füreinander zu lösen.
Mit herzlichen Grüßen, Ihre A. B.»

Das besondere Ziel der Behandlung einer ehelichen Kollusion sehe ich in drei Aspekten.

Der erste Aspekt liegt in der Selbsterkenntnis: Am Ende der Therapie sollte jeder Partner Einsicht gewonnen haben, durch welche tieferen persönlichen Schwierigkeiten er bisher so starr in seiner Extremhaltung fixiert war, welche Ideale ihm diese Fehlhaltung erstrebenswert erscheinen ließen und welche Ängste, Schuld- und Schamgefühle er damit abzuwehren versuchte. Er sollte sich mit dem Persönlichkeitsteil befreunden, den er auf den Partner zu externalisieren versuchte, und diesen in sich integrieren. Damit sollte er eine größere Flexibilität bezüglich progressiver und regressiver Position erlangen.

Ein zweiter Aspekt liegt im erhöhten Verständnis für den Partner, in der Einsicht in die tieferen persönlichen Schwierigkeiten, die dem Partner das Aufgeben seiner Fehlhaltung erschweren. Durch dieses vertiefte Verständnis sollte der Partner so akzeptiert werden können, wie er ist, und nicht so, wie man ihn gerne haben möchte.

Ein dritter Aspekt liegt in der Erkenntnis der Paardynamik, wie sie sich aus der gemeinsamen Thematik entfaltet hat, insbesondere in der Erkenntnis, wie die Beziehung aus einem frei schwingenden Gleichgewichtszustand herausgeraten ist durch die Eskalation der gegenseitigen Provokationen.

Die Erkenntnis der gemeinsamen, das Paar beunruhigenden Grundthematik ist wohl das wichtigste und meist auch für die Partner unerwartetste Erlebnis der Therapie. Glaubten sie zuvor, in ihren polarisierten Extrempositionen miteinander nichts mehr gemein zu haben, so sind sie erstaunt, nun plötzlich zu sehen, daß sie mit ihren Schwierigkeiten im gleichen Boot sitzen. Was sie zuvor als trennend empfanden, erweist sich nun als das Verbindende.

Das Ziel ist nicht das Unwirksammachen der kollusiven Grundthemen, sondern das Einspielen eines freien und flexiblen Gleichgewichtes. Die Paardynamik erfordert ein dauerndes Ausbalancieren der Partnerbeziehung. Diese

Balance kann aber aus dem frei schwingenden Mittelbereich herauskippen zu einem Zustand der Unausgewogenheit, wo sich die Partner gegenseitig in starren Extrempositionen fixieren. Der gesunde Mittelbereich läßt die Kollusionsthemen zu einer beiderseitigen Bereicherung werden:

die narzißtische Thematik in der Bestätigung des Partners als ein abgegrenztes Selbst,

die orale Thematik als ein wechselseitiges Geben und Nehmen,

die anal-sadistische Thematik als Solidarität ohne Zwang,

die phallische Thematik als eine gegenseitige Ergänzung in der Geschlechtsidentität.

Diese Idealziele bei der Behandlung einer Kollusion können mittels analytischer Einsichtsvermittlung, verhaltenstherapeutischem Angstabbau oder Trainieren von Alternativverhalten in Kommunikationsübungen oder Rollenspiel angestrebt werden.

Ich möchte noch kurz auf den *Begriff der Einsicht* eingehen. Kommunikations- und Verhaltenstherapeuten mokieren sich gelegentlich über die analytische Einsichtsvermittlung, die zwar ein schönes Erlebnis sei, das aber ohne Konsequenzen für das konkrete Verhalten bleibe. Dieser Ansicht kann ich mich nicht anschließen. In der Ehetherapie gelingt es oft nur in beschränktem Maße, das Verhalten der Partner echt zu verändern. Was manche Partner aber leichter gewinnen können, ist ein höheres Maß an gegenseitiger Toleranz durch das vertiefte Verständnis für sich selbst, für den Partner und für die gemeinsame Beziehung. Dieses Verständnis kann aber häufig nicht einfach durch direkte Übungen in Offenheit und Klarheit der Kommunikation erreicht werden, da manche Bedürfnisse und Verhaltensweisen in ihrer zwiespältigen und ambivalenten Widersprüchlichkeit den Partnern gar nicht bewußt sind. Verständnis füreinander zu gewinnen und einander als Partner umfassend, mit allen Schwächen und mit all den begrenzten persönlichen Beziehungsmöglichkeiten zu akzeptieren, scheint mir aber eines der wichtigsten Ziele nicht nur der Ehetherapie, sondern der Ehebeziehung ganz allgemein zu sein.

Die Anwendung des Kollusionskonzeptes in der Ehetherapie

Es mag manche Leser enttäuschen, daß in diesem Buch über die therapeutischen Konsequenzen, die wir aus dem Konzept der Kollusion ziehen können, so wenig ausgeführt wird. Ich möchte das Thema Ehetherapie als Kollusionstherapie einer gesonderten Darstellung vorbehalten. Das Anliegen dieses Buches ist, das Konzept der Kollusion als ein den therapeutischen Rahmen übersteigendes Konzept der Paardynamik darzustellen. Das Konzept der Kollusion ist zunächst weniger eine eigene therapeutische Technik als vielmehr eine Konzeption, Paarkonflikte ganzheitlich in den Blick zu bekommen. Das kann sich fruchtbar für jede Form von Ehebehandlung erweisen, sei das orthodoxe Psychoanalyse, analytische Paartherapie, Rollenspiel, Verhaltenstherapie oder Kommunikationstherapie.

Für den Therapeuten wird es bei jeder Behandlung von Ehekonflikten schwierig sein, die Ursachen und Hintergründe des Ehekonfliktes bei beiden Partnern in gleicher Weise zu suchen, sich beiden Partnern in gleichwertiger Weise zuzuwenden und sich mehr mit dem Schicksal des Paares zu identifizieren als mit einem von beiden Partnern. Heute ist es bereits Mode, von Partner- und Ehekonflikten als Kommunikationsproblemen zu sprechen. In der Praxis gibt es aber leider immer noch sehr wenig Therapeuten, die einen Ehekonflikt wirklich als Paarkonflikt und nicht als einseitiges Fehlverhalten des einen oder anderen Partners zu sehen vermögen. Das Konzept der Kollusion soll allerdings nicht dazu führen, daß der Therapeut nun krampfhaft bemüht ist, in Deutungen nur das gemeinsame Unbewußte des Paares anzusprechen. Er sollte in der Therapie aber versuchen, jedes Phänomen des einen Partners auf die korrespondierenden Wahrnehmungen, Gefühle, Ängste und Bedürfnisse des andern Partners zu erforschen und damit das Gleichgewicht seiner Zuwendung, seiner Wahrnehmungen, seiner Identifikationstendenzen und Deutungen immer wieder herzustellen. So wird er es nicht zulassen, daß in einer Paartherapie der eine Partner als der Kranke, Schwache oder Schuldige dasteht und der andere sich als Kotherapeut mit ihm anlegt. Wenn ihm das schwerfällt, so muß er sich einerseits immer wieder die Frage vorlegen, weshalb hat der Partner als «Kotherapeut» sich diesen «kranken» Partner gewählt und diesen in der Ehe zu einem derart krankhaften Verhalten entwickeln lassen. Er muß andererseits immer wieder seine eigene Gegenübertragung kontrollieren und sich fragen, weshalb er die Störung nur beim einen wahrnehmen könne und den andern schonen müsse? Ich glaube, daß das Konzept der Kollusion besonders Psychoanalytikern behilflich sein könnte, ihre Scheu vor Paartherapien zu reduzieren.

Aber auch für das behandlungswillige Paar ist das Konzept der Kollusion eine wesentliche Hilfe und kann die Motivation zur Behandlung erhöhen. In den meisten Fällen wird die Initiative zur Ehetherapie ja nur von einem der Partner ergriffen. Dieser bietet sich entweder als Kranker an mit Symptomen, die unter den starken Ehespannungen aufgetreten sind, oder er wendet sich an den Therapeuten direkt als Ankläger, oft wegen Ehebruchs des Partners. Der Partner aber erscheint meist nur widerstrebend zur Behandlung, weil er erwartet, vom Therapeuten als Sündenbock in die Enge getrieben zu werden. Leider wird er dann in diesen Erwartungen durch den einseitig Partei ergreifenden Therapeuten auch oft bestätigt. Wenn aber der Therapeut dem Paar bereits im ersten Gespräch unmißverständlich klarmacht, daß er von der Hypothese ausgehe, jeder Ehekonflikt werde zu 50 Prozent von beiden Seiten verursacht, er erachte es deshalb schon rein theoretisch als unwahrscheinlich, daß einer von beiden mehr schuld sein könne als der andere, dann wirkt das beruhigend auf das Paar in seiner ängstlichen Spannung, auf welche Seite sich der Therapeut nun wohl stellen werde. Noch wichtiger dürfte dann der weitere Schritt sein, dem Paar zu zeigen, wie zwischen ihnen nur scheinbar ein polarer Gegensatz bestehe, daß sie sich im Grunde aber im tiefsten verwandt seien, ja, durch ein gemeinsames Unbewußtes einander verbunden. Die Gelegenheit, dem Paar solche unbewußten Verwandtschaften aufzuweisen, ergibt sich bereits in den ersten Therapiesitzungen.

Eine wichtige Frage ist, ob ein Ehekonflikt prinzipiell in einer Paarbehandlung angegangen werden sollte oder ob er sich auch in einer Einzeltherapie behandeln läßt. Sicher läßt sich nicht ein Eheteil verändern, ohne daß sich die Ehe als Ganzes verändert. Daraus kann man aber noch nicht folgern, daß es grundsätzlich verfehlt wäre, einen Patienten mit Ehekonflikten in Einzeltherapie zu nehmen.

Manche Patienten brauchen den geschützten Freiraum einer individuellen Therapie, um ungestört regredieren zu können und allmählich ein stärkeres Ich aufzubauen. Das kann durch die Realpräsenz des Partners erschwert werden. Meine vorangegangenen Darlegungen wenden sich nicht gegen die Einzeltherapie oder Psychoanalyse an sich, sondern vor allem gegen die Art, wie manche Therapeuten Einzeltherapie betreiben. Wichtiger als die Frage der Technik in Paar- und Einzeltherapie dürfte die Einstellung und Zielsetzung des Therapeuten sein. Ich glaube, daß in vielen Fällen eine Ehetherapie durchaus als Einzeltherapie möglich ist, wenn es dem Therapeuten gelingt, sich die Kollusion dieser Ehe dauernd vor Augen zu halten. Er wird dann alle Äußerungen des Patienten auch im partnerbezogenen Aspekt betrachten und auf die zu erwartenden Komplementärreaktionen des Partners hinhören. Er wird vor allem seine Gegenübertragung zum Ehepartner mindestens so sehr kontrollieren wie diejenige zum Patienten. Er wird sich immer bewußt bleiben, daß der nichtbehandelte Partner in der Therapie benachteiligt ist, und wird versuchen, sich durch den Patienten nicht zum Mitagieren provozieren zu lassen, sondern im Gegenteil den Patienten darauf hinzuleiten, die Reaktionen des Partners zu verstehen. Wenn der Partner bei ihm vorstellig werden will, so wird er ihn warmes Verständnis spüren lassen und ihn nicht narzißtisch kränken, indem er aus ihm gleich einen Patienten machen und ihn grad auf die Couch umlegen will. Vielmehr wird er versuchen, dem Partner die Auswirkungen der Einzeltherapie auf die Ehe verständlich zu machen und gewisse zu erwartende Reaktionen des nichtbehandelten Partners vorwegzunehmen. Er wird auch über die Möglichkeit einer parallel laufenden Einzeltherapie bei einem anderen Therapeuten oder über die Vorteile und Nachteile einer Paartherapie sprechen. Unter solchen Bedingungen läßt sich häufig auch in einer Psychoanalyse die Ehe als Ganzes behandeln.

Die klassische Psychoanalyse wird sich ihrer ganzen Konzeption nach nicht mit einer Paartherapie durch denselben Therapeuten kombinieren lassen. Eine parallel laufende Paargruppentherapie bei anderen Therapeuten ist nach meiner Erfahrung nicht nur zulässig, sondern bietet oft gerade eine besondere therapeutische Chance. In der Praxis ist die analytisch gerichtete Psychotherapie oder die analytische Fokaltherapie aber die häufiger angewandte Methode. Dort hat der Therapeut mehr Spielraum. Es bieten sich alle Variationsmöglichkeiten von Einzel- und Paarbehandlungen bei demselben oder zwei verschiedenen Therapeuten. Sicher ist, daß die Paarbehandlung viele therapeutische Möglichkeiten in sich schließt, die der Einzeltherapie fehlen. Sie sollte methodisch zum Rüstzeug jedes ausgebildeten Psychotherapeuten gehören.

Obwohl ich mich in diesem Buch verschiedentlich kritisch über die psychoanalytische Praxis geäußert habe, steht mir bezüglich Zielsetzung, Menschenbild und therapeutischer Haltung das analytische Vorgehen am nächsten. Auf dem Gebiet der Ehe- und Familientherapie haben sich aber bisher vor allem kommunikationstherapeutische Verfahren durchgesetzt, und analytisches Gedankengut und Vorgehen ist in weiten Kreisen von Ehe- und Familientherapeuten verpönt. Kommunikationsübungen, wie sie in Partnerschaftstrainings angeboten werden, sind eine eigentliche Modeerscheinung geworden. Mir scheint die Polemik zwischen Vertretern der Verhaltens- und Kommunikationstherapie einerseits und der Psychoanalyse andererseits wenig fruchtbar, da meines Erachtens beide Therapiekonzepte einander nicht ausschließen, sondern ergänzen! Es ist hier nicht der Ort, die Unterschiede dieser Konzepte eingehender zu besprechen. Ich glaube, daß manche Ehepaare derart in ihren Streit verbissen sind, daß sie die für eine analytische Therapie notwendige Distanz zu ihren Problemen überhaupt nicht aufzubringen vermögen. Ich kann mir vorstellen, daß streng methodische Kommunikationsübungen und Interaktionsprogramme, wie etwa das Münzverstärkungssystem von STUART, hier eher eine therapeutische Veränderung einleiten können als ein unstrukturiertes analytisches Gespräch. Werden mit diesen Übungen bestimmte positive Erfahrungen gemacht, so wird damit eventuell der Boden für die Wiederherstellung gegenseitigen Vertrauens bereitet und eine vertiefte therapeutische Auseinandersetzung überhaupt erst möglich.

Dasselbe gilt für gewisse Sexualstörungen, die so stark reflexartig eingeschliffen sind, daß mit bloßer Einsichtsvermittlung kaum konkrete Veränderungen bewirkt werden können. Praktische Übungsprogramme, wie sie zum Beispiel von MASTERS und JOHNSON entwickelt wurden, können bezüglich dieser Störungen sicher zeitökonomischer und erfolgreicher sein.

Man kann die Schwäche des analytischen Vorgehens darin sehen, daß oft zu sehr über die Hintergründe und Motivationen einer Fehlhaltung reflektiert wird und das konkrete Verhalten im Hier und Jetzt zu wenig direkt angegangen wird.

Man traut den Patienten vielleicht auch zuviel zu, wenn man erwartet, daß sie aus eigener Kraft auf Grund der gebotenen Einsichten ihr Verhalten zu verändern vermögen. Die Schwäche mancher Kommunikations- und Verhaltenstherapien sehe ich aber darin, daß sie zu sehr an der Oberfläche des agierten Verhaltens bleiben und die unbewußte Paardynamik und die Übertragungs- und Gegenübertragungsprozesse zu wenig beachten. Kann man manchen Psychoanalytikern allzu große Zurückhaltung vorwerfen, so scheinen mir manche Kommunikationstherapeuten zu aktiv, zu manipulierend, ja zu vergewaltigend zu sein. Sie sind oft zu sehr darauf ausgerichtet, das System um jeden Preis umzustrukturieren, ohne sich ausreichend zu fragen, was die erzwungene Verhaltensänderung auf der unbewußten Ebene für Auswirkungen und Rückwirkungen haben wird. Aus der Psychoanalyse ist bekannt, daß eine Form von Widerstand gerade darin bestehen kann, sich vordergründig widerstandslos den Intentionen des Therapeuten anzupassen.

Die Gefahr einer Anpassung an die Erwartungen des Therapeuten ist bei der Paartherapie erheblich, da zwischen den Ehepartnern leicht eine Rivalität um die Gunst des Therapeuten entsteht und jeder dem anderen durch Wohlverhalten den Wind aus den Segeln nehmen und sich unangreifbar machen will. Nicht selten sind gerade jene Paare am schwierigsten zu behandeln, die durch vorangegangene Partnerschaftstrainings sich einen gewissen Kommunikationsstil angelernt haben, dessen Perfektion sie verwenden, um die echte Auseinandersetzung mit ihrem Paarkonflikt zu unterlaufen. Das Verhalten scheint allzu leicht nach den Wert- und Zielvorstellungen des Kommunikationstherapeuten oder einer gruppendynamischen Subkultur umfunktioniert werden zu können.

Zu einem vertieften Verständnis der Ehebeziehung ist die differenzierte Kenntnis der Persönlichkeit des Partners wie der eigenen Persönlichkeit in all ihren Widersprüchen eine wesentliche Hilfe. Das therapeutische Ziel sehe ich nicht in einem Maximum an Offenheit, Freiheit, Intimität oder gegenseitiger positiver Verstärkung, sondern im Suchen einer Beziehungsform, die den Neigungen und Eignungen der Partner optimal entspricht, in der sich die Partner in ihren eingeschränkten Beziehungsmöglichkeiten akzeptieren, in echter Freiheit, aber auch in echter Solidarität und Verantwortung dem Partner, der Familie und der Umgebung gegenüber.

Literaturverzeichnis

ABRAHAM, K.: Äußerungsformen des weiblichen Kastrationskomplexes. Int. Ztschr. Psa. VII, 422–452 (1921).

ARGELANDER, H.: Gruppenprozesse. Wege zur Anwendung der Psychoanalyse in Behandlung, Lehre und Forschung. Rowohlt, Reinbek
1972.

ARGYLE, M.: Soziale Interaktion. (Aus dem Englischen übersetzt).
Kiepenheuer & Witsch, Köln 1972.

ARIETI, S.: Interpretation of schizophrenia. Brunner, New York 1955.

BACH, G. R. und WYDEN, P.: Streiten verbindet – Formeln für faire
Partnerschaft in Liebe und Ehe. (Aus dem Amerikanischen übersetzt). Bertelsmann, Gütersloh 1970.

BALINT, M.: Angstlust und Regression. Klett, Stuttgart 1960.

– Die Urformen der Liebe und die Technik der Psychoanalyse. (Aus
dem Englischen übersetzt). Fischer, Frankfurt a. M. 1969.

BANNISTER, K. und PINCUS, L.: Shared phantasy in marital problems:
Therapy in a four-person relationship. Publ. Institute of Marital
Studies. The Tavistock Institute of Human Relations 1971.

BATESON, G., JACKSON, D. D., HALEY, J. und J. W. WEAKLAND: Auf
dem Wege zu einer Schizophrenie-Theorie. In: Schizophrenie und
Familie. (Aus dem Amerikanischen übersetzt). Suhrkamp, Frankfurt
a. M. 1969.

BECKMANN, D.: Der Analytiker und sein Patient. Huber, Bern 1974.

BERGMAN, I.: Szenen einer Ehe. (Aus dem Schwedischen übersetzt).
Hoffmann und Campe, Hamburg 1975.

BION, W. R.: Erfahrungen in Gruppen und andere Schriften. (Aus dem
Englischen übersetzt). Klett, Stuttgart 1971.

BOWEN, M.: Family and Family Group Therapy. In: Comprehensive
Group Psychotherapy (Kaplan and Sadock, eds.) Williams and Wil-
kins, Baltimore 1971.

– On the Differentiation of Self. In: Family Interaction – A Dialogue
between Family Researchers and Family Therapists (J. Framo, ed.),
Springer Publishing Company, New York 1972.

Boszormenyi-Nagy, I. und Spark, G.: Invisible Loyalties. Hagerstown, Maryland (Harper & Row) 1973.

Caruso, I. A.: Soziale Aspekte der Psychoanalyse. Klett, Stuttgart 1962.

– Die Trennung der Liebenden. Eine Phänomenologie des Todes. Huber, Bern 1968.

Collins, Y., Kreitman, N., Nelson, B. and Troop, J.: Neurosis and Marital Interaction. III. Family Roles and Functions. Brit. J. Psychiat. *119*, 233–242 (1971).

Deutsch, H.: Kasuistik zum «induzierten Irresein». Wien. Klin. Wschr. *31*, 809–812 (1918).

Dicks, H. V.: Marital tensions. Clinical studies towards a psychological theory of interaction. Basic Books, New York 1967.

Engel, G. L.: Psychisches Verhalten in Gesundheit und Krankheit. (Aus dem Amerikanischen übersetzt). Huber, Bern 1970.

Erikson, E. H.: Kindheit und Gesellschaft. Klett, Stuttgart, 3. Auflage, 1968.

– Das Problem der Identität, Psyche *10*, 114–176 (1956/57).

Ezriel, H.: A psychoanalytic approach to group treatment. Brit. J. Med. Psychol. *23*, 59–74 (1950).

– Übertragung und psychoanalytische Deutung in der Einzel- und Gruppenpsychotherapie. Psyche *16*, 496–523 (1960/61).

Fairbairn, W. R. D.: Psychoanalytic Studies of the Personality. Tavistock Publ., London 1952.

Freud, S.: Die Abwehr – Neuropsychosen. GW I, 59–74, Imago Publ., London 1894.

– Drei Abhandlungen zur Sexualtheorie. GW V, 27–145, Imago Publ., London 1904/1905.

– Zur Einführung des Narzißmus. GW X, 137–170, Imago Publ., London 1914.

– Triebe und Triebschicksale. GW X, 210–232, Imago Publ., London 1915.

Gastager, H.: Die Fassadenfamilie. Kindler, München 1973.

Grinberg, L., Langer, M. und Rodrigué, E.: Psychoanalytische Gruppentherapie. (Aus dem Spanischen übersetzt). Kindler, München 1972.

Grotjahn, M.: Psychoanalysis and the Family Neurosis. W. W. Norton, New York 1960.

Heider, F.: The psychology of interpersonal relations. New York 1958.

HEIGL-EVERS, A.: Konzepte der analytischen Gruppenpsychotherapie. Vandenhoeck & Ruprecht, Göttingen 1972.

JUNG, C. G.: Psychologische Typen. Gesammelte Werke. Sechster Band. 9. Auflage. Rascher, Zürich 1960.

KEMPER, W.: Die Gegenübertragung. Psyche 7, 593 (1952).

KLEIN, M.: Das Seelenleben des Kleinkindes und andere Beiträge zur Psychoanalyse. Klett, Stuttgart 1962.

KOHUT, H.: Narzißmus. (Aus dem Amerikanischen übersetzt). Suhrkamp, Frankfurt a. M. 1973.

KREITMAN, N.: The Patients' Spouse. Brit. J. Psychiat. *110*, 159–173 (1964).

– Married Couples admitted to Mental Hospitals. Brit. J. Psychiat. *114*, 699–718 (1968).

KREITMAN, N., COLLINS, Y., NELSON, B. and TROOP, J.: Neurosis and Marital Interaction. IV. Manifest Psychological Interaction Brit. J. Psychiat. *119*, 243–252 (1971).

KUIPER, P. C.: Die seelischen Krankheiten des Menschen. Huber/Klett, Bern/Stuttgart 1968.

LAING, R. D.: Das geteilte Selbst. (Aus dem Englischen übersetzt). Kiepenheuer & Witsch, Köln 1972.

– Das Selbst und die Anderen. (Aus dem Englischen übersetzt). Kiepenheuer & Witsch, Köln 1973.

LAPLANCHE, J. und PONTALIS, J.-B.: Das Vokabular der Psychoanalyse. (Aus dem Französischen übersetzt). Suhrkamp, Frankfurt a. M. 1973.

LEMAIRE, J.-G.: Ehekonflikte. Ursachen und Hilfe. (Aus dem Französischen übersetzt). Vandenhoeck & Ruprecht, Göttingen 1968.

LIDZ, TH.: Das menschliche Leben. Die Entwicklung der Persönlichkeit im Lebenszyklus. (Aus dem Amerikanischen übersetzt). Suhrkamp, Frankfurt a. M. 1970.

LOCKE, H.: Predicting Adjustment in Marriage. New York 1951.

MAINPRICE, J.: Marital Interaction and Some Illnesses in Children. Institute of Marital Studies. The Tavistock Institute of Human Relations 1974.

MANDEL, A. und K. H.: Einübung in Partnerschaft durch Kommunikationstherapie und Verhaltenstherapie. Pfeiffer, München 1971.

MASTERS, W. H. und JOHNSON, V. E.: Impotenz und Anorgasmie. (Aus dem Amerikanischen übersetzt). Goverts Krüger Stahlberg Verlag, Frankfurt 1973.

McCALL, G. J. und SIMMONS, J. L.: Identities and Interactions. Free

Press, New York 1966.

MEAD, M.: Mann und Weib. Rowohlt, Hamburg 1958.

MEERWEIN, F.: Die Grundlagen des ärztlichen Gesprächs. Eine Einführung in die psychoanalytische Psychosomatik. Huber, Bern 1969.

MINUCHIN, S.: Families and Family Therapy. Harvard University Press, Cambridge, Mass. 1974.

MITSCHERLICH, A.: Krankheit als Konflikt. Studien zur psychosomatischen Medizin 2. Suhrkamp, Frankfurt a. M. 1967.

MITTELMANN, B.: Complementary Neurotic Reactions in Intimate Relationships. Psychoanalyt. Quart. *13*, 479–483 (1944).

NELSON, B., COLLINS, J., KREITMAN, N. and TROOP, J.: Neurosis and Marital Interaction: II. Time Sharing and Social Activity. Brit. J. Psychiat. *117*, 47–58 (1970).

NEWCOMB, T. M.: The acquaintance process. New York 1961.

NIELSEN, J.: Mental Disorders in Married Couples (Assortative Mating). Brit. J. Psychiat. *110*, 683–697 (1964).

OVENSTONE, I. M. K.: The Development of Neurosis in the Wives of Neurotic Men. Part I, Symptomatology and Personality. Brit. J. Psychiat. *122*, 35–45 (1973).

PENROSE, L.: Mental illness in husband and wife. Psychiat. Quart. Suppl. *18* (1944).

PULVER, S. E. und BRUNT, M. Y.: Deflection of hostility in folie à deux. Arch. Gen. Psychiat. *5*, 257–265 (1961).

RICHTER, H. E.: Eltern, Kind und Neurose. Rowohlt, Reinbek 1967.
– Patient Familie. Rowohlt, Reinbek 1970.
– Die Gruppe. Rowohlt, Reinbek 1972.
– Lernziel Solidarität. Rowohlt, Reinbek 1974.

RICHTER, H. E. und BECKMANN, D.: Herzneurose. Thieme, Stuttgart 1969.

SCHARFETTER, CHR.: Symbiontische Psychosen. Studie über schizophrenieartige «induzierte Psychosen» (Folie à deux, psychosis of association). Huber, Bern 1970.

SCHENDA, R.: Das Elend der alten Leute. Patmos, Düsseldorf 1972.

SCHINDLER, R.: Grundprinzipien der Psychodynamik in der Gruppe. Psyche *11*, 308 (1957/58).
– Über den wechselseitigen Einfluß von Gesprächsinhalt, Gruppenposition und Ich-Gestalt in der analytischen Gruppenpsychotherapie. Psyche *14*, 382 (1960/61).

SCHUR, M.: Comments on the Metapsychology of Somatisation. In: The Psychoanalytic Study of the Child, Vol. X, New York 1955.

SCHWÄBISCH, L. und M. SIEMS: Anleitung zum sozialen Lernen für Paare, Gruppen und Erzieher. Rowohlt, Reinbek b. Hamburg 1974.

SEARLES, H. F.: Das Bestreben, den andern verrückt zu machen – ein Element in der Ätiologie und Psychotherapie der Schizophrenie. In: Schizophrenie und Familie. (Aus dem Amerikanischen übersetzt). Suhrkamp, Frankfurt a. M., pp. 128–168 (1969).

SLATER, E. und WOODSIDE, M.: Patterns of Marriage. Cassell, London 1951.

SPITZ, R. A.: Vom Säugling zum Kleinkind. (Aus dem Englischen übersetzt). Klett, Stuttgart 1967.

STIERLIN, H.: Das Tun des Einen ist das Tun des Anderen. Suhrkamp, Frankfurt a. M. 1971.

– Trennungskonflikte bei Jugendlichen. Psyche 28, 719–746 (1974).

STOCK-WHITAKER, D. and LIEBERMAN, A.: Psychotherapy through the group process. Tavistock Publ., London 1965.

STUART, R. B.: Operant – interpersonal treatment for marital discord. Journal of Consulting and Clinical Psychology. 33, 675–682 (1969).

WATZLAWICK, P., BEAVIN, J. H. und JACKSON, D. D.: Menschliche Kommunikation. (Aus dem Amerikanischen übersetzt). Huber, Bern 1969.

WICKLER, W.: Sind wir Sünder? Naturgesetze der Ehe. Knaur, München 1969.

WIENOLD, W. H.: Kontakt, Einfühlung und Attraktion. Zur Entwicklung von Paarbeziehungen. Enke, Stuttgart 1972.

WILLI, J.: Die Schizophrenie in ihrer Auswirkung auf die Eltern. Schweiz. Arch. Neurol., Neurochir., Psychiat. 89, 426–463 (1962).

– Der Gemeinsame Rorschach-Versuch, ein Mittel zum Studium von Partnerbeziehungen. Psychother. Psychosom. 16, 375–384 (1968, a).

– Der Gemeinsame Rorschach-Versuch, ein diagnostisches Hilfsmittel in der Eheberatung. Ehe, 5, 163–175 (1968, b).

– Joint Rorschach testing of partner relationships. Family process, 8, 64–78 (1969).

– Zur Psychopathologie der hysterischen Ehe. Nervenarzt, 41, 157–165 (1970).

– Die psychologische Beziehung zwischen Partnerwahl und Ehekonflikt. Neue Zürcher Zeitung Nr. 65 und Nr. 89, 1971.

– Die hysterische Ehe. Psyche. 24, 326–356 (1972, a).

– Die angstneurotische Ehe. Nervenarzt, 43, 399–408 (1972, b).

– Die Kollusion als Grundbegriff für die Ehepsychologie und Ehetherapie. Sonderheft Gruppenpsychotherapie und Gruppendynamik.

Vandenhoeck & Ruprecht, Göttingen (1972, c).

- Ehekonflikt und Partnerwahl. In: Almanach 1973. (Hrsg. Stuttg. Akad. Tiefenpsycholog. und analyt. Psychother. e. V.) pp. 95–112.
- Zur Psychodynamik und Therapie ehelicher Dreiecksbeziehungen. Psychosomatische Medizin 4, 193–198 (1973).
- Der Gemeinsame Rorschach-Versuch. Huber, Bern 1973.

WILLI, J. und ROTACH, M.: Über die spezifische Struktur und Dynamik der Ehepaar-Therapiegruppe. Ehe 4, 165 (1970).

WINCH, R. F.: Mate selection. A Study of complementary needs. Harper & Brothers, New York 1958.

Anhang

«Szenen einer Ehe» von Ingmar Bergman als Modellfall

Meine bisher dargestellten Beispiele haben den Nachteil, daß sie der Kürze halber auf jene Aspekte reduziert werden mußten, die sie exemplifizieren sollten. Der Leser kann sich am Ende dieses Buches eventuell noch schwer vorstellen, wie das Kollusionskonzept auf die Wirklichkeit einer Zweierbeziehung angewandt werden soll. Ich glaube, daß Bergmans «Szenen einer Ehe» die Gelegenheit bieten, das nachzuholen, weil die Darstellung in diesem Film so realistisch und echt ist, daß jeder sich ganz in die Ehekrise dieses Paares einlebt und diese in ihren intimsten Seiten mitvollzieht. Wer keine Gelegenheit hatte, den Film zu sehen, kann den Text in der deutschen Übersetzung von Hans-Joachim Maaß lesen, erschienen als Buchausgabe im Hoffmann und Campe Verlag, Hamburg 1975.

Nehmen wir einmal an, dieses Paar Johan und Marianne würde mich um die Übernahme einer Ehetherapie bitten. Dieses Ersuchen würde den Kontakt mit dem Paar zu mir weitgehend auf bestimmte Beziehungsmöglichkeiten festlegen. Ich würde mit dem Paar in ein Arbeitsverhältnis eintreten. Ich müßte mir überlegen, unter welchen Voraussetzungen und mit welchen Zielsetzungen ich diese Arbeit annehmen würde. Ich müßte meine beruflichen Kenntnisse so einsetzen, daß das «Kosten-Nutzen-Verhältnis» für das Paar und für mich akzeptabel wäre. Ich würde die in diesem Buche dargestellte Konzeption auf dieses Paar anwenden, um damit ein effizienteres Arbeiten zu ermöglichen, im vollen Bewußtsein, daß dadurch die Wirklichkeit dieser Ehekrise auf einige wenige Aspekte abstrahiert wird und dabei die Gefahr besteht, daß Wesentliches gerade der «Reduktion auf das Wesentliche» zum Opfer fallen könnte. Ich müßte also wachsam bleiben und mich immer wieder offen halten für neue, unerwartete und mich verwirrende Aspekte der Wirklichkeit und dürfte mich nie einem Konzept so weit verschreiben, daß ich die Wirklichkeit nur noch diesem Konzept anzupassen versuchte. In jedem Fall würde aber das Arbeitsverhältnis meine Beziehung zu dieser Ehekrise prägen als deutlich verschieden von der Beziehung zu einem Freundespaar oder zum eigenen Ehepartner.

Ein psychotherapeutisches Konzept ist immer ein Verlust, weil vieles, was die Fülle des Lebens ausmacht, dabei verlorengeht. Es ist für die therapeutische Arbeit aber ein Gewinn, weil es erlaubt, gewisse relevant erscheinende Aspekte klarer zu fassen und das Verständnis für die Zusammenhänge dieser Aspekte zu vertiefen. Wie ich im Kapitel 4 gezeigt habe, ist es stark vom Weltbild, Eheverständnis und von der Persönlichkeit des Therapeuten abhängig, welche Aspekte als relevant betrachtet werden. Dieselbe eheliche Wirklichkeit kann psychologisch sehr verschieden interpretiert werden, wobei jede Interpretation einen in sich richtigen Aspekt der Wirklichkeit zu erfassen vermag, aber nie für sich beanspruchen könnte, die volle Wirklichkeit umfassend zu interpretieren.

Mir scheinen drei Aspekte bei einer therapeutischen Interpretation von «Szenen einer Ehe» wichtig, nämlich:
1. der Aspekt der soziokulturellen Krise der Institution Ehe,
2. der Aspekt der «Krise der mittleren Jahre»,
3. der Aspekt der Kollusion des Paares.

Diese drei Aspekte hängen eng miteinander zusammen, ja, sie sind in vieler Hinsicht miteinander identisch.

1. Der Aspekt der soziokulturellen Krise der Institution Ehe

Dieser Film platzt in viele Ehen wie eine Bombe, weil er eine Krise bewußt macht, die heute viele Paare nicht wahrnehmen wollen – oder können. Marianne und Johan haben vor zehn Jahren, ungefähr 1962, geheiratet, in einer Zeit also, in der die Institution Ehe gesellschaftlich noch wenig in Frage gestellt wurde. In diesen zehn Jahren hat sich das gesellschaftliche Eheverständnis grundlegend verändert. Der gesellschaftliche Umbruch erzeugt Angst und mobilisiert Abwehrmaßnahmen. Man versucht eigene Zweifel an der Ehe zu verdrängen, bis dann der Moment kommt, wo die wahren Gefühle bewußt werden und alles zusammenzubrechen droht.

BERGMAN schreibt über seinen Film:

«*Erste Szene:* Johan und Marianne sind Kinder fester Normen und glauben an die Ideologie der materiellen Sicherheit. Sie haben ihre bürgerliche Lebensführung nie als bedrückend oder unaufrichtig empfunden. Sie haben sich an ein Muster angepaßt, das sie weitergeben wollen. [...] In der ersten Szene bieten sie das schöne Bild einer nahezu idealen Ehe, die überdies mit einer Inferno-ähnlichen Beziehung konfrontiert wird. Sie sind auf eine stille Weise überheblich, glauben, alles aufs beste geordnet zu haben. Patentlösungen und wohlgemeinte Platitüden schwirren durch die Luft» (S. 5).

Und zur letzten Szene:

Sechste Szene: Jetzt stelle ich mir vor, daß aus all dieser Vernichtung zwei neue Menschen hervorzukriechen beginnen. Vielleicht ist dies allzu optimistisch gedacht, aber ich kann es nicht ändern, daß es so geworden ist. Sowohl Johan wie Marianne sind durch das Tal der Tränen gewandert und haben es reich an Quellen gemacht. Sie fangen an, ein neues Wissen um sich selbst zu buchstabieren, wenn man es so ausdrücken kann. Es geht nicht nur um Resignation. Hier ist auch von Liebe die Rede. Marianne setzt sich zum erstenmal geduldig hin und hört sich an, was ihre nörgelige Mutter zu sagen hat. Johan sieht versöhnlich auf seine eigene Situation und ist auf eine neue und erwachsene Weise lieb zu Marianne. Alles ist noch immer Verwirrung, und nichts ist besser geworden. Alle Beziehungen sind verwickelt, und beider Leben basiert unbestreitbar auf einem Haufen fauler Kompromisse. Aber irgendwie sind sie jetzt auf eine völlig andere Weise als früher mündige Bürger in der Welt der Realität. Jedenfalls glaube ich das. Es ist aber trotzdem keine Lösung in Sicht, und zu einem richtigen Happy-End kommt es nicht, [...]» (S. 7).

Die meisten Filmbesprechungen sehen in diesen Eheszenen eine Abrechnung mit der bürgerlichen Eheinstitution. Möglicherweise ist das auch die Intention BERGMANS. Marianne sagt in der Scheidungsszene zu Johan:

«MARIANNE: ... Du solltest froh sein, daß ich mich gelöst habe und mein eigenes Leben leben will. Ich finde, du solltest es genauso machen. Du solltest dich von dem, was gewesen ist, freimachen. Von allem. Und dann solltest du unter völlig anderen Bedingungen neu anfangen. Gerade jetzt, *in diesem Augenblick*, hast du eine fabelhafte Chance» (S. 160).

Diese Ehekrise ist also Ausdruck eines krisenhaften gesellschaftlichen Umbruches im Eheverständnis. Diesen Aspekt habe ich in meinem Buch nicht eingehend behandelt, weil er den thematisch gesteckten Rahmen überschreiten würde. In einer Therapie würde ich aber dem soziokulturellen Aspekt großes Gewicht beimessen.

2. Der Aspekt der «Krise der mittleren Jahre»

Johan ist bei Ausbruch der Krise 43jährig, Marianne 35jährig, sie sind 10 Jahre verheiratet, sie sind voll etabliert: Johan ist Dozent am Psychotechnischen Institut, Marianne Scheidungsanwältin, sie haben zwei Kinder, wohnen in einem schönen Einfamilienhaus, besitzen ein Weekendhaus. Sie haben also die Aufbau- und Produktionszeit der Ehe weitgehend abgeschlossen. Die Krise der mittleren Jahre breitet sich aus.

Johan sagt zu Marianne in der Scheidungsszene:

«JOHAN: . . . Im Sommer werde ich fünfundvierzig. Man kann zwar davon ausgehen, daß ich noch dreißig Jahre zu leben habe, aber objektiv gesehen bin ich schon jetzt ein Kadaver. In den nächsten zwanzig Jahren soll ich also nur dadurch mein eigenes Leben und das anderer Menschen verbittern, daß ich da bin. Ich bin nichts weiter als eine kostspielige, unproduktive Einheit, die man von Rechts wegen wegrationalisieren müßte. Und dies sollen die besten Jahre sein. In denen man sich wirklich nützlich machen könnte. In denen man wirklich schon ein bißchen Erfahrung zu bieten hat. O nein, Scheiße. Weg mit dem Schrotthaufen. Laßt den Kerl wursteln, bis er verfault. Ich bin so unendlich müde, Marianne. Wenn ich nur den Mut hätte, würde ich am liebsten ausbrechen und aufs Land ziehen oder vielleicht um eine Stelle als Lehrer in einem Kleinstadtgymnasium nachsuchen. Manchmal finde ich, es wäre schön, wenn . . . *(Trinkt.)* Ja, so steht's um mich» (S. 151).

Johan fühlt sich von der gähnenden Öde des etablierten Erfolges angewidert. Er hat die Konventionen und Zwänge satt und möchte alles hinter sich lassen, um frei zu leben.

«JOHAN: . . . Dieses ekelhafte Gequatsche über das, was wir tun müssen, was wir machen wollen, welche Rücksichten wir nehmen müssen. Was deine Mutter meint. Was die Kinder denken. Wie wir zweckmäßigerweise dieses oder jenes Essen arrangieren sollen und ob wir nicht wenigstens meinen Vater einladen sollten. Daß wir nach Falkenberg fahren sollten. Daß wir nach Åre reisen sollten. Daß wir nach St. Moritz fahren sollten. Daß wir Weihnachten, Ostern, Pfingsten, Geburtstage, Namenstage, diesen ganzen verdammten Haufen von Feiertagen feiern sollen. Ich weiß, daß ich ungerecht bin. Ich weiß, daß das, was ich jetzt sage, ganz unmöglich ist. Ich weiß, daß wir ein gutes Leben gehabt haben. Und im Grunde glaube ich, daß ich dich noch immer liebe. Ja, ich weiß irgendwie, daß ich dich jetzt irgendwie *mehr* liebe, jetzt, wo ich Paula [seine Geliebte, der Verfasser] kennengelernt habe. Aber kannst du diese Bitterkeit verstehen?» (S. 86)

Und in einer späteren Phase dieses Gespräches sagt Johan:

«. . . Wir haben uns beide in sein Dasein geflüchtet, das hermetisch geschützt war. Alles ist zurechtgelegt gewesen, alle undichten Stellen sind zugemacht worden, alles hat funktioniert. Wir sind an Sauerstoffmangel gestorben.
MARIANNE *(lächelnd)*: Und jetzt, meinst du, kommt deine kleine Paula und erweckt dich zu neuem Leben.
JOHAN: Ich habe keine besonders gute Selbsterkenntnis, und ich verstehe recht wenig von der Wirklichkeit, obwohl ich viele Bücher gelesen habe. Aber irgend etwas sagt mir, daß diese Katastrophe eine Lebenschance ist, sowohl für dich wie für mich» (S. 92).

Johan hofft, mit seiner Geliebten ein neues Leben zu finden. Er berichtet Marianne über sein Zusammenleben mit Paula:

«JOHAN: Abends betranken wir uns und lebten wie die Schweine. Wir prügel-
ten uns und stritten uns und wurden aus dem Hotel rausgeworfen. Du weißt
doch noch, ich erzählte dir damals, ich hätte wegen des Straßenlärms das Hotel
gewechselt. Dann kamen wir in irgendeine schmierige Absteige in einer Neben-
straße, und da fanden wir uns plötzlich, und dann schliefen wir Tag und Nacht
miteinander. Sie sagte, so schön sei es noch mit keinem anderen Mann gewesen.
Ich fühlte mich natürlich gewaltig aufgemuntert» (S. 91).

In einer späteren Szene, nachdem Johan mit Paula gebrochen hat,
berichtet er Marianne:

«JOHAN: . . . Ich bin ihrer [Paulas, der Verfasser] total überdrüssig. Ihres
Gefühlsklamauks und ihrer Szenen und Tränen und Schreie und Versöhnungen
und Liebesbezeugungen. (Hält inne.) Ich will dir was sagen, Marianne. Das
Beste mit Paula war, daß sie mich gelehrt hat, zu schreien und Krawall zu
machen. Es war sogar erlaubt, sie zu schlagen. Ich wußte ja nicht, daß ich
überhaupt Gefühle habe. Wenn ich dir erzählen würde – du würdest glauben,
ich lüge. Manchmal hatte ich das Gefühl, an einer grotesken Theatervorstellung
beteiligt zu sein, in der ich sowohl Zuschauer wie Schauspieler war. Es konnte
vorkommen, daß wir uns Tag und Nacht in den Haaren lagen. Es endete nicht
eher, bis wir aus reiner Erschöpfung zusammenklappten» (S. 111).

Es kommt also zunächst bei Johan, später auch bei Marianne zur
Identitätskrise der mittleren Jahre, zu einem Versuch, aus dem festen
Lebensschema, in dem man sich erstarrt fühlt, auszubrechen. Man will
nicht zum Standbild versteinern, sondern vom Sockel herabspringen,
sich bewegen, sich verändern. Doch dieser Ausbruch ist nicht so leicht.
Es gelingt Johan nicht, sein ganzes früheres Leben wegzuwerfen und
einfach völlig neu zu beginnen. Das, was er bisher gelebt hat, trägt er
weiterhin in sich, auch wenn er es zu zerstören sucht. Es treibt ihn
immer wieder zu Marianne zurück. Marianne spürt seine Zerrissenheit.
Sie merkt, daß, wenn sie sich ihm wieder öffnen würde, er gleich wieder
ausbrechen müßte und daß sie diese Verletzung nicht nochmals ertragen könnte. Trotz Trennung und Scheidung bleiben sie weiterhin eng
aufeinander bezogen. Es ist in dieser Entwicklung die ganze Melancho-
lie, Wärme, stille Resignation und das Selbstmitleid der mittleren Jahre.
Die Beziehung von Johan und Marianne zeigt die Komplexität des
Lebens, wie es in diesen Jahren erfahrbar werden kann. In gewissem
Sinne sind sie beide, besonders Johan, gescheitert. Er hat einen beruflichen Abstieg genommen, seine großen Pläne haben sich zerschlagen, er
fährt im Gegensatz zu früher einen schäbigen Gebrauchtwagen, und
doch ist sein Leben durch diese Krise reicher und echter geworden.

In der Schlußszene, das heißt fünf Jahre nach der Scheidung und
zwanzig Jahre nach der Eheschließung, Johan ist 53jährig, Marianne

45jährig, erzählen sie sich:

«MARIANNE: Du bist jetzt viel hübscher, als du je gewesen bist. Und dann siehst du so weich und lieb aus. Früher hattest du immer ein so gespanntes Gesicht, als wärst du auf der Hut und hättest Angst.
JOHAN: Meinst du wirklich?
MARIANNE: Sind die Menschen böse zu dir?
JOHAN (*lächelt*): Das weiß ich gar nicht. Ich glaube vielleicht, daß ich aufgehört habe, mich zu verteidigen. Irgend jemand hat mal gesagt, ich sei schlapp und nachgiebig geworden. Daß ich mich sozusagen selbst verkleinert hätte. Das stimmt aber nicht. Ich glaube vielmehr, daß ich jetzt meine richtigen Proportionen gefunden habe. Und daß ich mit einer gewissen Demut meine Grenzen akzeptiert habe. Das macht mich freundlich und ein bißchen traurig.
MARIANNE (*zärtlich*): Und du hattest so große Erwartungen?
JOHAN: Nein, das stimmt nicht. Es war *mein Vater*, der große Erwartungen hatte, nicht ich. Aber ich wünschte mir so grenzenlos, Papa zu Willen zu sein. Und dann versuchte ich immerzu, seine Erwartungen einzulösen. Nicht meine. Als ich noch ein Kind war, hatte ich sehr bescheidene und angenehme Vorstellungen von dem, was ich einmal unternehmen würde, wenn ich erwachsen wäre.
MARIANNE (*lächelt*): Und was hast du dir vorgestellt?
JOHAN: Habe ich das nie erzählt?
MARIANNE: Wenn ja, habe ich es vergessen.
JOHAN: Ja, das ist klar. (*Pause.*) Ja, hör mal. Ich hatte einen alten Onkel, den Bruder meiner Mutter. Er hatte in Sigtuna einen kleinen Laden, Buch-, Spielzeug- und Papierhandel. Ich durfte oft hinfahren und ihn besuchen, weil ich ein kränkliches Kind war und viel Stille und frische Luft brauchte. Manchmal durfte ich ihm und Tante Emma im Geschäft helfen. Das war das Schönste, was ich mir vorstellen konnte. Mein Traum war, einmal ein solches Geschäft zu besitzen. Da hast du meine Ambitionen.
MARIANNE: Wir hätten einen solchen Laden haben sollen. Das ist doch klar. (*Lächelt.*) Was wäre es uns gutgegangen. Wie hätten wir uns wohl gefühlt. Wir wären dick und rund und geborgen gewesen und hätten viele Kinder gekriegt und gut geschlafen und wären ehrbare Bürger gewesen. Wir wären in irgendeinem Verein gewesen und hätten nie Streit miteinander gehabt.
JOHAN: Es ist sehr lustig, über all das zu sprechen, was nie etwas geworden ist. Du wärst jedenfalls in irgendeinem Kaff auf dem Land niemals zurechtgekommen.
MARIANNE: Nein, das stimmt schon. (*Ernst.*) Ich träumte früher davon, ein Sprecher der Unterdrückten zu werden. Es gab keine Grenzen für meinen Ehrgeiz. Und dann wurde ich Scheidungsanwältin» (S. 188).

Johan wirkt gereift. Seine Emanzipation besteht nun nicht mehr nur im Versuch, die unreife Identität des jungen Erwachsenenalters zu zerstören und das Gegenteil von seinem früheren Leben zu führen. Er

275

hat jetzt zu sich zurückgefunden, er bleibt seiner Lebensentwicklung treu und erlebt sich als ein Kontinuierlich-Durchhaltender. Das frühere Leben erscheint ihm als eine notwendige Voraussetzung für die größeren Zusammenhänge des Lebens, die ihm in dieser Krise aufgegangen sind. In diesem Sinne kommt es auch mit Marianne – trotz Scheidung – zu einer tiefen Versöhnung, in der sich die beiden bei äußerer Trennung sehr nahe sind.

3. Der Aspekt der Kollusion des Paares

Inwiefern liegt bei diesem Paar eine Kollusion vor, also ein unbewußtes Zusammenspiel der Partner auf Grund gleichartiger Fixierungen auf frühkindliche Entwicklungskrisen? Weder Marianne noch Johan zeigen eine im engeren Sinne neurotische Beziehungsstörung. Ihre Beziehungsfähigkeit ist aber stark von erzieherischen Fehlhaltungen bestimmt und ist in hohem Ausmaß geprägt von irrationalen Existenzängsten und Schuldgefühlen, die das Entstehen eigentlicher Kollusionen im Sinne dieses Buches begünstigen.

Vordergründig bietet sich der Konflikt zunächst vor allem als eine anal-sadistische, insbesondere als Eifersuchts-Untreue-Kollusion an. Zunächst leben die Partner in erstickender Gebundenheit in einer Welt von Sicherheit, Ordnung, Verzicht, mit forciertem Bemühen, alles, was die gegenseitige Abhängigkeit gefährden könnte, sogleich aus der Welt zu schaffen. Die Krise wird ausgelöst durch einen sado-masochistischen Machtkampf, der ihnen von Katarina und Peter vorgeführt wird. Johan und Marianne sind darüber entsetzt, doch die Heftigkeit dieser Haß-Liebe beunruhigt sie nachhaltig und macht ihnen ihre Verdrängung aggressiver und libidinöser Strebungen bewußt. Die anal-sadistische Kollusion von Katarina und Peter induziert eine anal-sadistische Kollusion bei Marianne und Johan. Es kommt zur Eifersuchts-Untreue-Kollusion, in der Johan die Emanzipationswünsche agiert und Marianne die Trennungsängste. Beide bleiben trotz äußerer Trennung fast stündlich aufeinander bezogen und weiterhin – trotz außerehelicher Liebschaften – aneinander gebunden. Beim ersten Wiedersehen, nach Johans Eskapade mit seiner Geliebten Paula, wird bei ihm bereits eine beginnende Eifersucht auf Mariannes Liebhaber spürbar. Die Eifersuchts-Untreue-Kollusion kippt dann bei der Scheidungsszene um: Nun agiert Marianne die Emanzipationswünsche, Johan die Trennungsängste:

«MARIANNE: Ich habe keine Verantwortung für dich. Ich lebe mein eigenes

Leben und bin fähig, mich um mich selbst und um die Kinder zu kümmern. Glaubst du denn, ich begreife nicht, was du hier den ganzen Abend lang hast sagen wollen: *Du willst nämlich keine Scheidung!*

JOHAN (*fühlt sich ertappt*): Das ist das Dümmste, was ich je gehört habe.

MARIANNE: Wenn es wirklich so dumm ist, kannst du ja das Gegenteil beweisen, indem du hier und jetzt diese Papiere unterschreibst.

JOHAN: Aber gern.

MARIANNE: Johan! Sei doch mal ehrlich! Sieh mich an! Sieh mich an, Johan. Du bereust es? Du willst nicht, daß wir uns scheiden lassen, nicht wahr? Du hast dir gedacht, daß wir unsere Ehe wiederaufnehmen. Irgend etwas in dieser Richtung wolltest du mir heute abend vorschlagen. Gib zu, daß du dir das gedacht hast.

JOHAN: Und wenn ich nun irgendwelche Gedanken in dieser Richtung gehabt hätte, ist das etwa ein Verbrechen? Ich gebe mich geschlagen. Ist es *das*, was du hören willst? Ich habe Paula über. Ich sehne mich nach Hause. Ich weiß alles, Marianne. Du brauchst mir dieses Lächeln nicht zu zeigen. Ich bin gescheitert und mit mir geht's bergab und ich habe Angst und bin heimatlos. Es ist jetzt nicht der richtige Augenblick, um dich um die Erneuerung unserer Ehe zu bitten. Ich weiß, was du sagen willst. Aber du hast mich gefragt. Und ich will aufrichtig antworten. Ich war auf eine andere und tiefere Weise an dich gebunden, als mir selbst klar war. Ich war von all dem abhängig, was man Heim und Familie und geregeltes Leben und ruhigen Alltag nennt. Ich bin es leid, einsam zu leben» (S. 157).

Johan fällt in die Position des Abhängigen, sowie Marianne die Position der Emanzipierten übernimmt. Doch auch hier sind die Partner noch eng aneinander gebunden, jetzt allerdings in Haß-Liebe mit dem Bestreben, sich den Partner zu unterwerfen und die Beziehung zu ihm kaputtzumachen, um sich selbst vor weiteren Frustrationen zu bewahren. Es kommt zu einer «Scheidung wider Willen», zu einer Entwicklung, die beide wohl ursprünglich gar nicht gewollt hätten, die sich aber aus der zwangsläufigen Eskalation ergeben hat.

Der Kampf von Marianne und Johan hat aber nicht eigentlich das Lustvolle einer sado-masochistischen Kollusion, wie sie von Peter und Katarina in klassischer Form vorgetragen wurde (S. 23 ff.), sondern hat die tiefere existentielle Dimension der narzißtischen Kollusion mit dem Konflikt um das Thema «Liebe als Einssein». Schon die Eröffnungsszene zeigt diese Thematik deutlich:

Die Interviewerin Frau Palm stellt die Frage: «Wie würdet ihr euch selbst mit einigen wenigen Worten beschreiben?» (S. 11)

«JOHAN: Ja, es kann ja wie Aufschneiderei klingen, wenn ich mich selbst als äußerst intelligent, erfolgreich, jugendlich, ausgeglichen und sexy beschreibe. Als einen Mann mit Weltgewissen, gebildet, belesen, als beliebten Gesellschafter. Ich weiß nicht, was mir noch einfallen soll – vielleicht kameradschaftlich.

Ich bin auf angenehme Weise kameradschaftlich, auch gegenüber Leuten, denen es schlechter geht. Ich bin sportlich. Ein guter Familienvater. Ein guter Sohn. Ich habe keine Schulden und bezahle meine Steuern. Ich respektiere unsere Regierung, was immer sie auch anstellt, und ich liebe unser Königshaus. Ich bin aus der Staatskirche ausgetreten. Ist dies genug, oder willst du vielleicht noch mehr Einzelheiten? Ich bin ein großartiger Liebhaber. Nicht wahr, Marianne?

FRAU PALM (*lächelt*): Wir können auf die Frage vielleicht zurückkommen. Und du, Marianne? Was sagst du?

MARIANNE: Tja. Was soll ich denn jetzt sagen. Ich bin mit Johan verheiratet und habe zwei Töchter.

FRAU PALM: Ja.

MARIANNE: Im Augenblick fällt mir nichts anderes ein.

FRAU PALM: Denk nach.

MARIANNE: Ich finde Johan ziemlich nett.

JOHAN: Danke, das war lieb.

MARIANNE: Wir sind seit zehn Jahren verheiratet.

JOHAN: Ich habe soeben den Vertrag verlängert.

MARIANNE: Ich habe vielleicht nicht die gleiche selbstverständliche Wertschätzung meiner Vortrefflichkeit wie Johan. Aber wenn ich ehrlich sein soll, so bin ich ziemlich froh, daß ich das Leben leben darf, das ich lebe. Es ist ein gutes Leben, wenn du verstehst, was ich meine. Nun, was soll ich denn sonst noch sagen. O je, das ist schwierig.»

Im Film sieht man, wie Marianne die Frage nach ihrem Selbst überhaupt nicht beantworten kann, sondern nur Johan als «Substitut ihres Selbst» anblickt. Sie bringt deutlich zum Ausdruck: Ich bin nicht ich, ich bin nur in Johan. Der «komplementärnarzißtische Altruismus» von Marianne wird später geklärt in der Szene, wo sie im Rahmen einer Psychotherapie sich selbst bewußter wird. Sie liest Johan aus ihrem Tagebuch vor:

«MARIANNE: . . . Plötzlich drehte ich mich um und betrachtete das alte Bild von meiner Schulklasse, als ich zehn Jahre war. Ich meinte, auf etwas gestoßen zu sein, was lange vorbereitet geschlummert hat, aber dennoch ungreifbar ist. Mit Erstaunen muß ich feststellen, *daß ich nicht weiß, wer ich bin.* Ich weiß nicht das geringste. Ich habe immer das getan, was andere Menschen von mir verlangt und erwartet haben. So weit ich mich zurückerinnern kann, bin ich gehorsam, gut angepaßt, beinahe unterwürfig gewesen. Wenn ich nachdenke, hatte ich als kleines Mädchen ein paar heftige Ausbrüche von Selbstbehauptung. Ich erinnere mich aber auch, daß Mama alle solchen Abweichungen von der Konvention mit exemplarischer Strenge bestrafte. Meine gesamte Erziehung und die meiner Schwestern lief darauf hinaus, daß wir *liebenswürdig* sein sollten. Ich war ziemlich häßlich und trampelig und wurde an diese Tatsache dauernd erinnert. Allmählich entdeckte ich, daß, wenn ich verheimlichte, was ich wirklich dachte, und statt dessen nachgiebig und vorausschauend wurde, daß dieses Verhalten sich auszahlte. Die wirklich große Verfälschung meiner selbst kam jedoch erst in der Pubertät. Alle meine Gefühle und Handlungen kreisten um die Erotik. Ich verriet dies meinen Eltern aber mit keinem Wort, auch nicht irgendeinem anderen Menschen. Dann entwickelten sich die Lügen, das Verheimlichen, die Abgekehrtheit sozusagen von selbst. Es ging einfach so weiter. Mein Vater wollte, daß ich Jurist wurde wie er selbst. Ich deutete irgendwann einmal an, daß ich am liebsten Schauspielerin werden würde. Oder daß ich mich in der einen oder anderen Form dem Theater widmen wollte. Ich weiß noch genau, daß ich ausgelacht wurde. Dann ist es immer so weitergegangen. In meinem Verhältnis zu anderen Menschen. In meinem Verhältnis zu Männern. Die gleiche konstante Verstellung. Die gleichen verzweifelten Versuche, es allen recht zu machen, ihnen zu Willen zu sein. Ich habe nie gedacht: Was will *ich* denn eigentlich? Sondern immer: Was will *er*, was erwartet *er* von mir, was soll ich wollen? Das hat aber mit Selbstlosigkeit, wie ich früher glaubte, nichts zu tun, sondern ist die reine Feigheit, und, was noch schlimmer ist: Das Ergebnis ist eine vollständige Unkenntnis darüber, wer ich wirklich bin. Ich habe nie ein dramatisches Leben gelebt, mir fehlt für so was jede Begabung. Aber zum erstenmal empfinde ich eine heftige Spannung bei dem Gedanken, daß ich herausfinden will, was ich eigentlich mit mir selbst bezwecken, was ich aus mir selbst machen möchte. Die geborgene und abgeschirmte Welt, in der sowohl Johan wie ich so unbewußt und selbstverständlich gelebt haben, impliziert eine Grausamkeit und Brutalität, die mich um so mehr erschreckt, je mehr ich an sie zurückdenke. Will man sich eine äußere Sicherheit erkaufen, erfordert das einen hohen Preis: daß man nämlich eine fortschreitende Persönlichkeitszerstörung akzeptiert. *(Ich glaube, daß dies besonders für Frauen gilt, Männer haben da einen etwas größeren Spielraum.)* Es ist einfach, die zarten Selbstbehauptungsversuche eines Kleinkindes schon von Anfang an zu deformieren. Dies ist in meinem Fall mit den Injektionen eines Gifts geschehen, das hundertprozentig wirkt: mit dem *schlechten Gewissen.* Erst meiner Mutter gegenüber, dann der Umwelt gegenüber und, last not least, Jesus und Gott gegenüber. Plötzlich kann ich ahnen, was für eine Art Mensch ich gewesen wäre, wenn ich nicht zugelassen hätte, daß man mit mir Gehirnwäsche betreibt. Und jetzt frage ich mich, ob ich rettungslos verloren bin. Ob all die Möglichkeiten zur Freude für mich und andere, die ursprünglich in mir niedergelegt waren, tot sind, oder ob sie nur schlafen und wieder zum Leben erweckt werden können. Ich möchte gern wissen, was für eine Ehefrau und Frau ich geworden wäre, wenn ich meine Möglichkeiten so hätte verwenden und einsetzen können, wie sie einmal angelegt gewesen sind. Hätten Johan und ich in diesem Fall überhaupt geheiratet? Ja, das hätten wir sicher, denn wenn ich ganz ehrlich nachdenke, waren wir auf eine innige und warme Weise wirklich ineinander verliebt. Unser Fehler war, daß wir nicht aus der Familiengemeinschaft ausbrachen und weit weg, irgendwohin flohen und uns selbst etwas Haltbares schufen» (S. 122–124).

Wie sehr sich Marianne dann in ihren Gefühlen und in ihrem Denken von Johan bestimmen ließ, sagt sie zu Johan in der Scheidungsszene:

«MARIANNE: . . . In der Zeit unseres Zusammenlebens habe ich viel zuviel Rücksicht auf dich genommen. Ich glaube, die Rücksichtnahme hat die Liebe getötet. Hast du schon mal daran gedacht, daß wir nie Krach miteinander hatten? Wenn ich mich recht erinnere, hielten wir Streit und Gezänk beide für häßlich. Nein, wir haben uns lieber hingesetzt und schön verständnisvoll miteinander gesprochen. Du hattest mehr Bücher gelesen und wußtest mehr über die Seele; du hast mir dauernd erzählt, was ich *im Grunde* dachte. Was ich *tief im Innern* fühlte. Ich verstand nie, wovon die Rede war. Ich fühlte nur eine gewaltige Last, die ich als eine Art Trauer empfand. Wenn ich mir selbst erlaubt hätte, nicht mit einem schlechten Gewissen zu reagieren, hätte ich gewußt, daß alles falsch war, was wir einander sagten und taten» (S. 152).

Marianne wurde erzogen zu einem abhängigen, sich selbst verleugnenden Menschen, mit dem obersten Ziel, gefügig, unterwürfig und liebenswürdig zu sein und alle Tendenzen zu Selbstbehauptung und zu eigenem Selbstbewußtsein zu unterdrücken. Die Erotik mußte verdrängt werden, da die Abhängigkeit von den Eltern und die Sicherheit im Leben damit hätte gefährdet werden können. Ihr ganzes Streben war darauf ausgerichtet, das zu tun, zu denken und zu fühlen, was die Umgebung von ihr zu tun, zu denken und zu fühlen erwartete.

Die Folge war eine neurotische Einschränkung der Selbstentfaltung im Konflikt zwischen den eigenen Gefühlen, Strebungen und Trieben zu den Forderungen der Eltern und der Gesellschaft, eine Haltung *regressiv-narzißtischer Selbstverleugnung.*

Aber auch bei Johan läßt sich ein ähnlicher Konflikt nachweisen, der die *«progressive», das heißt überkompensierende Rolle in der narzißtischen Kollusion* verständlicher macht.

Johan sagt:

«Es war *mein Vater*, der große Erwartungen hatte, nicht ich. Aber ich wünschte mir so grenzenlos, Papa zu Willen zu sein. Und dann versuchte ich immerzu, seine Erwartungen einzulösen. Nicht meine . . .» (S. 188)

Und im gleichen Gespräch sagt Marianne über Johan:

«MARIANNE: Da haben wir zunächst deine Mutter, die dich anbetete und der Meinung war, du seist ein Genie. Und dann die ganze Reihe von Frauenzimmern, die sich ganz genau so wie deine Mutter verhalten haben. Mich selbst eingeschlossen. Ich würde gern wissen, was du an dir hast, das jeden natürlichen Reifungsprozeß sabotiert» (S. 192).

Also auch Johan hatte kein eigenes Selbst entfalten können, sondern er versuchte die internalisierten Erwartungen seiner Eltern zu erfüllen und folgsam das «Substitut ihres Ideal-Selbst» zu verkörpern. Marianne sollte ihm dienen, die Erwartungen der Eltern zu realisieren.

Der soziokulturelle Aspekt geht also hier im Kollusionsaspekt auf: Beide Partner vermochten kein eigenes Selbst zu entfalten, sondern ließen sich von der Gesellschaft und insbesondere von den Eltern ein falsches Selbst aufdrängen. In der Ehe führte diese beidseitige Selbstverleugnung zunächst zur Bildung einer idealisierten Symbiose. Das Paar verstieß damit *gegen das Abgrenzungsprinzip*. Nach außen hin konnte es sich zu wenig gegen die Eltern abgrenzen, innen bildete sich eine Verschmelzung der Partner zu einer Einheit.

Marianne lebt nur in Johan und fühlt sich für ihn unentbehrlich, wie sie es ihm bei der Rückkehr von der Reise mit Paula sagt:

«MARIANNE: . . . Ich verstehe nicht, wie du in dieser Welt ohne mich durchkommen willst. Manchmal werde ich völlig verzweifelt und denke: *Ich muß mich um Johan kümmern.* Er lebt auf meine Verantwortung. Es ist meine Aufgabe, darauf zu achten, daß es ihm gutgeht. Nur dadurch erhält mein Leben einen vernünftigen Sinn. Man kann nicht einsam leben und dabei stark sein. Man muß jemanden haben, den man an der Hand halten kann» (S. 131).

Johan erträgt das nicht. Er spürt, wie er durch die Selbstaufgabe Mariannes manipuliert wird und zum Selbstverzicht gezwungen wird. Er möchte Marianne aus sich herausspeien, sie in sich zerstören, um endlich frei zu sein und als er selbst leben zu können. Er versucht das zunächst durch die geplante Übersiedelung mit Paula nach Amerika. Das gelingt ihm nicht. Dann, beim Gespräch um die endgültige Scheidung, bricht er in eine Haßtirade gegen Marianne aus und traktiert sie schließlich mit brutaler Handgreiflichkeit. Nachdem er Marianne zu Boden geworfen und mit Füßen getreten hat, schreit er immerfort: «Ich könnte dich umbringen. Ich könnte dich umbringen! Ich könnte dich umbringen!»

Johan ist bemüht, sich selbst und auch Marianne jede Illusion über die Möglichkeit einer Symbiose und Geborgenheit in der Liebe zu zerstören. Er sagt zu Marianne:

«JOHAN: Weißt du, wie meine Geborgenheit aussieht? Ich will's dir sagen. Ich denke so: Die Einsamkeit ist absolut. Es ist eine Illusion, sich etwas anderes einzubilden. Sei dir dessen bewußt. Und versuche, danach zu handeln. Erwarte nichts anderes als Teufelei. Wenn etwas Angenehmes geschieht, um so besser. Glaube nie, daß du die Einsamkeit aufheben kannst. Sie ist absolut. Du kannst auf verschiedenen Ebenen eine Gemeinsamkeit dichten, aber es werden dennoch nur Gedichte über Religion, Politik, Liebe, Kunst und so weiter. Die Einsamkeit ist gleichwohl total. Das Heimtückische ist, daß dich gelegentlich eine Vorstellung von Gemeinsamkeit treffen kann. Sei dir bewußt, daß dies eine Illusion ist. Dann bist du hinterher nicht so enttäuscht, wenn alles in die gewohnte Ordnung zurückkehrt. Man muß mit der Einsicht von der absoluten

Einsamkeit leben» (S. 115).

Hatte Marianne sich zunächst gegen Johans Emanzipation gesträubt und alles getan, um die eheliche Symbiose zu retten, so zieht sie später nach und treibt nun ihre eigene Entwicklung aus echter Motivation voran. Auch sie muß sich dafür klarer von Johan abgrenzen und ihn aus sich ausbooten, um sich selbst besser spüren zu können. Sie berichtet Johan über ihre Psychotherapie:

«MARIANNE: . . . Ich versuche vor allem, sprechen zu lernen. Ja, und dann habe ich deine Möbel rausgeworfen und bin in dein Arbeitszimmer gezogen. Wenn du wüßtest, was für ein schlechtes Gewissen ich hatte. Während ich mich gleichzeitig sehr kühn fühlte» (S. 117).

Sie nimmt im wörtlichen und im übertragenen Sinn von ihrem eigenen Haus Besitz und füllt es mit sich selbst aus, nachdem sie die Erinnerungssymbole an Johan rausgeworfen hat. Diese Abgrenzung ist aber noch sehr zerbrechlich, so daß Marianne es nicht erträgt, wie Johan sich nach seiner Rückkehr von Paula ihr nähern will:

«MARIANNE: . . . Aber ich bin an dich gebunden. Ich weiß nicht, woran es liegt. Vielleicht bin ich eine perverse Selbstquälerin, oder vielleicht bin ich nur der treue Typ, der sich nur einmal im Leben an jemanden bindet. Ich weiß nicht. Es ist so schwer, Johan. Ich will mit keinem anderen zusammen leben. Andere Männer öden mich an. Jetzt sage ich das aber nicht, damit du ein schlechtes Gewissen kriegst oder um dich gefühlsmäßig zu erpressen. Ich erzähle dir nur, wie es ist. Deshalb wird es so unerträglich, wenn du anfängst, mich zu küssen, und wenn wir miteinander schlafen. Denn dann öffne ich mich ganz. Ich kann es nicht anders erklären. Und dann wird es wieder so einsam, wenn du weggehst. Jetzt, wo ich dich ein bißchen auf Abstand halte, geht es gut. Das ist sogar sehr angenehm. Wir dürfen aber nicht miteinander herumschmusen. Dann wird es völlig unmöglich, und dann gehst du wieder weg» (S. 120).

Sie ist, wie sie anläßlich der Scheidungsszene betont, noch unsicher, ob sie es allein schaffen werde. Sie muß sich krampfhaft gegen die Versuchung wehren, es doch nochmals mit Johan zu probieren.

«MARIANNE: Nach ein paar Wochen würden wir in unsere alten Verhaltensmuster zurückfallen, in unser altes Gezeter, unsere alten Aggressionen. Alle guten Vorsätze wären vergessen. Wir hätten nichts gelernt. Alles würde wie früher werden. Oder noch schlimmer. Es wäre ein schwerer Fehler» (S. 158).

Auch Marianne muß und will Johan kaputtmachen, um sich von ihm loszureißen. Es wird ihr wohl auch jetzt erst voll bewußt, wie weich und zerbrechlich Johan, den sie immer idealisiert hatte, im Grunde ist. Diese Feststellung erfüllt sie mit Enttäuschung und Wut.

«MARIANNE (zornig): . . . Glaubst du etwa, ich habe dies alles durchgemacht, was ich in den letzten Jahren erlebt habe, und ein neues Leben auf der anderen

Seite begonnen, um mich plötzlich um dich zu kümmern und darauf zu achten, daß du nicht in Schlappheit und Selbstmitleid untergehst? Wenn ich dich nicht für eine so klägliche Gestalt hielte, würde ich dich auslachen. Wenn ich daran denke, was du mir in den letzten Jahren angetan hast, werde ich beinahe krank vor Raserei. Ja, guck du nur. Ich halte diesen Blick ganz ausgezeichnet aus. Ich habe mich abgehärtet. Wenn du wüßtest, wie oft ich davon geträumt habe, dich umzubringen, dich zu ermorden, daß ich dir ein Messer in die Rippen jagte, dich mißhandelte. Wenn du wüßtest, was für ein verdammt schönes Gefühl es ist, dir endlich all das sagen zu können» (S. 158/159).

Die ersten Ehejahre entsprachen also einer narzißtischen Partnerwahl, wo die Frau in der Position eines Komplementärnarzißten sich für den Mann aufgibt und nur für ihn und in ihm lebt, während der Mann unter den Idealisierungen der Frau aufblüht und einen Selbstwertzuwachs erfährt. Dann kommt es zur Krise, weil der Mann spürt, daß er durch die Idealisierungen der Frau auf ein fremdbestimmtes Selbst verpflichtet wird. Er will sich davon befreien, indem er versucht, die Frau zu zerstören, was ihn mit Schuldgefühlen erfüllt.

Die Frau ist schwer verletzt und frustriert. Das Paar bleibt aber nicht einfach in der Kollusion stecken, weil die Frau relativ bald akzeptiert, daß sie ein eigenes Selbst entfalten muß und nicht einfach den Mann auf sich verpflichten kann. Daß sie dazu befähigt ist, unterscheidet sie von neurotischen Narzißten. Es kommt denn auch vor allem auf Betreiben der Frau zur Scheidung. Diese Scheidung bildet einen äußeren Riegel, der die Partner voneinander schützt und trennt. Innerlich führen sie weiterhin eine «Ehe auf Distanz». In dieser Beziehungsform finden die beiden Partner das Optimum von dem, was ihnen beziehungsmäßig möglich ist.

«JOHAN: Ich kann nur für mich selbst antworten. Und ich finde, daß ich dich auf meine unvollkommene und ziemlich selbstsüchtige Weise liebe. Und manchmal glaube ich, daß du mich auf deine ungebärdige, gefühlbeladene Weise liebst. Ich glaube ganz einfach, daß wir uns lieben. Auf eine irdische und unvollkommene Weise» (S. 201).

Keiner stellt an den anderen beengende Erwartungen mehr. Keiner braucht sich noch zu verteidigen, den andern durch Verletzungen auf Distanz zu halten oder zu demütigen. Sie erreichen ein hohes Maß von echtem Verständnis, von Offenheit und Ehrlichkeit in ihrer Liebe. Das Verhalten zueinander ist frei und nicht kollusiv auf gewisse Positionen fixiert. Während die Frau, solange sie noch verheiratet waren, zu Hause dem Mann alles abnahm und ihn mit ihrer Überfürsorglichkeit fast erstickte, kann sie in der Schlußszene passiv zuschauen, wie Johan sich im Weekendhaus am Kamin zu schaffen macht, um dort Feuer zu entfachen.

283

Hätte eine Ehetherapie hier weitergeholfen?

Ich möchte die schwierige und natürlich spekulative Frage stellen, wozu eine Ehetherapie diesem Paar hätte verhelfen können. Zunächst hätte sich praktisch die Frage gestellt, ob wirklich beide Partner zu einer Ehetherapie motiviert gewesen wären mit dem Ziel, sich selbst und die Paarbildung zu verändern. Trotz großem Leiden richten sich viele Paare mit ihren Schwierigkeiten und Störungen so ein, daß sie gar nicht all die Mühsale einer Therapie auf sich nehmen wollen und sich lieber mit den Gegebenheiten abfinden. Marianne hat ein Stück Psychotherapie absolviert, und ich habe den Eindruck, daß sie letztlich mit der ganzen Krise besser fertig wird als Johan. Johan hält offensichtlich nicht viel von Psychotherapie und will auch gar nicht die Krise konsequenter bearbeiten.

«JOHAN (*legt sich ins Zeug*): Und aus diesem Grund werde ich nie erwachsen. Warum sollte ich auch? Das würde nämlich bedeuten, daß ich gezwungen wäre, allein mit allem fertig zu werden. Ich wäre vielleicht sogar gezwungen, Verantwortung zu übernehmen.

MARIANNE: Was für eine gräßliche Antiklimax, geliebter Johan.

JOHAN: Ich *will* nicht reif werden, verstehst du? Darum ist Anna [seine jetzige Ehefrau] eine gute Frau für mich» (S. 193).

Es würde also möglicherweise als entscheidende Voraussetzung die beidseitige Motivation zur psychotherapeutischen Bearbeitung der Krise fehlen.

Nehmen wir aber an, beide Partner wären echt zu einer ehetherapeutischen Arbeit motiviert. Hätte das Ergebnis anders und besser ausfallen können? Äußerlich gesehen bricht diese Ehe auseinander. Innerlich gesehen feiern Marianne und Johan in der Schlußszene das zwanzigjährige Ehejubiläum:

«MARIANNE: Wir feiern zwanzigjähriges Jubiläum. Wir haben vor zwanzig Jahren im August geheiratet.

JOHAN: Es stimmt tatsächlich. Du hast recht. Zwanzig Jahre.

MARIANNE: Ein ganzes Leben. Ein ganzes Erwachsenenleben haben wir miteinander gelebt. Es ist so merkwürdig, daran zu denken. (*Weint plötzlich.*)

JOHAN (*sanft*): Liebste, Liebste» (S. 185).

Möglicherweise will BERGMAN darstellen, daß die innere Reifung dieser Zweierbeziehung nur durch das äußere Zerbrechen der Ehe möglich war. Erst das Zerschlagen der äußeren Gebundenheit ermöglichte die selbständige Persönlichkeitsentwicklung von Marianne als Marianne und Johan als Johan. Erst die gesicherte äußere Distanz und Abgrenzung erlaubte den Partnern, sich innerlich nahezukommen, ohne der Gefahr einer symbiotischen Verschmelzung zu erliegen.

In einer Ehetherapie hätte ich versucht, dem Paar zu verhelfen, die innere Nähe nicht erst durch die äußere Trennung zu ermöglichen, sondern durch eine *innere Trennung und Abgrenzung!* Ich glaube, daß der Prozeß der Selbstwerdung beider Partner andere Dimensionen bekommen hätte, wenn sie diesen Weg miteinander gegangen wären und wenn sie klarer hätten erkennen können, durch welches unbewußte Zusammenspiel sie sich gegenseitig in der Entwicklung gelähmt hatten, aber auch durch welche unbewußten Verwandtschaften sie sich in diesem schwierigen Reifungsweg hätten fördern können. Der Weg der Therapie wäre auch ein «Tal der Tränen» gewesen, ein schwieriger und schmerzhafter Prozeß.

Die innere Situation am Schluß des Filmes, das heißt bei einem Wiedersehen mit Johan sieben Jahre nach der Scheidung, wird von Marianne anschaulich in einem Traum dargestellt, aus dem sie neben Johan erschreckt erwacht und laut vor Angst ruft.

«JOHAN: Kannst du dich nicht daran erinnern, was dich erschreckte?
MARIANNE: Wir haben einen gefährlichen Weg vor uns oder so etwas Ähnliches. Ich will, daß ihr meine Hände haltet, damit wir uns aneinander festhalten können. *(Erschreckt.)* Aber es geht nicht. Ich habe keine Hände mehr. Ich habe nur ein paar Armstümpfe, die an den Ellbogen enden. Gleichzeitig rutsche ich auf weichem Sand aus. Ich kann euch nicht erreichen. Ihr steht da oben auf dem Weg, und ich kann euch nicht erreichen» (S. 199).

Die Emanzipation von Marianne ist, wie dieser Traum vermuten läßt, nicht nur Befreiung, sondern läßt sie in einer amputierten Verfassung zurück. Sie steht zwar jetzt allein da, auf eigenen Füßen, aber auf unsicherem Boden, auf weichem Sand, auf dem sie ausrutscht. Sie möchte Johan die Hände entgegenstrecken, damit sie sich aneinander festhalten könnten. Aber sie hat keine Hände mehr, sondern nur Armstümpfe, die an den Ellbogen enden. Sie verzweifelt daran, daß sie ihn nicht erreichen kann. Der Film endet mit dem Ausdruck von Furcht und Verwirrung, dem Gefühl, daß es bergab geht, ohne daß sie wüßten, was dagegen zu unternehmen wäre, und dem gegenseitigen Eingeständnis einer zarten, aber zerbrechlichen Liebe, die durch Skepsis heruntergespielt wird, um sie vor jeder Erwartung zu schützen. Das Ziel einer Therapie würde ich darin sehen, die Autonomie und Selbstverwirklichung der Partner nicht durch eine Amputation ihrer Beziehungsmöglichkeiten erkaufen zu müssen, sondern beide Partner zu befähigen, ein dialektisches Gleichgewicht finden zu können zwischen dem Erforder-

285

nis der Entfaltung der eigenen Persönlichkeit und der Sehnsucht nach einem gemeinsamen Lebensweg, zwischen «Selbstverwirklichung in der Ehe» und «Selbstverwirklichung als Ehe».

Kurze Erläuterung einiger Fachwörter

Ambivalenz (E. BLEULER): Gleichzeitiges Bestehen entgegengesetzter Gefühle (z. B. Abneigung–Zuneigung)

Anal-sadistische Phase (FREUD): Entwicklungsphase des 2. bis 4. Lebensjahres, umfassend die Entfaltung wesentlicher Ich-Funktionen (Sprache, Trotzphase), der Willkürmotorik (Laufen, Klettern, Erobern der Umwelt) und der Beherrschung des analen Schließmuskels (Reinlichkeitserziehung). Siehe S. 63 und S. 107. Fixierungen auf diese Phase führen bei Erwachsenen zu *anal-retentiven* Charakterzügen (siehe S. 110) wie ausgeprägtem Eigensinn, Ordentlichkeit und Sparsamkeit oder als Gegenstück zu analer Lust an Beschmutzung und Verschwendung. *Sadistische* Charakterzüge zeigen sich als lustvolles Herrschen, *masochistische* Züge als Lust am Unterworfensein und Passiv-sich-Ausliefern.

Autonomie: Selbstbestimmung, Unabhängigkeit

Dyade: Zweiergruppe, Paar. *Intradyadisch* = innerhalb des Paares, *extradyadisch* = außerhalb des Paares

Identität: Selbigkeit; Wahrnehmung des eigenen *Selbst* als einem festgefügten, sich in der Zeit durchhaltenden und sinnhaften Ganzen

Inadäquat: unangemessen

Interindividuell: unter verschiedenen Individuen; *intraindividuell* = innerhalb desselben Individuums

Internalisieren: verinnerlichen, sich zu eigen machen der Auffassungen, Erwartungen, Werte und Normen von anderen

Klaustrophobie: dem Betroffenen unverständliche, neurotische Ängste in geschlossenen Räumen

Kollusion (lat. colludere = zusammenspielen, siehe S. 190) in diesem Buch: uneingestandenes, oft unbewußtes Zusammenspiel von Partnern, das sie zur Abwehr und Bewältigung von miteinander geteilten Ängsten und Schuldgefühlen inszenieren und aufrechterhalten und durch das sie sich unentrinnbar aufeinander bezogen fühlen.

Kompensation (ADLER)*:* Ausgleich. *Dekompensation =* Versagen der psychischen Ausgleichsbemühungen, Verlust des psychischen Gleichgewichtes und der Funktionsfähigkeit. *Überkompensation =* übertriebene Bemühungen zur Erhaltung oder Wiederherstellung des psychischen Gleichgewichtes oder zum Ausgleich von Minderwertigkeit.

Komplementär: sich ergänzend

Libido (lat. Begierde, Liebe)*:* nach FREUD sexuelle Energie als Grundantrieb des seelischen Lebens

Narzißmus (FREUD)*:* Verliebtheit in sich selbst. Psychoanal.: Zustand, bei welchem das eigene Ich mit Libido besetzt und damit gleichsam zum «Sexualobjekt» wird. Siehe S. 63 und S. 65 ff.

Ödipuskomplex (FREUD)*:* Gemäß griechischer Sage erschlug König Ödipus seinen Vater und heiratete ohne sein Wissen seine Mutter. Die Psychoanal. meint damit die erotische Bindung des Knaben an seine Mutter und die Rivalität zum Vater. Die Angst vor dem Vater (evtl. der Mutter) führt zu *Kastrationsangst* (Angst vor Entmannung). Besonders akzentuiert als *phallisch-ödipale Phase* im 4. bis 7. Lebensjahr. Siehe S. 63 und S. 139. Beim Mädchen weitgehende, aber nicht völlige Analogie, auch als *Elektrakomplex* (C. G. JUNG) bezeichnet.

Oral (lat. os = Mund)*:* den Mund betreffend. *Orale Phase* (FREUD)*:* Entwicklungsphase von Geburt bis Ende 1. Lebensjahr. Siehe S. 63 und S. 89. *Oraler Charakter:* gieriges, unersättliches und süchtiges Bedürfnis nach Zuwendung, Zärtlichkeit, Umsorgt- und Gepflegtwerden, siehe S. 94.

Progressiv: vorschreitend. In diesem Buch: forciertes Bemühen um starkes, überlegenes und «erwachsenes» Verhalten. *Regressiv:* rückschreitend, auf frühere Entwicklungsstufen zurückfallend. Hier: kindlich-hilfloses, abhängiges und verantwortungsloses Verhalten.

Übertragung: Gemäß Psychoanal. werden (konflikthafte) Gefühlsbindungen an frühere Bezugspersonen (besonders Eltern) auf den Therapeuten übertragen. *Gegenübertragung:* emotionale Reaktionen des Analytikers auf die Übertragung des Patienten. Sie ist oft stark von eigenen konflikthaften Beziehungsbereitschaften des Analytikers bestimmt.

Register

Die Seitenzahlen in Klammern beziehen sich auf das 1978 bei Rowohlt erschienene ergänzende Werk von Jürg Willi: «Therapie der Zweierbeziehung».

Abgrenzungsprinzip: 16 20, 194–210 (283–288, 291, 345)
Abhängigkeit – Angst vor: 8–14
– in anal-sadistischer Kollusion: 107–134
– zwischen Patient und Analytiker: 253
Abwehrsyndrom – als progressives bzw. regressives Verhalten: 20–24, 162–174
– als psychosomatische Krankheit: 223–229
Affektäquivalent: 236, 239
Allianz: 194–200
Altersehe: 45
Anal-sadistisch – Charakter: 110–113
– Eifersuchts-Untreue-Kollusion: 129
– Eltern-Kind-Kollusion: 108
– Entwicklungsstufe: 107
– Kollusion: 107–134, 115–119
– Machtkampf: 123
Angst vor Ehe: 7–14
Anpassung, beidseitige: 35–36, 179–182 (36)
Außereheliche Beziehungen: 8–13, 18, 38–44, 133, 202 (248–256, 263, 274)

Besitzanspruch: 107–134, 202–206

Coping – Mechanismen: 167, 195

Differenzierung des Selbst: 26
Dyade – dynamische Prinzipien: 15–30
– extradyadische Grenzen: 15
– intradyadische Grenzen: 15
– Gleichgewicht in: 8, 24, 165, 229, 257

Ehe – Angst vor: 8–14
– Institution: 8–14
– Kontrakt, Vertrag: 19
– Phasen der: 31–46
Eifersucht: 8, 18
– Untreue-Kollusion: 133
Einsicht, Bedeutung in Paartherapie: 258 (69)

Gegenübertragung: 248–253, 261 (112–123)
Gemeinsamer Rorschach-Versuch (WILLI): 169, 181 (20–22, 337, 343)
Gleichgewicht – intraindividuelles: 162
– interindividuelles: 165
– zwischen Autonomie und Zugehörigkeit: 8
– des Selbstwertgefühls: 24
– therapeutisches: 257
– von Verdienst und Schuld: 229
Gleichwertigkeit: 24–30
Grenzziehungen im dyadischen System: 16
Grundfantasien, gemeinsame unbewußte: 101, 168, 257

Hysterische Ehe: 143–153

Individuelle Therapie von Ehekonflikten: 48, 52, 245, 248
Interaktionspersönlichkeit: 181 (19–26, 34, 226)

Kinder – in Kollusion mit Eltern: 70, 91, 108, 142
– Rolle im Ehekonflikt: 44, 211
– Erziehung: 10–12, 195, 211–216
Kindheit – Bedeutung für Ehekonflikt: 22, 48–59, 162 (215, 292, 327)
Kollusion – anal-sadistisch: 115–119
– Definition: 190
– destruktives Arrangement: 174 (35–38)
– der Familie: 216
– gemeinsame Grundstörungen: 56–59, 168, 181, 257
– in Gruppenprozessen: 193
– Konzept: 47–60, 162–174 (31)
– Literaturangaben: 109
– Muster: 61, 159–161
– narzißtisch: 65–88, speziell 83–87 (229)
– neurotischer Konflikt als: 185 (35–38)
– ödipal: 156–158
– oral: 89–106, speziell 97–106
– phallisch-ödipal: 152
– Partnerwahl: 169
– psychosomatisch: 236–342
– zwischen Arzt und Patient: 242
– zwischen Therapeut und Patient: 253 (117–124, 232, 242–247, 279, 364)
Kommunikations-Theorie: 50, 54, 258, 261–262 (70, 142)
– psychosomatisch: 226

Konfliktneutralisierung: 195, 211, 217
Konversionssymptom: 236
Krankheitsgewinn, sekundärer: 221, 229 (303)
Krankheitsverhalten in der Ehe – von psychosomatischen Patienten: 230
– Pflegeverhalten des Partners: 230
– hilfeabweisendes: 232
Krise – der Institution Ehe: 7–15
– in verschiedenen Phasen der Ehe: 31–46

Lebensphasen: 31–46

Machtkampf: 123–129 (93)
Masochistischer Charakter: 112, 120
Midlife Crisis: 38–45
Narzißtisch – Charakter: 65
– Kollusion: 80, 83 (229)
– komplementärer Charakter: 67
– Mutter-Kind-Kollusion: 70
– Partnerbeziehung: 72
Neutralisierung des Paarkonflikts: 195, 211, 217

Ödipal – Eltern-Kind-Kollusion: 142
– Kollusion: 156–158
– Komplex: 141–142
Oral – Charakter: 94
– Entwicklungsphase: 89
– Kollusion: 97–106
– Mutter-Kind-Kollusion: 91

Paarbildung: 32, 183
Partnerwahl: 32, 80, 97, 113, 148 (44, 190–193)
– gemeinsame Anpassung: 179–184
– Heterogamie: 180

- Homogamie: 180
- Enttäuschung nach: 169
- kein Schlüssel-Schloß-Phänomen: 179

Phallisch-ödipale Kollusion: 135–161

Progressives Abwehrverhalten: 20–24, 162–174, 257–258 (82–90, 102, 129)

Projektion: 167

Psychoanalyse – und Ehekonflikt: 48, 52, 248–253
- als Paartherapie: 261

Psychodynamische Prinzipien von Paarbeziehungen: 15–30, 162–178, 179–193

Psychosomatische Paarkrankheiten: 236–243
- Konfliktneutralisierung durch Symptombildung: 270
- als gemeinsames Abwehrsyndrom: 223
- Kommunikation: 226
- Dialektik von Schuld und Verdienst: 229
- Arzt-Patient-Kollusion: 242

Regressives Abwehrverhalten: 20–24, 142–174, 257–258 (88, 90, 98–101, 127)

Rollendifferenzierung in Paarbeziehung: 156 (12, 19–26, 34, 226)

Sadistischer Charakter: 110, 120

Sado-masochistische Kollusion: 119

Scheidung: 38–45, 176–178, 256 (16, 25, 169–181, 330–363)

Sekundärer Krankheitsgewinn: 229–231

Selbst – individuelles: 10–15, 16–20
- gemeinsames: 168, 170–174

Stabile Paarbeziehung, Bildung von 31, 182–184

Stress: 194, 225, 240 (38)

Therapie – gemeinsame mit Partner: 259, 260
- individuelle von Ehekonflikten: 248, 261 (62–69)

Triangulation des Paarkonfliktes: 194–216 (38–42, 98, 126, 133, 151, 270)

Unbewußtes, gemeinsames: 56–59, 101, 162–178, speziell 168, 181, 257

Untreue: 8–13, 18, 38–44, 133, 202 (248–256, 263, 274)
- Untreue-Eifersuchts-Kollusion: 133

Ziele der Paartherapie: 19, 255–258 (77, 155, 231)

Jürg Willi

Therapie der Zweierbeziehung

Analytisch orientierte Paartherapie
Anwendung des Kollusions-Konzeptes
Handhabung der therapeutischen Dreiecksbeziehung

377 Seiten. Broschiert

Aus dem Inhalt: Der Kampf der Geschlechter als Kollusion · Von den Störungen der Zweierbeziehung zur therapeutischen Dreierbeziehung · Methodik der Paartherapie: Das erste Gespräch mit dem Paar · Indikation zur Paartherapie und Wahl des Therapieverfahrens · Der Widerstand in der Paartherapie · Die Übertragung in der Paartherapie · Gegenübertragung und therapeutische Kollusion · Die Geschlechtsgebundenheit des Paartherapeuten · Ausübung von Paartherapie durch ein Therapeutenpaar (Cotherapie) · Zusätzliche methodische Gesichtspunkte · Wertprobleme in der Paartherapie · Scheidung und Wiederverheiratung · Helga und Stani – ein Paar in Therapie (Videoprotokolle und Kommentare) · Lernziele dieses Buches und Lernziele in Paartherapie

«Jürg Willi stellt sich keine leichte Aufgabe, wenn er mit seinem Buch ‹Therapie der Zweierbeziehung› auch Nichtfachleute ansprechen möchte. Um so erfreulicher ist, daß sie ihm in großen Teilen gelungen ist. Schon in seinem ersten Buch ‹Die Zweierbeziehung›, in dem der Autor das unbewußte Zusammenspiel zweier Partner bei ihrer Wahl und in ihren Konflikten darstellt, bietet er dem Laien wertvolle Orientierungshilfe. ‹Therapie der Zweierbeziehung› bildet die praktische Ergänzung dazu.» *Frankfurter Allgemeine Zeitung*

«Mehr denn je ist die Psychoanalyse darauf angewiesen, sich anderen plausibel zu machen – anderen Experten wie der Bevölkerung. Dazu trägt Jürg Willis Buch auf engagierte und klare Weise bei.» *Psyche*

Rowohlt

Jürg Willi

Koevolution

Die Kunst gemeinsamen
Wachsens
320 Seiten. Gebunden

«Jürg Willi glaubt, daß ‹die ökologischen Gleichgewichte menschlichen Zusammenlebens heute genauso gestört sind wie jene der Natur›: ‹Der Schutz der menschlichen Ökosysteme, insbesondere der Familie, scheint mir heute ähnlich dringlich wie der Schutz unserer natürlichen Umwelt.›

Also weg von der ‹Monokultur›, hin zum ‹Naturgarten›, der die komplexen Regelkreise achtet. Jürg Willis Buch liest sich nicht zufällig stellenweise wie ein Handbuch für den Umweltschutz: Innenwelt und Außenwelt zeigen nicht nur dieselben Krankheitssymptome, sondern stehen in einer Wechselbeziehung, die ineinander bedingt ist. Das eine spiegelt sich im andern.

Faszinierend wird die Lektüre besonders dort, wo Jürg Willi auch die ‹Monokultur› seines eigenen Wissensgebiets sprengt und sich mit den Autoren anderer Fachrichtungen ‹vernetzt›. Denn in den Erkenntnissen von Physik und Philosophie, Ethnologie und Biologie, Kybernetik und Psychologie werden auffallende Parallelen sichtbar: Lauter Regelkreise schaffen unsere Wirklichkeit. Die Materie hat sich aufgelöst. Der Kosmos tanzt. Die Bewegung hat das Feste ersetzt.»   *Weltwoche*

Rowohlt

Hildegard Baumgart

Eifersucht

Erfahrungen und Lösungsversuche
im Beziehungsdreieck
360 Seiten. Kartoniert

«Mein Buch wendet sich nicht an Fachleute, sondern an Betroffene, die sich und den andern besser verstehen möchten, und auch an Paare, die überlegen, ob sie wegen ihres Problems die Anstrengung einer Beratung auf sich nehmen sollen.

Ich glaube, daß man Eifersucht weder abschaffen kann noch sollte, daß es aber möglich ist, einigermaßen menschlich mit ihr umzugehen – wenn auch nie ohne eigene innere Veränderungen, nie ohne neue Anfänge, denen nicht nur Zauber, sondern auch sehr viel Mühsal innewohnt, nie, indem man die Veränderung nur dadurch erwartet, daß der andere seine Außenseiterbeziehung aufgibt.

Meine eigene Utopie ist die positive Einbeziehung der dritten Person – kein ménage à trois, nicht das gefürchtete ‹Teilenmüssen›, aber Geltenlassen, Interesse, Freundlichkeit, ja Freundschaft. Das wird eine Utopie bleiben, ich weiß. Aber vielleicht kann man sich ihr annähern.

Einer der Beweggründe meiner Arbeit ist: das wirre Unglück der Eifersüchtigen ordnend zu begleiten, es verstehen und damit relativieren zu helfen und den Ausweg zu finden in Trauer, in Verzicht, in ein neues Leben, in Selbständigkeit, vor allem aber: in Bewußtheit.»

Rowohlt

Horst E. Richter

Zur Psychologie des Friedens
313 Seiten. Kartoniert und als rororo sachbuch 7869

Alle redeten vom Frieden
Versuch einer paradoxen Intervention
253 Seiten. Broschiert und als rororo sachbuch 7846

Sich der Krise stellen
Reden, Aufsätze, Interviews
rororo sachbuch 7453

Engagierte Analysen
Über den Umgang des Menschen mit dem Menschen.
Reden, Aufsätze, Essays. 325 Seiten. Broschiert
und als rororo sachbuch 7414

Flüchten oder Standhalten
315 Seiten. Broschiert und als rororo sachbuch 7308

Lernziel Solidarität
320 Seiten. Broschiert und als rororo sachbuch 7251

Die Gruppe
Hoffnung auf einen neuen Weg, sich selbst und andere zu befreien.
Psychoanalyse in Kooperation mit Gruppeninitiativen
315 Seiten. Broschiert und als rororo sachbuch 7173

Patient Familie
Entstehung, Struktur und Therapie von Konflikten in Ehe und Familie
rororo sachbuch 6772

Eltern, Kind und Neurose
Psychoanalyse der kindlichen Rolle. rororo handbuch 6082

Rowohlt

Wolfgang Schmidbauer

Die Angst vor Nähe
208 Seiten. Broschiert

Helfen als Beruf
Die Ware Nächstenliebe
256 Seiten. Broschiert

Die hilflosen Helfer
Über die seelische Problematik der helfenden Berufe
250 Seiten. Broschiert

Die Ohnmacht des Helden
Unser alltäglicher Narzißmus
288 Seiten mit zahlreichen Abbildungen. Broschiert

Alles oder nichts
Über die Destruktivität von Idealen
439 Seiten. Broschiert

Als Taschenbuchausgaben liegen vor:

Weniger ist manchmal mehr
Zur Psychologie des Konsumverzichts
rororo sachbuch 7874

Jugendlexikon Psychologie
Einfache Antworten auf schwierige Fragen
rororo handbuch 6198

Tapirkind und Sonnensohn
Eine ökologische Erzählung
rororo 5590

Rowohlt

Marina Gambaroff
Utopie der Treue
208 Seiten. Gebunden

«Gambaroff schreibt persönlich, ohne in ein penetrantes Betroffenheitspathos zu verfallen. Es gelingt ihr, systematische Reflexion und Anschauungsmaterial aus der eigenen therapeutischen Arbeit ohne Risse zu verbinden. Ihre Sprache ist klar und genau. Sie verzichtet auf geschliffene Pointen und zugespitzte Polemik. Mit einer unaufdringlichen Sorgfalt stellt sie ihr Erfahrungsmaterial dar, interpretiert es Schritt für Schritt und zieht mit ruhiger Nachdenklichkeit, ohne den in der Zunft oft üblichen spekulativen Narzißmus, ihre theoretischen Schlüsse.» *Psychologie heute*

Rowohlt